노션하는 직장인의 정리법
업무력이 수직 상승하는 노션 실전 가이드

노션하는 직장인의 정리법

업무력이 수직 상승하는 노션 실전 가이드

초판 1쇄 발행 2025년 6월 18일
초판 3쇄 발행 2025년 10월 31일

지은이 지니언트
발행인 최홍석

발행처 ㈜프리렉
출판신고 2000년 3월 7일 제13-634호
주소 경기도 부천시 길주로 77번길 19 세진프라자 201호
전화 032-326-7282(代) / **팩스** 032-326-5866
URL www.freelec.co.kr

편집 고대광, 박영주
표지디자인 황인옥
본문디자인 백지선
ISBN 978-89-6540-414-9 93000

이 책에 대한 의견이나 오탈자, 잘못된 내용의 수정 정보 등은 프리렉 홈페이지(freelec.co.kr)
또는 이메일(webmaster@freelec.co.kr)로 연락 바랍니다.

이 책은 저작권법에 따라 보호받는 저작물이므로 무단 전재와 무단 복제를 금지하며,
이 책 내용의 전부 또는 일부를 이용하려면 반드시 저작권자와 ㈜프리렉의 서면 동의를 받아야 합니다.
책값은 표지 뒷면에 있습니다. 잘못된 책은 구입하신 곳에서 바꾸어 드립니다.

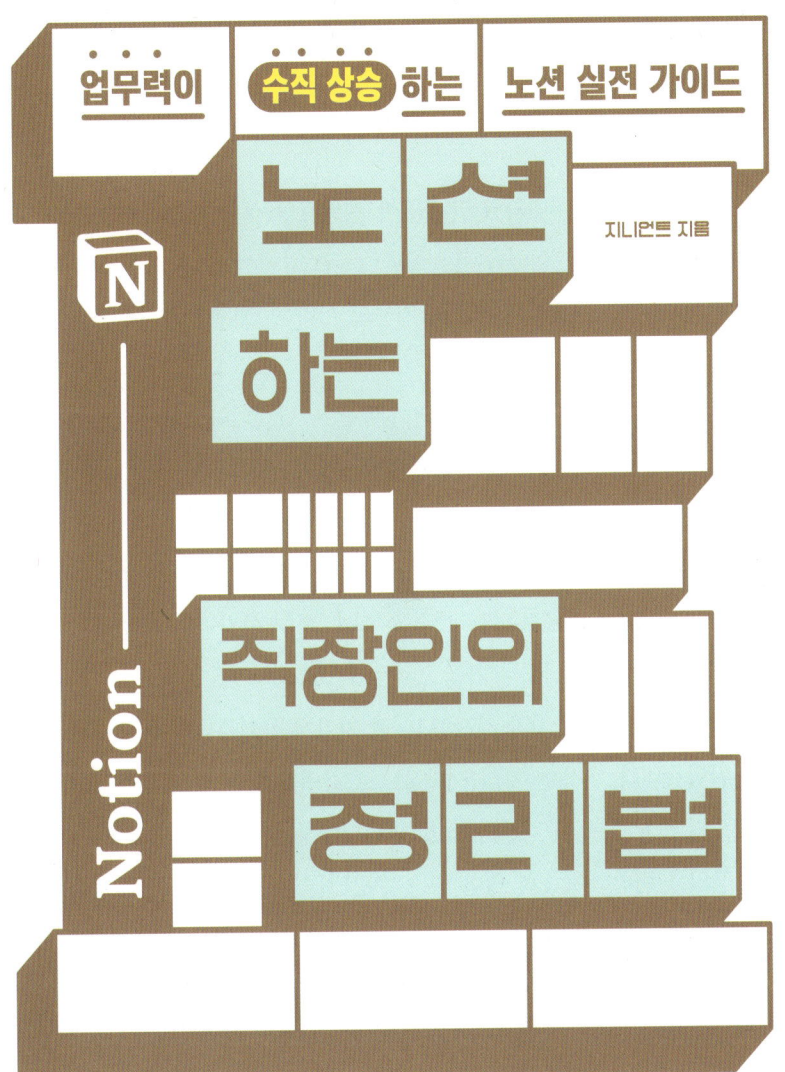

업무력이 수직 상승하는 노션 실전 가이드

노션 하는 직장인의 정리법

지니언트 지음

프리렉

프롤로그

2018년, 개발자로 취업한 지 3년차였습니다. 한 개발자 동생이 써보라며 메모 프로그램을 하나 추천했죠. 바로 '노션'이었습니다. 요즘 스타트업에서 많이 쓰고 있다더군요. 저는 좀 써보다가 그만두었습니다. 영어였고, 기능도 어려운 데다가 알려주는 사람도 없었습니다.

그다음 해, 큰 행사를 준비 중인 마케터 친구를 만났습니다. 그녀는 행사 안내를 웹페이지 하나로 정리해 공유했습니다. 빡빡한 2박 3일의 일정과 자료가 체계적으로 정리되어 있었습니다. 처음에는 웹페이지가 html 같은 개발 언어로 작성된 것이라 생각했는데, 이내 노션으로 만들어졌음을 알았습니다. 코드 한 줄, 비용 한 푼 없이 백여 명에게 실시간으로 정보를 전달하고 소통하는 모습은, 당시 웹 개발자였던 저에게는 정말 놀라운 일이었습니다. 그제서야 노션의 진가를 알아보고, 본격적으로 공부하기 시작했습니다.

2020년부터 노션이 유명해지기 시작했고, 한 자기계발 커뮤니티에서 노션을 알려 달라는 요청을 받았습니다. 처음엔 가벼운 마음으로 강의를 했는데, 이후엔 카페와 블로그에서 입소문을 타며 본격 노션 강사가 되었습니다. 마침내 프로그래밍 강의 플랫폼인 인프런에 노션 강의를 런칭하여, 2천 명이 넘는 수강생들을 만났습니다. 그 결과 2024년에는 노션 공식 앰배서더로 선정되었고, 지금은 <생활 노션>이라는 커뮤니티와 유튜브를 운영하며, 노션 강의와 컨설팅을 하고 있습니다.

나의 노션, 일과 삶의 디지털 대통합

저는 노션에 일과 삶을 통합한 시스템을 구축했습니다. 예전에는 종이 플래너, 엑셀, 아래아한글, 구글 캘린더 등 여러 도구를 번갈아 썼지만, 지금은 단 하나의 툴, 노션에 모든 것을 기록하고 정리합니다. 이는 정보의 연결을 극대화하고 작업 동선을 최소화한 지식 생산 도구입니다.

프로젝트의 기획과 이력, 자료 전부를 노션에서 관리하고, 공사를 막론하고 일정과 계획도 모두 노션에서 운영합니다. 보기를 달리 하며 전체 일정을 조율하고, 우선순위를 살피며, 주요 사항만 따로 보아보죠. 제 모든 것이 기록된 노션 시스템은 아무리 오래된 자료라도 쉽게 찾을 수 있으며, 프로젝트와 일정이 긴밀하게 연결되어 원하는 만큼 확장할 수 있습니다. 평소 수집한 자료 역시 한곳에 모아 관심 있는 프로젝트나 활동과 간단히 연결하고, 구조화하여 나만의 지식 자산으로 만듭니다.

이제 노션은 제 삶을 경영하는 도구이자 기록 창고입니다. 한곳에 모든 걸 기록하는 삶은 간결합니다. 수많은 정보를 한 시스템에서 관리하는 편리함, 기록을 잃을 걱정이 없는 안정감이 늘 저와 함께합니다. 일과 삶을 균형 있게 꾸리며 저만의 꿈을 펼칠 수 있는 여유도 생겼습니다.

직장인의 노션, 이전에 없던 듀얼 브레인

#이제 막 시작하는 장 사원: 입사 6개월차 장 사원. 선임에게 일을 차근차근 배우고는 있지만, 이해가 영 어렵고 금세 잊기 일쑤다. 똑같은 질문을 두세 번 반복하다 결국 핀잔을 듣고 만다. 아무리 해도 실력은 제자리걸음, 시키는 일만 하게 된다.

#일정 관리가 필요한 김 대리: 중요한 업무를 하나씩 맡기 시작했고, 회사는 더 큰 책임감과 전문성을 요구한다. 쏟아지는 일을 최선을 다해 해내도, 점점 더 많은 일이 몰려 어느새 통제력을 잃고 만다. 결국 일과 사람에 끌려다니느라 내 일을 챙기지 못한 죄로 야근을 해야 했다.

#PM으로 직무가 바뀐 천 과장: 최근 실무를 내려놓고 PM이 된 천 과장. 챙길 게 너무 많다. 월요일마다 팀원의 업무를 파악하고, 보고를 준비하느라 하루가 다 간다. 일과 사람, 목표와 일정을 체계적으로 관리하고 한눈에 파악할 수 있는 방법이 절실히 필요하다.

모두 직장인이라면 누구나 한 번쯤 겪었을, 혹은 지금도 겪고 있는 이야기들입니다. 저 역시 직장을 10년 가까이 다니면서 비슷한 문제들을 겪었습니다. 연차가 쌓일수록 더 복잡한 상황과 어려운 문제에 직면하게 됩니다. 상황은 다르지만, 문제의 원인은 같습니다. 바로 체계적인 정리 도구와 정리 스킬이 없다는 것이죠. 이 난관을 해결하려면 단순히 메모와 기록을 잘하는 것만으론 부족합니다.

저는 직장인들에게 디지털 정리 도구로 노션을 강력 추천합니다. 노션은 ①거의 모든 유형의 데이터를 체계적으로 기록하고 통합할 수 있습니다. ②동기화도 실시간이어서 어디서나 기록하고 확인할 수 있으며, 여러 사람과 협업하기에도 편리합니다. 게다가 ③무료 요금제만으로도 거의 모든 기능을 쓸 수 있습니다. 노션은 여러분이 지식과 정보를 효율적으로 관리하고, 중요한 일에 집중하게 도와줄 겁니다. 마치 두 개의 두뇌를 가진듯 기억력과 사고력이 확장되고, 생산성도 개선됩니다. 이것이 제가 노션을 듀얼 브레인이라 부르고 싶은 이유입니다.

우리의 목표

바쁜 직장인에게는 마치 펜과 종이 같은 실용적인 도구가 필요합니다. 이 책은 그런 도구로서의 노션을 소개하고, 직장의 모든 경험을 전문성과 자산으로 바꾸는 체계적인 기록 프레임워크를 제시합니다. 이 프레임워크는 직장인에게 최적화된 구조로, 업무 영역과 스타일에 상관없이 누구나 쉽게 적용하고 확장할 수 있는 유연한 구조입니다. 거대한 철학이나 치밀한 두뇌 이론은 몰라도 됩니다. 그런 내용은 간략하게 설명하거나 과감히 뺐습니다.

노션의 핵심 기능은 조금만 집중하면 누구나 다 배울 수 있습니다. 하지만 모든 도구가 그렇듯, 실습 한두 번만으로는 뭔가 부족합니다. 스스로 아이디어를 고민하고 여러 번 만들어 보아야만 비로소 좋은 시스템을 구축할 수 있습니다. 이 책은 실습 중심의 커리큘럼으로, 핵심 기능 설명은 물론 어디에서도 배울 수 없는 데이터베이스 구조화 스킬과 수식, 자동화까지 다루었습니다.

영단어만 암기해 봐야 영어로 대화할 수 없는 것처럼, 노션과 듀얼 브레인 사이에는 넘어야 하는 경험이라는 강이 있습니다. 저는 그 강을 여러분이 스스로 건널 수 있도록 디딤돌을 놓아드릴 것입니다. 여러분이 시행착오를 줄이고, 더 빠르게 업무 생산성을 높이고, 개인의 성장을 이루며, 마침내 일과 삶을 통합하도록 돕는 것이 제 궁극적인 목표입니다.

저의 일과 삶을 정리해온 시간이 쌓이고, 모든 기록과 경험이 모여서 이 책이 되었습니다. 평범한 노션 매뉴얼이 아닙니다. '나'의 직장 생활과 기록 방식을 혁신적으로 변화시킬 실용적인 가이드입니다. 이 책을 통해 여러분만의 듀얼 브레인 시스템을 구축하고, 무한한 성장의 기회를 발견하기를 진심으로 바랍니다. 자, 이제 여러분의 두 번째 두뇌를 꺼낼 시간입니다!

스터디 가이드

노션 레벨 진단

<mark>노션은 러닝 커브가 확실한 도구입니다.</mark> 일반적인 메모 앱과는 다르게, 배운 만큼 잘 활용할 수 있습니다. 이는 노션이 완성된 도구가 아니라, '직접 만드는 도구'이기 때문입니다. 수많은 기능이 있지만, 무엇부터 배워야 할지, 어떻게 써야 할지 막막할 겁니다.

그런 여러분을 위해 러닝 커브에 따라 이 책을 구성했습니다. 크게 전반부와 후반부로 나뉘어 있습니다.

- **초심자를 위한 노션**: 전반부에서 우선 노션의 기본기를 다집니다. <mark>노션을 단계별로 익힐 수 있는 커리큘럼</mark>으로 구성했습니다. 수많은 노션 강의 경험을 바탕으로, 초보자를 위한 핵심 기능 설명부터 기존 사용자들에게 유용한 활용법까지 체계적으로 담았습니다. <mark>파트 I부터 파트 IV까지 해당</mark>됩니다.

- **직장인을 위한 노션**: 일잘러를 위한 <mark>업무 관리 시스템, DSLR 프레임워크</mark>를 만듭니다. 전반부에서 익힌 노션 기능들을 업무와 일하는 방식에 적용해 시스템으로 확장하는 법을 배우게 됩니다. 데이터베이스를 연결하고 구조화하여 실질적인 프로젝트 관리 툴로 업그레이드하는 과정을 담았습니다. <mark>파트 V부터 파트 VII까지 해당</mark>됩니다.

그럼 공부를 본격적으로 시작하기 전에, 나의 노션 레벨부터 진단해볼까요? 진단표에 따라 내 노션 수준을 확인하여 어느 파트부터 시작해야 할지 자연스럽게 가이드받을 수 있습니다.

체크	설명	레벨	추천 파트
☐	노션을 사용해본 적이 없으며, 디지털 도구에 대한 지식이 없음	Lv. 1	파트 I
☐	페이지의 기본 개념을 이해하고 부분적으로 사용해본 경험이 있음	Lv. 2	
☐	노션의 블록을 활용해 원하는 양식을 구성할 수 있음	Lv. 3	
☐	여러 페이지를 체계적으로 분류하여 나만의 지식 창고를 구축할 수 있음	Lv. 4	파트 II
☐	데이터베이스를 활용하여 원하는 주제의 정보를 체계적으로 관리할 수 있음	Lv. 5	
☐	축적된 데이터를 다양한 관점에서 분석하기 위해 보기를 설계할 수 있음	Lv. 6	
☐	여러 주제의 데이터베이스를 연결하여 체계적으로 구조화를 할 수 있음	Lv. 7	파트 III~VI
☐	일과 삶을 통합 관리하는 완성도 높은 시스템을 구축할 수 있음	Lv. 8	
☐	수식과 자동화를 활용하여 효율적인 업무 프로세스를 설계할 수 있음	Lv. 9	파트 VII
☐	AI, Make, Slack, Gmail 등 다양한 서비스와 연동하여 완성도 높은 솔루션을 구축할 수 있음	Lv. 10	

■ **체크한 항목이 거의 없다면? = Lv.1~ Lv.2**

노션이 처음이어도 걱정하지 마세요. 누구나 Lv.1에서 시작합니다.

추천 **파트 I**부터 차근차근 따라오세요. 기초 개념만 익혀도 활용도가 확 달라집니다.

■ **체크가 듬성듬성 있다면? = Lv.3~ Lv.5**

노션을 쓰고는 있지만 체계적으로 배우진 못했을 가능성이 높습니다. 아마 데이터베이스를 다룰 줄 안다 하더라도, 내 노션이 뭔가 어설프다고 느껴질 겁니다.

추천 **파트 I-II**로 돌아가 핵심 원리를 정리하세요. 노션은 기초가 탄탄하지 않으면 다음 단계로 올라서기가 어려운 도구입니다.

■ **노션의 기본기는 익혔다면? = Lv.6**

노션의 기본 기능을 모두 습득한 수준입니다.

`추천` 최소 2주 정도 데이터베이스를 사용해본 뒤, 심화 과정인 **파트 III**를 시작해보세요. 그러면 후반부도 무리 없이 진행할 수 있을 겁니다.

■ **나만의 시스템을 만들고 싶다면? = Lv.7~ Lv.10**

노션을 곧잘 활용하고 있습니다. 다음으로 데이터베이스를 연결해 자동화, 외부 연동까지 생각 중입니다.

`추천` **파트 VI** 이후로 확장하여 실무 중심으로 실습해보세요.

딱 2주만 투자하면!
10년을 편하게 일할 수 있습니다!

이 책에는 제가 수년간 쌓아온 노션 활용법과 노하우가 모두 담겨 있습니다. 실습을 따라가며 단계별로 익혀보세요. 누구나 자신만의 듀얼 브레인을 만들 수 있습니다. 꼼꼼하게 읽고 배운다면, 분명 큰 도움을 얻으리라고 확신합니다.

이 책의 강점

1. 처음이어도 잘 이해되는 노션 공식 앰베서더의 설명

이제 막 노션 회원가입을 했어도, 누구나 노션을 배울 수 있습니다. 첫 접속부터 기본 기능, 활용법까지 친절하게, 체계적으로 알려드립니다. 노션 공식 앰배서더 '지니언트'의 커리큘럼대로 배워보세요.

2. 포인트를 한 번 더 짚는 [Note] & [Notice]

평소 강의나 유튜브에서 많은 질문을 받습니다. 자주 헷갈려하는 기능과 궁금해하는 점들은 묻지 않아도 되게끔 미리 정리해두었습니다.

*[Notice]: 또 다른 방법, 유의점 같은 알짜 팁이 가득!

*[Note]: 알아두면 좋은 개념, 앞서 배웠던 내용을 확실히 체크!

3. 데이터베이스 구축 특화

데이터베이스란 단어가 처음이어도, 누구나 배울 수 있도록 구성했습니다. 어디를 클릭하고 어떻게 움직여야 하는지, 작은 순서와 동작까지 모두 표시했습니다. 그림만 보더라도 쉽게 실습을 따라갈 수 있습니다. 그뿐 아니라 데이터베이스 설계도 다이어그램과 완성본 [Notion Sample]으로 큰 그림도 볼 수 있습니다.

4. 직장인에게 더 유용한 예제와 꿀팁들

일정부터 자료, 이력, 프로젝트까지! 회사에선 관리할 게 참으로 많습니다. 10년차 직장인의 업무 노하우와 노션 활용 방법을 한가득 담았습니다. 이제 나도 일잘러가 될 수 있습니다.

5. 딱 한 곳이 아쉬운데! 할 때 슬쩍 보는 보너스페이지

예쁘고 깔끔한 노션 디자인이 부러우신가요? 내 업무 효율을 더 끌어올릴 또 다른 팁이 궁금했나요? 노션을 활용하는 남다른 한 곳 꿀팁을 보너스페이지에서 모두 공개합니다!

6. 궁금한 게 있다면? 생활 노션 커뮤니티로

질문이 있거나 더 많은 활용법이 궁금하다면, 생활 노션 커뮤니티에 참여해보세요. 누구나 환영합니다. 유튜브, 네이버 카페, 카톡방을 운영하고 있습니다.

[유튜브]   [네이버 카페]

실습 및 예제 안내

■ 예제 내려받기 방법

01 노션에 로그인한 상태에서, 인터넷 브라우저로 템플릿이 담긴 필자의 노션 웹페이지(https://kr-daily.notion.site/25not)에 접속합니다. 노션이 로그인 되어 있는 모바일 기기에서도 접속할 수 있습니다.

02 다음과 같이 섹션별로 노션 기능과 실전 적용을 위한 실습용 예제가 보입니다. 노란색 배경의 페이지는 준비를 위한 데이터베이스이고, 나머지는 결과물 예시입니다. 필요한 실습 예제를 클릭하세요.

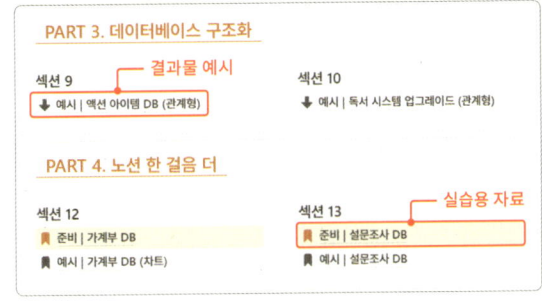

03 우측 위 (복제)를 클릭하고 보이는 팝업창에서 [개인 페이지에 추가]를 클릭하여 내 페이지에 추가합니다. 잠시 기다리면 내 노션 왼쪽 영역에 페이지가 복제되어 나타납니다. 복제된 페이지를 클릭하고, 데이터베이스 실습을 진행하면 됩니다.

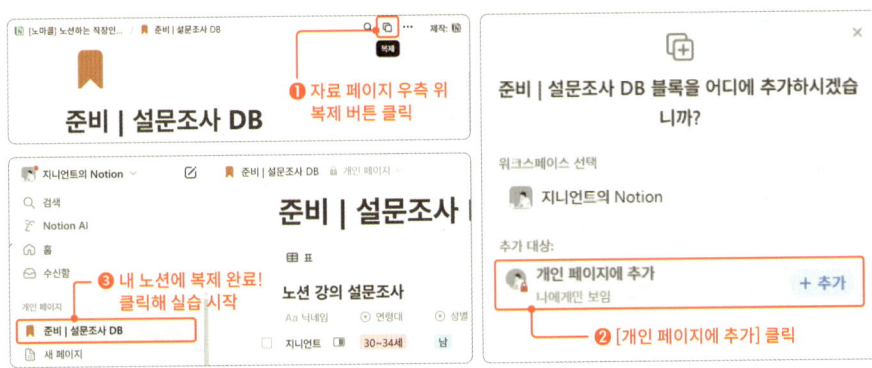

■ 실습 일람

이 책에 준비되어 있는 실습은 총 40개로, 다음 표와 같습니다. 하나를 마칠 때마다 체크하면서, 노션의 개념을 잘 쌓고 있는지 파악해보세요.

체크	순서	페이지	실습명 및 주제	내용 및 목표	파트
☐	(1)	61	방콕 여행 계획 페이지	노션 페이지 만들기, 블록 익히기	파트 I
☐	(2)	66	주간 플래너 페이지	노션 페이지 만들기, 블록 익히기	
☐	(3)	89	책 DB	데이터베이스 만들기, 속성 익히기	
☐	(4)	151	다이어리 DB	데이터베이스 보기 설계하기, 매일 기록하기	파트 II
☐	(5)	153	루틴 트래커 DB	데이터베이스 보기 설계하기, 매일 기록하기	
☐	(6)	156	가계부 DB	데이터베이스 보기 설계하기, 매일 기록하기	
☐	(7)	167	액션 아이템 DB	데이터베이스 2개 연결하기, 관계형 속성 익히기	
☐	(8)	172	책 DB에 액션 아이템 추가	데이터베이스 2개 연결하기, 롤업 속성 익히기	파트 III
☐	(9)	176	템플릿 업그레이드	템플릿 이용해 링크된 보기 자동 추가하기	
☐	(10)	180	문장 수집 DB	<책 DB> 업그레이드, 관계형&롤업 연습하기	
☐	(11)	181	독서 트래킹 DB	<책 DB> 업그레이드, 관계형&롤업 연습하기	
☐	(12)	193	페이지 인터넷 게시	노션 페이지 공유하기	
☐	(13)	199	월별 금액 막대그래프	데이터베이스 차트 보기 다루기	파트 IV
☐	(14)	212	설문조사 제작	노션을 이용한 설문조사 진행하기, 양식 보기 다루기	
☐	(15)	222	분석 대시보드 구성	설문조사 결과 분석하기, 링크된 보기 활용하기	
☐	(16)	237	노션 업무 설명서 작성	DSLR 프레임워크 중 'D', <업무 설명서 DB> 만들기, 노션 업무 설명서 작성하기	
☐	(17)	246	일정 DB	DSLR 프레임워크 중 'S', <일정 DB> 만들기	
☐	(18)	253	우선순위 매트릭스	<일정 DB> 보기 설계하기	파트 V
☐	(19)	263	이력 DB	DSLR 프레임워크 중 'L', <이력 DB> 만들기	
☐	(20)	280	자료 DB 기록: 모바일(유튜브)	DSLR 프레임워크 중 'R', <자료 DB> 만들기, <자료 DB>에 각종 영상 자료 수집하기	
☐	(21)	284	자료 DB 기록: 웹	'Save to Notion' 웹 클리퍼 설치 및 사용하기, <자료 DB>에 각종 웹 자료 수집하기	

체크	순서	페이지	실습명 및 주제	내용 및 목표	파트
☐	(22)	299	경비 처리 프로세스도	DSLR 프레임워크 중 'D', <업무 설명서 DB> 업그레이드, 머메이드 블록으로 프로세스 표현하기	파트 V
☐	(23)	305	프로젝트 DB	DSLR 프레임워크 중 'D', <업무 설명서 DB> 업그레이드, 노션 <프로젝트 관리> 방법 익히기	
☐	(24)	312	DSLR 통합	4개 데이터베이스 통합해 DSLR 프레임워크 완성하기	파트 VI
☐	(25)	317	DSLR 모아보기	링크된 보기 활용해 업무별로 DSLR 시스템 이용하기	
☐	(26)	325	DSLR 확장: 기록	DSLR을 삶으로 확장하기	
☐	(27)	330	DSLR 확장: 시스템	DSLR 구조 확장하기, <목표 DB> 추가하기	
☐	(28)	336	노션 캘린더	노션 캘린더 사용하기, <일정 DB>와 연결하기	파트 VII
☐	(29)	346	홈 대시보드 구성	홈 대시보드로 워크스페이스 전체 보기 설계하기	
☐	(30)	352	수식: 환율 계산	'수식' 이해하기, <가계부 DB>에 환율 계산 기능 넣기	
☐	(31)	363	수식: 날짜 속성 함수	<날짜> 속성 함수 익히기, <일정 DB> 업그레이드하기	
☐	(32)	372	수식: 국내 매출 계산	2개 데이터베이스 연결해 수식 활용하기	
☐	(33)	375	수식: 차트 만들기	수식 속성 값을 차트 보기로 표현하기	
☐	(34)	382	버튼 자동화(1) 템플릿	버튼 블록으로 양식 생성 자동화하기	
☐	(35)	384	버튼 자동화(2) 페이지	버튼 블록으로 <일정 DB>에 새 일정(페이지) 추가하기	
☐	(36)	386	버튼 자동화(3) 일정	버튼 블록으로 <일정 DB>의 일정 일괄 미루기	
☐	(37)	390	버튼 자동화(4) 일정	버튼 블록으로 <일정 DB>의 특정 일정 미루기	
☐	(38)	391	버튼 활용 업무 시스템	완료 시간 기록, 결재 시스템 등 구축하기	
☐	(39)	394	데이터베이스 자동화	자동화 기능으로 <가계부 DB> 지출 분류 자동화하기	
☐	(40)	406	AI 블록 자동화	AI 블록과 템플릿으로 매출 분석 보고서 작성 자동화하기	

차례

프롤로그 4
스터디 가이드 7

초심자를 위한 노션

노션, 블록부터 DB까지
노션, 핵심부터 알려드립니다 ·········· 20

파트 I 노션 속으로

섹션 01 노션 첫걸음 ·········· 30
페이지 1 노션 계정 생성 ·········· 30
페이지 2 노션 화면 구성 ·········· 31
페이지 3 노션 환경 설정 ·········· 36

섹션 02 페이지 다루기 ·········· 39
페이지 1 페이지 트리와 페이지 생성 ·········· 39
페이지 2 페이지별 설정 ·········· 41
BONUS PAGE ❶ 곰손도 가능한 노꾸 테크닉 ① ·········· 45

섹션 03 블록 다루기 ·········· 47
페이지 1 기본 블록 생성 및 변경 ·········· 47
페이지 2 여러 가지 블록 활용 ·········· 52

섹션 04 페이지와 블록 실습 ·········· 61
페이지 1 방콕 여행 계획 페이지 ·········· 61
페이지 2 간단한 주간 플래너 페이지 ·········· 66
BONUS PAGE ❷ 곰손도 가능한 노꾸 테크닉 ② ·········· 70

파트 II 데이터베이스

섹션 05 데이터베이스 기초: 책 DB ·········· 76
페이지 1 데이터베이스란? ·········· 76
페이지 2 데이터베이스와 속성 ·········· 83
페이지 3 다양한 속성 유형과 사용법 ·········· 89
BONUS PAGE ❸ 곰손도 가능한 노꾸 테크닉 ③ ·········· 103

섹션 06 　 템플릿으로 완성하는 나만의 독서노트 ──── 106
　　페이지 1 　 템플릿이란? ──── 106
　　페이지 2 　 레이아웃 사용자 지정 ──── 114
　　BONUS PAGE ❹ 　 곰손도 가능한 노꾸 테크닉 ④ ──── 122

섹션 07 　 보기로 설계하는 나만의 관점 ──── 124
　　페이지 1 　 보기란? ──── 124
　　페이지 2 　 보기를 더 강력하게, [필터]와 [정렬] ──── 138
　　페이지 3 　 보기를 어디서나, [링크된 보기] ──── 143
　　BONUS PAGE ❺ 　 곰손도 가능한 노꾸 테크닉 ⑤ ──── 146

섹션 08 　 데이터베이스와 보기 실습 ──── 148
　　페이지 1 　 노션 연습 가이드 ──── 148
　　페이지 2 　 다이어리 DB ──── 151
　　페이지 3 　 루틴 트래커 DB ──── 153
　　페이지 4 　 가계부 DB ──── 156
　　BONUS PAGE ❻ 　 엑셀과는 다른 데이터베이스 ──── 160

파트 III 　 데이터베이스 구조화

섹션 09 　 관계형&롤업으로 데이터베이스 연결 ──── 164
　　페이지 1 　 독서노트 시스템 구축: 액션 아이템 DB ──── 164
　　페이지 2 　 액션 아이템 추가: 관계형 ──── 167
　　페이지 3 　 액션 아이템 집계: 롤업 ──── 172

섹션 10 　 링크된 보기 자동화 및 구조 업그레이드 ──── 176
　　페이지 1 　 템플릿 업그레이드 ──── 176
　　페이지 2 　 독서노트 시스템 업그레이드 ──── 179

파트 IV 　 노션, 한 걸음 더

섹션 11 　 페이지+ 노션, 함께 쓰고 공유하기 ──── 186
　　페이지 1 　 다른 사람 초대 및 협업 ──── 186
　　페이지 2 　 페이지 인터넷 게시 ──── 193

섹션 12 　 보기+ 내 맘대로 만드는 노션 차트 ──── 198
　　페이지 1 　 노션 차트 유형 ──── 198
　　페이지 2 　 노션 차트 꾸미고 읽기 ──── 206

섹션 13 　 보기+ 간편한 설문조사 시스템, 노션 양식 ──── 212
　　페이지 1 　 [양식] 보기와 설문지 제작 ──── 212
　　페이지 2 　 [차트] 보기와 설문 결과 분석 ──── 220

노션, 일과 삶을 통합하는 DSLR 프레임워크

업무 관리 툴로서의 노션을 만나다 ·········· 228

파트 V 직장인 비밀 무기, DSLR 시스템

섹션 14 [Description(디스크립션)] ❶ 정확히 일하는 업무 설명서 ·········· 234
    페이지 1 노션 업무 설명서: <업무 설명서 DB> ·········· 235
    페이지 2 페이지 연결과 계층 관리 ·········· 241

섹션 15 [Schedule(스케줄)] 퇴근 시간을 당기는 일정 관리법 ·········· 245
    페이지 1 일정과 할 일 관리: <일정 DB> ·········· 246
    페이지 2 보기 설계 심화: 우선순위 매트릭스 | 일정 대시보드 ·········· 253
    BONUS PAGE ❼ 반복 업무 관리 아이디어 ·········· 260

섹션 16 [Log(로그)] 경험이 자산이 되는 업무 이력 ·········· 262
    페이지 1 업무 이슈 및 이력 관리: <이력 DB> ·········· 263
    페이지 2 보기 설계 및 이력 검색 ·········· 268

섹션 17 [Resource(리소스)] 노션의 강점을 극대화한 자료 관리 ·········· 276
    페이지 1 통합 자료 관리: <자료 DB> ·········· 277
    페이지 2 모바일과 PC 자료 수집 ·········· 282
    페이지 3 자료 분류 및 활용 ·········· 290
    BONUS PAGE ❽ 자료 관리 아이디어 ·········· 292

섹션 18 [Description(디스크립션)] ❷ 업무 프로세스 완벽 정리 ·········· 294
    페이지 1 프로세스 정리: 머메이드 활용 ·········· 295
    페이지 2 프로젝트 관리: <프로젝트 관리 DB> ·········· 304

파트 VI DSLR 구조화

섹션 19 DSLR 통합 ·········· 310
    페이지 1 DSLR 시스템 구조 분석과 통합 전략 ·········· 310
    페이지 2 DSLR 통합: 관계형 ·········· 312
    페이지 3 업무별로 DSLR 모아보기 ·········· 317
    BONUS PAGE ❾ 관계형 사용 시 주의점 ·········· 323

섹션 20 DSLR 확장 ·········· 325
    페이지 1 DSLR 기록 영역 확장: 일에서 삶으로 ·········· 325
    페이지 2 DSLR 시스템 확장: <목표 DB> ·········· 330

파트 VII DSLR, 한 걸음 더

섹션 21 노션 캘린더 & 홈 대시보드 ··············· 336
　페이지 1　구글 캘린더와 함께 보는 노션 캘린더 ··············· 336
　페이지 2　홈 대시보드 구성 및 활용 ··············· 346

섹션 22 수식 기초: 엑셀 몰라도 OK ··············· 351
　페이지 1　수식이란? ··············· 351
　페이지 2　함수란? ··············· 356
　페이지 3　<날짜> 속성 함수 ··············· 360
　BONUS PAGE ❿ 수식 깔끔하게 작성하는 법 ··············· 369

섹션 23 수식 심화: 분석용 함수 활용 ··············· 372
　페이지 1　국내 매출 계산 ··············· 372
　페이지 2　수식 속성으로 차트 만들기 ··············· 375
　BONUS PAGE ⓫ 노션이 너무 느려질 때 대처법 ··············· 377

섹션 24 버튼과 자동화로 업무 생산성 UP ··············· 381
　페이지 1　버튼 자동화 ··············· 381
　페이지 2　데이터베이스 자동화 ··············· 394
　BONUS PAGE ⓬ 다양한 자동화 아이디어 ··············· 397

섹션 25 노션 AI로 완성하는 업무 비서 ··············· 399
　페이지 1　노션 AI: 페이지 활용 ··············· 400
　페이지 2　노션 AI: 데이터베이스 활용 ··············· 407

에필로그　411
찾아보기　413

[일러두기]

- 도서 내 실린 노션 정보와 화면 캡처 이미지는 2025년 10월 기준입니다. 이후 노션 서비스의 업데이트로 상이한 부분이 있을 수 있습니다.

- 더 많은 '직장인 노션' 활용 사례와 최신 업데이트 정보는 저자가 운영하는 '생활 노션 커뮤니티 (cafe.naver.com/dailynotion)'에서 만나볼 수 있습니다.

초심자를 위한 노션

노션, 블록부터 DB까지

노션, 핵심부터 알려드립니다

N 디지털 종이, 노션

크리스찬 베일(Christian Bale)은 천의 얼굴을 가진 미국의 배우다. 베일만큼 연기 스펙트럼이 넓은 배우는 흔치 않다. 악당부터 약물중독자, 히어로 등 다양한 역을 맡았다. 그는 연기를 위해 몸무게를 극단적으로 조절하는 걸로 유명하다. 그는 놀랍게도 2004년에 영화 <머시니스트(The Machinist)>의 약물중독자를 연기하려고 83kg에서 55kg까지 감량했다가, 다음 해에는 다시 86kg으로 늘렸다. 그때 맡은 역이 바로 배트맨이었다.

영화계에 베일이 있다면, 메모 앱에는 노션(Notion)이 있다. 백 명의 노션 사용자가 있다면 백 개의 노션이 있다고 할 만큼, 각자의 정의는 각양각색이다. 어떤 이는 노션을 메모 앱, 비서 또는 자기경영 도구라 한다. 업무에서 쓴다면 인공지능 생산성 앱, 프로젝트 관리 도구, 지식 관리 시스템, 협업 도구라 말한다. 처음엔 단순한 기록 도구로 알고 시작했다가, 자기경영이나 사업에 활용하는 사람들이 많다. 그만큼 범용적인 도구다.

사람들은 오래 전부터 이와 비슷한 도구를 사용해왔다. 바로 흔하디 흔한 종이다. 종이는 글을 쓰려고 만든 얇은 섬유조직인데, 내용에 따라 목적이 달라진다. 마음을 담은 편지가 되기도 하고, 홍보 브로셔나 정보 안내문이 되기도 한다. 때론 정보가 없는 종이도 있다. 고이 접어 종이학이나 비행기를 만든다. 요즘은 병따개로도 활용한다. 종이는 어떤 도구보다도 활용성이 좋다.

노션의 창업자 아이반 자오(Ivan Zhao)는 유치원생도 바로 쓸 만한 쉽고 자유로운 디지털 종이를 원했다. 목적에 따라 마음대로 변형하고, 복제하고, 배포하고 싶었다. 몇 번의 실패와 도전 끝에 나온 것이 바로 노션이다. 종이의 모든 기능을 그대로 이어받았다.

그래서 노션의 가장 중요한 개념은 페이지다. 여기에 글과 사진부터 영상과 오디오, 웹페이지와 같은 디지털 콘텐츠까지 모두 담을 수 있다. 페이지를 어떻게 생각하느냐에 따라 활용도가 무궁무진하다. 페이지에 제품 정보를 담으면 온라인 제품 브로셔로 쓸 수 있고, 입금 출금 이력을 담으면 함께 쓰는 가계부가 된다. 일정을 담으면 디지털 플래너가 되고, 고객 정보를 담으면 고객 DB가 된다. 사용자가 의미와 정보를 부여하기 나름이다. 오랜 기간 인류와 함께한 종이에 비견될 디지털 시대의 멋진 도구다.

노션의 강점

노션은 활용도가 무궁무진할뿐만 아니라, 디지털의 장점까지 극대화했다. 노션에 입력한 모든 정보는 컴퓨터가 아닌 노션의 서버에 저장된다. 따라서 ❶ 인터넷만 연결하면 맥북, 윈도우, 스마트폰, 태블릿 등 어디서든지 사용할 수 있다. 수많은 디바이스를 가진 요즘 사람들에게는 반가운 프로그램이다.

게다가 ❷ 다른 노트 프로그램 대비 동기화 속도가 빠르다. 편집하는 대로 즉시 모든 편집 내용을 서버에 전달하기 때문이다. 그러므로 협업하기에도 좋다. 동료들이 작업하는 부분과 업데이트 내용을 실시간으로 볼 수 있다.

친구와 가족이 노션을 쓰지 않더라도 ❸ 링크 하나로 쉽게 공유할 수 있다. 무수한 웹페이지가 노션으로 만들어지고 있다. 게다가 클릭 한 번만으로 내용뿐 아니라 기능까지도 복제된다.

가격도 합리적이다. ❹ 대부분의 기능이 무료여서, 개인적인 기록을 하기에 충분하다. 이런 장점 덕분에 2020년에 100만 명 수준이던 노션 사용자 수는 2024년에는 1억 명을 돌파할 정도로 빠르게 성장했다. 최근에는 AI와 자동화 기능이 더해지면서 진정한 올인원 생산성 툴로 거듭났다.

노션의 구조

노션에 가입하면, 하나의 계정에 여러 개의 워크스페이스를 만들 수 있다. 따라서 목적별로 계정을 여러 개 만들 필요는 없다. **워크스페이스**는 작업 공간이다. 이 공간에서 문서를 만들고 저장한다.

노션의 문서 종류는 단 한 가지밖에 없다. 바로 **페이지**다. 페이지의 구조는 **제목과 본**

문이다. 본문에 어떤 정보를 담느냐에 따라 다양하게 활용할 수 있다. 하지만 페이지를 묶어주는 폴더가 없다. 그렇다고 페이지를 무질서하게 보관하는 건 아니다. 페이지가 문서면서 동시에 폴더 역할도 하기 때문이다. 즉, 페이지에 페이지를 담는 구조다. 이 구조에 하루 빨리 익숙해지는 게 노션을 잘하는 지름길이다.

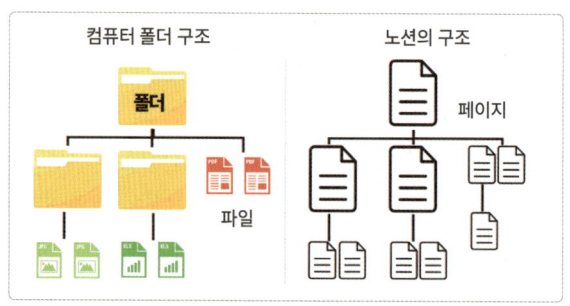

컴퓨터 폴더 구조(왼쪽)와 노션 구조(오른쪽)

노션을 잘 쓰기 위한 핵심 개념 3가지를 꼽자면, 바로 **페이지와 블록, 데이터베이스**다. 개념을 알고 나면 그리 어렵지 않은데, 용어가 생소해서 어렵다고 느낄 수 있다. 핵심과 콘셉트를 이해하고 배운다면 노션이 한결 쉬워질 것이다.

■ **페이지**

노션의 페이지는 일반적인 문서 파일과 다르다. 가장 큰 차이는 페이지 수라는 개념이 없다는 것이다. 본문이 많아지면, 페이지의 길이도 끝없이 늘어난다. 본문에는 글과 그림, 표와 영상과 같은 여러 가지 콘텐츠를 넣을 수 있다.

■ **블록**

블록은 페이지 본문을 구성하는 요소다. 페이지 본문의 모든 콘텐츠는 블록에 담아 넣는 것이다. 이름이 블록인 이유는, 쌓아올린다는 점에서 레고 블록과 비슷하기 때문이다. 레고 블록의 종류 자체는 단순하지만, 여러 블록을 조합하여 만들 수 있는 형태는 집, 선박, 자동차, 우주선 등으로 무궁무진하다.

노션에도 특별한 기능과 형태를 가진 블록들이 있으며, 이를 조합하여 다양한 시스템과 템플릿을 만들 수 있다. 즉, 넓은 레고 블록(노션 페이지) 위에 각종 모양의 레고 블록

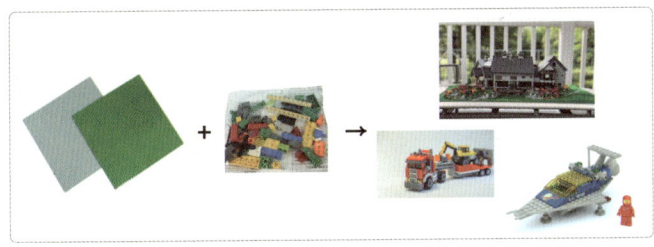

(노션 블록)들을 쌓아올리는 형태라고 보면 된다.

보통 문서 작성 프로그램(마이크로소프트 워드)에는 블록이라는 개념이 없다. 넓은 공간에 글과 도형, 사진을 마음대로 올릴 수 있다. 반면 노션은 페이지 위에 블록을 올리고, 블록 위에다 글을 쓰는 형태다. 그런데 노션 블록의 경계는 그냥은 보이지 않는다. 확인하려면 마우스로 글자를 드래그해보자. 글자만 드래그되는 워드와 달리, 노션의 드래그 범위는 더 넓다. 글자가 없어도 문단 끝까지 드래그할 수 있다. 이때 선택된 길고 파란 영역이 바로 블록이다. (물론 글자만 드래그할 수도 있다.)

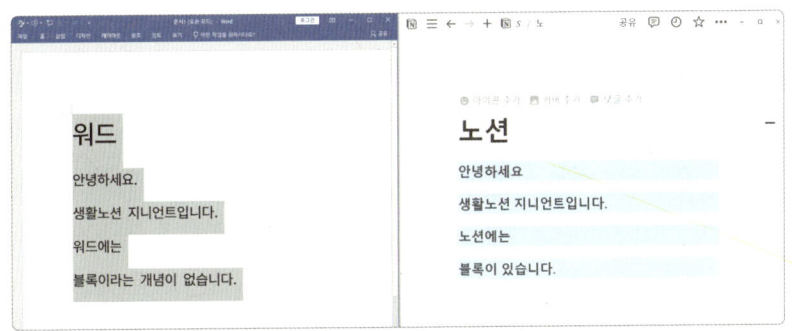

마이크로소프트 워드 페이지(왼쪽)와 노션 페이지(오른쪽)의 차이

노션을 처음 사용한다면, 이 블록의 존재가 불편하다. 서로 겹쳐지지 않고 차례대로 쌓을 수밖에 없어, 배치가 자유롭지 않아서다. 사용 방법은 포스트잇과 비슷하다. 포스트잇에 글을 쓴 뒤, 페이지라는 화이트보드에 붙이는 느낌이다. 포스트잇을 떼서 다른 곳에 붙이면 내용도 함께 옮겨진다. 블록도 마찬가지다.

블록의 장점을 꼽자면, 어느 정도 완성된 문서를 편집할 때 좋다. 보통 글을 쓰다 보면, 문단의 순서를 이리저리 바꿔야 할 때가 있다. 노션은 포스트잇을 붙였다 떼듯 내용

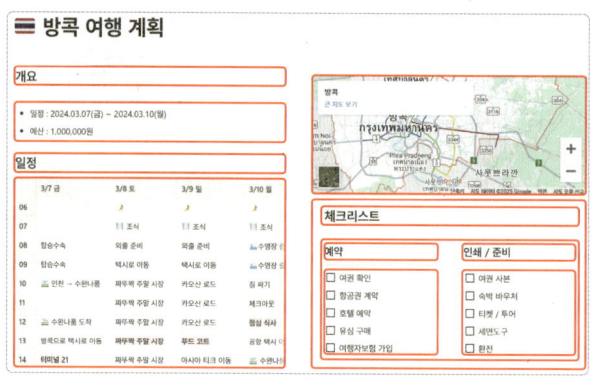

한 페이지 내 블록 구성 예시

을 블록째로 옮길 수 있어 편하다. 블록 한 개에 한 문단을 넣어두었다면, 단축키만으로도 문단을 하나씩 옮겨 가며 정리할 수 있다. 게다가 어떤 블록 위에는 글뿐만 아니라 다른 블록도 올릴 수 있다. 일반적인 워드 프로그램보다 입체적으로 작업할 수 있다. 앞 예시의 오른쪽 아래 블록이 그 예다.

■ 데이터베이스

노션을 쓰다 보면 페이지 관리가 어려운 순간이 온다. 페이지가 너무 많아지기 때문이다. 따라서 특정 주제의 페이지를 한곳에 모아두고, 체계적으로 관리해야 한다. 이럴 때 사용하는 게 **데이터베이스**다. 노션에는 폴더가 없지만 데이터베이스가 폴더 역할을 한다.

데이터베이스라는 이름만 보면 왠지 전문가가 사용해야 할 것 같지만, 막상 사용해 보면 전혀 그렇지 않다. 데이터베이스는 "같은 주제를 가진 페이지를 한곳에서 관리하는 기능" 정도로 이해하면 된다. 마치 분야별로 책을 꽂아둔 책장과 비슷하다.

다음 그림을 보자. 표처럼 생긴 데이터베이스란 곳(<책 DB>)에 각 책 페이지인 <거인의 노트>와 <생각에 관한 생각> 그리고 <세컨드 브레인>을 차곡차곡 넣어두었다.

표의 첫 행에 '이름'과 '출판사', '저자' 등이 적혀 있다. 이것은 각 행의 제목 열이다.

두 번째 행부터 페이지다. 여기서 중요한 포인트는 '이름' 아래의 칸 하나가 페이지가 아니라, 행 전체가 하나의 페이지라는 것이다. 즉 이 그림은 데이터베이스를 '책 목록'으로 정의하고, 책 페이지를 한 줄씩 넣어둔 셈이다. 만약 데이터베이스 제목을 '업무 목록'

| 田 표　88 갤러리　🗓 캘린더　田 완독　1개 더 보기 | | | | | ≡ ↑↓ ⚡ 🔍 ↗ ··· | 새로 만들기 ⌄ |

책 DB ···

Aa 이름	⊙ 출판사	☰ 저자	🔗 표지	⊙ 별점	# 쪽수	☑
거인의 노트	다산북스	김익한		★★★	291	☐
생각에 관한 생각	김영사	대니얼 카너먼		★★★★	727	☑
세컨드 브레인	쌤앤파커스	티아고 포르테		★★★★★	352	☑

이라고 했다면, 업무와 관련된 페이지만 넣어두면 된다.

　노션의 문서 단위는 페이지이므로, 데이터베이스 하나를 잘 만드는 게 무엇보다 중요하다. 노션을 잘 사용한다는 말은 곧 데이터베이스를 잘 활용한다는 말과 같다. 이를 제대로 배우지 않으면, 노션의 반의 반도 활용할 수 없다. 데이터베이스를 잘 배워서 단순한 메모를 넘어서보자. 나만의 기록 시스템, 나만의 지식 시스템으로 활용해보자.

> **Notice** 데이터베이스의 페이지처럼 여러 데이터를 한 개의 요소(레코드)로 묶어서 관리하는 방식을 레코드 방식이라고 한다.

🅝 어떻게 활용하면 좋을까?

나에게 노션은 <u>삶의 모든 흔적을 남기는 듀얼 브레인</u>이다. 목표와 계획, 과정과 결과, 일정과 자료 등, 모든 것을 저장한다. 활용법은 그야말로 무궁무진하다. 페이지에 의미를 부여하고 내용을 채우면 된다. 업무와 가계부, 취미의 영역까지 기록할 주제는 많다. 그렇기 때문에 노션 활용법에는 정답이 없다. 각자 써보고 가장 편한 스타일이 정답이다.

　자유롭다는 건 아무것도 없다는 것과 같다. 노션을 처음 쓸 때 느끼는 막막함은 자유로움에서 온다. 다른 사람들이 어떻게 쓰는지 참고하면서 나에게 딱 맞는 시스템으로 만들어가는 게 중요하다. 시작하기에 앞서, 내가 직접 활용하고 있는 예시를 소개해보겠다. 이 책에서 실습으로 다루고 있는 내용들이다. 이 책을 끝까지 따라온다면, 대부분의 시스템을 스스로 만들 수 있을 것이다.

노션 활용 예시

■ 프로젝트

모든 일의 기획과 전략, 수행 이력과 자료를 한곳에 모은다. 한 페이지에서 전체 현황을 점검하고, 우선순위를 판단하며, 중요한 일정만 따로 모아본다. 이 모두는 긴밀히 연결되어 있으며 원하는 만큼 확장

할 수 있다. 업무 방식을 프로세스화하고 주 단위로 이력을 남기면서 매일, 매주 계획하고 결산한다.

■ 가계부

수입과 지출, 자산과 부채를 한곳에서 관리한다. 차트와 수식을 이용해 지출 내역과 자산 비중을 원하는 대로 분석한다. 언제 어디서든지 가계부를 열어볼 수 있다.

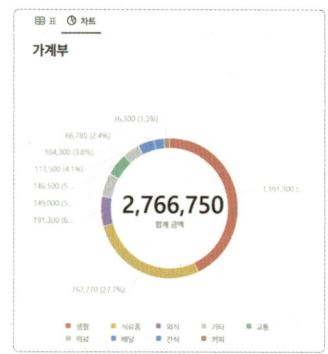

■ 독서노트

노션에 독서 정리를 한다. 독서 정리에 필요한 양식은 내 입맛대로 만든다. 좋은 문장을 만나면 문장을 수집한다. 액션 아이템을 뽑고 실행 여부를 체크한다. 연말에는 한 해 어떤 책을 읽었는지 결산한다.

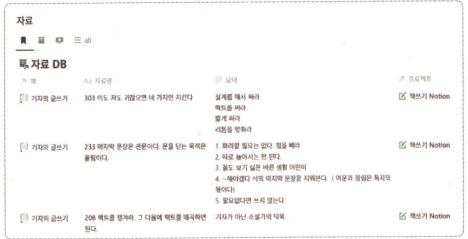

■ 여행 플래너

휴가 계획을 세운다. 구글 지도를 넣을 수도 있고, 친구들을 초대해 함께 계획을 짜고 자료를 수집할 수도 있다. 휴대폰만 있으면 언제든지 열어볼 수 있으니 활용성이 좋다.

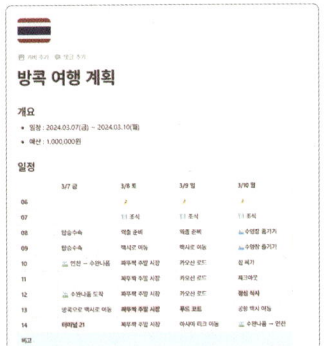

■ 설문조사 템플릿

노션으로 온라인 설문조사 양식을 만들고, 쉽게 배포할 수 있다. 차트로 응답 결과까지 분석할 수 있다. 질문 설계부터 양식 생성, 링크 제공, 응답 분석까지 모두 한곳에서 할 수 있어 매력적이다.

노션, 블록부터 DB까지

PART

I

노션이 처음이라면, 용어부터 혼란스럽다. 노션은 단순한 문서관리 도구가 아니다. '블록'이라는 요소를 '페이지'에 채우는 특별한 방식이다. 이 점이 노션을 강력한 도구로 만들어주었지만, 생소한 개념이다 보니 구조를 이해하는 데 시간이 걸릴 수 있다.

이에 첫 파트에서는 노션의 기본 단위인 페이지와 블록의 구조를 소개한다. 페이지는 곧 노션의 문서다. 이 안에 텍스트, 이미지, 동영상, 표 등 다양한 블록을 추가해 나간다. 이 두 요소를 다루는 방법을 알아보자.

노션의 핵심 개념을 확실하게 알아야, 제대로 다룰 수 있다. 안내된 실습을 잘 따라온다면, 복잡한 정보들을 효율적으로 정리하는 방법을 배울 수 있을 것이다.

노션 속으로

GOAL
- 노션 시작하기
- 노션의 강점과 구조, 핵심 기능 이해하기
- 페이지와 블록, 데이터베이스 개념 익히기

KEYWORD 페이지 블록 데이터베이스 보기
워크스페이스

SECTION 01 노션 첫걸음

ONE-PAGER GUIDE

[지니언트's saying] 노션이 처음이라면, 이 섹션을 따라서 회원가입부터 진행하자. 노션의 구조는 계정, 워크스페이스, 섹션, 페이지로 이루어져 있다. 이 구조를 명확하게 이해하고 환경설정까지 해보는 게 이번 섹션의 목표다.

페이지 1 노션 계정 생성

노션을 사용하려면 계정이 있어야 한다. 우선 노션 홈페이지(https://notion.so)에 접속하자.

[무료로 Notion 사용하기] 버튼을 클릭하고, 회원가입을 절차대로 진행하면 된다. 구글 계정이나 애플 계정이 있다면, 그 계정으로 가입하기를 추천한다.

> **Notice** 회원가입을 할 때는 유의할 점이 있다. 다른 사람을 초대하지 말고 [스스로] 옵션으로 시작하자. 다른 사람을 초대하는 기능은 유료 요금제에서 지원된다.

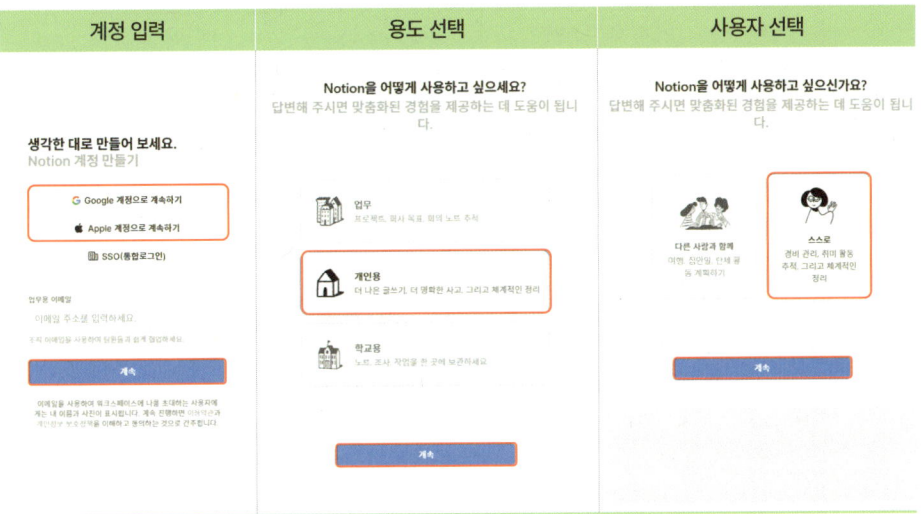

Note 노션 앱 vs 웹 브라우저

노션 데스크톱 앱(PC용 프로그램)이 있지만, 웹 브라우저에서도 사용할 수 있다. 데스크톱 앱은 로딩 속도가 약간 빠르고, 노션AI 호출 등과 같은 추가 기능이 있다. 하지만 속도 차이는 미미한 정도이고 여러 웹 페이지를 함께 작업하는 일이 많아서, 개인적으로 크롬 브라우저를 사용하길 추천한다. 크롬 브라우저는 구글에서 검색해 다운받아 사용하면 된다. 이후에 배울 스크랩 시스템도 크롬의 확장 프로그램이다.

 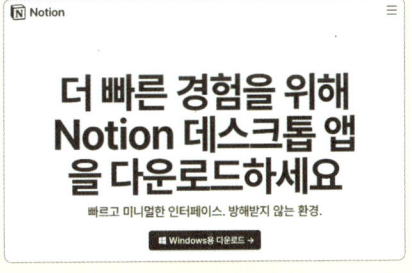

크롬 브라우저 다운로드 화면(왼쪽)과 노션 데스크톱 앱 다운로드 화면(오른쪽)

페이지 2 노션 화면 구성

계정과 프로필을 만들었다면, 브라우저에 노션 화면이 나온다. 쭉 둘러보자. 군더더기 없는 깨끗한 UI가 특징이다. 왼쪽엔 옅은 회색 배경인 사이드바가 있다. 오른쪽엔 문서를 작성할 공간인 페이지가 있다.

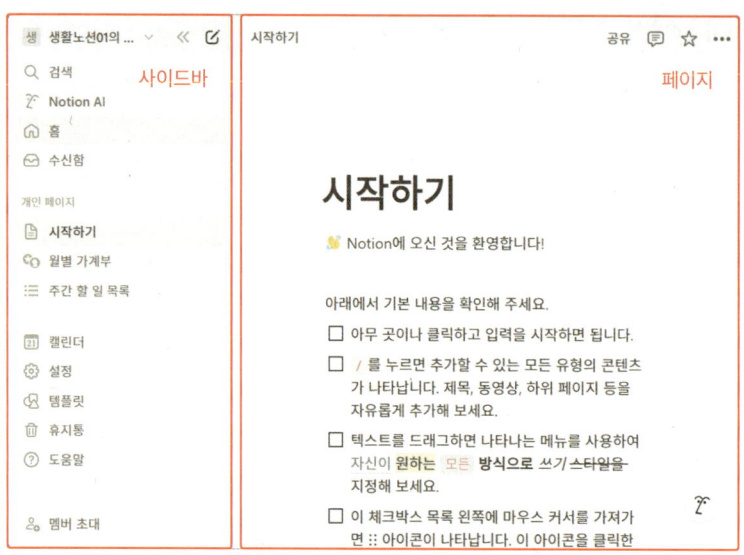

노션이 처음이라면, 이 구조가 꽤 낯설고 당황스럽다. 기능과 설명, 문서와 본문을 구분하기 어렵기 때문이다. 우리가 익히 사용하는 프로그램과는 사뭇 다르다. 가령 엑셀은 상단에 모든 기능이 들어 있다. 하나씩 클릭하면서 기능을 익힌다. 반면 노션은 메뉴랄 게 안 보인다. 사용하지 않는 기능은 숨어 있다. 기능이 있는 곳에 마우스를 올려야 슬그머니 보인다. 그마저도 버튼 모양이 아니어서 기능인지 설명인지 구분하기도 어렵다.

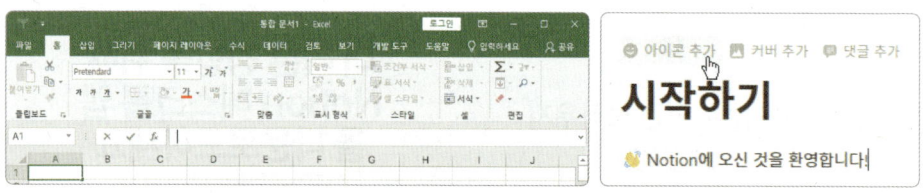

상단 메뉴에 모든 기능이 모여 있는 엑셀 vs. 메뉴가 보이지 않는 노션

여기에는 미니멀리즘 철학이 담겨 있다. 당장 필요하지 않은 건 숨겨두어서, 지금 작업에만 집중할 수 있게 디자인했다. 노션을 좀 써본 사람들은 이 스타일이 작업에 몰입하기에 더 좋다는 걸 알고 있다. 하지만 초보자에게는 불친절하다. 신념인지 고집인지 모를 나쁜 남자 같은 도구다. 하지만 노션이 지금처럼 어려울까 봐 걱정할 필요는 없다. 알고 나면 별 게 없다. 노션의 기능은 다른 오피스 프로그램 대비 절반도 되지 않는다. 핵심 기능만 배우면 누구나 잘 사용할 수 있다.

📝 사이드바와 워크스페이스

이제 화면 구성을 하나씩 살펴보자. 노션의 왼쪽, [사이드바] 가장 위에 "OO의 Notion"이 보인다. 이는 워크스페이스이며, 이름 그대로 작업공간이다.

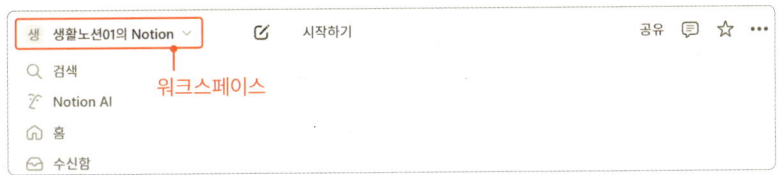

워크스페이스 이름 "OO의 Notion"을 클릭하면 로그인한 계정의 이메일과 워크스페이스가 보인다. 여러 계정을 추가할 수 있고, 계정별로 워크스페이스를 추가할 수 있다. 개수에 제한은 없다. 워크스페이스를 이동할 때에도 이 메뉴를 이용하면 된다.

계정 오른쪽 ⋯ 버튼을 클릭하면 팝업 메뉴가 뜬다. [워크스페이스 생성 또는 참여]로 워크스페이스를 추가하거나 [로그아웃]을 눌러 계정을 로그아웃할 수 있다.

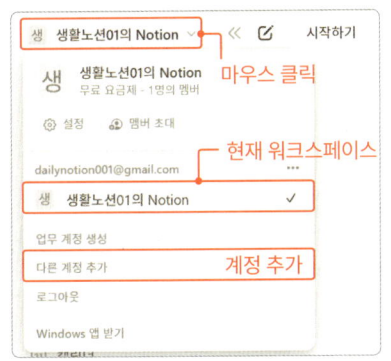 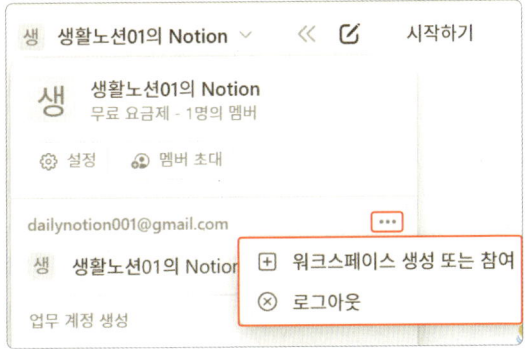

[사이드바]에는 [워크스페이스] 외에 몇 가지 기능들이 더 있다. 노션 업데이트에 따라 기능의 종류와 순서는 조금씩 다를 수 있다. 무엇이든 초보자에게는 당장 필요하지 않다. 자주 쓰는 기능들은 이후 차차 다룰 예정이니, 지금은 다음 표에서 대략적인 기능만 알고 넘어가자. [개인 페이지] 섹션을 기준으로, 상단/하단 기능을 따로 정리했다.

■ 상단 사이드바

기능	설명	단축키
검색	워크스페이스의 페이지 제목과 내용을 검색하는 기능이다.	Ctrl + K
Notion AI	노션 AI를 활용할 수 있는 기능이다. 노션에 작업을 하거나, 내 페이지의 지식들을 기반으로 대답해준다.	Shift + Ctrl + J (PC 프로그램 전용)
홈	최근 방문 페이지, 일정과 작업 등을 볼 수 있는 대시보드형 페이지다. 뒤에서 활용법을 자세히 다룰 예정이다.	Ctrl + Alt + H
수신함	노션 페이지 업데이트 이력이나, 다른 사람이 자신을 호출한 알람을 확인할 수 있다.	Ctrl + Alt + U

■ 하단 사이드바

기능	설명
캘린더	노션 캘린더를 사용할 수 있다.
설정	노션 계정과 워크스페이스 설정을 바꿀 수 있다.
템플릿	노션이 제공하는 기본 템플릿을 사용할 수 있다.
휴지통	삭제한 페이지가 모이는 휴지통이다. 여기서 페이지를 복원하거나 영구 삭제할 수 있지만, 휴지통의 전체 페이지를 지우는 기능은 없다. 노션엔 용량 제한이 없으므로 비우지 않아도 된다. 단 무료 요금제인 경우 휴지통의 페이지는 30일 뒤에 영구 삭제된다.
도움말	노션 설명서와 지원팀 메시지 보내기, 단축키 등을 확인할 수 있는 기능이다.

> **Note** 사이드바 접기
>
> 워크스페이스 이름에 마우스를 올리면 메뉴가 나타난다. 이 중 « 버튼을 클릭하면 사이드바를 접을 수 있다. 단축키는 Ctrl + \ . 맥북은 ⌘ + \ 이다.

Ⓝ 페이지와 섹션

[사이드바]의 오른쪽 영역은 노션의 문서, **페이지**다. 텍스트를 비롯해 다양한 내용을 담을 수 있다. 첫 화면은 노션이 기본 제공하는 **<시작하기>** 페이지다. 노션의 간단한 사용법이 나와 있으니 가볍게 읽어보자.

<시작하기> 페이지는 왼쪽 [사이드바]의 [개인 페이지] 섹션에서도 찾을 수 있다. 그 아래 <주간 할 일 목록>, <월별 가계부> 모두 페이지다. 각각을 클릭하면 오른쪽에 해당 페이지가 열린다.

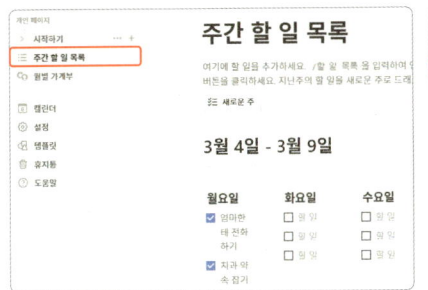
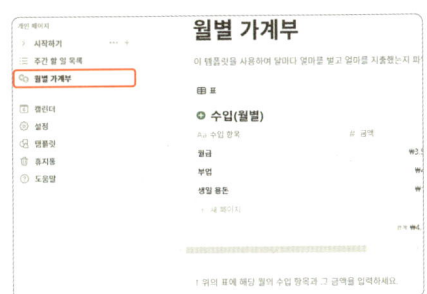

이 페이지들이 모여 있는 곳인 [개인 페이지]는 **섹션**이다. [사이드바]에는 그 외에도 [공유된 페이지], [워크스페이스], [팀스페이스], [즐겨찾기] 등의 이름이 함께 보일 수 있는데, 모두 섹션이

> **Notice** 페이지 트리(목록)는 워크스페이스를 처음 만들 때 선택한 템플릿에 따라 다를 수 있다.

다. 사용자가 직접 섹션을 추가할 수는 없으며, 최상위 페이지의 공유 기능에 따라 자동으로 만들어지고 숨겨진다. 공유 기능은 이후 다시 자세히 다루겠다.

사용하기 편하도록 [개인 페이지] 설정을 변경해보자. [개인 페이지] 위에 마우스 커서를 올리면 메뉴 버튼 ⋯이 보인다. 클릭하면 페이지의 정렬과 표시 기준을 바꿀 수 있다. [정렬]은 [수동]으로 바꾸고, [표시]는 [모두]로 변경하자. 이 편이 사용하기 좋다.

> **Notice** [개인 페이지]를 클릭하면 섹션의 페이지들을 접고 펼 수 있다. 다른 섹션이 있다면 클릭한 채로 마우스를 이동하여 위치를 옮길 수 있다.

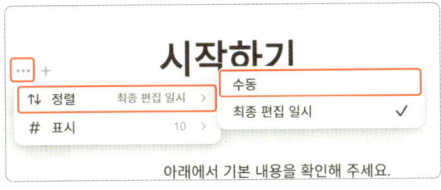
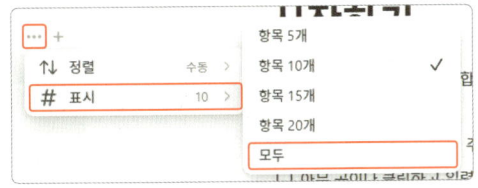

페이지 3 노션 환경 설정

추가로 다른 설정도 변경하여 편리한 노션 환경을 세팅해보자. [사이드바]의 워크스페이스 이름을 클릭하고, 메뉴의 [설정] 버튼을 클릭한다. 설정창이 열린다. 노션의 설정창은 [계정]과 [워크스페이스] 두 섹션으로 나뉘어 있다. [계정]은 노션에 회원 가입한 계정을 의미하며, [워크스페이스]는 계정별로 생성한 작업 공간이다. 대부분 기능엔 상세한 설명이 적혀 있다. 그래서 여기에는 추가로 설명이 필요한 기능만 정리했다.

📑 계정

■ 내 계정명: 프로필 설정

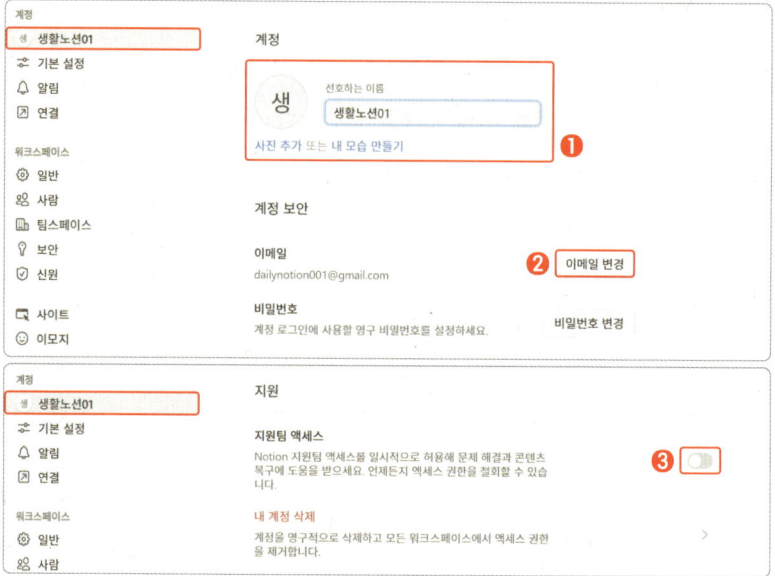

- ❶ [내 프로필]에서 프로필의 사진과 이름을 바꿀 수 있다. 노션을 함께 쓰는 동료들에게 이 프로필이 보여진다.
- ❷ [계정 보안] - [이메일]에서는 노션에 연결된 이메일도 바꿀 수 있다. 이메일을 바꾸더라도 데이터는 삭제되지 않고 보존된다.

- 노션에 문의를 할 때는 ❸ [지원] - [지원팀 액세스]를 켜자. 지원팀에서 현상을 정확하게 파악하기 위해 일정 기간 동안 내 노션 계정에 접근할 수 있다.

■ 기본 설정: 테마 | 시작 페이지 | 언어 및 시간대

- ❶ [기본 설정] - [테마]에서 노션 바탕색을 '다크 모드' 또는 '라이트 모드'로 설정할 수 있다. 다크 모드 전환 단축키는 Ctrl + Shift + L 이다.

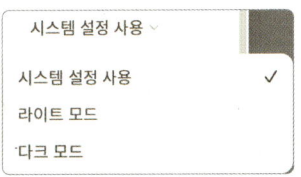

- ❷ [언어 및 시간] - [언어]는 노션의 사용 언어를 설정한다. 노션이 영어로 나온다면 여기서 바꿀 수 있다.

- ❸ [언어 및 시간] - [한 주의 시작을 월요일로 설정하기] 옵션을 켜면, 노션에 보이는 달력의 시작 요일을 일요일에서 월요일로 바꿔준다.

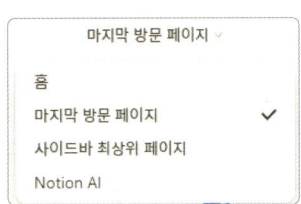

- ❹ [데스크톱 앱] - [시작 페이지]에서는 노션을 처음 켰을 때 나오는 화면을 변경할 수 있다.

워크스페이스 및 기타

■ 일반: 워크스페이스 프로필 설정

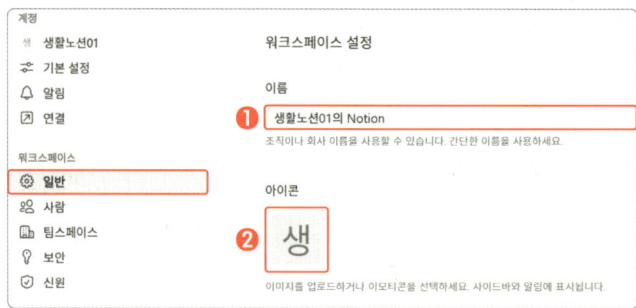

- [워크스페이스] - [일반]에서는 워크스페이스의 ❶ [이름]과 ❷ [아이콘]을 변경할 수 있다. 이는 계정과 별개로 지정된다. [사이드바] 가장 상단에 보이는 아이콘과 이미지가 바뀐다.

■ 이모지: 이모지 등록

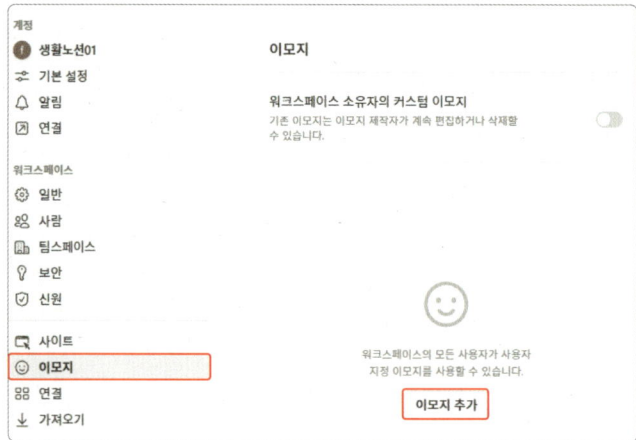

- [이모지]의 [이모지 추가] 버튼을 클릭해 자주 사용할 이모지를 등록해둘 수 있다. 이후에 배울 페이지 아이콘에서 검색할 수 있다.

SECTION 02 페이지 다루기

ONE-PAGER GUIDE

[지니언트's saying] 노션의 기본은 페이지다. 페이지가 노션의 유일한 문서이자 파일의 단위다. 페이지를 만드는 방법, 다루는 방법을 잘 익혀야 뒤쪽 데이터베이스에서 헤메지 않는다. 페이지를 잘 다루게 될 때까지 확실하게 익히길 바란다.

페이지 1 페이지 트리와 페이지 생성

이전에 보았듯, [사이드바]의 [개인 페이지]는 섹션이다. 섹션에는 **페이지 트리**가 펼쳐져 있다. 여기서 페이지를 클릭하면 우측에 페이지가 뜨는 구조다. 이 트리를 어떻게 활용하는지 배워보자.

01 <시작하기> 페이지의 왼쪽에는 종이 모양 아이콘(📄)이 있는데, 마우스를 올리면 ▷ 아이콘으로 바뀐다. 이를 클릭한다.

02 아이콘 모양이 ⌄ 로 바뀌고, 아래에 "하위 페이지 없음"이라는 글자가 나타난다. **하위 페이지**란, 페이지가 가진 다른 페이지다. 지금은 <시작하기> 페이지가 가진 다른 페이지가 없다는 뜻이다.

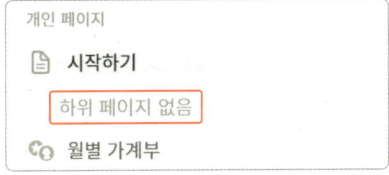

03 한편 <시작하기> 페이지 이름 위에 마우스 커서를 올렸을 때, 오른쪽에 버튼 ⋯와 +도 보였을 것이다. ⋯는 페이지의 메뉴 버튼이다. 이를 클릭하면 삭제, 복제 등 페이지의 여러 가지 기능을 쓸 수 있다. 이후에 실습해볼 예정이다.

04 +는 페이지 안에 하위 페이지를 추가하는 버튼이다. 클릭하면 배경이 어두워지면서 팝업창 형태로 <새 페이지>가 생성된다. 회색 글자로 "새 페이지"라고 쓰인 부분이 페이지 제목이고, 그 아래부터 페이지의 본문이다.

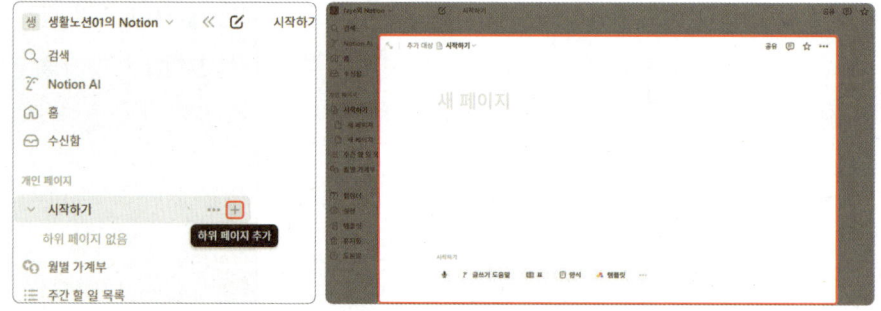

05 "새 페이지" 영역을 클릭하고, 깜빡이는 커서가 보이면 원하는 제목을 입력한다. 여기서는 그대로 "새 페이지"를 입력했다. 다 입력했다면, 키보드 Enter 를 친다. 커서가 이동한다. 그냥 본문을 클릭해도 이동한다. 본문에 아무 내용이나 작성해보자.

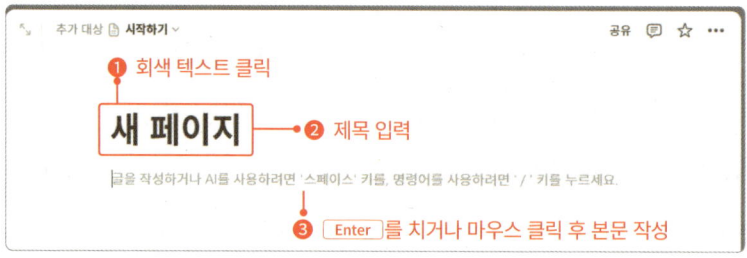

06 <시작하기> 페이지로 돌아가려면, 팝업창 바깥 어두워진 회색 영역을 다시 클릭한다.

> **Note** (최상위) 페이지 만들기
>
> [사이드바] 워크스페이스 메뉴 오른쪽 끝 ☑(새 페이지 만들기) 버튼을 활용하거나, 섹션 오른쪽의 ➕(페이지 추가) 버튼을 클릭해도 페이지가 만들어진다. 이렇게 만든 페이지는 다른 페이지에 속하지 않는, '**최상위 페이지**'다.

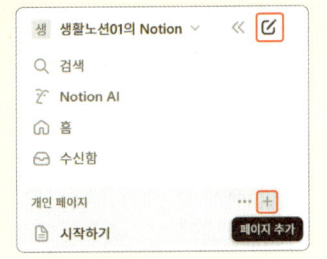

페이지 2 페이지별 설정

N 페이지 아이콘 및 커버 추가

페이지 제목 위쪽에는 페이지에 아이콘과 커버를 추가하는 버튼이 있다. 그냥 눈으로만 보면 안 보이고, 마우스 커서를 페이지 제목 근처에 가져가야 보인다. 이 기능으로 페이지를 꾸며보자.

01 [아이콘 추가]를 클릭하면 다음처럼 팝업창에 여러 이모지와 아이콘이 표시된다. [이모지], [아이콘] 탭에서 원하는 이모지나 아이콘을 고를 수 있고, [업로드] 탭을 활용하여 따로 아이콘용 이미지를 올려 사용할 수 있다.

02 원하는 아이콘을 쉽게 찾으려면 '필터' 검색창에 키워드를 입력해보자. 여기서는 ❶ 'label'을 검색하고, ❷ 노란 이름표 아이콘을 클릭해 추가했다. 아이콘을 추가하 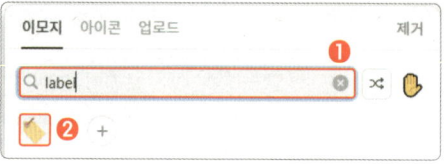 면, 페이지 제목뿐 아니라 왼쪽 섹션에 보이는 페이지 아이콘도 바뀌어 찾기 쉬워진다.

03 다시 페이지 제목에 마우스를 올리고, [커버 추가]를 누른다. 자동으로 커버 이미지가 추가된다.

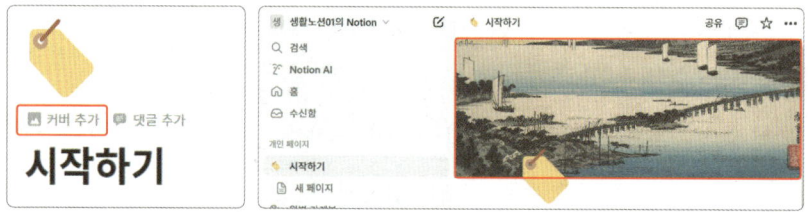

04 커버 이미지에 마우스를 올리면 [커버 변경 | 위치 변경] 메뉴가 뜬다. [커버 변경]을 클릭하자. 커버 이미지를 선택할 수 있는 팝업창이 뜬다. 요즘은 [갤러리] 탭보다는 [Unsplash] 탭을 사용한다. 고품질의 사진으로 커버를 꾸밀 수 있다.

N 페이지 메뉴

페이지의 오른쪽 위를 보면 [공유]를 포함한 4개의 버튼이 있다. 이는 당장은 중요하지 않다. 지금은 명칭과 기능 정도만 알아두자.

버튼	명칭	설명
공유	공유	다른 사람을 이 페이지에 초대(공유)하거나, 인터넷에 게시할 수 있다.
💬	댓글 사이드바 열기	페이지 안에서 작성한 댓글들을 한번에 보여준다.
☆	즐겨찾기에 추가	클릭하면 좌측 사이드바의 즐겨찾기 섹션에 페이지를 추가할 수 있다.
⋯	스타일, 내보내기 등	페이지의 레이아웃을 수정하거나 각종 설정을 할 수 있다.

가장 오른쪽의 ⋯ (스타일, 내보내기 등) 버튼은 페이지 설정 메뉴다. 글꼴과 텍스트 크기, 너비 등을 조절할 수 있다. 이 설정은 노션 전체에 적용되진 않는다. 주요 기능들은 아래 표에 정리했다.

기능	설명
기본 / 세리프 / 모노	3가지 글꼴 중 하나로 페이지 글꼴을 바꿀 수 있다.
작은 텍스트	페이지의 글자 크기를 작게 바꾼다.
전체 너비	페이지의 너비를 늘려 꽉 채워서 사용할 수 있다.
페이지 사용자 지정	페이지의 백링크와 페이지 댓글, 목차, 인라인 댓글 설정을 바꿀 수 있다.
페이지 잠금	페이지의 제목과 본문을 수정할 수 없도록 막는다.
편집 제안	편집 제안 모드를 켠다. 페이지를 수정할 때, 제안하는 방식으로 수정할 수 있다.
받아쓰기	마이크에 말을 하면 본문에 글을 입력해주는 기능이다. 아직 정식 적용되지 않은 기능이다.

> **Notice** 비공식적인 글꼴 변경 방법은 2가지가 있다. 웹 브라우저의 글꼴을 바꾸거나, Enhancer라는 확장 프로그램을 사용해야 한다. Enhancer는 노션의 업데이트를 따라가지 못해 비정상적인 작동을 하기도 한다. 브라우저 글꼴을 바꾸는 방법은 페이지와 블록 실습에서 다룰 예정이다.

> **Note** 노션 버전 관리
>
> 노션에는 따로 저장 버튼이 없고 수정 내용을 자동으로 저장한다. 단축키 `Ctrl` + `S`를 누르면 직접 저장할 수 있다. 노션에는 버전 관리 기능이 있다. 마지막 편집 이후 2분이 지나면 버전이 기록된다. 이를 보려면, 페이지 메뉴 ···에서 **[버전 기록]**을 클릭한다. 시간별로 버전이 보이며, 내용을 확인하고 복원할 수도 있다. 페이지 안의 다른 블록과 하위 페이지의 이력도 모두 가지고 있다. 보관 기간은 요금제에 따라 다르다. 무료 요금제는 7일, 플러스 요금제는 30일이다.
>
>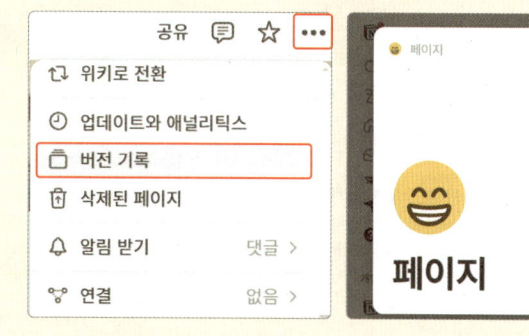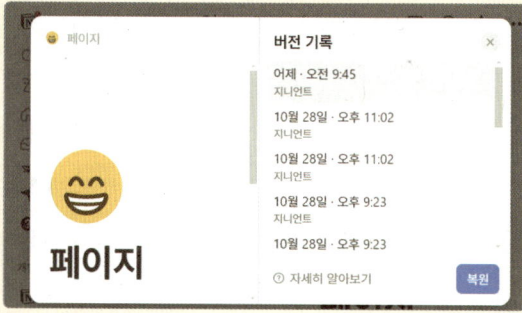

BONUS PAGE ❶

곰손도 가능한 노꾸 테크닉 ❶

🅽 아이콘으로 테마 맞추기

아이콘을 잘 활용해보자. 페이지 주제, 내용과 어울리는 아이콘을 사용하기만 해도 훨씬 부드러운 느낌을 줄 수 있다. 특히 기본 아이콘은 종이 모양이다. 아무리 봐도 이상하게 생겼다. 전부 의미에 맞는 이모지를 찾아서 아이콘을 지정해주는 게 좋다.

　더 깔끔한 걸 원한다면 색감을 통일해보자. 아이콘의 색상을 같은 톤으로 맞추면 훨씬 깔끔한 느낌을 만들 수 있다. 페이지가 많을 때 난잡함이 싹 사라진다.

아이콘 미설정	주제 맞춤 아이콘 설정	주제 맞춤 아이콘+색감 통일
NO ICON	**BASIC ICON**	**BASIC ICON**
📄 BOOK	📗 BOOK	📕 BOOK
📄 HEALTH	🏃 HEALTH	🏃 HEATH
📄 NOTE	📝 NOTE	📝 NOTE
📄 SCHEDULE	📅 SCHEDULE	📅 SCHEDULE

> **Note** 유용한 아이콘 사이트

- 노션 VIP(uno.notion.vip/icons) :
선의 두께가 일정한 깔끔한 아이콘들을 무료로 받을 수 있다. 다크 모드와 라이트 모드 아이콘이 모두 제공된다.

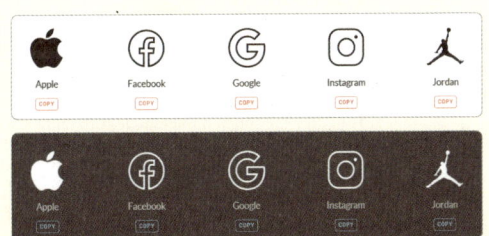

- 노션 아이콘스(notionicons.simple.ink) :
여러 아이콘을 받을 수 있고, 색상과 크기도 바꿀 수 있다.

- 스트림라인(streamlinehq.com) :
컬러풀한 아이콘을 얻을 수 있으며,
무료 일러스트도 유용하다.

📝 노션에 빨간 줄 없애기

가끔 페이지 본문에 빨간 줄이 그어질 때가 있다. 오타나 맞춤법 오류 등을 표시하는 것이다. 하지만 노션 페이지를 캡처할 때는 꽤 거슬린다. 빨간 줄을 없애려면, 맞춤법 검사 기능을 꺼야 한다. 노션 환경에 따라 방법은 조금씩 다르다.

01 인터넷 브라우저라면 설정에서 [맞춤법 검사] 기능을 찾아 끄면 된다. 예시는 크롬 브라우저다. 엣지나 웨일 등도 설정에서 '맞춤법'을 검색하면 쉽게 찾을 수 있다.

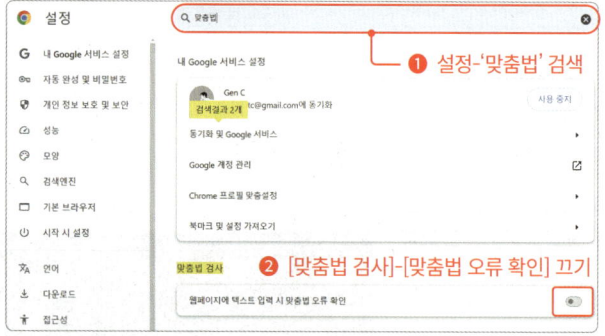

02 노션 데스크톱 앱의 경우, 밑줄이 그어진 텍스트를 마우스 우클릭하고 [맞춤법 검사 비활성화]를 선택하자.

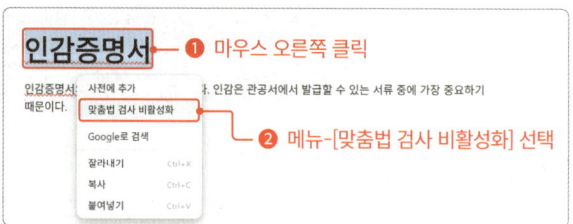

SECTION 03 블록 다루기

ONE-PAGER GUIDE

[지니언트's saying] 블록은 페이지의 본문을 구성하는 요소다. 블록을 아는 만큼 다양한 기록을 남길 수 있다. 특히 블록을 만드는 단축키도 잘 익혀보자. 생산성이 높아질 것이다. 블록을 쉽게 만들 수 있을 때까지 연습하자.

페이지 1 기본 블록 생성 및 변경

블록을 실습하기 위해, **섹션 2**에서 생성했던 **<시작하기>** 하위 페이지 **<새 페이지>**를 클릭하자. 여기에서 다양한 블록을 생성하고 활용해볼 것이다.

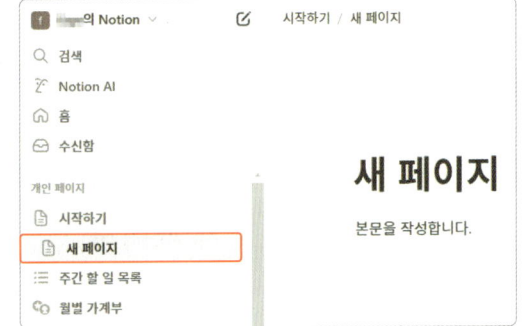

N 블록 생성 및 삭제

앞서 페이지의 모든 본문은 블록이라고 했다. 이전 섹션에서 **<새 페이지>**에 작성한 본문(본문을 작성합니다.)도 마찬가지로 블록이다. 그럼 새 블록을 추가해보자.

01 블록 생성 방법은 간단하다. 기존 블록(본문을 작성합니다.)을 클릭하고, 그대로 키보드 Enter를 누르면 된다. Enter를 누를 때마다 새 블록이 생성된다.

02 새 블록에는 옅은 회색으로 "AI 기능을 사용하려면 입력 후 스페이스 키를 누르세요. 명령어 사용 시에는 '/'를 누르세요…"란 문구가 표시된다. 아무 내용이나 입력하면 본문이 채워진다. 안내대로 키보드 / 명령어를 이용해 특별한 블록을 넣을 수도 있는데, 이는 잠시 후 더 알아보겠다.

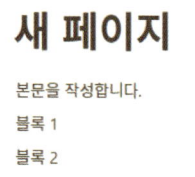

03 블록은 블록 메뉴로 삭제할 수 있다. 우선 블록에 마우스를 올리고, 왼쪽에 나타난 ⋮⋮ 아이콘을 클릭한다. 메뉴에서 **[삭제]**를 클릭하거나 바로 키보드 Del을 누르면 된다.

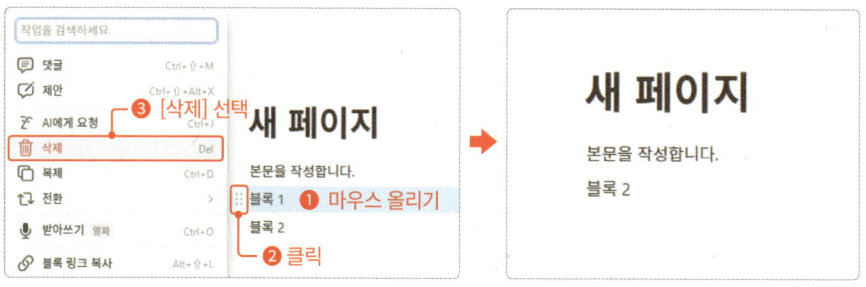

N 핸들 사용: 블록 색 지정 및 이동

앞서 블록 메뉴를 열 때 사용한 ⋮⋮ 아이콘을 **핸들(손잡이)**이라고 부른다. 블록에 마우스를 올리면 블록 왼쪽에 나타난다.

48 SECTION 03 블록 다루기

■ 핸들로 블록 색 지정하기

01 ⋮⋮(핸들)을 클릭해 블록 메뉴를 연다. 블록 메뉴에서는 블록에 댓글이나 제안을 남기거나 블록을 삭제/복제/옮기기할 수 있으며, 블록의 유형을 전환할 수도 있다.

02 블록의 색을 정해보자. 맨 아래 [색]을 클릭한다. 텍스트 색상과 배경 색상이 각 10가지씩 제공된다. 원하는 배경색을 골라 클릭하면, 블록에 배경색이 생긴다.

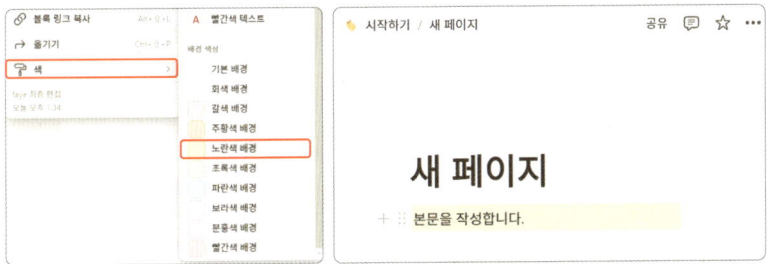

■ 핸들로 블록 옮기기

01 핸들을 활용하면 블록을 손쉽게 옮길 수 있다. 핸들을 마우스로 클릭하고, 마우스 버튼을 누른 채 다른 위치로 끌어 놓으면 된다.

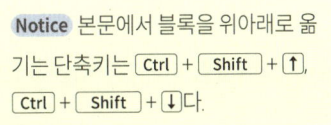

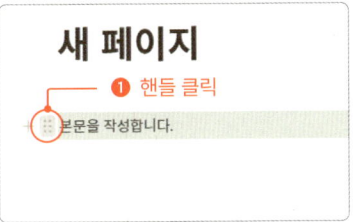
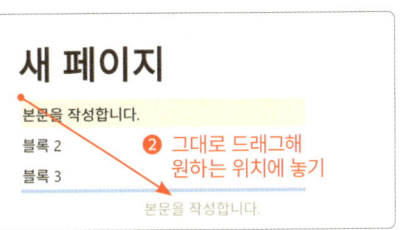

02 블록은 페이지 본문뿐만 아니라, 왼쪽 [사이드바]의 페이지 트리를 이용해서 옮길 수도 있다. 놓아진 페이지 본문의 가장 아래로 옮겨진다.

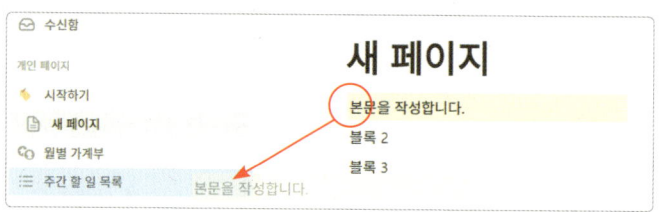

> **Note** 블록을 옮길 때 나타나는 파란색 줄의 의미
>
> 블록을 옮길 때마다 파란색 줄을 보았을 것이다. 이 선의 의미는 페이지 옮길 때와 같다. 얇은 파란 줄은 그 위치에 옮겨지고, 두꺼운 파란 줄은 블록 안으로 들어간다. 그러나 마우스로는 기본 블록 안에 넣을 수는 없고, 이후에 배울 토글이나 인용문, 콜아웃 등 특수한 블록에만 가능하다.
>
>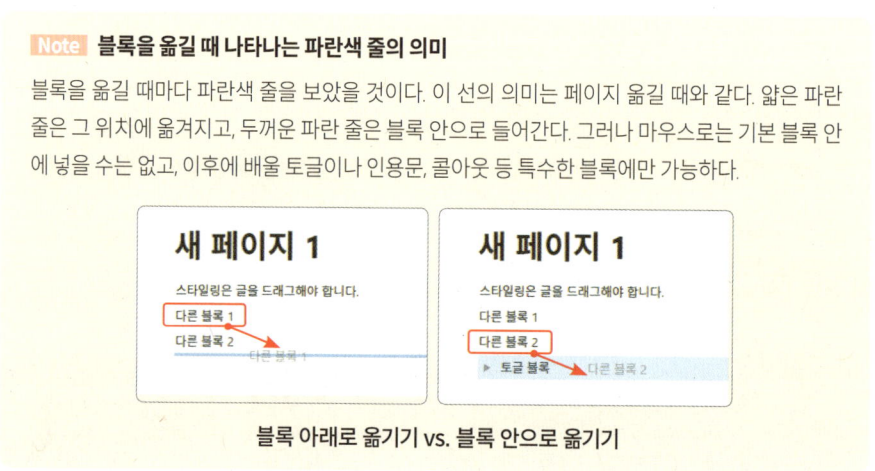
>
> 블록 아래로 옮기기 vs. 블록 안으로 옮기기

N 스타일링: 블록 안 글자 꾸미기

페이지 **본문 텍스트** 역시 워드나 한글 같은 문서 프로그램에서처럼 꾸밀 수 있다. 이 기능을 **스타일링**이라고 한다. 스타일링으로 본문을 다채롭게 표현해보자.

01 페이지 본문의 글자를 마우스로 드래그한다. 이때 블록 전체를 드래그하는 게 아니라, 블록 위의 글자만 드래그해야 한다. 스타일링 기능은 블록 종류와 별개로 적용되기 때문이다(블록 종류는 곧 다룬다).

02 얇고 기다란 팝업 메뉴가 뜬다. 각 버튼을 클릭하여 드래그한 텍스트에 굵기, 기울임 꼴, 색상 등 스타일을 적용한다.

① 메뉴 버튼을 클릭해 글자 스타일 적용

① 블록 위 텍스트 드래그

스타일링 각 기능의 설명과 단축키는 아래 표를 참고하자. 단축키의 경우 익히 사용해 왔던 문서 편집 프로그램의 단축키와 동일하다. 마크다운 단축키도 동작한다.

버튼	기능	설명	예시	단축키	마크다운 단축키
B	굵게	지정한 텍스트를 굵게 표시한다.	**본문을 작성합니다.**	Ctrl + B	**텍스트** __텍스트__
I	기울임꼴로 표시	지정한 텍스트를 기울여 표시한다.	*본문을 작성합니다.*	Ctrl + I	*텍스트* _텍스트_
U	밑줄	지정한 텍스트에 밑줄을 추가한다.	본문을 작성합니다.	Ctrl + U	
S	취소선	지정한 텍스트에 취소선을 추가한다.	본문을 작성합니다.	Ctrl + Shift + S / Ctrl + Shift + X	~텍스트~
</>	코드로 표시	컴퓨터 코드를 읽기 쉽도록, 전용 서체와 배경색, 글자색을 적용한다.	본문을 작성합니다.	Ctrl + E	`텍스트`
√x	방정식	수학 공식 삽입 시 사용한다.	$E = mc^2$ $e = mc^2$	Ctrl + Shift + E	
🔗	링크	다른 노션 페이지나 웹페이지로 이동하는 하이퍼링크로 바꾼다.	본문을 작성합니다.	Ctrl + K	
A	색상	글자색과 배경색을 각각 지정할 수 있다. 총 10가지 색 지원.	본문을 작성합니다. 본문을 작성합니다.	최근 사용 색 지정 Ctrl + Shift + H	

03 스타일링을 해제하고 싶다면, 글자를 드래그한 뒤 버튼을 한 번 더 클릭하면 된다.

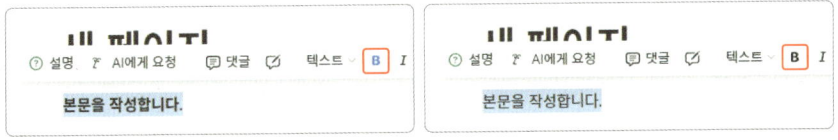

> **Note** 블록 색과 글자색
>
> 블록과 블록 안의 글자색은 따로 적용할 수 있다. 먼저 블록의 배경색을 지정한다. 그리고 글자를 다시 드래그하고 스타일링 기능으로 색을 넣으면 된다.

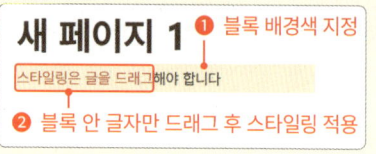

> **Note** 텍스트 팝업 메뉴 더 알아보기
>
> 텍스트 팝업 메뉴에는 본문 글자 꾸미기와 관련 없는 기능도 있다. 다음 표에서 간략히 소개한다.
>
> | 버튼 | 기능 | 설명 | 단축키 |
> |---|---|---|---|
> | 설명 / AI에게 요청 | 설명 AI에게 요청 | 노션 AI가 요청한 작업을 해주거나 내 페이지의 지식들을 기반으로 대답해준다. | |
> | 댓글 | 댓글 | 글자 단위로 댓글을 달 수 있다. | Ctrl + Shift + M |
> | | 제안 | 편집할 내용을 제안한다. | |
> | 텍스트∨ | 텍스트(전환) | 블록의 유형을 바꿀 수 있다. (블록 유형은 곧 자세히 알아본다.) | |
> | ... | 블록 메뉴 | 긴 팝업 메뉴 일부를 포함해, 여러 기능이 담긴 블록 메뉴를 볼 수 있다. | |

페이지 2 여러 가지 블록 활용

Ⓝ / 명령어로 블록 생성

앞서 Enter 를 눌러 새 블록을 생성했을 때, 내용 없는 블록에 적혀 있던 옅은 회색 문구를 기억하는가?

> 블록 2
> AI 기능을 사용하려면 입력 후 스페이스 키를 누르세요. 명령어 사용 시에는 '/'를 누르세요...

안내대로, **블록을 만들 때 사용하는 명령어**는 /다. 이 명령어를 기억해두자. / 키를 입력하면, **블록의 유형**을 선택할 수 있는 메뉴가 보인다. 기본 블록인 [텍스트] 블록부터 [미디어] 블록, [임베드] 블록까지, 수많은 블록을 골라서 넣을 수 있다. / 다음에 블록 이름을 이어서 쓰면 검색도 가능하다.

블록 유형은 40개가 넘는다. 이를 모두 외워서 사용할 필요는 없다. 노션을 자주 쓰다 보면 자연스럽게 익혀진다. 중요한 건 어떤 블록이 있는지를 아는 것이다. 한번 해보자.

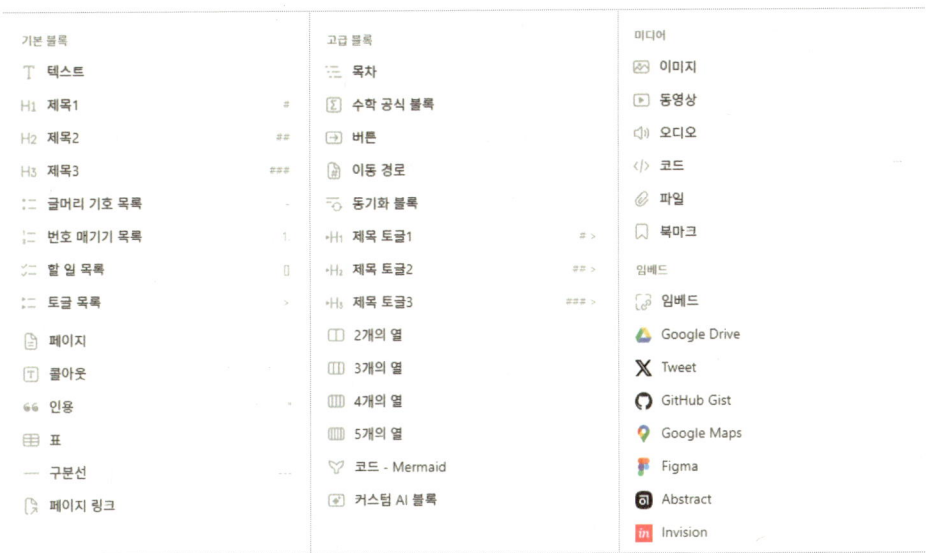

/ 명령어 메뉴 모음(자세한 설명은 추후 진행)

01 새 블록을 생성한 뒤, 명령어 [/] 키를 입력한다. /필터...와 함께 여러 블록이 나열된 메뉴가 표시된다. [할 일 목록]을 찾아 클릭한다.

02 바로 /할일목록이라고 입력해도 된다. [할 일 목록]만 필터링되어 찾기 쉽다.

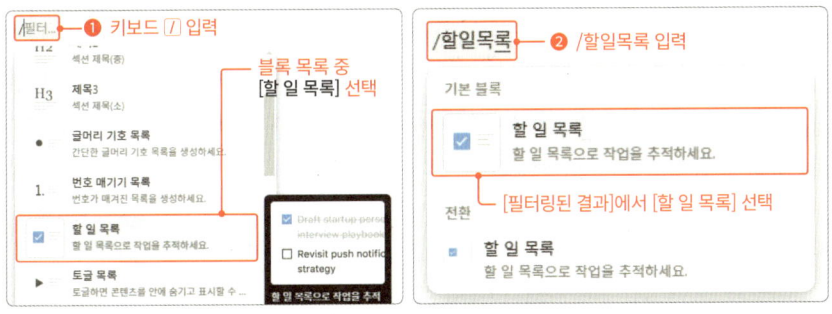

03 '할 일' 체크박스가 하나 생긴다. 할 일을 쓰자. 여기서는 "업무 1"로 했다.

04 마우스로 체크박스를 클릭해본다. 체크표와 취소선이 추가된다.

> **Notice** 체크박스 블록 위에서 단축키 [Ctrl] + [Enter]를 눌러보자. 마우스 없이도 체크 표시를 할 수 있다.

05 키보드의 Enter 를 누르면, [할 일 목록] 블록을 하나 더 만들 수 있다. 업무 2다.

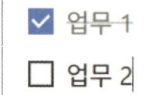

> **Note 블록 생성/추가 방법**
>
> 블록 메뉴를 이용해서 블록을 추가할 수도 있다. 핸들을 쓸 때처럼 블록에 마우스를 올리면, 핸들 왼쪽에 + 버튼이 보인다. 클릭하면 / 명령어를 입력했을 때처럼 블록 목록이 뜬다. 선택해서 생성하면 메뉴 블록 아래에 블록이 추가된다. 키보드 Alt 를 누른 채 클릭하면 메뉴 블록 바로 위에 새 블록이 생성된다.
>
>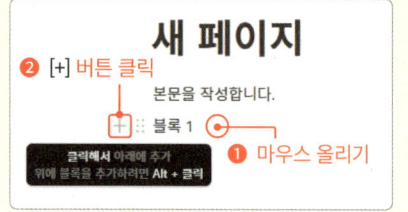

N 기본 블록

다음은 노션의 가장 기본이 되는 블록이다. 직접 만들어보면서 기능을 배워보자.

■ 텍스트

아무런 특징이 없는 노션의 기본 블록이다. 본문이 없는 페이지에서 Enter 를 치거나, / 키 없이 내용을 입력하면 생성되는 것이 바로 [텍스트] 블록이다.

■ 제목1, 제목2, 제목3

큰 제목, 중간 제목, 작은 제목을 쓸 수 있다. [텍스트] 블록보다 크기가 크다. 블록 위쪽에 여백도 생긴다. 아쉽게도 노션에서 이런 여백의 높이를 바꿀 수는 없다.

■ 페이지

페이지도 블록 중 하나다. 그래서 페이지의 본문에는 또 다른 블록인 페이지를 올릴 수 있다. [페이지] 블록을 만들면, 즉시 새 페이지로 이동한다.

> **Note 페이지 이동**
>
> 페이지가 갑자기 바뀌면 당황할 수도 있다. 그럴 때는 왼쪽 [사이드바]의 [페이지 트리]나 페이지 제목 위의 경로에서 상위 페이지를 찾아 클릭하자. 원래 페이지로 다시 돌아올 수 있다.
> 또 방금 열어본 페이지를 앞뒤로 옮겨볼 수 있다. 브라우저 툴바의 [←](뒤로)와 [→](앞으로) 버튼을 클릭하면 된다. 노션 앱은 페이지 제목 옆에 있다. 단축키 Ctrl + [, Ctrl +] 가 유용하다.

■ 할 일 목록

체크박스를 만들 수 있다. 네모를 클릭하면 체크도 할 수 있다. 블록을 만든 상태에서 [Enter]를 치면 다음 블록도 자동으로 **[할 일 목록]** 블록이 된다. 블록 위에서 [Ctrl] + [Enter]를 치면 체크가 된다.

텍스트 블록 (비교용)
- ☐ 할일목록 1
- ☑ 할일목록 2

■ 글머리 기호 목록

앞에 작은 점이 있는 목록이다. 키보드 [Tab]을 누르면 한 수준 아래로 내려간다. [Shift] + [Tab]을 누르면 다시 상위 수준으로 올라간다.

- 글머리 기호
  - 하위 수준
    - 하위 수준 (tab)
      - 하위 수준 (tab)
      - 하위 수준 (tab)

■ 번호 매기기 목록

번호가 있는 목록이다. 다음 번호는 자동으로 매겨진다. 간혹 숫자와 쉼표를 쓰다 보면 원치 않게 이 블록으로 바뀌어 불편할 때가 있다. 그럴 때는 실행취소(단축키 [Ctrl] + [Z])를 해주면 된다.

1. 번호 매기기
   a. 하위 수준
      i. 하위 수준 (tab)
         1. 하위 수준 (tab)
         2. 하위 수준 (tab)
         3. 하위 수준 (tab)

> **Note** [Tab] 키
>
> 키보드의 [Tab]을 눌러 모든 블록에서 수준을 높이거나 낮출 수 있다. 기준이 될 블록의 아래에서 [Tab]을 누르면 된다. [Shift] + [Tab]을 누르면 다시 밖으로 나온다. 이것을 '들여쓰기'로 오해하기 쉬운데, 사실은 그렇지 않다. 단지 블록 안에 블록을 넣는 기능이다. 이 작업은 마우스로도 가능하다. 마우스로 블록 앞 ⋮⋮(핸들)을 잡아서 블록 '안에' 옮기면 된다.

■ 토글 목록

작은 삼각형이 보이는 블록이다. 이를 토글이라고 한다. 클릭하면 토글이 열리며, 그 안에 내용(본문)을 넣을 수 있다. 첫 번째 줄은 토글의 제목이고, 아랫줄부터 본문이다.

토글 제목에서 단축키 [Ctrl] + [Enter]를 치면 토글이 열리고 닫힌다. 단축키 [Ctrl] + [Alt] + [T]를 누르면 페이지에 보이는 모든 토글이 한 번에 열리고 닫힌다.

> **Note** 제목 토글1, 제목 토글2, 제목 토글3
> 토글의 일종으로, [제목 토글]이라는 블록이 따로 있다. 접히는 제목이라고 생각하면 쉽다. 제목 블록을 만들고, 단축키 [>] + [Space]를 입력하면 제목 토글 블록으로 바뀐다. 제목1, 제목2, 제목3 모두 가능하다.

■ 인용문

블록의 왼쪽에 세로줄이 있는 블록이다. 여러 줄을 쓰려면 [Shift] + [Enter]를 누르거나, 블록 바로 밑에서 [Tab]을 눌러야 한다.

글자를 더 키울 수도 있다. 블록 [핸들 메뉴] - [인용 크기]에서 [크게]를 선택하면 된다. 한번 설정하면 다음 [인용문] 블록에도 적용된다.

■ 구분선

가로로 긴 줄을 그을 수 있다. 이것도 블록이므로 핸들로 옮길 수 있다. 블록 옆으로 옮긴다고 세로 구분선이 되지는 않는다.

- **콜아웃**

네모난 박스를 만들 수 있다. [콜아웃] 안에 다른 블록을 넣고 싶다면, 핸들을 잡아서 마우스로 옮기면 된다. 노션은 블록의 경계가 그려지지 않기 때문에, [콜아웃] 블록을 글 박스나 포스트잇처럼 활용한다.

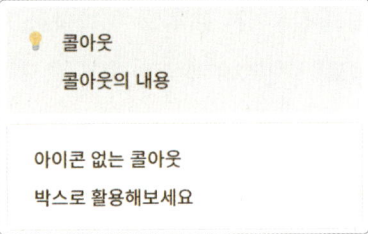

특히 아이콘을 없애면 공간을 구분할 수도 있어서 유용하다. 만약 아이콘을 되돌리고 싶으면 핸들을 클릭한 뒤 메뉴에서 아이콘을 다시 설정하면 된다.

- **표**

간단한 데이터를 정리할 수 있는 표를 만들 수 있다. 다만, 엑셀처럼 여러 줄을 멀티로 선택하거나, 필터나 정렬, 단위 지정은 불가능하다.

표의 우측과 하단에는 ⊞ 버튼이 있다. 클릭하면 페이지 너비에 맞춰 표를 꽉 채워준다. 첫 번째 칸을 클릭하여 커서를 위치시키면, 각 칸의 가장자리에도 작은 핸들이 보인다. 이를 클릭하여 행과 열, 셀에 색상을 지정할 수도 있다.

> **Note** 표를 데이터베이스로 전환하기
>
> 표는 데이터베이스로 전환할 수 있다. 핸들 메뉴의 [**데이터베이스로 전환**]을 선택하면, 표가 그대로 데이터베이스로 바뀐다. 이때 표의 옵션에서 지정해둔 제목 행과 제목 열이 데이터베이스의 속성 이름과 제목 속성으로 들어간다. 그리 똑똑하진 않아서 모든 속성이 **<텍스트>** 속성으로 바뀐다.
>
>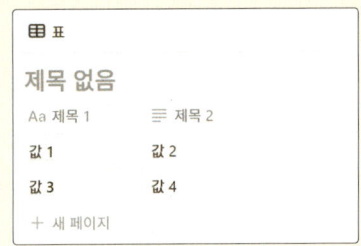

📝 특별한 기능을 가진 블록

노션에는 기본 블록 외에, 다양한 기능과 목적을 가진 유용한 블록들이 있다. 가령 [고급 블록] 중 [목차] 블록은 제목 블록 위치로 이동하는 기능이다. 각 제목을 클릭하면 페이지 안의 제목 블록의 위치로 바로 이동한다. 따로 설정하지 않아도, 페이지 본문에 있는 제목 블록이 자동으로 입력된다. 이외에 자동화를 위한 버튼, 이미지나 동영상을 재생할 수 있는 블록 등이 있다. 이는 초보자에겐 그리 중요하지는 않고, 사용법도 어렵지 않다. 궁금하면 표를 참고하여 한번 만들어보자.

■ 고급 블록

블록 이름	설명 및 예시
목차	페이지 내의 제목 블록들로 목차를 만들어준다. 목차 블록의 각 항목을 클릭하면, 블록의 위치로 바로 이동한다. 단, 제목 블록이 토글이나 콜아웃 안에 들어 있으면 인식하지 못한다. (최근 페이지 설정 메뉴에도 목차 기능이 생겼다.)
수학 공식 블록	LaTeX 방식으로 수학 공식을 작성할 수 있다.
버튼	미리 동작을 세팅해두고, 클릭하면 수행한다. 블록이나 페이지를 생성하거나, 데이터베이스의 페이지를 변경할 수 있다. (3장에서 더 자세히 다룰 예정이다.)
이동 경로	노션의 최상위 페이지부터 현재 페이지까지 위치를 표시해준다. 클릭하여 해당 페이지로 이동한다.
동기화 블록	이 블록을 만들고 복제하면, 블록의 내용을 다른 곳에도 똑같이 보여줄 수 있다. 동기화하는 영역에 빨간색 테두리가 보인다. 내용을 수정하면, 다른 블록에서도 즉시 반영된다.
제목 토글1~3	제목 블록과 토글 블록이 합쳐진 기능이다. 크기는 제목 블록과 동일하고, 토글처럼 글을 숨길 수 있다. 목차 블록에서는 제목 블록으로 인식한다.
2~5개의 열	블록을 가로로 여러 개 배치할 수 있도록 공간을 나누어준다. 핸들을 활용하여 블록을 옆으로 옮겨도 된다(아래 그림 참고).

■ 미디어 블록

이미지	동영상 & 오디오	코드
		`String comment;` `String custName;`

블록 이름	설명 및 예시
이미지	이미지를 넣을 수 있는 블록이다. 이미지 블록을 생성하는 방법은 2가지다. [/] 명령어 메뉴에서 이미지 블록을 찾아서 만들거나, 컴퓨터에서 실제 이미지를 드래그 앤 드롭으로 가져다 놓으면 된다. 이미지를 복사하여 붙여넣기해도 들어간다. 블록으로 만드는 경우 업로드, 링크 임베드, Unsplash, GIPHY 4가지 방식 중 하나를 골라 업로드할 수 있다. 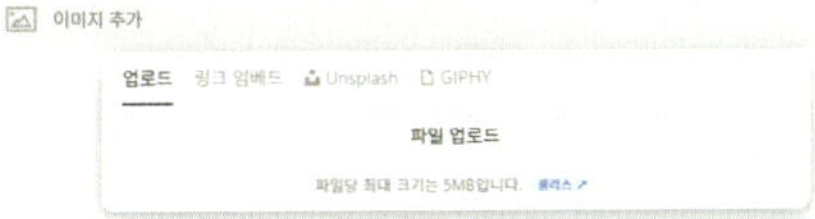 이미지에 마우스를 올려보면 우측 상단에 버튼 6개가 있다. 순서대로 댓글, 맞춤(정렬), 캡션. 펼치기(확대), 다운로드, 추가 작업 메뉴다. 
북마크	인터넷 주소를 북마크 형태로 보여주는 블록이다. 블록으로 만들어도 되지만, 보통은 주소를 붙여넣기하면 팝업에서 북마크로 생성할 수 있다. 
동영상 & 오디오	영상이나 오디오를 업로드할 수 있다. URL을 입력하는 [링크 임베드]가 간편하다. 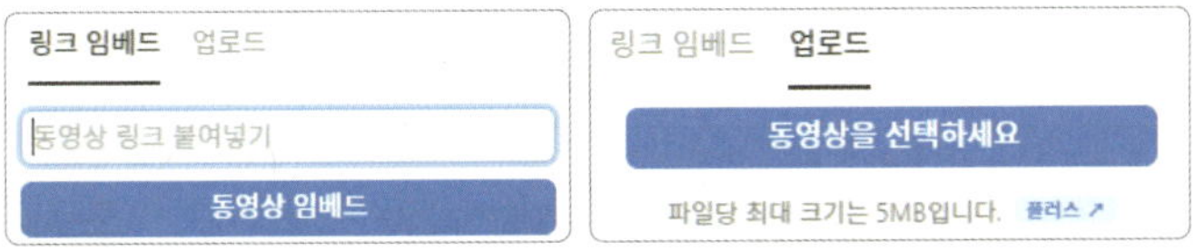 실제 파일을 업로드하면 재생 및 다운로드가 가능하다. 단, 페이지를 벗어나면 재생되지 않는다. 별도의 탭으로 블록이 있는 페이지를 열어두어야 한다. 자동 재생 기능은 없다.

코드	개발자들을 위한 블록이다. 프로그래밍 언어별 스타일에 맞게 코드를 보여준다. 실제로 동작하는 것은 아니다. [Mermaid] 언어를 사용하면 간단한 다이어그램이나 차트를 만들 수 있다.
	
	``java
	public class Sample {
	    public static void main(String[] args) {
	        System.out.println("Hello java");
	    }
	}
	``

■ **임베드 블록**

웹사이트나 외부 서비스를 활용하는 블록이다. 이 블록으로 PDF 파일이나 구글 맵, 구글 설문, 구글 드라이브 등을 넣어두면, 서비스를 노션에서 바로 사용할 수 있다.

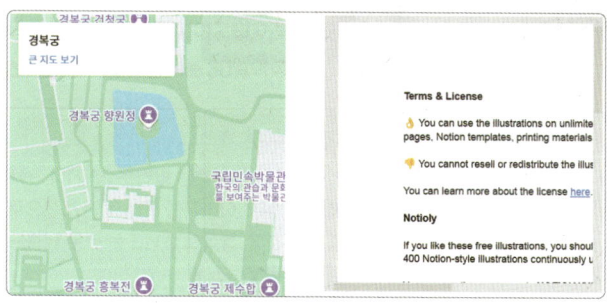

■ **인라인**

인라인은 동료를 멘션(태그)하거나 날짜를 선택할 수 있는 특별한 기능이다. 단, 인라인이 블록은 아니다. 글자 형태로 만들기 때문이다. 따라서 [표] 블록이나 이후에 배울 데이터베이스의 <텍스트> 속성에도 넣을 수 있다.

인라인 명	설명	명령어
사용자 멘션	워크스페이스나 페이지로 초대한 사용자를 멘션할 수 있다. 멘션한 상대는 수신함에서 알림을 받는다.	@사용자 이름
페이지 멘션	페이지를 멘션할 수 있다.	[[페이지 이름
날짜 또는 리마인더	날짜를 선택할 수 있고, 리마인더를 설정할 수 있다.	@2024/01/01 @지금 @오늘
이모지	이모지를 만들 수 있다. 명령어 :이모지 이름과 단축키 ⊞ + .를 많이 사용한다.	:star
인라인 수학 공식	수학 공식을 넣을 수 있다. 수학 공식 블록과 다르다. 인라인이므로 블록 안에 글자로 들어간다.	$$수학 공식$$

SECTION 04 페이지와 블록 실습

ONE-PAGER GUIDE

[지니언트's saying] 초보자라면, 페이지와 블록을 많이 만들어볼수록 좋다. 기록을 거침없이 하기 위해서는 페이지와 블록을 다루는 게 아주 자연스러워야 한다. 따라 하기 좋은 몇 가지 실습을 준비해두었으니, 최대한 똑같이 제작해보길 바란다.

페이지 1 방콕 여행 계획 페이지 실습(1)

노션으로 여행 계획을 짜면 편리하다. 계획에 필요한 요소들을 미리 정할 수 있고, 친구들과 함께 짜기에도 좋다. 게다가 자료도 노션에 수집해두면, 정리도 깔끔하게 된다.

NOTION SAMPLE

방콕 여행 계획 페이지

단기 여행을 계획할 수 있는 간단한 양식이다. 일정과 체크리스트, 지도와 여행 자료를 수집할 수 있는 공간을 넣었다.

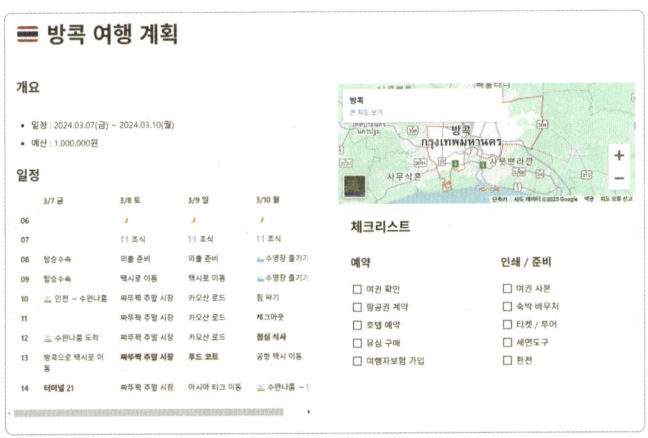

- **사용 블록**: 제목1, 제목2, 제목3, 글머리 기호, 표, 2개의 열, 할 일 목록, 이미지, 임베드
- **꾸밈 요소**: 제목 아이콘 추가 | 이모지 삽입 | 스타일링

🅽 커버와 개요

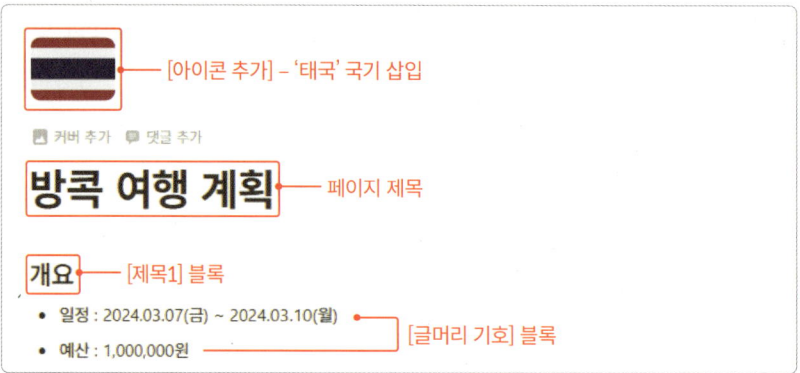

01 페이지 이름을 적는다. 제목 메뉴에서 [아이콘 추가]를 클릭한 뒤, 여행 국가명(여기서는 '태국')을 검색해 국기를 추가했다.

02 [제목1] 블록으로 섹션 제목을 적고, [글머리 기호] 블록으로 여행 개요를 정리했다. [스타일링] - [굵게] 적용으로 가독성을 높였다.

🅽 일정

SECTION 04 페이지와 블록 실습

01 일정은 [표] 블록이다. 행 아래/열 오른쪽의 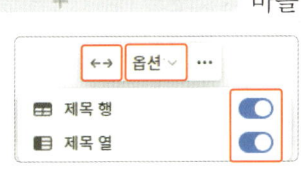 바를 각각 드래그해 필요한 만큼 표에 열과 행을 추가한다. (여기서는 5*11 사이즈 표로 만들었다.) 열의 너비를 쉽게 맞추려면, 표 메뉴의 ↔(페이지 너비에 표 맞추기)를 클릭한 후, 마우스로 세부 너비를 조정한다.

02 [표]의 [옵션]을 활용하여 [제목 행]과 [제목 열]을 설정했다. [제목 행]에는 날짜를, [제목 열]에는 시간을 적었다. 마지막 [비고] 행은 ⋮⋮(표 핸들) 메뉴 - [색]을 이용해 배경색을 설정해 본 일정과 구분했다.

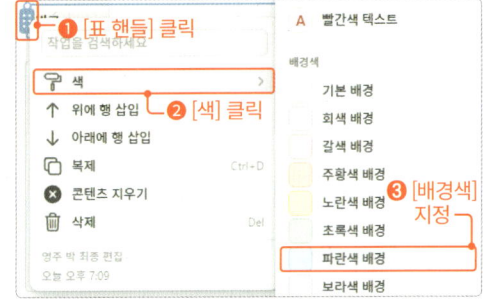

03 표에 일정을 채워 넣는다. 이모지는 명령어 :과 찾을 이모지 이름을 입력하거나, 단축키 ⊞ + . 로 이모지 선택창을 띄워서 삽입한다.

체크리스트

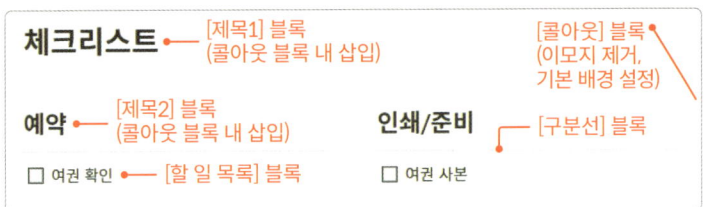

01 체크리스트를 둘러싼 네모난 박스는 [콜아웃] 블록이다. /콜아웃을 입력해 생성한다. 공간 확보를 위해 이모지는 클릭하여 [제거]한다.

02 블록 [핸들 메뉴] - [색]을 클릭해 배경 색상을 [기본 배경]으로 변경한다. [제목 1] 블록을 추가하고 '체크리스트'를 적는다.

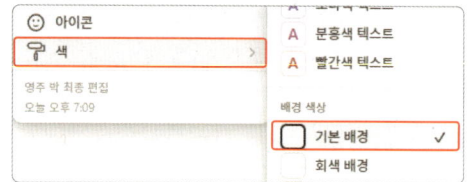

03 블록 [2개의 열]을 활용하여 2단으로 구성한다. [제목2] 블록을 각각 넣고 리스트 주제를 적어 영역을 구분한다.

04 [할 일 목록] 블록으로 리스트를 작성한다. [구분선] 블록을 [제목2]와 [할 일 목록] 블록 사이에 넣어 가독성을 높인다.

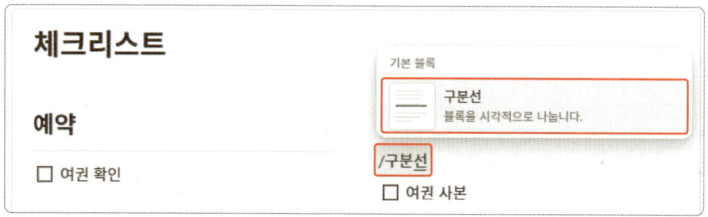

지도와 자료

01 지도는 임베드 블록 [Google Maps]를 이용해 삽입한다. 우선 구글 지도에 원하는 곳을 검색한다. 메뉴의 [공유]를 클릭하고 [링크 복사]를 한다.

02 노션으로 돌아와 [Google Maps] 블록을 추가한다. 팝업창에 링크를 붙여넣고 [지도 임베드] 버튼을 클릭하면 된다. [Google Maps] 블록은 /지도, /구글 등으로도 잘 찾아진다.

03 지도가 임베드 완료되었다. 마우스를 이용해 크기를 자유롭게 조정해서 사용하면 된다.

04 여행자료는 수집한 자료의 웹 링크나 파일을 넣는 공간이다. 다른 사람의 여행 후기나 지하철 노선도 등 다양한 자료를 한곳에서 모아볼 수 있다. [북마크] 블록, [PDF] 임베드 블록 등을 자유롭게 사용하면 된다.

> **Note** **노션 페이지 캡처 팁**
> 노션 페이지를 다른 곳에 이용하고자 캡처할 때에는 [페이지 잠금] 기능을 활용해보자. 페이지 잠금을 하면 데이터베이스의 각종 기능들을 숨길 수가 있다. 너저분한 느낌이 확 없어진다.

페이지 2 간단한 주간 플래너 페이지 실습 (2)

노션을 사용하면 종이 다이어리가 필요 없어진다. 스마트폰에서도 볼 수 있으니, 무겁게 다이어리를 들고 다닐 필요도 없다.

NOTION SAMPLE

주간 플래너 페이지

할 일을 계획하는 간단한 주간 플래너를 만들어보자. 아래쪽에는 표로 만든 간단한 루틴 트래커도 있다. 물론 이후 데이터베이스를 배우면, 이 양식보다 더 좋은 플래너를 구상할 수도 있다.

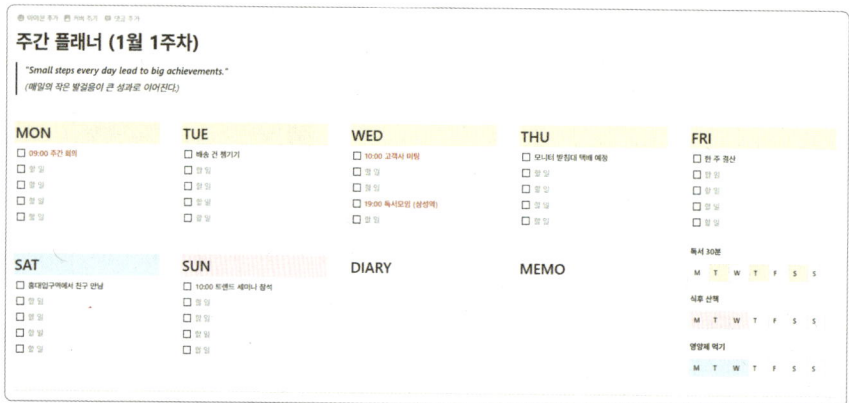

- **사용 블록**: 제목1, 제목2, 인용문, 5개의 열, 할 일 목록
- **꾸밈 요소**: 블록 배경색 | 글자 스타일링

N 명언

> "Small steps every day lead to big achievements."
> (매일의 작은 발걸음이 큰 성과로 이어진다.)

01 가장 상단의 문구는 인용문이다. 윗줄에 원문을, 아래줄에 번역문을 적었다. 인용문에 두 줄을 넣는 방법은 2가지다. 인용문 아래에서 키보드 `Tab`을 누르거나, 마우스로 블록을 잡아서 옮기면 된다.

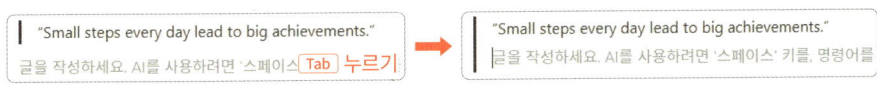

02 [핸들 메뉴]의 [인용 크기] – [크게]로 크기를 키웠다. [기울임꼴] 스타일링을 적용했다.

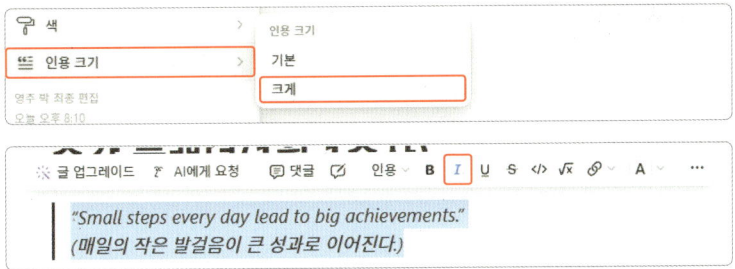

🅽 요일과 할 일

01 가장 먼저, 메모 공간을 위해 우측 상단 페이지 메뉴 [⋯]에서 [전체 너비] 토글을 켜 페이지를 확장했다.

02 [5개의 열] 블록으로 공간을 나누었다. 열의 상단 [제목1] 블록을 추가해 요일을 표현하고, 블록 [핸들 메뉴] – [색]으로 배경색(**노란색 배경**)을 지정했다.

03 [할 일 목록] 블록을 미리 넣어둔다. 회색 글자로 "할 일"이 보이는 게 싫다면, [Shift]를 누른 채 [Space]를 입력해보자. 공란이 만들어져 체크박스만 깔끔하게 남는다.

04 단축키 [Ctrl] + [D]를 누르면 블록이 쉽게 복제된다. 4번 반복해 5줄로 만들자. 이 상태로 [제목1]과 [할 일 목록] 블록 전체를 드래그해 다시 [Ctrl] + [D]를 누르면 전체가 복제된다.

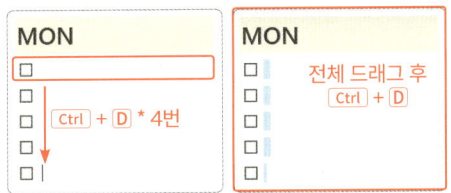

페이지 2 간단한 주간 플래너 페이지

05 복제된 [제목1]+[할 일 목록] 블록이 선택된 상태에서 블록 (핸들)을 드래그해 나뉜 옆 열과 나란하게 옮긴다. 요일별 할 일 세트가 복제되었다.

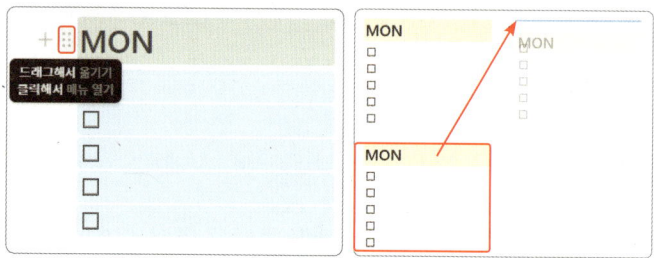

06 이 작업을 반복해 다음과 같이 월요일~일요일 7일간 할 일 목록이 있는 페이지를 만든다. 요일에 맞게 [제목1] 블록 텍스트를 바꾸고, 토요일(SAT)과 일요일(SUN)은 블록 배경색을 요일에 맞게 변경했다. 한 주 일기를 쓸 공간(DIARY)와 메모 공간(MEMO)은 [제목1] 블록을 이용해 자리만 잡아두었다.

루틴 트래커

01 총 7개의 열을 만든다. 공간이 좁다면, 너비를 조정해보자. [표] 블록의 (핸들)을 클릭하여 [너비에 맞추기] 메뉴를 클릭하면, 간격을 일정하게 만들 수 있다.

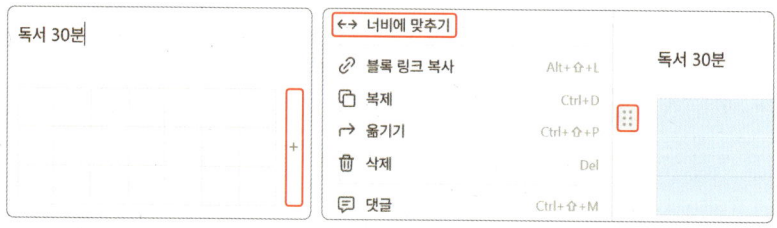

02 이 상태에서, 각 행 왼쪽 ⁙(세로 핸들)을 차례로 클릭해 1개의 행만 남기고 2개의 행을 지운다. 각 칸에 요일을 입력한다. 루틴을 완료하면, 열 위쪽 ⁘(가로 핸들)을 클릭하여 요일별로 색을 지정해 입히면 된다.

03 '독서 30분' 루틴 트래커가 만들어졌다. 이를 복제하여 다음과 같이 '식후 산책', '영양제 먹기' 루틴 트래커를 마저 추가한다. 각 트래커는 완료 시 배경색만 다를 뿐 모두 동일하다.

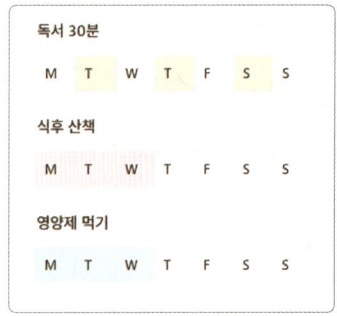

> **Notice** [표] 블록에서 셀 단위로 색상을 지정할 수는 없다. 열 또는 행 전체에만 색을 넣을 수 있다. 그래서 행 하나로만 루틴 트래커를 만든 것이다.

BONUS PAGE ❷

곰손도 가능한 노꾸 테크닉 ❷

이번 보너스 페이지에서는 노션을 깔끔하게 꾸미는 팁을 준비했다. 노션 페이지를 "헉" 소리 날 정도로 꾸미려면 이미지 파일 같은 게 필요하다. 그러나 나처럼 디자인을 전공하지도 않고, 일러스트도 모르는 사람이라면 분명 도움이 될 것이다. 깔끔하면서도 실용적으로 페이지를 구성하는 방법이다.

📝 기본 블록으로 제목 꾸미기

[제목] 블록만 쓰면 다소 밋밋하다. 제목을 눈에 띄도록 꾸며보자. 블록에 배경색을 주거나 [콜아웃] 블록을 활용하면 된다. 블록 배경색을 줄 때에는 앞 쪽에 공란(◯) 하나를 두면 좀 더 깔끔하다.

📝 수학 공식 블록으로 제목 꾸미기

여기에 [인라인 수학 공식]과 [수학 공식] 블록을 활용하면 더 특별한 제목을 만들 수 있다. 특히 [수학 공식] 블록은 가운데 정렬이 된다. 아래 왼쪽 "About Me"는 "A"에 배경색을 넣었고, 블록 전체에도 분홍색 배경을 설정했다.

🅽 글꼴이 다른데요?

눈썰미가 좋은 사람이라면 오른쪽의 "About Me"의 글꼴이 좀 다르다는 걸 발견했을 것이다. 이 글꼴은 SNS 키보드(snskeyboard.com)란 글꼴 변환 사이트를 활용했다.

워크스페이스나 페이지, 데이터베이스 제목에도 이런 폰트를 활용하여 포인트를 살려보자. 다만 나중에 찾기 어려울 수 있으므로, 최상위 페이지나 검색할 필요가 없는 경우에만 활용하자.

🅽 콜아웃으로 경계 표현하기

블록의 경계를 표현하고 싶다면, **[콜아웃]** 블록과 **[인용]** 블록, **[구분선]** 블록을 활용해보자. 다만 **[콜아웃]** 블록은 양쪽에 빈 공간이 있다. 모바일에서는 가로가 좁다. 그래서 **[콜아웃]** 블록 때문에 공간이 줄어든다.

모바일에서 자주 쓴다면, 모바일 전용 페이지를 따로 만들자. 그리고 **[콜아웃]** 블록을 쓰지 않거나 적어도 **[콜아웃]** 블록의 아이콘을 지우는 것이 좋다.

🅽 노션에 쓰면 유용한 위젯 사이트

위젯은 웹페이지로 구성된 서비스들을 임베드 블록으로 노션에 보여주는 기능이다. 노션에서 제공하지 않는 달력이나 디데이 같은 여러 기능들을 추가할 수 있고, 나만의 스타일로 꾸밀 수도 있다.

> **Notice** 위젯 전문 사이트는 아니어도 임베드 서비스를 제공하는 사이트라면, 노션 페이지에 넣을 수 있다. 가령 사운드클라우드(soundcloud.com)는 음악을 재생할 수 있는 위젯을 제공하고 있다. 아쉽지만 자동 재생은 지원하지 않는다.

사용법은 간단하다. 우선 위젯을 제공하는 각 서비스들에 가입하고 설정을 해둔다. 그리고 위젯의 URL을 복사해서 노션에 붙여넣기하면 된다. 다음은 널리 활용하는 대표적인 위젯 제공 사이트다. 추천하는 위젯을 활용해보자.

위젯 서비스	개수(무료)	추천 위젯	예시
위젯박스: widgetbox.app	5개	모노 톤의 깔끔한 달력과 시계 위젯	
앱션: apption.co	3개	날씨 위젯, DIY Embed URL 위젯(HTML)	
인디파이: indify.co	6개	날씨 위젯, 프로그레스바 위젯	
조이팀: joey.team	3개	댓글 위젯, Q&A 위젯	

🅽 노션 글꼴 바꾸기

노션의 글꼴 유형은 3가지다. 개수도 적고, 페이지별로 지정하므로 일일이 설정하기 번거롭다. 혹시라도 글꼴을 원하는 대로 바꾸고 싶다면, 웹 브라우저의 설정을 바꾸면 된다.

다만, 노션 자체의 글꼴이 바뀌는 건 아니다. 어디까지나 브라우저에서 표시되는 글꼴이다. 다른 웹 브라우저를 쓰거나 다른

> **Notice** 아쉽지만, 노션 기본 앱에서는 글꼴을 바꿀 수 없다.

사람이 내 노션 페이지를 볼 때에는 변경된 폰트로 보이진 않는다.

01 웹 브라우저의 [설정]에 가면, 글꼴을 바꿀 수 있는 메뉴가 있다. 크롬과 웨일은 [글꼴 맞춤설정]이고, 엣지는 [글꼴 사용자 지정]이다.

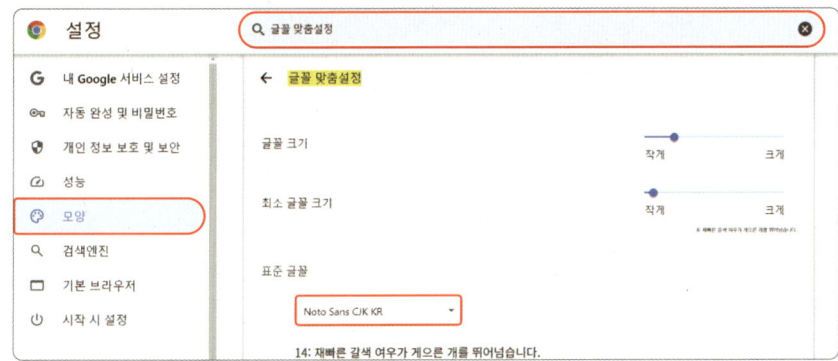

02 브라우저의 글꼴 옵션엔 4가지 유형이 있다. 표준 글꼴, 세리프(Serif), 산세리프(Sans-serif), 고정폭 글꼴이다. 가령 산세리프 글꼴을 바꾸면 노션 페이지의 [기본] 글꼴이 바뀌며, 전체적인 UI와 메뉴의 글꼴도 바뀐다.

노션 페이지의 [모노] 글꼴은 고정폭 글꼴에 따라 바뀐다. 단, [세리프] 글꼴은 브라우저 설정에서는 바꿀 수 없어 노션의 기본 글꼴을 사용해야 한다.

03 노션의 기본 글꼴은 컴퓨터가 글꼴을 지원하지 않으면, 사용할 수 있는 다른 글꼴로 대체하여 사용한다. 기본 글꼴은 'ui-sans-serif', 세리프는 'Lyon-Text', 모노는 iawriter-mono'다.

PART II

노션에 다양한 주제를 기록하다 보면, 데이터가 많이 쌓인다. 이 많은 데이터를 체계적으로 정리하고 관리할 수 있는 도구가 필요하다. 데이터베이스는 노션의 핵심 기능으로, 페이지와 데이터를 잘 관리할 수 있는 도구다.

이번 파트에서는 데이터베이스에 대해 자세히 다룬다. 기본 개념부터 이해한 후, 페이지에 속성을 추가하고 관리하는 방법을 배울 것이다. 또한 보기를 활용하여 데이터를 보기 좋게 표현하는 방법도 배운다. 특히 독서노트를 주제로 아래 데이터베이스를 만들어볼 예정이다.

독서노트, 가계부, 프로젝트, 일정 관리 등 다양한 영역에서 노션을 효과적으로 활용하고 싶은가? 이 파트를 꼼꼼히 공부해보자. 나만의 지식 체계를 만드는 법을 익힐 수 있다.

데이터베이스

GOAL
- 데이터베이스 확실히 이해하기
- 새 데이터베이스 만들기
- 템플릿 만들고 적용하기
- 여러 가지 보기 다루기

RESULT
- 노션으로 정리하는 나만의 책 목록
- 독서노트 템플릿
- 다이어리 DB
- 루틴 트래커 DB
- 가계부 DB

KEYWORD 데이터베이스 DB 보기

SECTION 05 데이터베이스 기초: 책 DB

ONE-PAGER GUIDE

[지니언트's saying] 데이터베이스는 노션의 핵심이다. 특정 주제의 페이지들을 체계적으로 관리할 수 있는 기능이다. 이번 섹션에서는 간단한 독서 기록을 할 수 있는 데이터베이스를 만들 예정이다. 이 섹션에서 중요한 건 데이터베이스의 기능이다. 특히 페이지를 다루고, 속성을 추가하는 부분을 완벽하게 숙지하길 바란다.

페이지 1 데이터베이스란?

데이터베이스란 "같은 주제의 페이지를 한곳에 모아 체계적으로 관리하는 기능"이다. 노션의 유일한 문서인 페이지를 효과적으로 사용하려면, 데이터베이스는 선택이 아닌 필수다. 앞서 실습했던 주간 플래너를 생각해보자. 주별로 페이지를 만들었다. 처음 몇 달은 문제가 없다. 하지만 1년이면 총 52개의 페이지가 생긴다. 왼쪽 섹션에 페이지가 많아서 스크롤이 엄청 길어지고, 페이지를 찾는 데도 시간이 꽤 소요된다.

개인 페이지	**2025년 주간 플래너**		
♥ 2025년 주간 플래너	2025년 1월	2025년 2월	2025년 3월
📅 주간 플래너 (1월 1주차)	📅 주간 플래너 (1월 1주차)	📅 주간 플래너 (2월 1주차)	📅 주간 플래너 (3월 1주차)
📅 주간 플래너 (1월 2주차)	📅 주간 플래너 (1월 2주차)	📅 주간 플래너 (2월 2주차)	📅 주간 플래너 (3월 3주차)
📅 주간 플래너 (1월 3주차)	📅 주간 플래너 (1월 3주차)	📅 주간 플래너 (2월 3주차)	📅 주간 플래너 (3월 3주차)
📅 주간 플래너 (1월 4주차)	📅 주간 플래너 (1월 4주차)	📅 주간 플래너 (3월 4주차)	📅 주간 플래너 (3월 4주차)

이를 데이터베이스로 관리한다면 훨씬 더 쉬워진다. 모든 플래너 페이지를 한곳에 체계적으로 모아두는 것이다. 오래된 페이지는 숨기고, 최근 페이지만 보이게끔 세팅한다. 이번 주 플래너를 찾아서 헤멜 필요가 없다. 페이지별로 속성을 추가하여 주간 평가나 감정, 일기를 요약하거나 이를 차트로 바꿔서 한눈에 볼 수도 있다.

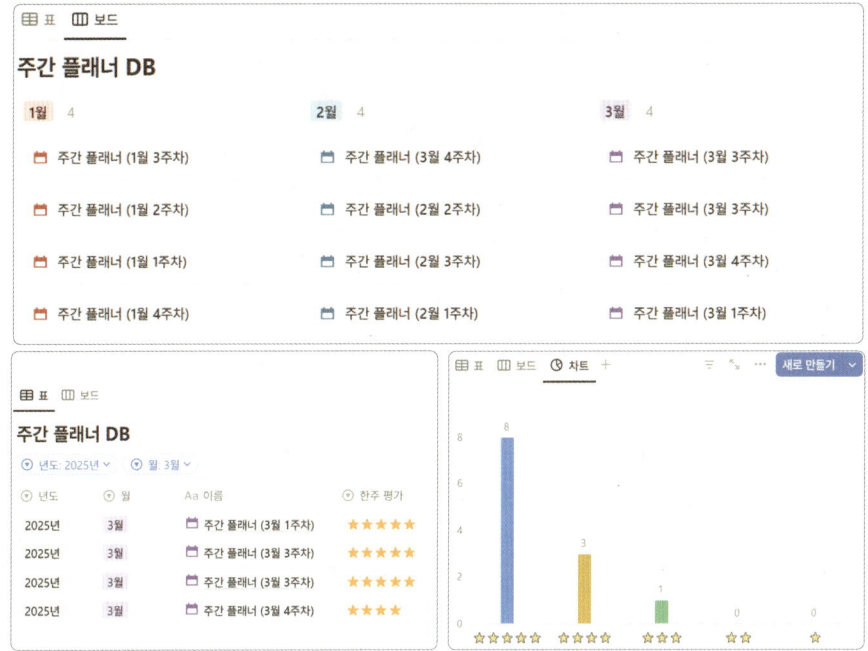

지금부터 독서 후기를 모으는 간단한 데이터베이스를 만들면서, 핵심 기능을 익혀보자.

🅽 데이터베이스 생성

데이터베이스도 블록이다. 본문에 `/` 블록 명령어를 입력하여 데이터베이스를 만들 수 있다.

01 [사이드바]의 [개인 페이지] 섹션 메뉴에서 새 페이지를 만들고, 페이지 이름을 '독서'로 바꾼다.

02 본문에 /데이터베이스라고 입력한다.

03 팝업 메뉴에 표시된 블록 종류 중 [데이터베이스 – 인라인]을 클릭한다.

> **Note** 왜 인라인인가요?
>
> 블록 유형 중 [데이터베이스 – 인라인]을 선택하는 이유가 있다. [데이터베이스 – 전체 페이지]로 만들면, 한 페이지 전체가 데이터베이스가 된다. 다른 블록을 넣을 수 없어 노션을 꾸밀 때 불편하다. 웬만하면 인라인으로 만들길 추천한다. 필요시 핸들 메뉴를 통해 전환할 수 있다.

페이지 1 데이터베이스란?

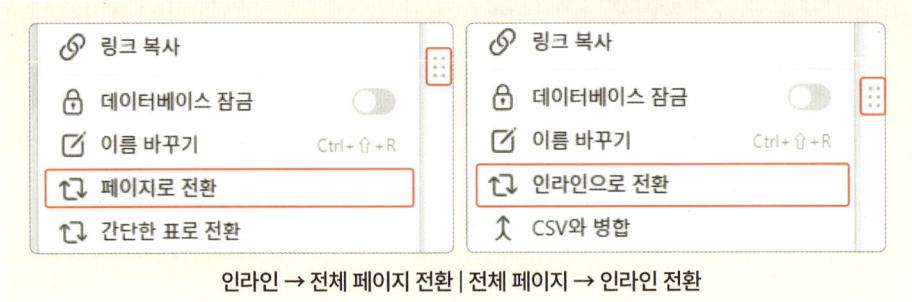

인라인 → 전체 페이지 전환 | 전체 페이지 → 인라인 전환

04 다음처럼 표 형태의 데이터베이스가 만들어진다. 자동으로 [새 데이터베이스] 팝업 메뉴가 뜬다. 기존 데이터베이스와 연결할 수 있다. 지금은 새 데이터베이스이므로, [빈 데이터베이스 새로 만들기]를 클릭해 마무리하면 된다.

05 표 위쪽에 "제목 없음"이라고 적힌 영역은 데이터베이스의 제목을 넣는 공간이다. [인라인 데이터베이스]이므로, 페이지 제목과는 별개다. 데이터베이스 제목은 관리하고 싶은 페이지의 주제다. 실습할 데이터베이스의 주제는 '책'이다. 페이지 하나가 책을 의미할 것이다. 제목 없음 영역을 클릭하고, 키보드로 "책 DB"를 입력하자.

> **Notice** 데이터베이스 제목 뒤에는 데이터베이스(Database)의 약자인 'DB'를 붙이곤 한다. 이렇게 규칙을 정해두면, 검색으로 페이지와 데이터베이스를 찾을 때 무엇이 무엇인지 구분하기 쉽다.

NOTION PREVIEW

데이터베이스 구조 및 메뉴

우리가 채워 나갈 <책 DB> 데이터베이스가 마련되었다. 데이터베이스의 구조를 간단히 살펴보자. 차차 소개할 것이니, 지금은 이런 것이 있구나, 정도로만 파악하고 넘어가면 된다.

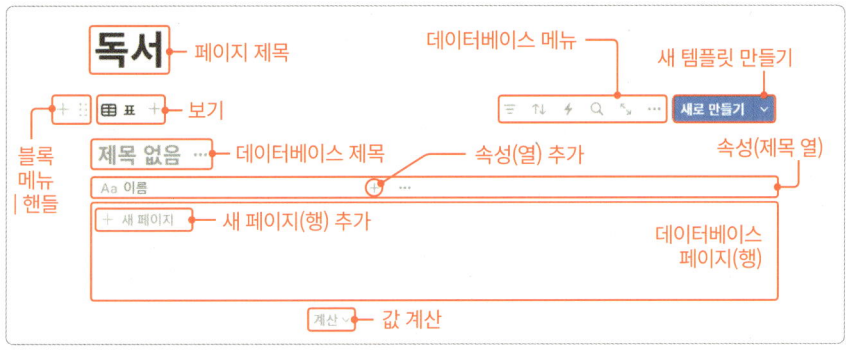

📙 데이터베이스 페이지

이제 <책 DB>에 페이지를 추가하면서 데이터베이스에서 페이지를 추가하고, 데이터베이스의 페이지 다루기를 배워보자.

■ 데이터베이스 페이지 만들기

01 데이터베이스 페이지는 3가지 방법으로 만들 수 있다.

- ❶ 데이터베이스 오른쪽 위 [새로 만들기] 버튼을 클릭한다. 데이터베이스 우측에 새 페이지가 바로 열린다. 바로 내용을 작성할 수 있어 편리하다. 일단 페이지 왼쪽 위 >> 버튼을 눌러 닫아두자. 이 페이지는 **현재 데이터베이스 가장 위에 추가된다.**

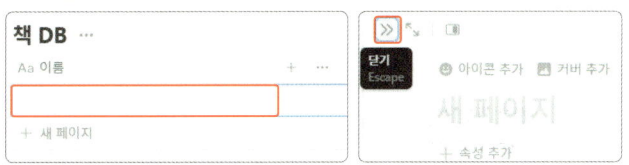

- ❷ 만든 페이지에 마우스를 올리면 왼쪽에 ⋮⋮(페이지 핸들)이 나타난다. 그 옆 + 버튼을 클릭한다. 세 페이지는 선택한 페이지 바로 아래에 만들어진다. 키보드 Alt 를 누른 채 클릭하면 반대로 바로 위에 추가 가능하다.

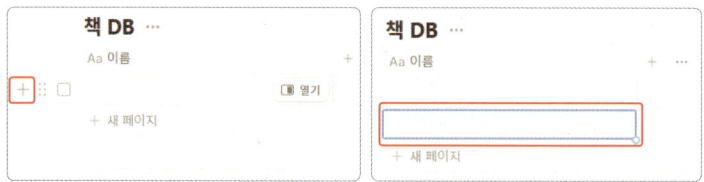

- ❸ 가장 아래쪽의 [+ 새 페이지] 텍스트를 클릭한다. 새 페이지는 현재 데이터베이스 가장 아래 만들어진다. 단, 현재 데이터베이스가 3행 이하면 그 자리에 생성된다.

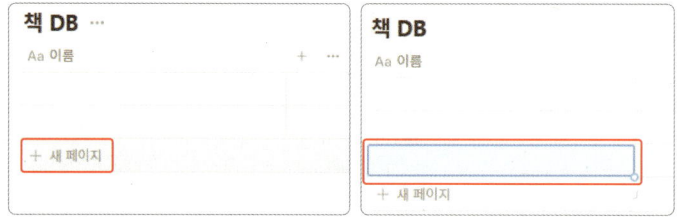

02 ❶~❸을 통해 페이지 3개가 만들어졌을 것이다. 이름을 넣어보자. [이름] 아래 공간을 클릭하고, 책 제목을 입력한다. Enter 를 누르면 자동으로 다음 페이지로 이동한다.

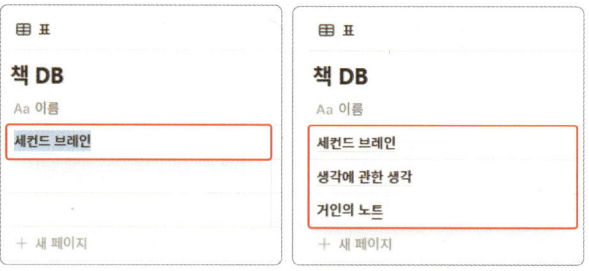

03 각 페이지 위로 마우스를 올린 뒤, ⋮⋮(핸들)을 클릭하면 [페이지 메뉴]가 나온다. 옮기기, 복제, 링크 복사 등 다양한 작업을 할 수 있다. 잘못 추가했다면 삭제도 할 수 있다.

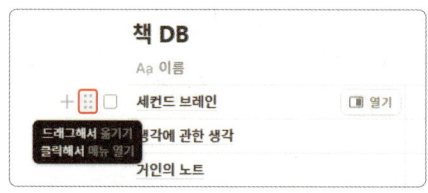
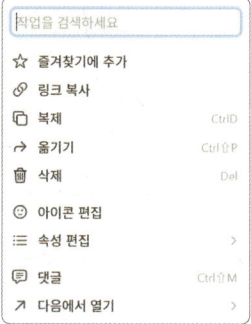

04 또 ⋮(핸들)을 마우스로 잡아 드래그해 페이지 순서를 조정할 수 있다. 뿐만 아니라, 아예 페이지를 데이터베이스 밖으로도 옮길 수 있다. 이 경우에 옮겨진 페이지는 페이지 블록이 된다.

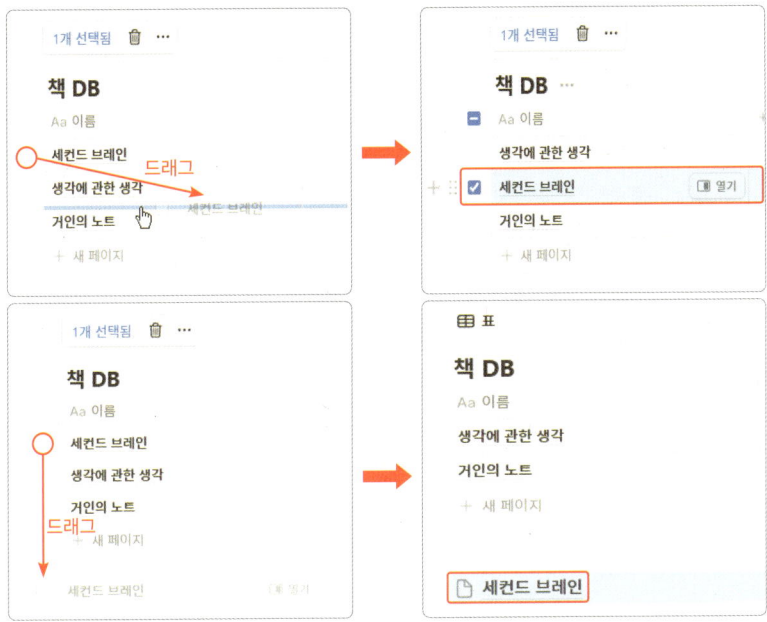

■ 데이터베이스 페이지 구성

01 만든 페이지를 열어보자. 페이지를 여는 버튼은 숨겨져 있으며, 페이지 위로 마우스를 올려야 나타난다. [열기] 버튼을 클릭하면, [사이드 보기]에서 페이지가 하나 열린다. [페이지 제목]만 입력된 빈 페이지다.

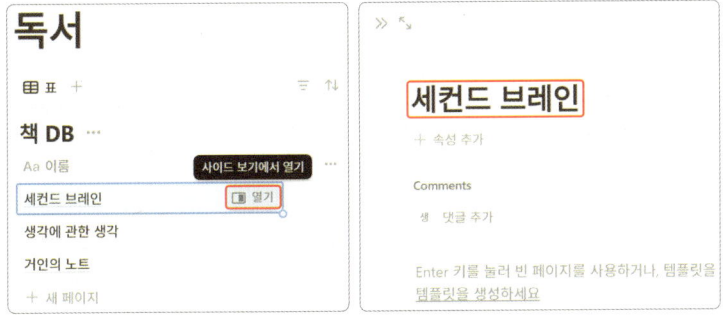

02 페이지 제목에 마우스를 올리면 [아이콘 추가], [커버 추가] 버튼이 보인다. 오른쪽 위에는 [페이지 메뉴]가 있다. 그런데 마우스를 이리저리 움직여 보면, **섹션 2**의 일반 페이지에서는 못 본 다른 기능들도 보인다. 무엇이 있는지 가볍게 살펴보자.

NOTION PREVIEW

데이터베이스 페이지 구성

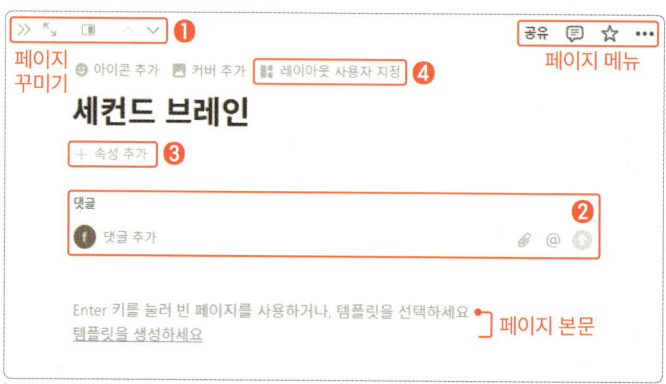

- ❶ : 왼쪽 위 5개 버튼 중, 왼쪽 3개는 페이지 보기 방식을 조정한다. 페이지를 닫거나 전체 페이지(화면)로 확대하고, '중앙에서 보기'를 포함해 보기 옵션을 변경할 수 있다. 오른쪽 2개는 데이터베이스 내 페이지 이동에 사용한다. 데이터베이스로 나가지 않고 페이지에서 바로 이전 페이지, 다음 페이지를 보는 기능이다.
- ❷ : 페이지에 댓글을 달 수 있다.
- ❸ : 페이지에 하위 정보인 속성을 추가할 수 있다.
- ❹ : 페이지에 속성을 어떻게 나타낼지를 맞춤으로 지정할 수 있다.

03 이 페이지는 데이터베이스의 페이지다. 페이지 제목을 바꿔보자. 데이터베이스 [이름] 값도 바뀐다. 반대로 데이터베이스에서 [이름] 값을 수정하면, 페이지 제목이 바로 바뀐다.

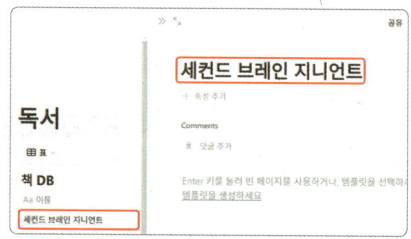

04 페이지 왼쪽 위 » 버튼을 클릭하거나, 키보드 Esc 를 눌러서 페이지를 닫는다.

페이지 2 데이터베이스와 속성

앞서 데이터베이스의 **속성**은 페이지가 가진 하위 정보라고 했다. 다음 책 데이터베이스 예시를 보자. 페이지 제목(이름) 오른쪽의 열들이 속성이다. '출판사'나 '저자', '표지', '별점', '쪽수' 등이다. 이외에도 '출간일', '분야' 같은 책의 정보를 적을 수 있고, 독서노트라면 '읽은 기간', '한줄평' 등 독서 관련 정보를 추가해도 좋을 것이다.

이처럼 속성은 정의하고 활용하기 나름이다. 만약 업무가 주제라면 업무의 담당자라든지, 데드라인, 업무 요약 정보를 적어둘 수 있겠다. 다시 말해 "**페이지를 설명하고 분류하려고 넣어둔 정보**"라 생각하면 된다.

> **Notice** 데이터베이스 속성 중 가장 왼쪽의 '이름'은 **<제목>** 속성이다. 페이지 제목에 해당하므로 지우거나 추가할 수 없다.

N 속성 추가 방법

페이지 1에서 데이터베이스를 처음 만들었을 때에는, 기본 속성이자 페이지의 제목인 '이름'만 있었다. 페이지의 정보를 체계적으로 관리하고 싶다면, 적절한 속성을 추가해두는 게 좋다. 다른 속성을 추가하는 방법은 간단하다. **<책 DB>**에 책 관련 속성을 추가하면서, 속성 사용법과 특징을 배워보자.

01 '이름' 속성 열 옆에는 ⊞ 버튼이 있다. 바로 새 속성을 추가하는 버튼이다.

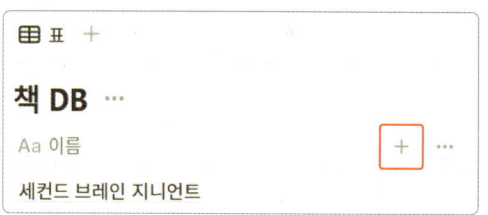

02 클릭하면 추가할 속성의 유형을 선택하는 [속성 추가] 메뉴가 뜬다. 구성을 살펴보자.

- [속성 검색창] : 많은 속성 중 원하는 것을 빨리 찾아 추가할 수 있다.
- [추천]: 노션이 데이터베이스 제목을 기준으로 추천해준 속성들이다.
- [AI 자동 채우기]: 노션 AI가 작업할 수 있는 속성이다. 뒤에서 따로 다룰 예정이다.
- [유형]: 우리가 자주 사용할 속성들이 모여 있다. 곧 하나씩 알아보자.
- [연결]: 외부 서비스와 연계된 속성 모음이다.

> Notice 데이터베이스 속성 개수엔 제한이 없다.

03 먼저 <숫자> 속성을 만들자. [속성 추가] 메뉴 - [유형]에서 # 숫자 를 선택한다.

> Notice 숫자 속성은 숫자만 입력할 수 있는 속성이다. 단위를 표시하거나 작은 그래프를 표시할 수 있다.

04 <책 DB> 두 번째 열에 <숫자> 속성이 추가된다. 속성의 이름도 바꿔보자. # 숫자 를 클릭하면 [속성] 메뉴가 보인다. 맨 위에 있는 "숫자"를 지우고 "쪽수"를 입력하면 이름이 바뀐다.

05 옆 열 페이지 이름(책)에 맞추어 속성에 값(책 쪽수)을 입력한다. <숫자> 속성에는 아라비아 숫자만 입력할 수 있다.

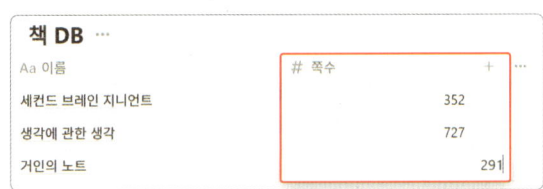

> **Note** 페이지와 속성
>
> 이렇게 **데이터베이스에 추가한 속성은 페이지에도 반영**된다. <세컨드 브레인 지니언트> 페이지의 [열기] 버튼을 클릭해 페이지를 다시 열어보자.
> 제목과 본문 사이 공간에 데이터베이스와 동일하게 '쪽수' 속성이 추가되어 있음을 알 수 있다. 페이지 제목과 마찬가지로, 여기서 쪽수를 고쳐도 데이터베이스에 동시에 반영된다.
> 반대로 페이지에서 속성을 추가할 수도 있다. [+ 속성 추가] 버튼을 클릭하면, 데이터베이스에서 [+] 버튼을 클릭했을 때와 똑 같은 [속성 추가] 메뉴가 뜬다. 여기 추가한 속성은 데이터베이스에도 추가된다.

속성 편집

<숫자> 속성은 단위를 표시할 수 있고, 값 옆에 작은 그래프를 넣을 수 있다. 다만 이 기능은 페이지마다 따로 지정하는 것이 아니다. 데이터베이스 내 모든 페이지에 동일하게 적용한다. [속성 편집] 기능을 활용하여 숫자 속성의 옵션을 바꿔보자.

01 속성 이름 '쪽수'를 클릭하고 메뉴에서 [속성 편집]을 클릭한다. [속성 편집] 메뉴가 다시 열린다.

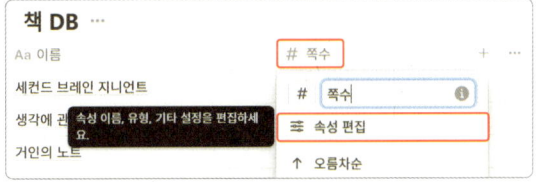

02 **[숫자 형식]** - **[숫자]**를 클릭하면, 값의 단위를 지정할 수 있다. 일반적으로 **[쉼표가 포함된 숫자]**를 사용한다. 클릭해서 변경하자. 아래에 **[소수점 이하 자리]**의 옵션을 변경해 소수점을 표시할 수도 있다. 쪽수는 정수이니 그대로 둔다.

03 **[표시 옵션]** 아래 **[막대]**를 클릭하면 데이터베이스의 속성 값 옆에 작은 막대그래프가 그려진다. 옵션에서 나누기는 그래프의 분모를 의미한다. '500'을 입력하면, 페이지 값을 500으로 나눈 비율만큼 그래프가 그려지게 된다. 여러 옵션을 조정하여 색상을 변경하거나 숫자를 숨길 수도 있다.

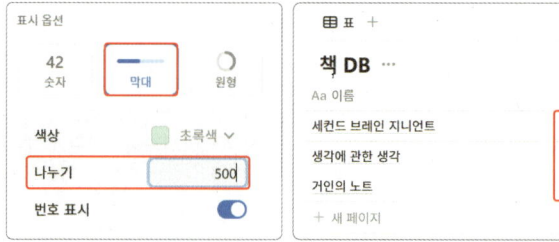

04 다만 속성의 옵션은 페이지별로 하나씩 설정할 수 없다. 옵션을 지정하면, 데이터베이스의 모든 페이지에 같은 단위를 지정한다. 그래프도 마찬가지다. 지금 속성은 그래프가 어울리지 않는다. 숫자만 표시하도록 **[표시 옵션]**의 **[숫자]**를 다시 클릭한다.

> **Notice** 독서 진척 그래프는 이렇게 만들 수 있다. 우선 현재 쪽수와 전체 쪽수 속성을 추가하고, 수식 속성을 추가하여 현재 쪽수에서 전체 쪽수를 나눈 비율로 계산식을 입력한다. 그리고 그래프를 적용하면 된다. 이는 뒤쪽에서 수식을 배우고 다시 적용해보자.

🅝 데이터베이스와 속성 다루기

이렇게 **<책 DB>** 데이터베이스에 첫 속성이 추가되었다(이름은 기본/필수 속성이라 제외). 데이터베이스와 속성에서 어떤 작업이 가능한지 간단히 살펴보자.

■ **속성 열 너비 조절 및 순서 변경**

'쪽수' 속성 값에 비해 가로 너비가 길어서 너무 뻥뻥해 보인다. 데이터베이스에서 바로 속성 열의 너비를 조절하거나 순서를 바꿀 수 있다. 이 작업은 엑셀보다 간편하다.

01 속성 이름 옆 경계를 마우스로 클릭한 채 양 옆으로 드래그해보자. 왼쪽으로 당기면 너비가 줄어든다. 너비에 비해 값이 많다면 오른쪽으로 끌어 반대로 늘리는 것도 가능하다.

02 속성 이름을 마우스로 클릭 후 드래그해 데이터베이스 내 위치를 바꿀 수 있다. 추후 데이터베이스에 속성이 많아지면 요긴하게 쓰일 기능이다.

■ **여러 페이지 동시 작업**

칸칸이 옮기며 속성 값을 쓰기 번거로울 때, 한꺼번에 바꾸는 방법을 소개한다.

01 데이터베이스의 페이지 왼쪽에 마우스 커서를 옮겨보자. □(**체크박스**)들이 보인다. 이를 클릭하면, 페이지를 여러 개 선택할 수 있다. 두 번 반복해 그림처럼 2개를 선택한다. 데이베이스 위쪽에 [**2개 선택됨**]이 적힌 메뉴가 나타날 것이다.

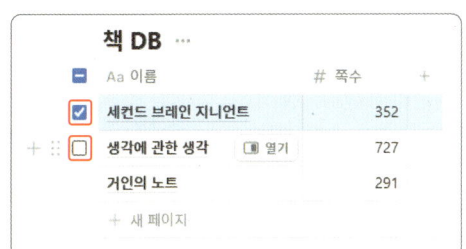
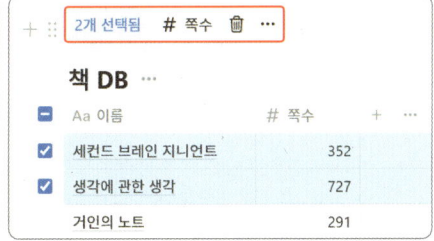

02 이 메뉴에서 [속성 이름](여기서는 쪽수)을 클릭한 뒤 값을 입력하면, 선택한 페이지의 속성 값이 한 번에 수정된다.

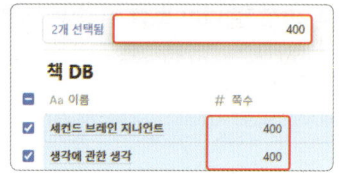

03 같은 메뉴에서 🗑 버튼을 클릭하면 선택한 페이지들이 한꺼번에 삭제된다. 끝의 […]은 [페이지 메뉴]로, 복제/옮기기/삭제는 물론, [속성 편집] 메뉴도 띄울 수 있다.

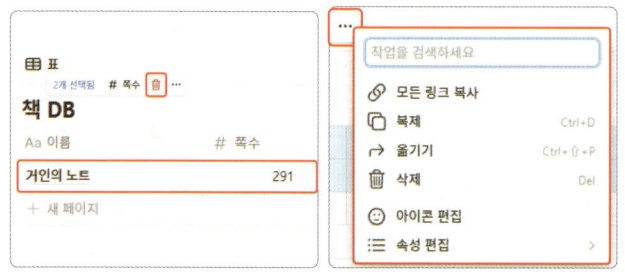

■ 속성 메뉴

[속성 메뉴]에는 앞서 사용해본 이름 변경, 속성 편집 외에도 여러 기능이 있다. 지금 단계에서 유용한 기능을 간단히 소개한다.

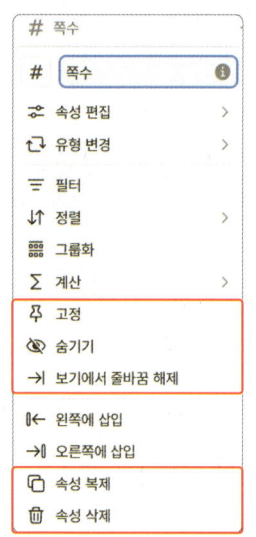

- [고정]: 속성이 많아져서 오른쪽으로 스크롤을 옮기더라도 항상 이 속성까지는 보이게 해준다. 속성이 너무 많아 앞쪽의 속성이 보이지 않을 때 유용하다.
- [숨기기]: 이 속성을 데이터베이스에서 안 보이게 숨긴다. 삭제하는 것은 아니다.
- [보기에서 줄바꿈 해제]: 이 기능을 켜면, 속성 너비보다 값이 길 때 자동으로 줄바꿈이 된다. 기능을 끈 상태에서 값이 길어지면 뒷부분이 잘려 보이지 않는다.
- [속성 복제]: 말 그대로 해당 속성을 복제한다. 복제 시는 해당 속성의 바로 오른쪽에 복사되며, 구분용으로 속성 이름에 (1)이 추가된다. 옵션은 그대로 유지되지만, 값은 복제되지 않는다.

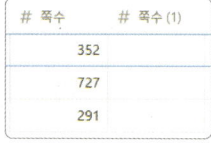

- **[속성 삭제]**: 속성을 삭제한다. 실수로 삭제하는 일을 방지하고자 팝업창을 띄워 확인 절차를 거친다.

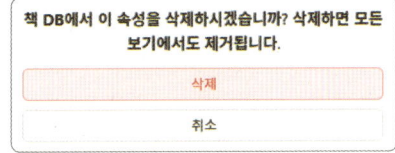

> **Notice** [속성 메뉴]에서는 그 밖에도 정렬 기준(오름차순, 내림차순)과 필터를 설정할 수 있다. (두 기능은 뒤쪽 **섹션 7**에서 자세히 다룰 예정이다.)

페이지 3 | 다양한 속성 유형과 사용법 실습(3)

페이지 2에서 다룬 <**숫자**> 외에도, 속성에는 여러 가지 유형이 있다. 단순 글(텍스트)은 당연하고, 더 나아가 체크박스, 날짜, 드롭다운 목록, 전화번호, URL까지 입력 가능하다. 파일 업로드도 된다. 온라인상의 다른 파일(깃허브나 구글 드라이브 등)을 연결할 수도 있다.

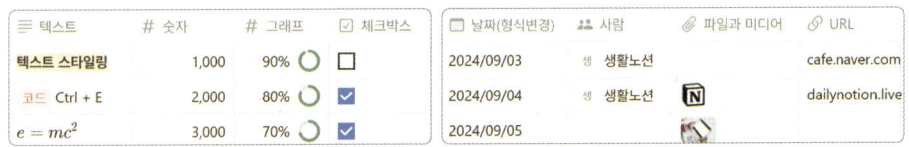

그림 실습을 통해 각 속성의 특징을 이해하고, 사용법을 익히도록 한다. '**쪽수**' 외에 다양한 속성을 추가하며, 독서노트 기록을 위한 <**책 DB**>를 채워보자.

NOTION SAMPLE

책 DB

본격 데이터베이스 실습이다. 내가 평소 사용하는 것을 단순화한 버전으로, 여러 가지 속성을 다양하게 써보도록 구성했다. 추가한 속성과 그 유형을 간략히 정리했으니, 실습에 참고하자.

- **DB 속성**: 한줄평, 읽은 기간, 출판사, 별점, 저자, 표지, 완독, 독서 진행도
- **속성 유형**: 텍스트 | 날짜 | 선택 | 다중 선택 | 파일과 미디어 | 체크박스 | 상태

> **Note** 속성 추가 방법
>
> 속성 추가 방법은 앞서 배운 것과 똑같다. 데이터베이스 제목 열 가장 오른쪽 + 버튼을 누르고 속성의 유형을 선택하면 된다. 지면상 속성 추가와 속성 유형 선택 작업은 캡처를 생략하겠다.

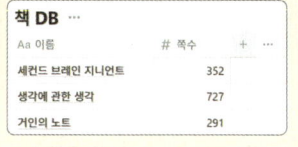

N 텍스트 속성 #한줄평

<텍스트> 속성은 일반적인 글자들을 넣을 수 있다. 별다른 옵션은 없다. 표에서 자유롭게 값을 입력할 수 있다. 책을 읽은 후 소감을 적는 공간으로 활용해보자.

01 [텍스트] 속성을 추가하고, 이름을 '한줄평'으로 변경한다.

02 값을 입력해보자. [Shift] + [Enter]를 통해 칸 안에서 줄바꿈을 할 수 있다.

> **Note** 데이터베이스 글자 스타일링
>
> 데이터베이스 표 안에서도 글자 스타일링이 가능하다. 첫 번째 줄을 드래그한 뒤, [굵게]를 적용하고 색상도 지정해 보았다.

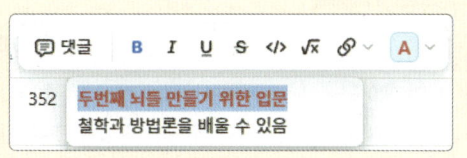

N 날짜 속성 #읽은 기간

<날짜> 속성은 날짜를 선택할 수 있는 속성이다. 값을 입력하기 위한 작은 캘린더 메뉴가 뜬다. 종료일과 시간도 입력할 수 있다. 이 속성을 활용해 책을 읽은 기간을 넣어보자.

01 [날짜] 속성을 추가하고, 이름을 '읽은 기간'으로 변경한다.

02 옵션에 [날짜 형식]과 [시간 형식]이 있다. 날짜 형식은 [년/월/일]이 가장 깔끔하다.

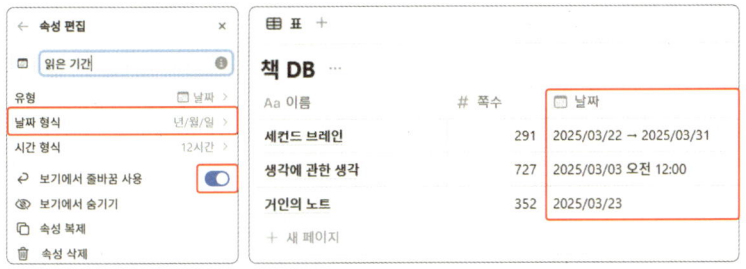

03 값을 입력해보자. '읽은 기간'에는 시작일과 종료일이 모두 필요하다. 처음에는 **[종료일]**을 꺼두었다가 책을 다 읽은 후에 **[종료일]** 옵션을 켜고 종료 날짜를 입력하는 식으로 사용한다. <날짜> 속성은 옵션에 따라서 날짜와 시간을 모두 입력할 수 있다. 정확한 기록을 원한다면 **[시간 포함]** 옵션을 켜면 된다.

N 선택 속성

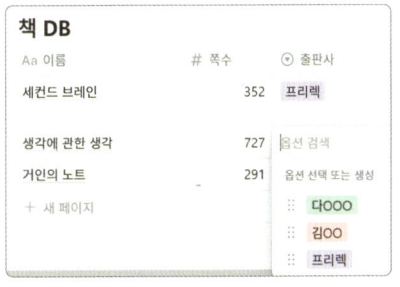

<선택> 속성은 입력 값을 미리 정해두고, 값 중 하나를 선택할 수 있는 속성이다. 미리 정해둔 값을 **옵션**이라고 부른다. 매번 값을 키보드로 치지 않고, 클릭 한 번에 선택할 수 있어 편리하다. <책 DB>에서 사용한다면 출판사나 별점, 분야 속성으로 적절하다.

■ #출판사 : 기본 옵션 추가

01 먼저 ⊙ 선택 속성을 만들고, 이름을 '출판사'로 바꾼다. 입력값을 정하기 위해서는 **[+ 옵션 추가]** 메뉴를 클릭한다. 옵션을 입력할 수 있는 창이 뜬다.

02 입력창에 출판사 이름을 입력하고 `Enter`를 누르면 추가 완료다. 3번 반복해 옵션 3개(프리렉, 김OO, 다OOO)를 만들었다. 이때 색상은 자동 지정된다.

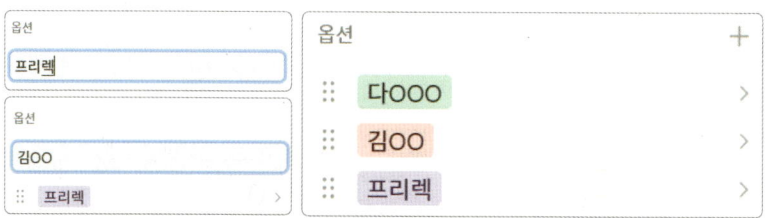

03 사용하기 편하도록 옵션을 설정하자. ❶[정렬]이 [수동] 상태라면, 옵션 왼쪽 ❷⋮⋮(핸들)을 끌어 옵션 순서를 마음대로 정할 수 있다. 자주 사용하는 옵션을 위쪽에 두자. 각 옵션 오른쪽에 있는 ❸> 버튼을 클릭하면 배경색을 원하는 대로 변경할 수 있다. 이름을 다시 정하는 것도 가능하다. 옵션을 잘못 추가했다면 [삭제]하면 된다.

> **Notice** 중간에 옵션 입력창이 사라졌다면, 오른쪽 ⊕ 버튼을 클릭하자. 다시 추가할 수 있다.

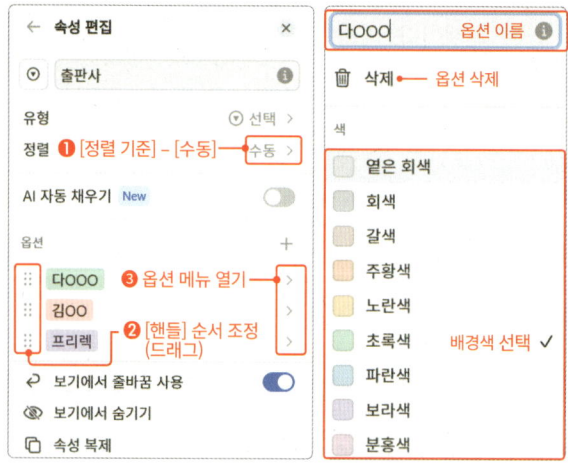

04 이제 데이터베이스로 나가, 각 ❶페이지의 출판사 칸을 클릭 후 ❷해당하는 옵션을 선택하여 값 입력을 마치면 된다.

■ **#별점 : 이모지 옵션 추가**

책을 읽고 평가하는 별점 시스템 역시 <선택> 속성을 이용해 만들 수 있다.

01 이름이 '별점'인 ⊙ 선택 속성을 만들고, **[편집 속성]** 메뉴에서 **[+ 옵션 추가]**를 클릭한다.

02 별점 옵션을 추가한다. 단 옵션 입력창에서는 명령어 :star 가 작동하지 않는다. 별 모양은 이모지 단축키인 ▦ + . 을 눌러 이모지 선택창을 띄워 찾거나 다른 곳에서 만들어 복사 - 붙여넣기 해야 한다.

페이지 3 다양한 속성 유형과 사용법

03 이 과정을 반복해 별 1개부터 별 5개까지 5가지 옵션을 만든다. 이때 > 버튼을 이용해 옵션의 배경색을 통일하면 훨씬 깔끔하다.

04 각 책의 별점을 추가해 값 입력을 완료한다.

> **Note** 데이터베이스에서 옵션 바로 추가하기

또 다른 선택 옵션 추가 방법을 소개한다. <선택> 속성을 생성했다면, 옵션은 페이지의 속성 값 입력칸에서도 바로 추가할 수 있다. 경우에 따라서는 이 편이 훨씬 쉽다.

먼저 <선택> 속성 칸을 클릭한다. [옵션 선택 또는 생성] 메뉴가 뜨고, 현재 추가되어 있는 옵션들이 보인다. 맨 위 [옵션 검색] 영역을 클릭하고 원하는 옵션을 입력한다. 현재 없는 옵션이므로 [생성 (입력한 옵션명)] 메뉴가 뜰 것이다. 클릭한다.

옵션이 추가되었다. 오른쪽 ··· 버튼을 클릭해 배경색을 바꿀 수 있다.

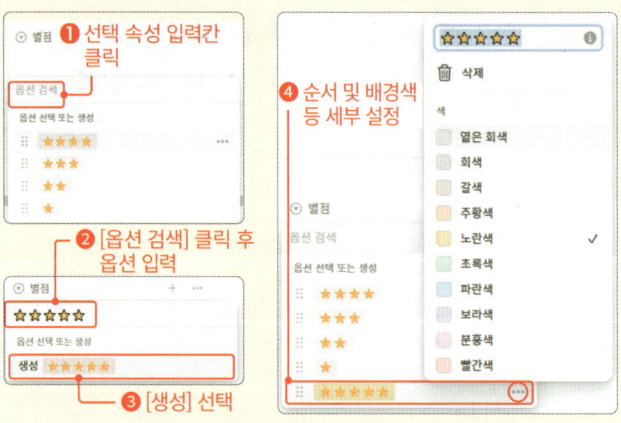

■ **#분야 : 속성 유형 변경으로 옵션 추가**

인문, 철학, 과학, 사회, 경제경영 등 책에는 여러 가지 분야가 있다. 이 분야 정보도 **<선택>** 속성을 사용해 **<책 DB>**에 넣어보자. 이번에는 '속성 유형'을 바꾸는 기능을 활용해 보다 간편하게 옵션을 추가해볼 것이다.

01 새 속성을 추가하되, 텍스트 속성을 추가한다. 추후 **<선택>** 속성으로 변경할 것이다. 데이터베이스에 각 책의 분야를 모두 입력한다.

02 ❶ '분야' 이름을 클릭해 메뉴를 열고 ❷ [유형 변경]을 선택한다. [속성 유형 변경] 메뉴에서 ❸ [선택]을 클릭하면 속성의 유형이 바뀐다. 그 결과로 기존 **<텍스트>** 속성의 모든 값이 [옵션]으로 한번에 바뀌는 것도 볼 수 있다.

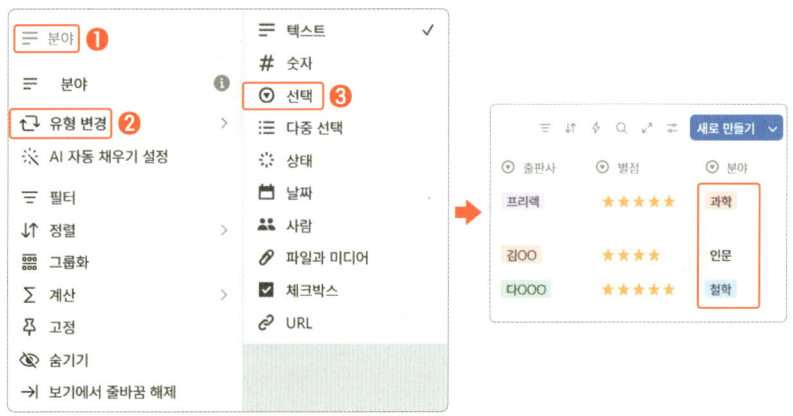

🅝 다중 선택 속성 #저자

<다중 선택> 속성은 형태와 사용 방법이 선택 속성과 똑같다. 차이는 **옵션을 여러 개 선택할 수 있다는** 것이다. 따라서 값이 여러 개인 속성에 사용하면 좋다. 예를 들어 '저자'a는 보통 1인이지만, 공동 저자인 경우도 있다. 이때 **<다중 선택>** 속성을 통해 모든 저자를 입력하면 된다.

01 [≡ 다중 선택] 속성을 만들고, 이름을 '저자'로 바꾼다. [+ 옵션 추가] 메뉴로 여러 저자를 추가한다. 여기까지는 <선택> 속성과 동일하다.

02 데이터베이스로 나와 '저자' 속성 칸을 클릭해보면 차이가 드러난다. 한 칸에 2개 이상의 옵션을 넣을 수 있기 때문이다. <선택> 속성인 '출판사'와 비교해보자.

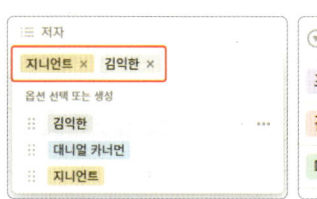

03 '저자' 속성까지 추가 완료된 <책 DB> 모습이다. 예시 도서들은 모두 단독 저서라 옵션이 하나씩만 선택되어 있다. <다중 선택> 속성이라 해도 꼭 복수 입력을 해야 하는 것은 아님을 알 수 있다.

🅝 체크박스 속성 #완독

<체크박스> 속성은 클릭하면 체크 표시를 할 수 있는 간단한 속성이다. 체크의 의미는 지정하기 나름이다. <책 DB>에서는 완독 표시로 사용하기에 좋다. 속성의 너비를 최소한으로 줄여서 더 깔끔하게 활용할 수 있다.

01 [☑ 체크박스] 속성을 추가하고, 속성 이름을 '완독'으로 변경한다.

02 체크박스는 자동으로 모든 페이지(행)에 추가된다. 속성 옆 경계를 마우스로 클릭하고 잡아끌어 너비만 줄여주면 된다. 완독 여부에 따라 체크박스를 클릭해 표시하자.

01 책 표지 이미지를 찾아 인터넷 서점에 방문한다면, '자주 방문하는 인터넷 서점의 주소'를 넣어두자. 미리 찾지 않아도 **<독서노트>** 페이지에서 바로 검색할 수 있어 편리하다. 링크는 [버튼] 블록을 활용하면 더 깔끔하게 추가된다.

/버튼 입력 후 팝업된 설정창에서 ❶ [+ 새 작업] – [페이지, 양식 또는 URL 열기]를 선택하고, 다시 추가된 ❷ 작업 버튼을 클릭해 ❸ 서점 주소를 붙여넣는다. ❹ 버튼 이름(주소 그대로 사용)을 입력하고 ❺ 아이콘도 설정해준 다음, ❻ [완료] 버튼을 클릭하면 끝이다.

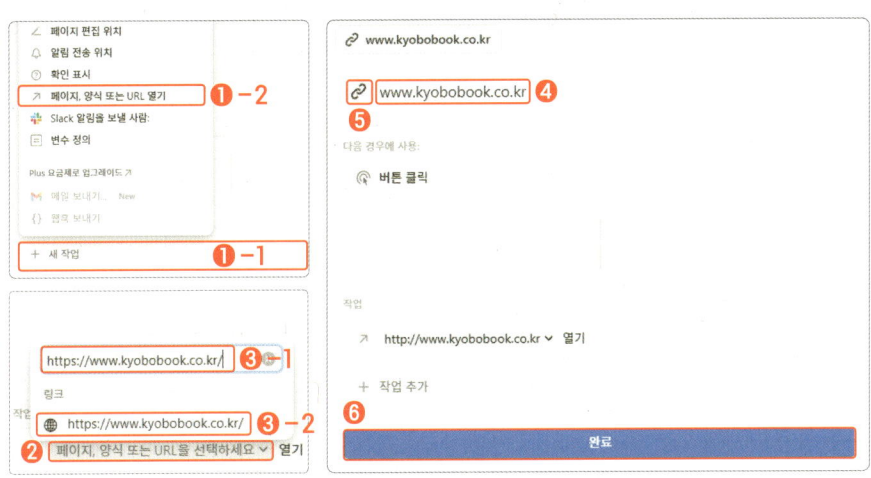

02 매번 '본문에 페이지'를 넣는다면, 이미지를 선택하지 않은 [이미지] 블록을 넣어두자. 그러면 이미지 블록을 매번 생성하지 않고도 클릭 한 번으로 이미지를 넣을 수 있다.

03 책에서 '많은 내용을 정리'한다면, [목차] 블록을 위쪽에 미리 세팅해두자. 블록의 제목 텍스트를 클릭하면 바로 해당 장으로 이동할 수 있다. 다음 정리를 위해 스크롤을 내리는 시간을 단축시켜준다.
예시에서는 "목차" 텍스트 추가와 깔끔한 표시를 위해 [콜아웃] 블록을 함께 사용하고, 표지용 [이미지] 블록과 2열로 배치했다.

> **Notice** 이미지 캡처 프로그램은 '픽픽(pickpick)'이나 '라이트샷(lightshot)'을 추천한다. 모두 인터넷 검색으로 쉽게 내려받을 수 있다.

■ **단축키 정리하기**

독서노트를 작성하다 보면 자주 사용하는 단축키가 있다. 가령 내용이 길어질 때는 전체 토글

Ctrl + Enter	Cmd + Enter	토글 열기
Ctrl + Alt + T	Cmd + Opion + T	토글 전체 열기
Ctrl + E	Cmd + E	코드로 변경
Ctrl + Shift + H	Cmd + Shift + H	이전에 지정한 색상 다시 설정하기

접고 펴기인 [Ctrl](⌘) + [Alt](Option) + [T]를 애용한다. 내가 자주 쓰는 단축키를 일종의 팁처럼 [내용 정리] 위에 [표] 블록으로 적어두자. 매번 단축키를 기억해내느라 애쓰지 않아도 된다.

Note 독서노트 템플릿에서 자주 사용하는 단축키와 명령어			
단축키와 명령어	작업	단축키와 명령어	작업
[Ctrl] + [Enter]	토글 열기	:이모지 이름	이모지 생성 명령어
[Ctrl] + [Alt] + [T]	페이지 내 토글 전체 열기	[Ctrl] + [E]	코드로 변경
[Shift] + [Enter]	블록 안에서 줄 바꾸기	[Ctrl] + [Shift] + [H]	이전에 지정한 색상 다시 지정하기
[Ctrl] + [\]	왼쪽 사이드바 접기		

페이지 2 레이아웃 사용자 지정

지금까지 데이터베이스 페이지 템플릿을 만들고 적용하는 방법을 알아보았다. 그런데 데이터베이스의 페이지에는 속성의 위치와 형태를 바꾸는 기능이 추가로 있다. 바로 **레이아웃 사용자 지정**이다. 이 기능의 활용은 특히 속성이 많아지면 필수이며, 자주 쓰지 않는 속성 등을 숨길 수 있다. 다만 초보자에게는 영역별로 셋업하는 과정이 다소 까다롭다. 어떤 기능이고, 어떻게 사용하는지 차근차근 함께 알아보자.

우선 <책 DB>에서 페이지를 하나 열고, 페이지 제목 위로 마우스를 올려보자. 세 버튼이 나타난다. 그중 마지막 [레이아웃 사용자 지정]을 클릭한다. 그러면 브라우저 화면 전체에 [레이아웃 사용자 지정] 창이 열린다.

NOTION PREVIEW

레이아웃 사용자 지정 화면 구성

크게 2개의 영역으로 나누어져 있다. 왼쪽의 [레이아웃]과 오른쪽의 [패널]이다. 가장 오른쪽에는 [페이지 설정] 사이드바가 위치한다.

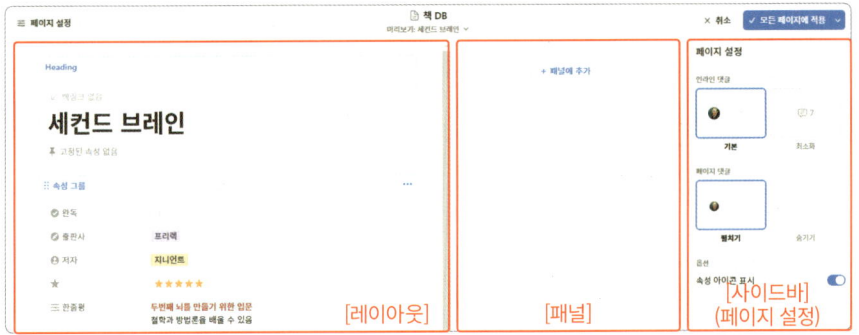

> **Note** [페이지 설정]으로 댓글과 속성 아이콘 숨기기
>
> [페이지 설정] 사이드바에서는 댓글 설정을 주로 할 수 있다. [인라인 댓글] - [최소화], [페이지 댓글] - [숨기기]를 각각 클릭하자. [속성 아이콘 표시] 토글은 켠다. 그럼 댓글들이 다 숨겨지고, 작은 아이콘으로 표시되어 깔끔해진다.
>
> 만약 [페이지 설정] 사이드바를 찾을 수 없다면, 창 왼쪽 위 [≡ 페이지 설정] 버튼을 클릭하면 된다.

📝 레이아웃

왼쪽 영역은 레이아웃이다. 페이지 제목과 속성들을 어떻게 표시할지 구성하는 영역이다. [제목(Heading)]과 [속성 그룹], [관계형 그룹], [단일 속성]으로 구성할 수 있다.

■ 제목(Heading)

페이지의 제목 영역이다. [Heading] 박스를 클릭하면 사이드바가 [Heading] 설정창으로 바뀐다.

페이지 2 레이아웃 사용자 지정

01 제목 하단 영역에 속성을 최대 4개까지 고정할 수 있다. 각 속성의 오른쪽에 있는 📌(투명핀)을 클릭하면 고정되며, 해당 속성은 [고정된 속성] 아래로 이동한다. 📌(검은핀)을 클릭하면 고정 해제할 수 있다. 예시는 '읽은 기간', '상태', '별점' 3가지 속성을 고정해 본 상태다.

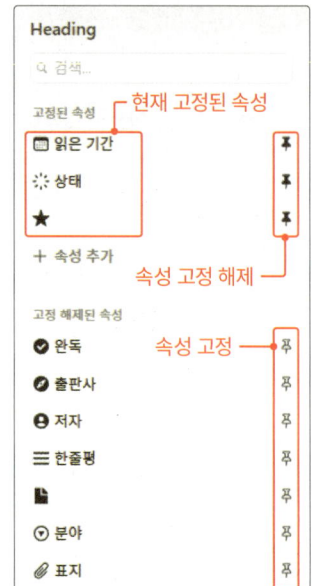

02 제목 상단의 백링크를 표시할지 여부도 설정할 수 있다. 백링크란 이 페이지가 속한 경로다. 사이드바 [옵션] - [백링크 표시]는 [항상 표시(Always show)]로 설정하도록 한다. 페이지를 이동하거나 현재 어느 위치에 있는지 파악하기가 쉬워진다.

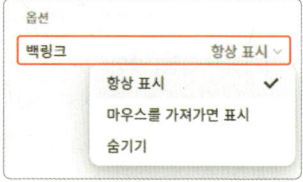

■ 속성 그룹

속성들을 모아두는 영역이다. [속성 그룹] 박스를 클릭하면, 마찬가지로 오른쪽 사이드바가 [속성 그룹] 설정창으로 바뀐다. 앞서 [제목(Heading)]에 고정한 속성은 보이지 않는다. 남은 속성 중 페이지 제목 아래에 보여야 하는 속성만 두고, 나머지는 숨겨둘 수 있다.

01 [속성 그룹] 사이드바에서 ❶ 숨길 속성을 선택하고, [속성 표시 여부] - [항상 숨기기]를 클릭한다. 간단히 ❷ 오른쪽 👁 아이콘을 클릭해 바로 [항상 숨기기] 설정을 해도 된다. '표지'와 '분야' 속성을 각각 숨김 처리했다. 사이드바에서 숨겨진 속성은 👁 아이콘으로 표시된다. (👁은 값이 비어 있을 땐 숨겨지고, 값이 있으면 표시된다는 뜻이다.) [속성 그룹]을 보면, 두 속성은 숨겨져 보이지 않는 상태다.

02 우측 위의 [+ 섹션 추가]를 클릭하면 속성별로 섹션도 나눌 수 있다. 시험삼아 <서지정보>, <독서 및 감상> 2개 섹션을 추가하고, 주제에 맞게 속성을 분류했다. ⋮⋮(핸들)을 이용해 섹션과 속성 모두 쉽게 재배치 가능하다. 각 섹션 아래 [+ 속성 추가] 텍스트를 클릭해 새 속성 추가도 할 수 있다.

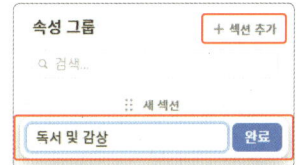
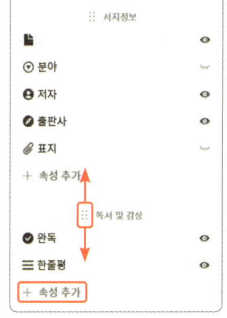

■ 단일 속성

[단일 속성]은 말 그대로 속성 하나만으로 이루어진 영역이다. [레이아웃 사용자 지정] 초기 화면에는 보이지 않으며, 따로 추가해야 한다. 방법은 2가지다.

01 [속성 그룹] 사이드바 – [속성 메뉴]에서 [레이아웃에 추가]를 클릭한다. 바로 [레이아웃]에 선택한 '한줄평' 속성 박스가 생성된다. [텍스트(속성 유형)] 사이드바에서는 이름 바꾸기, 유형 변경 등을 할 수 있다.

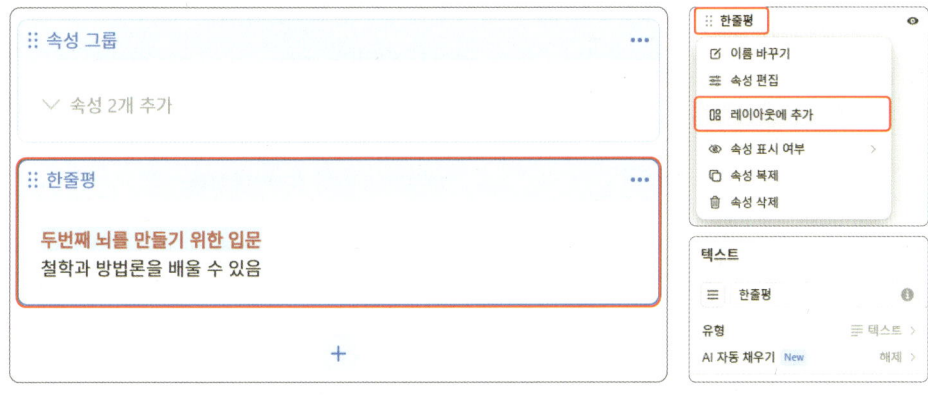

페이지 2 레이아웃 사용자 지정

02 [레이아웃] 아래쪽 ⊕ 아이콘을 클릭해보자. 빈 박스가 생성되고, 사이드바에 [페이지에 추가] 창이 열린다. 기존 속성을 사용할 수 있고, 새 속성을 생성할 수도 있다.

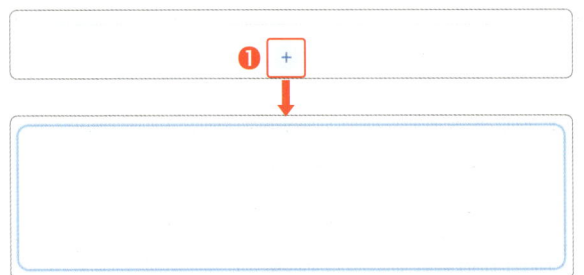

속성마다 레이아웃과 옵션이 다르다. 가령 <**파일과 미디어**> 속성과 <**숫자**> 속성에는 크기를 조정할 수 있는 [**스타일**] 옵션이 보인다.

03 잘못 만들거나 필요 없어진 단일 속성은 레이아웃에서 쉽게 제거할 수 있다. 오른쪽 위 ··· 버튼을 클릭하고 메뉴에서 [**속성 그룹에 추가**]를 클릭하면 다시 속성 그룹으로 들어간다. 그 아래 [**레이아웃에서 제거**]를 선택해도 속성 그룹에 다시 들어간다.

단 확인 팝업창에서 [레이아웃 및 데이터베이스에서 제거] 옵션을 선택하지 않도록 주의하자. 데이터베이스에서까지 속성이 없어져 버린다.

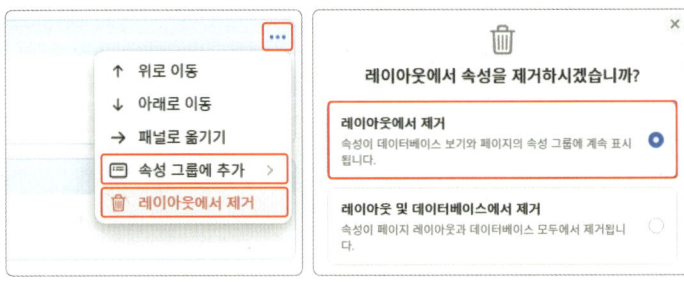

■ 관계형 그룹

이후에 <관계형> 속성을 배우면, 레이아웃에 관계형 속성을 단일 속성으로 추가할 수 있다. 추가로 고급 기능까지 활용하면, 관계형 속성들만 따로 모아볼 수 있는 관계형 그룹을 만들 수 있다. 이후에 관계형을 배운 후 실습해보자.

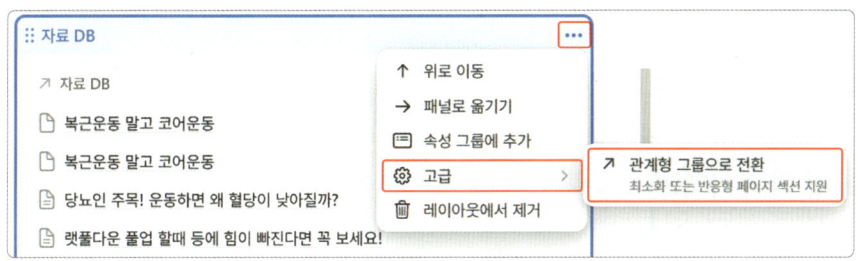

이렇게 만들어진 <관계형> 그룹에는 관계형 속성 페이지가 꽤 많이 나온다. 이를 숨기기 위해서는 [관계형 그룹] 사이드바의 해당 속성을 클릭하고 [표시 옵션]을 [Minimal(최소화)]로 변경한다.

그러면 페이지들이 숨겨지면서 옆 그림과 같이 깔끔한 형태로 보인다.

패널

[레이아웃]의 [속성 그룹]과 [단일 속성]은 오른쪽의 패널 영역으로 옮길 수 있다. 자주 볼 필요 없는 속성들은 패널로 옮겨두자. 방법은 2가지다.

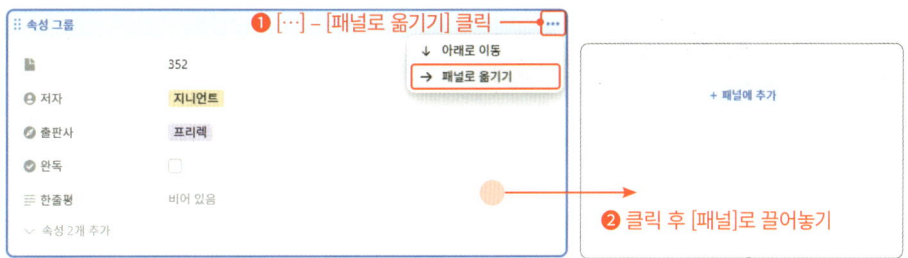

❶ 각 그룹 박스 오른쪽 위 [...] 버튼을 클릭하고 메뉴에서 [패널로 옮기기]를 클릭한다.
❷ 마우스로 각 영역을 클릭 후 패널로 드래그해 직접 옮길 수도 있다.

📝 변경 사항 적용

이상으로 [레이아웃 사용자 지정]을 마쳤다. 가장 위 중앙의 [미리보기] 메뉴를 클릭하면 다른 페이지에서 어떻게 보일지 확인해볼 수 있다.

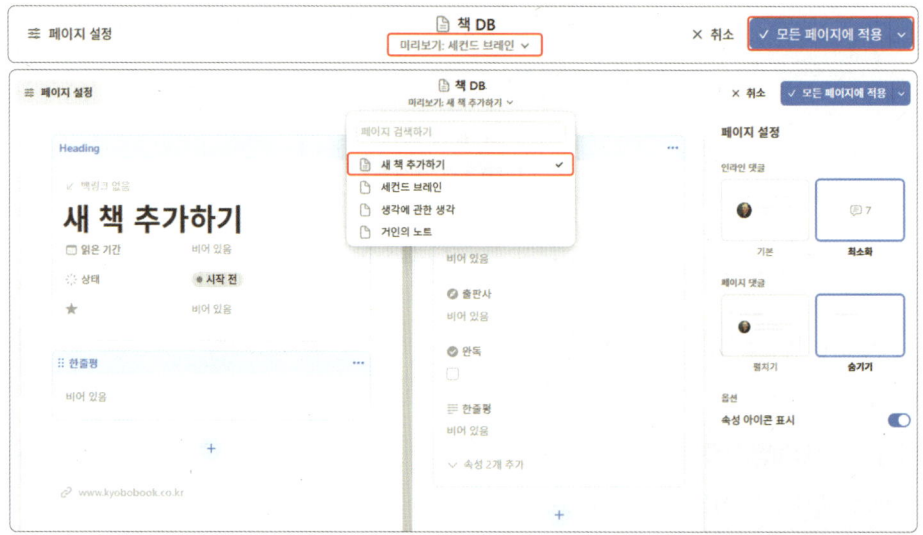

다시 [미리보기]를 클릭해 <세컨드 브레인> 페이지로 돌아온다. 오른쪽 위 〔모든 페이지에 적용〕 버튼을 클릭하면 작업한 레이아웃이 데이터베이스 전체에 적용된다. 마지막으로 <책 DB>로 돌아와 페이지를 열어보자.

미리보기대로 제목(Heading)의 고정 속성, 추가한 단일 속성 등이 잘 반영되어 있는 것을 볼 수 있다. 이전에 패널로 옮긴 요소는 [페이지 세부 정보]에서 확인할 수 있다. 페이지 제목 고정 속성 옆 […](세부 정보 보기)를 클릭하면 열린다. 오른쪽 위 메뉴에서 🔲

버튼을 클릭해도 된다. 단축키는 Ctrl + Shift + \다.

페이지 본문의 스크롤을 내려도 오른쪽의 패널(사이드바)는 내려가지 않는다. 필요에 따라 잘 활용해보자.

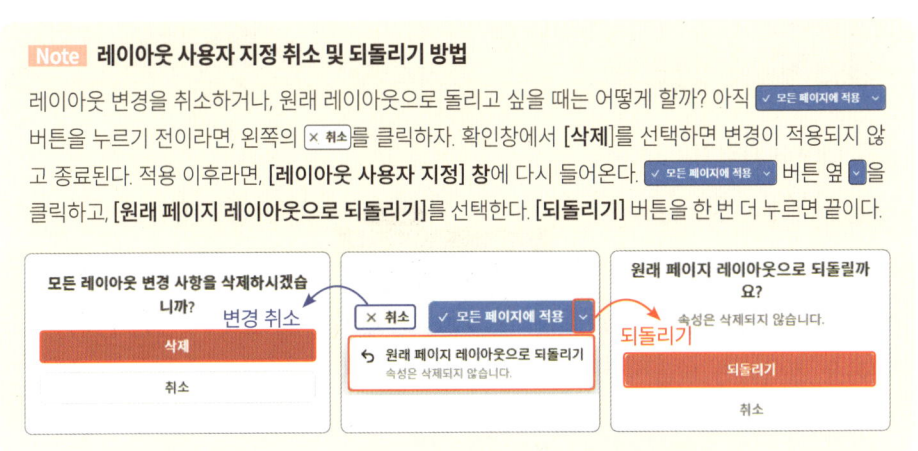

곰손도 가능한 노꾸 테크닉 ④

이번에는 아이콘과 이미지를 활용한 노션 꾸미기 테크닉이다. 페이지를 사용할 때, 편의성을 높이기 위한 팁도 함께 준비했다.

아이콘 썸네일로 활용하기

데이터베이스 페이지 아이콘을 이용해 썸네일 이미지를 넣어두자. **<책 DB>의 커버 이미지**다. [아이콘 추가] – [업로드] **탭**을 이용해 올리면 된다. 나중에 배울 관계형 속성에서 상대방 페이지를 선택할 때, 훨씬 보기 좋다.

이미지 자르기

[이미지] 블록은 이미지의 모양을 바꿀 수 있다. 이미지 메뉴바를 띄우고 (자르기) 버튼을 클릭하면 비율이나

도형 모양으로 자를 수 있다. 가령 프로필 사진은 [Circle(원형)]로 자르면 더 깔끔하다.

속성 숨기기

페이지를 열었을 때, 속성이 너무 많으면 너저분하고 번거롭다. 속성을 클릭하여 [**속성 표시 여부**]에서 숨길 수 있다. 불필요한 속성은 숨겨두자.

🅝 뒤로가기 링크

템플릿의 하단에 '뒤로가기' 기능이 있다면, 여러모로 편리하다. 본문의 끝도 알 수 있고, 자연스럽게 원래 페이지로 돌아갈 수 있다. 페이지 끝을 알려주고, 클릭하면 뒤로 갈 수 있도록 [콜아웃]과 [페이지 링크] 또는 [페이지 인라인]을 넣어두자.

01 <독서> 페이지로 이동한다. 오른쪽 위 ⋯ 버튼을 클릭하고, [링크 복사]를 클릭해 페이지 링크를 복사한다. 단축키는 Ctrl + Alt + L이다. 이어서 데이터베이스 오른쪽 위 ⌄

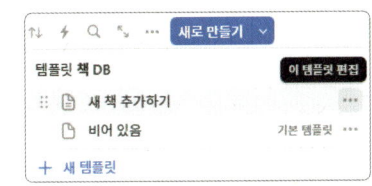

버튼을 누르고, 메뉴에서 <새 책 추가하기> 템플릿 옆 ⋯ 버튼 – [편집]을 차례로 클릭해 템플릿 편집창에 들어간다.

02 <새 책 추가하기> 템플릿 가장 아래 [콜아웃] 블록을 추가한 후 뒤로가기라 적는다. 그다음 텍스트를 드래그해서 글자 메뉴바를 띄운 뒤 🔗(링크 추가) 버튼을 클릭한다. 단축키는 Ctrl + K 다.

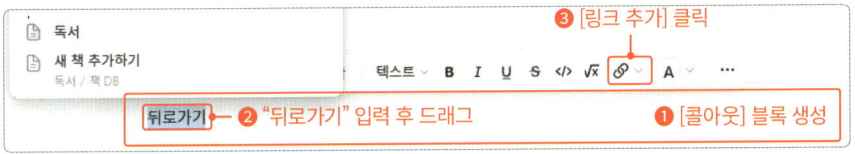

03 [링크 추가] 팝업창이 뜨면 빈칸에 복사한 <독서> 페이지 링크를 붙여넣고, <독서> 페이지를 클릭한다. 최근 페이지 목록에서 <독서> 페이지를 직접 찾아 선택해도 된다. 편리한 '뒤로가기' 기능이 추가되었다.

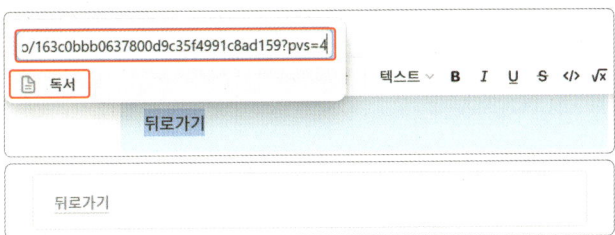

SECTION 07 보기로 설계하는 나만의 관점

ONE-PAGER GUIDE

[지니언트's saying] 같은 대상이어도 어떻게 보느냐에 따라 해석이 전혀 달라진다. 노션의 보기는 데이터베이스의 페이지를 다양한 형식으로 표현해준다. 이 보기를 활용하면 나만의 관점을 설계할 수 있다. 이번 섹션의 목표는 보기의 기능과 종류를 이해하고, 보기의 사용법을 습득하는 것이다. 특히 보기를 추가하고 다시 편집하는 방법을 유심히 배우길 바란다. 자연스럽게 될 때까지 연습하고 또 연습하자.

페이지 1 보기란?

보기는 이름만 들었을 때는 의미가 얼른 와닿지 않는다. 노션 영어 버전으로 생각하면 좀 낫다. 바로 'View'다. **View**는 개발자가 사용하는 프로그래밍 용어의 직역이다. 이 용어는 "시장을 보는 뷰" 또는 "전망을 보는 뷰"에서 쓰는 뷰와 같은 의미다. 즉, 한국어에서 보기와 가장 유사한 단어는 '관점(觀點)'이다. 데이터베이스의 데이터인 페이지를 보는 관점을 의미한다.

가령 일정을 관리하는 데이터베이스에서 To do 리스트라든지 캘린더, 칸반 보드 형태로 일정 페이지를 바꿔 가며 볼 수 있다. 뿐만 아니라 중요한 일정만 보거나, 남은 일정만 보는 식으로 '관점'을 고정하여 페이지를 볼 수 있는 기능이다.

정리하면, **보기란 데이터베이스의 페이지들을 특정한 형태나 관점으로 볼 수 있는 기능**이다. 앞서 만든 **<책 DB>**에서 제목 위쪽에 '**표**'라고 적힌 탭이 있던 걸 기억하는가? 이것이 보기다. 페이지들을 표 형태로 보여준다는 의미다. 어디까지나 기본 보기다. 이제 더 다양한 보기를 만날 시간이다.

> **Notice** 노션에는 총 8종류의 보기가 있으며, 개수에 상관 없이 추가할 수 있다.

여기 <책 DB>를 다른 방식으로 '보기'한 모습을 실었다. 같은 페이지(데이터)라고 하더라도 보기에 따라 형태가 다름이 보일 것이다. 여기에 [필터]와 [정렬] 기능까지 활용하면, 데이터를 보는 나만의 관점을 확실하게 설계할 수 있다.

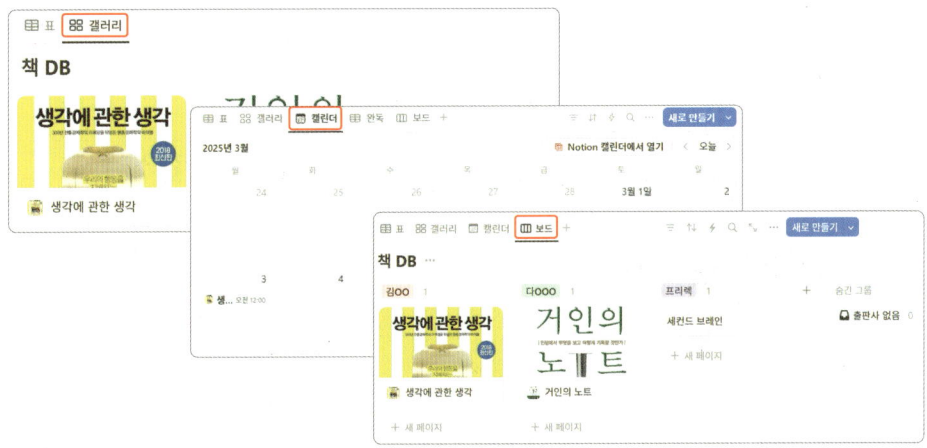

그럼 본격적으로 <책 DB>에 여러 가지 보기를 추가하고, 각 보기의 특성을 이해하며, 보기를 편집하는 방법을 배우는 시간을 가져보자.

갤러리 보기

가장 먼저 만들어볼 것은 [갤러리] 보기다. 페이지를 이미지 카드 형식으로 보여준다.

■ 보기 추가

다음 방법에 따라 [갤러리] 보기를 추가해보자.

01 표 보기 쪽에 마우스 커서를 올리면 ⊞ 버튼이 보인다. 보기 추가 버튼이다. 클릭한다.

02 [새 보기] 메뉴가 뜨면, 8개의 보기 목록 중 [갤러리]를 클릭한다.

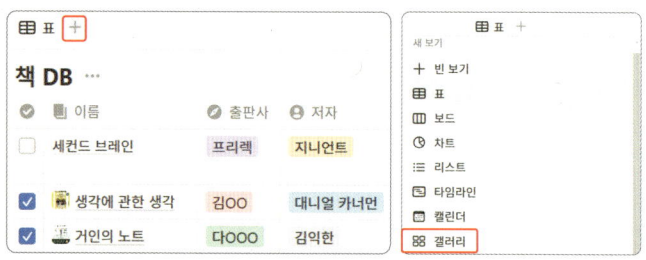

[갤러리] 보기가 만들어졌다. 상단에는 '갤러리'라고 적힌 탭이 하나 더 생겼다. 하단에는 페이지가 그림 카드 형식으로 보인다. 여기서 기억할 점은 각 카드는 페이지라는 점이다. 카드를 클릭하면 페이지가 열린다. [표] 보기에서 보았던 페이지와 똑같다.

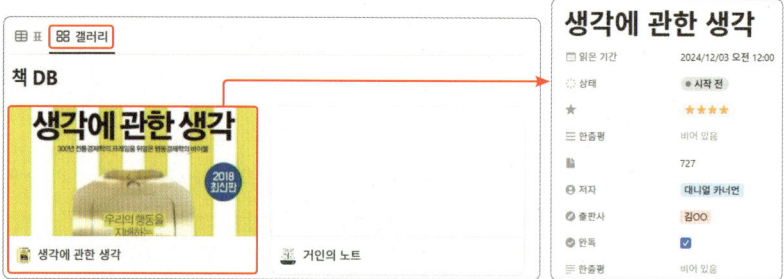

■ 카드 옵션 설정

지금 보이는 그림은 본문에 있는 첫 번째 그림이다. <파일과 미디어> 속성인 '표지'에 넣어둔 책 표지를 넣어두었다. 카드의 이미지를 본문에서 표지 파일로 변경하고, 카드 크기도 바꿔보자.

01 데이터베이스 위 버튼 모음 중 새로 만들기 ∨ 바로 옆 ⋯ 버튼을 클릭해보자. [보기 설정] 메뉴다. 여기서 데이터베이스나 보기의 설정을 모두 변경할 수 있다. [레이아웃]을 클릭한다.

NOTION PREVIEW

[보기 설정] - [레이아웃] 메뉴

위쪽 7개 아이콘은 보기 유형이다. 각 아이콘을 눌러 유형을 바꿀 수 있다. 유형을 바꾼다고 페이지가 사라지는 게 아니다. 페이지가 보이는 형태만 달라질 뿐이다. 아래는 보기별로 레이아웃을 변경할 수 있는 옵션이 나타난다. [갤러리] 보기의 경우 '카드 미리보기'와 '카드 크기'를 설정할 수 있다.

02 [카드 미리보기]를 클릭해서 [표지]를 선택한다. 앞서 추가한 <파일과 미디어> 속성이다. 만약 안 보인다면, <파일과 미디어> 속성을 제대로 추가하지 않은 것이다.

03 다음으로 [카드 크기]를 클릭한다. 기본은 [중간]이다. [작게]로 변경하자. 이 정도로도 충분하다. 아쉽게도 카드 크기는 픽셀 단위로는 조정할 수 없다. 화면의 크기에 따라 알아서 조정된다.

페이지 1 보기란? 127

04 마지막으로 [데이터베이스 제목 표시] 옵션을 끄고, [이미지 맞추기] 옵션까지 꺼보자. 그러면 오른쪽 그림처럼 책 표지와 제목만 깔끔하게 보이는 [갤러리] 보기를 만들 수 있다.

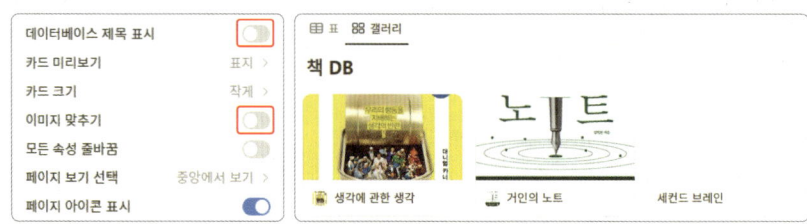

05 그런데 [카드 미리보기]에 책 제목이 보이지 않아 불편하다. 이미지 위치도 바꿀 수 있다. ❶ 페이지 카드 위에 마우스를 올리고, 메뉴에서 [위치 변경]을 클릭하자. ❷ 마우스 커서가 ✥(십자 화살표 모양)으로 바뀐다. 이 상태로 ❸ 이미지를 클릭한 뒤, 위아래로 움직여 책 제목이 잘 보이게끔 조정해보자. ❹ [위치 저장]을 클릭해 완료한다.

06 다른 페이지까지 같은 방법으로 제목이 보이게끔 조정했다. [갤러리] 보기가 완성되었다.

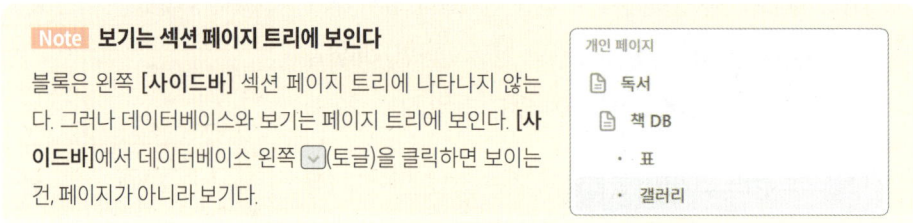

> **Note 보기는 섹션 페이지 트리에 보인다**
> 블록은 왼쪽 [사이드바] 섹션 페이지 트리에 나타나지 않는다. 그러나 데이터베이스와 보기는 페이지 트리에 보인다. [사이드바]에서 데이터베이스 왼쪽 ⌄(토글)을 클릭하면 보이는 건, 페이지가 아니라 보기다.

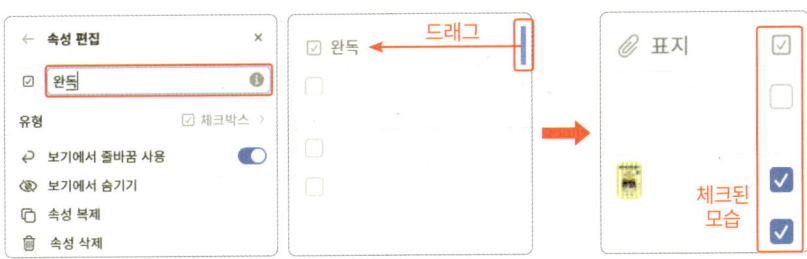

> **Note** 속성 복제 쉽게 하기

<체크박스>나 <선택> 속성을 여러 개 만들 때, 매번 속성 추가를 하는 건 번거롭다. [속성 메뉴] - [속성 복제]를 클릭해보자. 바로 옆에 해당 속성이 복제되어 나타난다. '완독' 속성을 복제했더니, 똑같이 <체크박스> 유형인 '완독 (1)'이 새로 추가되었다. 단 옵션은 복제되지만 값(체크 유무)은 복제되지 않는다. 원하는 속성 이름으로 바꿔서 사용하면 된다.

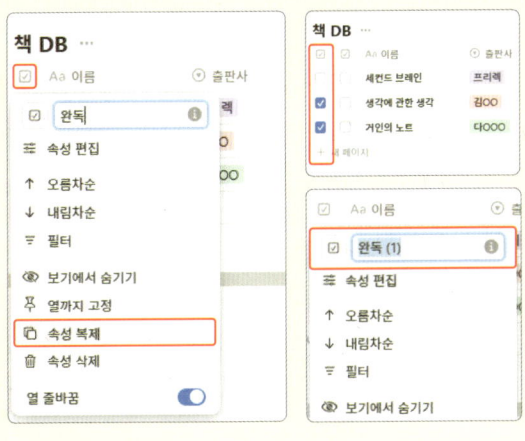

N 상태 #독서 진행 상태

<상태> 속성은 작업의 진행 상태를 표현한다. 만들어둔 옵션을 선택한다는 점에서 <선택> 속성과 유사하다. <책 DB>에 적용한다면, 각 책의 독서 진행 상태(읽기 전/읽는 중/다 읽음)를 표시하는 데 쓸 수 있다.

01 ⚙️상태 속성을 추가한다. 속성 이름은 기본 그대로 사용할 것이므로 그냥 둔다. 기본적으로 [할 일], [진행 중], [완료]라는 3단계 그룹으로 구분되어 있으며, 각 그룹마다 <시작 전>, <진행 중>, <완료>라는 옵션이 붙어 있다. 이 중 [시작 전]이 '기본'이기 때문에, 데이터베이스를 확인하면 <상태> 속성 값이 모두 [시작 전]으로 생성된 것을 볼 수 있다.

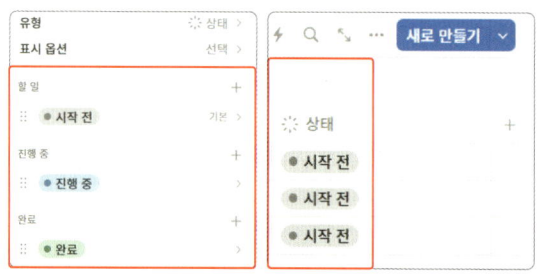

02 [속성 편집] 메뉴에서 각 상태 옵션을 클릭하면 [옵션 메뉴]가 뜬다. 옵션 이름을 새로 정하거나 배경색을 지정할 수 있고, <시작 전> 외 다른 옵션을 [기본으로 설정]해 바꾸는 것도 가능하다. [그룹화] 메뉴를 통해 선택한 옵션을 다른 그룹으로 옮길 수도 있다. 지금은 기본으로 사용한다. 데이터베이스의 '상태' 속성 칸을 클릭하고, 선택창에서 원하는 상태를 선택하면 값 입력 완료다.

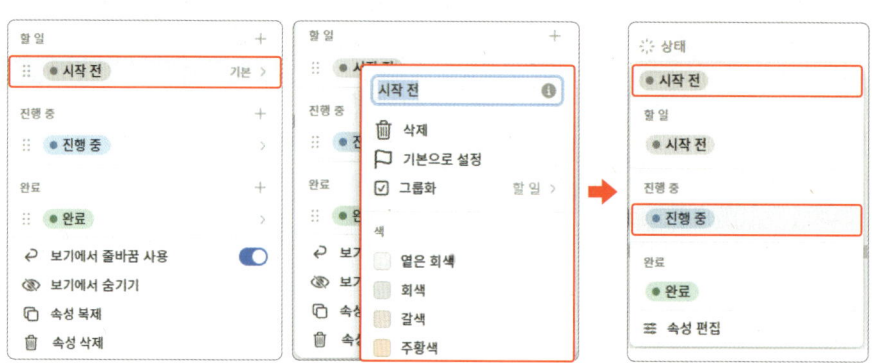

03 [속성 편집] 메뉴에서 [표시 옵션]을 [체크박스]로 바꾸면, 다음처럼 표시된다. <시작 전>이 ☐(빈 박스), <진행 중>이 ■(- 표시된 박스), <완료>가 ✅(체크 표시 박스)다. 이 상태에서는 키보드 Alt 를 누르고 클릭해야 옵션을 직접 선택할 수 있다.

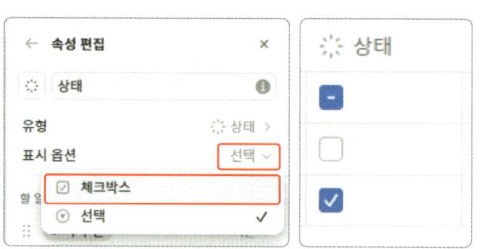

> **Note** 계산 기능 활용하기

데이터베이스의 속성을 클릭한 다음, 메뉴의 **[계산]**을 클릭해보자. 데이터베이스 가장 하단에 페이지의 속성 값을 요약해 계산해주는 기능이 추가된다. 가령 페이지 개수를 세거나 속성 값의 합계, 평균 등을 계산해서 알려준다. (∑▾ 기호는 **[계산]** 버튼에 비해 속성 열 너비가 좁은 경우 대신 표시되는 것이다.)

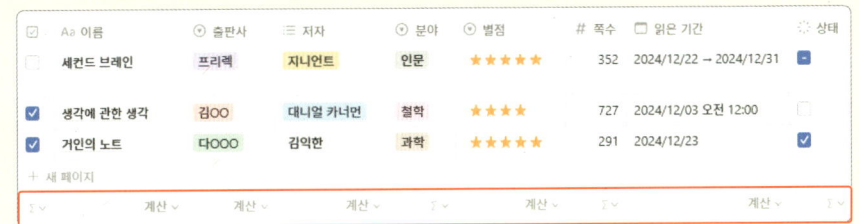

속성의 종류에 따라 다양한 옵션이 있다. 합계나 평균은 **<숫자>** 속성에서 지원한다. **<날짜>** 속성의 경우, 최근 날짜와 가장 이른(오래된) 날짜를 구할 수 있다. **<체크박스>** 속성은 체크 비율도 구할 수 있다.

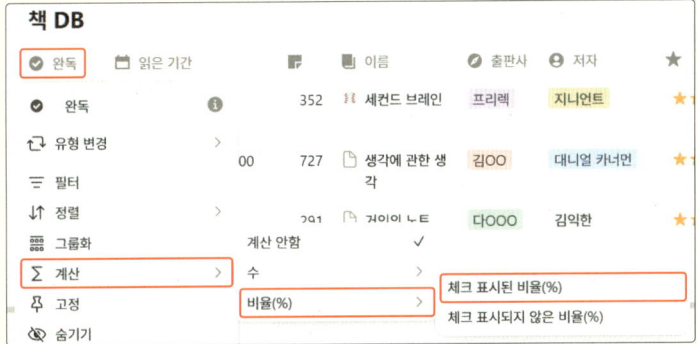

단, **[계산]**이 데이터베이스의 모든 페이지를 계산해주는 건 아니다. 나중에 배울 **[필터]**를 적용했을 때, 보이는 페이지를 기준으로 계산한다. 계산 결과를 활용할 때는 이 점에 유의하도록 하자.

🅝 파일과 미디어 속성 #표지

<파일과 미디어> 속성에는 **파일이나 파일 링크를 첨부**할 수 있다. 책의 표지를 넣기에 적절하다. 책 표지를 직접 카메라로 찍거나 인터넷에서 표지 이미지를 다운로드 또는 캡처하여 파일을 첨부해보자.

01 📎 **파일과 미디어** 속성을 추가하고 속성 이름을 '표지'로 변경한다.

02 각 페이지의 표지 열 속성칸을 클릭하면 파일 추가 팝업창이 뜬다. **[업로드] 탭**의 **[파일을 선택하세요]** 버튼을 클릭하면 탐색기 창이 뜨는데, 거기서 표지 이미지 파일을 찾아 더블클릭하면 바로 업로드된다.

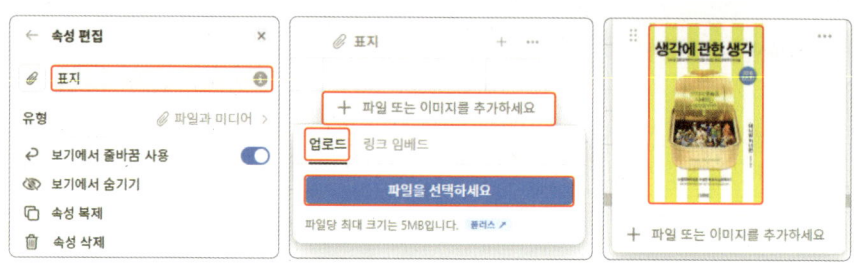

> **Note** <파일과 미디어> 속성 추가 팁
>
> 팁을 주자면, 파일 탐색기에서 파일을 '드래그 앤 드롭' 하면 더 편하게 업로드할 수 있다. 또 2개의 탭 중 **[링크 임베드]**에서는 파일의 인터넷 주소만 있어도 파일 첨부가 된다.

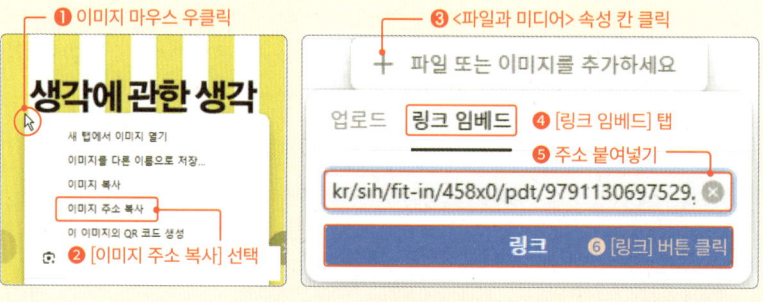

03 이미지를 업로드하면, 데이터베이스에 그림과 같이 표시된다. 너무 작게 보이는가? 이미지를 바로 클릭하면 팝업창에서 아주 크게 볼 수 있고, 속성 칸을 클릭해도 충분히 크게 볼 수 있다. 오른쪽 ⋯ 버튼을 클릭하면 이미지(파일) 다운로드나 삭제도 가능하다.

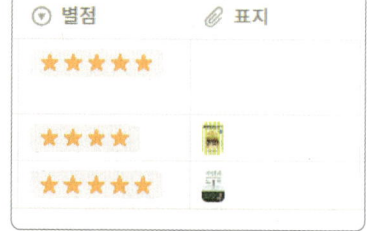

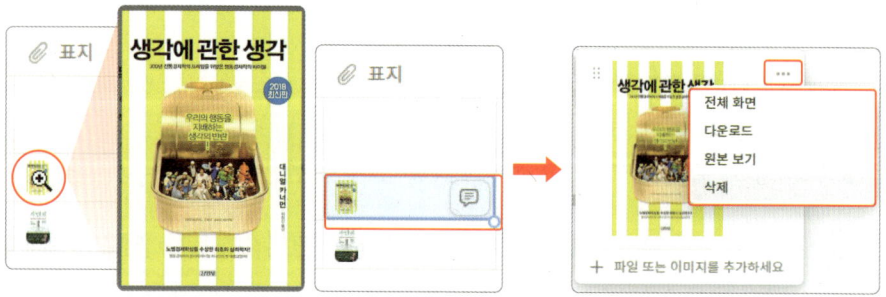

이상으로 데이터베이스에 여러 속성을 추가하고 편집하는 방법을 모두 배웠다. 완성된 <책 DB>의 모습을 살펴보자. 데이터베이스 속성은 페이지 안에서도 보인다. 페이지를 열어보면, 제

> **Notice** 이렇게 이미지를 업로드해두면 나중에 페이지의 썸네일로도 쓸 수 있다. 이는 이후에 배울 [갤러리] 보기에서 다시 한번 다룰 예정이다.

목 속성과 본문 사이에 그동안 추가한 많은 속성이 열 순서대로 나열된 것을 볼 수 있다.

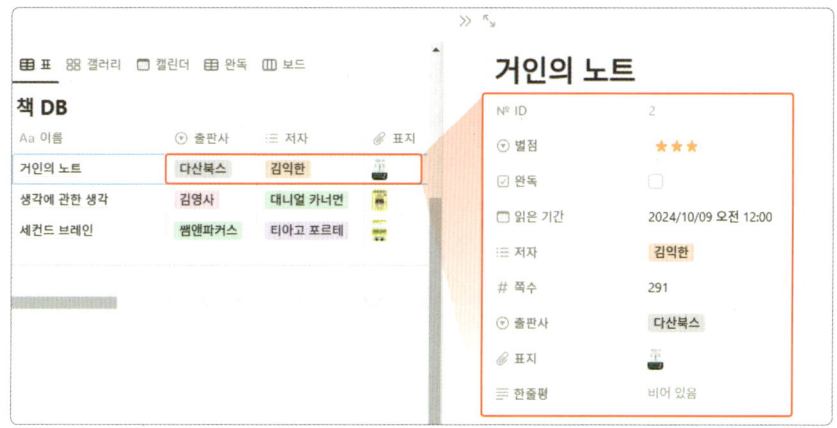

다양한 데이터를 관리하려면 속성의 유형을 꼭 알아야 한다. 지금까지 실습한 것은 물론이고, 그 밖의 속성들도 직접 추가해서 사용해보길 바란다. 속성의 각종 옵션도 하나씩 사용하다 보면, 노션 활용도가 훌쩍 높아질 것이다.

> **Note** 그 외 데이터베이스의 다양한 속성

그 밖의 속성들은 표에 정리해두었다. 지금은 특징만 알아두어도 충분하다. '꼭 알아 둬야 하는 속성' 중 다소 개념이 어려운 **<수식>**과 **<관계형>**, **<롤업>** 등은 나중에 더 자세하게 다룰 예정이다.

- 꼭 알아 둬야 하는 속성

속성 이름	특징
이메일	이메일 주소를 넣어둔다. 클릭하면 아웃룩의 이메일 발송 기능을 호출한다.
전화번호	전화번호를 넣어둔다. 클릭하면 그 번호로 전화를 건다.
사람	워크스페이스나 페이지에 초대한 사람(계정)을 선택한다.
URL	인터넷 주소를 넣어둔다. 링크를 클릭하면 웹 사이트가 열린다.
수식	속성 값과 연산자, 함수를 활용하여 값을 계산할 수 있다.
관계형	다른 데이터베이스를 연결하고, 그 데이터베이스의 페이지를 선택하고 열 수 있다.
롤업	관계형에서 선택한 페이지의 속성 값을 가져오거나 집계한다.
버튼	자동화 기능으로 버튼을 눌렀을 때, 속성 값을 바꾸거나 페이지를 열거나 추가할 수 있다.

- 잘 쓰지 않는 속성

속성 이름	특징
생성 일시	페이지가 만들어진 시간이다. (수정 불가)
생성자	페이지를 최초로 만든 사람이다. (수정 불가)
최종 편집 일시	페이지가 마지막으로 편집된 시간이다.
최종 편집자	페이지를 마지막으로 편집한 사람이다.
ID	데이터베이스 내 페이지의 고유 번호다. 생성순으로 매겨지며, 삭제해도 바뀌지 않는다.

곰손도 가능한 노꾸 테크닉 ❸

데이터베이스의 속성을 활용한 노션 꾸미기 테크닉을 알려주겠다. 속성 아이콘을 바꾸는 방법과 속성 유형별 꾸미기 팁을 준비했다.

🅽 속성 아이콘 바꾸기

데이터베이스 속성의 아이콘을 바꿀 수 있다. 특히 <체크박스> 속성은 속성의 길이를 줄이면 어떤 속성인지 확인하기가 어렵다. 이럴 때 속성의 아이콘을 바꿔두면 어떤 속성인지 직관적으로 알 수 있다.

아이콘 편집은 두 곳에서 가능하다. 첫 번째는 데이터베이스 속성 [제목 열]을 클릭하면 열리는 [속성 메뉴]다. 맨 위 왼쪽 박스를 클릭하자. 두 번째는 [속성 편집]이다. 마찬가지로 속성 이름 앞 아이콘 박스를 클릭하면 된다.

[아이콘] 팝업창에는 수많은 아이콘이 있다. 일일이 찾기보다 원하는 키워드를 검색하는 편이 빠르다. '완료(완독)'란 느낌을 주고 싶으므로, "check"를 검색했다(한글 "체크"는 검색이 안 되니 유의하자). 마음에 드는 아이콘을 골라 클릭하면 끝이다.

🅽 속성 이름 지우기

속성 이름이 굳이 필요 없다면 안 보이게 숨길 수 있다. 속성 이름에 공란 하나( )만 넣어보자. 속성에 이름이 보이지 않게 된다. 단 속성 이름은 중복될 수 없다. 이름이 필요 없는 두 번째 속성이 생길 경우, 공란 두 개( )를 넣으면 된다.

이처럼 불필요한 정보를 지우면 더 깔끔하게 보인다. 다음 이력서를 보면, 구조가 단순하여 내용만 봐도 어떤 정보인지 알 수 있다.

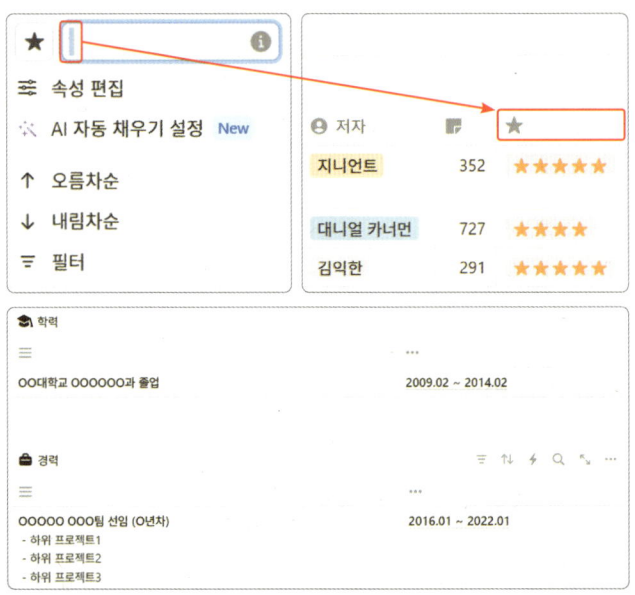

📝 속성별 꾸미기 팁

■ 텍스트 속성 아이디어

<텍스트> 속성의 값에는 글자 스타일링을 적용할 수 있다. 각 기능에 용도와 목적을 부여해서 활용하면 더 풍성한 기록이 가능하다.

<책 DB>의 '한줄평' 속성을 예로 들면, 한줄평 중 독후에 할 행동을 [밑줄], [기울임] 등

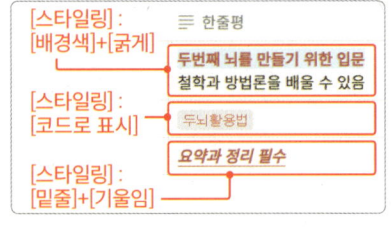

으로 구분하고, 키워드는 [코드로 표시]로 바꾸는 식이다. 개인적으로는 [코드로 표시] 방법을 선호한다. 드래그 후 단축키 Ctrl + E를 사용해보자.

색상도 의미를 부여해서 활용하면 좋다. 결산이나 회고 시에 잘한 부분은 노란색, 못 한 부분은 파란색으로 표시하는 식이다. 그럼 글의 의미를 파악하기도 전에 직관적으로 두 가지를 구분해서 인식할 수 있다.

■ **선택 속성 아이디어**

<선택> 속성에 꼭 글자를 넣어야 하는 건 아니다. 글자 대신 이모지만 넣으면 아기자기한 느낌을 줄 수 있다. 다만 이모지 하나만 넣기에는 칸 너비가 너무 넓다. 이럴 때는 속성의 너비를 줄여주면 좋다.

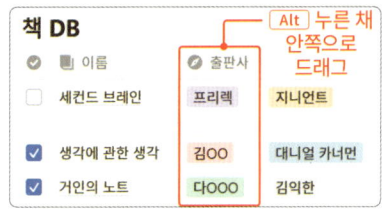

단 <체크박스> 속성 외에는 아무리 끌어봐도 너비가 일정 수준 이상 줄어들지 않는다. <체크박스> 속성이 아니어도 속성의 너비를 줄이는 방법이 있다. 바로 키보드 [Alt]를 누른 채 드래그하는 것이다. 그러면 공간을 효율적으로 쓰면서도 아기자기한 느낌을 줄 수 있다.

■ **체크박스 속성 아이디어**

할 일 목록은 다양한 방식으로 설계할 수 있다. 루틴이라면 속성에 루틴 이름을 넣을 수도 있고, 속성 이름을 '할 일'로 지정하고 페이지 단위로 할 일을 만들 수도 있다.

일반적으로는 페이지 하나가 할 일 하나일 때 사용하기 더 좋다. 속성 추가보다는 페이지 추가가 간편하기 때문이다. 다만 완료 유무를 속성에 표시하려면 글자 스타일링 옵션 [취소선]이나 [코드로 표시]를 추가로 활용해야 한다. 이럴 때는 <체크박스> 속성을 제목 속성 왼쪽에 두고, 완료 여부로 사용해보자. <체크박스> 속성은 너비도 줄일 수 있으니, 기대했던 to do list 모양이 나올 것이다.

SECTION 06 템플릿으로 완성하는 나만의 독서노트

ONE-PAGER GUIDE

[지니언트's saying] 템플릿은 페이지의 본문에 양식을 넣는 기능이다. 이 기능을 활용해 독서 리뷰를 할 수 있는 간단한 양식을 만들어보자. 페이지 본문의 양식과 설정을 미리 넣어두고 내용을 채워넣는 식으로 사용할 수 있다. 템플릿을 편집할 일이 많으니, 만든 템플릿을 다시 편집하는 과정을 꼭 기억해두자.

페이지 1 템플릿이란?

템플릿은 미리 만들어둔 페이지 양식을 말한다. 언제든지 손쉽게 불러와 초안으로 활용할 수 있다는 점이 가장 큰 장점이다. 페이지 본문의 블록과 데이터베이스 등의 각종 옵션을 미리 세팅해둘 수 있다.

회사에서 문서 양식을 쓰듯이, 매번 페이지를 새로 만들지 않고 그냥 템플릿을 불러와 내용과 값만 입력하면 된다. 템플릿을 활용하면 반복 작업이 줄고, 체계적인 관리가 용이해지며, 기록하는 습관 들이기도 편해진다. 한번 해보자.

NOTION SAMPLE

독서노트 템플릿

섹션 5에서 만든 <책 DB>에 독서노트 템플릿(새 책 추가하기)을 추가해보자. 책의 내용을 정리하고 리뷰와 액션 아이템을 뽑을 수 있는 간단한 양식이다.
다음 예시와 사용 블록 종류를 참고하라.

- **속성 순서**: 별점 | 제목 | 독서 상태 | 완독 (완료 여부) | 읽은 기간 | 저자 | 출판사 | 표지(이미지) | 한줄평
- **페이지 본문 구성**: 내용 정리 | 리뷰 | 액션 아이템
- **본문 사용 블록**: 제목2, 텍스트, 할 일 목록

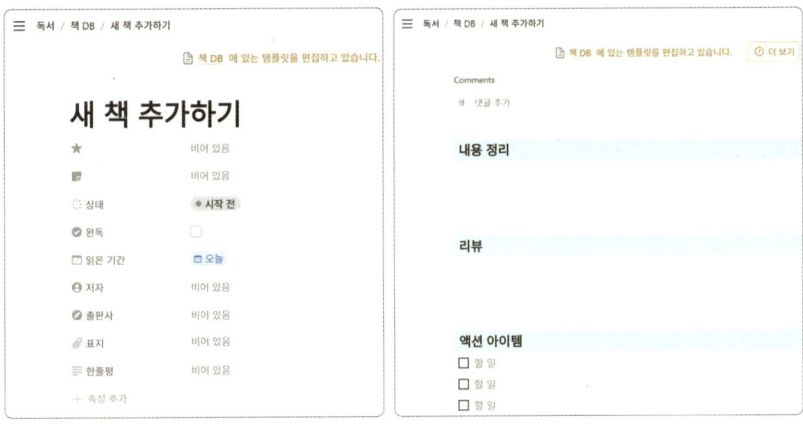

📝 데이터베이스 페이지 템플릿 생성

데이터베이스의 템플릿 추가는, `새로 만들기` 버튼 옆 `⌄` 메뉴를 이용한다.

01 <책 DB> 우측 상단의 `⌄` 버튼을 클릭하고, 메뉴에서 [+ 새 템플릿]을 클릭한다.

02 빈 템플릿이 다음과 같이 팝업창으로 나타난다. 여기서 <책 DB>에서 사용할 페이지의 제목과 본문 양식, 속성을 미리 세팅해둘 수 있다. 속성의 경우, 현재 <책 DB>에 추가된 순서 그대로 나타난다. 페이지 아이콘, 커버 등도 원하는 것으로 맞춰두면 된다. 또 오른쪽 위 ⋯ 버튼을 클릭하여 페이지의 설정 역시 미리 지정할 수 있다. 선호하는 페이지 너비, 폰트 등을 지정하면 반복 작업이 줄어든다.

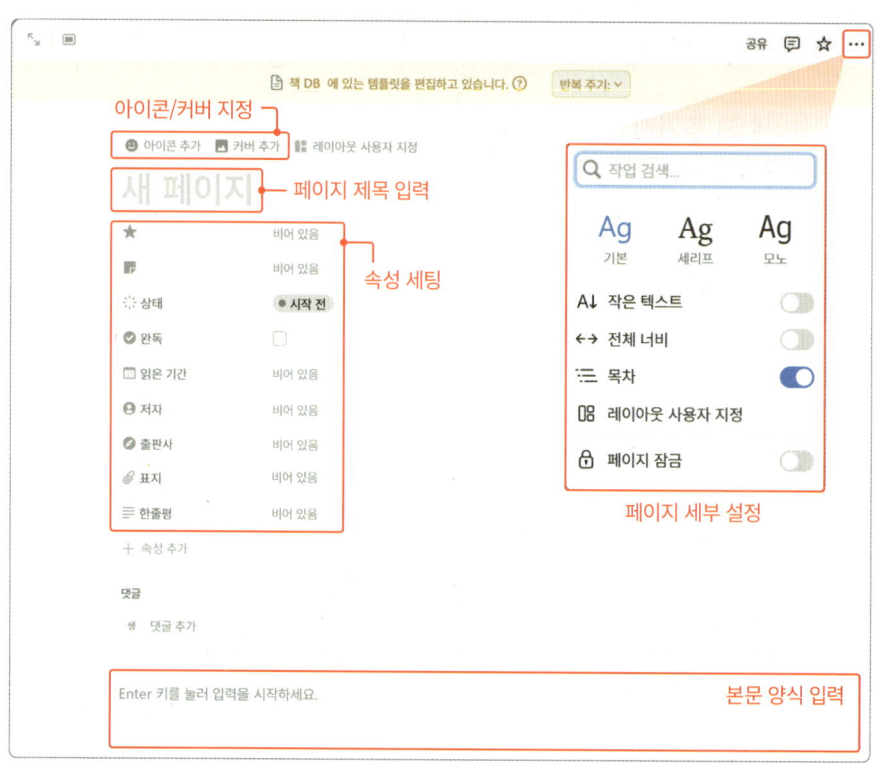

03 우선 페이지 제목에 "새 책 추가하기"를 입력하고, 그 아래 속성을 세팅한다. 속성에 마우스를 올리면 아이콘이 ⋮⋮(핸들)로 바뀐다. 이것을 끌어 순서를 조정할 수 있다.

또 속성 이름을 클릭하면 [속성 메뉴]가 열린다. 이름 변경이나 복제 및 삭제가 가능하며, [속성 표시 여부]도 설정할 수 있다.

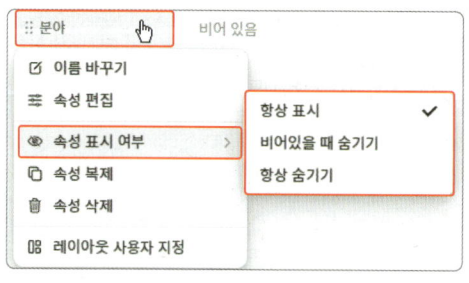

04 현재 속성의 값은 모두 비어 있다. 그때 그때 새 책에 맞추어 입력하면 될 것이다. 단 자동 입력이 가능한 속성이 있다. 바로 '읽은 기간'이다. '읽은 기간'의 **[속성 편집]** 메뉴를 열어 다음과 같이 세팅하고, 옆 비어 있음을 클릭하자.

<날짜> 속성의 입력창이 나타난다. 맨 위에 파란색 선택지들이 보이는데, "상대적 날짜"를 의미한다. 오늘 을 선택하면 특정 날짜가 아니라, 템플릿으로 페이지를 만드는 시점이 알아서 들어가게 된다. 지금 은 시간까지 포함한다.

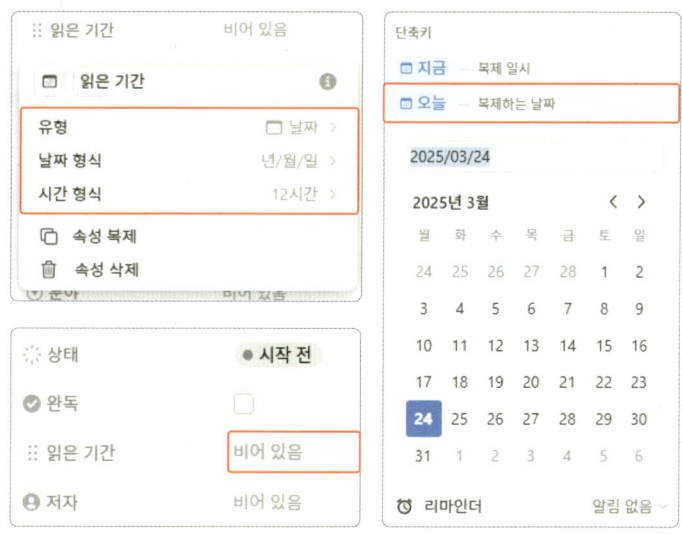

05 페이지 본문은 '내용 정리', '리뷰', '액션 아이템'의 3항목으로 구성된다. **[제목2]** 블록과 **[텍스트]** 블록, **[할 일 목록]** 블록으로 간단하게 세팅하면 된다. 이렇게 <새 책 추가하기> 템플릿이 완성되었다.

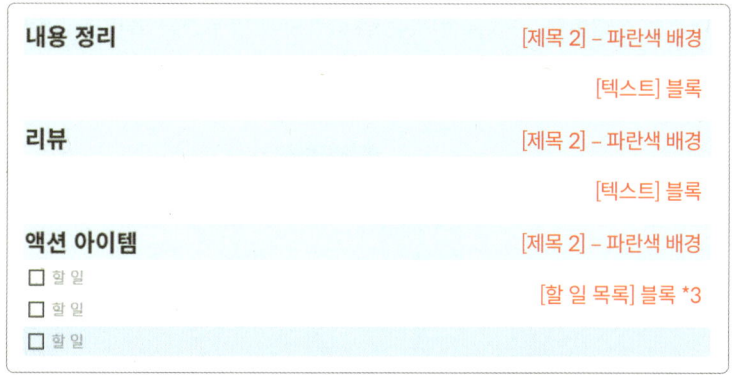

📔 데이터베이스 페이지 템플릿 적용 및 수정

템플릿을 완성했으니, 이제 데이터베이스 새 페이지에 템플릿을 어떻게 사용하는지 알아보자. 방법은 간단하다.

01 <책 DB>에서 ❶ `+ 새 페이지` 로 새 페이지를 생성하고, ❷ `열기` 버튼을 클릭해 연다. 본문을 보면 만들어둔 템플릿 목록이 있다. 이 목록은 페이지 본문에 아무 내용이 없을 때만 보인다. ❸ <새 책 추가하기> 템플릿을 클릭하면, 페이지가 템플릿으로 바뀐다.

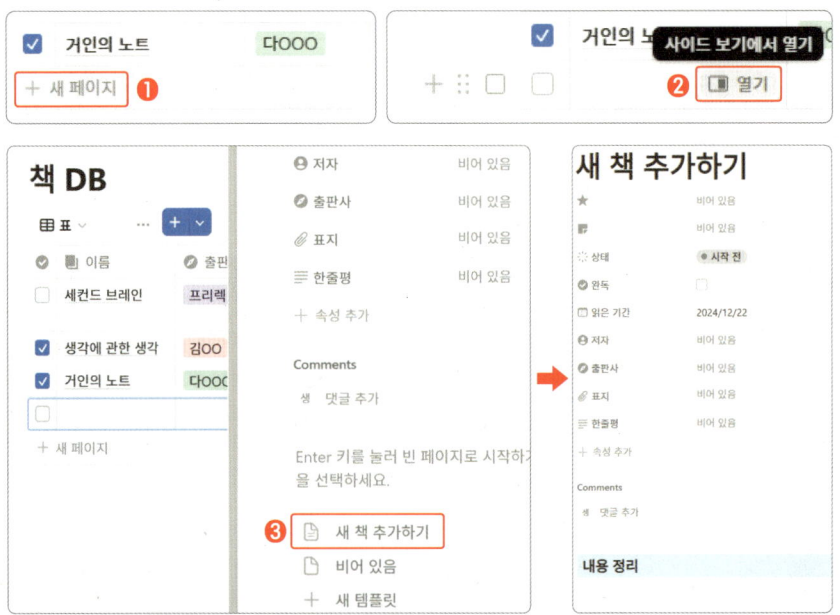

02 한번 만든 템플릿은 언제든지 수정할 수 있다. 다시 데이터베이스에서 ❶ `새로 만들기` 옆 `∨` 버튼을 클릭한다. 수정을 원하는 ❷ 템플릿에 마우스를 올리고, 나타난 `⋯` 버튼을 클릭한다. ❸ [템플릿 메뉴] - [편집]을 선택하면 된다.

[템플릿 메뉴]에는 편집 외에도 여러 가지 기능이 있다. 이는 아래 표를 참고하자.

> **Notice** 한번 사용한 템플릿을 다시 편집하더라도, 이미 템플릿을 적용해서 만들어둔 페이지의 본문이 함께 바뀌지는 않는다. 페이지의 초안을 만들어주는 기능이기 때문이다.

기능	설명
반복	템플릿으로 페이지를 정기적으로 만들어준다. 반복 구간은 매일/매주/2주/매월/3개월/6개월/매년이 있다.
기본으로 설정	데이터베이스에 새로운 페이지가 추가될 때, 템플릿을 자동으로 적용한다. 보기별로 지정할 수 있다.
편집	템플릿을 편집할 수 있는 템플릿 페이지로 이동한다.
복제	템플릿을 복제할 수 있다.
삭제	템플릿을 삭제할 수 있다.

Note 템플릿 편집 시 주의할 점

템플릿을 편집하고 있을 때에는 위쪽에 "OO에 있는 템플릿을 편집하고 있습니다."라는 문구가 쓰인 노란색 바가 보인다. 이게 안 뜨면 템플릿 편집이 아니라, 엉뚱한 페이지를 수정하고 있는 것이다. 이 부분을 주의하자. 기껏 만든 템플릿이 새 페이지에 적용되지 않으면, 템플릿을 다시 만들어야 한다. 따라서 템플릿을 수정할 때는 위쪽에 이 문장이 있는지를 체크해보는 습관을 들이는 게 좋다.

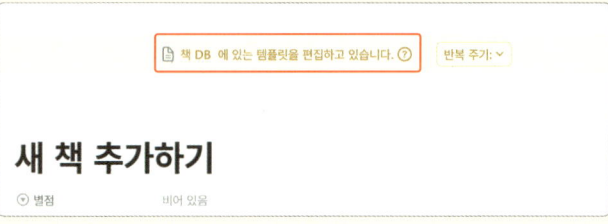

Note [사이드바]의 [템플릿]은 무엇인가요?

[사이드바]의 템플릿과 데이터베이스의 템플릿은 용어는 같지만 개념이 다르다. [사이드바]의 템플릿은 다른 사람들이 만든 완성된 페이지나 데이터베이스를 말한다. 반면에 이번 섹션에서 배운 템플릿은 기능이며, 페이지의 초안으로 활용한다.

[사이드바]의 [템플릿]을 클릭하면 우측 페이지 공간에 [마켓플레이스] 창이 열린다. 노션 사용자나 노션 팀에서 작성해 공개한 페이지 템플릿이 주제별로 정리되어 있다. 원하는 템플릿을 클릭하고, [+ 추가] 버튼을 누르면 내 워크스페이스에서 쓸 수 있다.

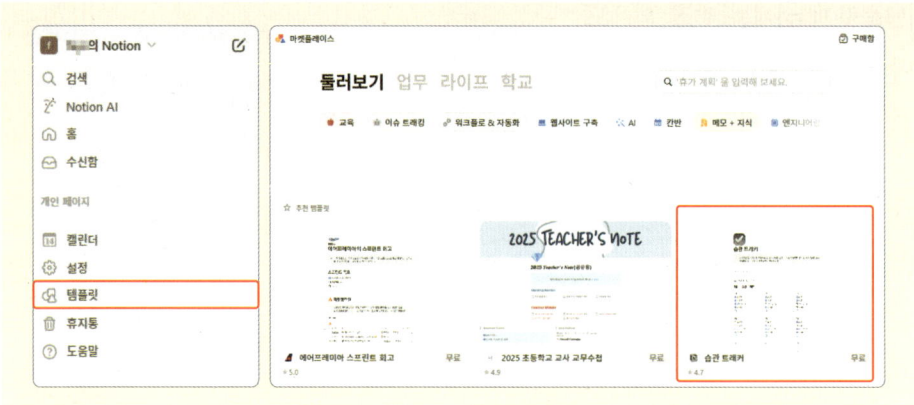

주제에 따라 달라지는 페이지 구성이나 사용되는 기능을 살펴보고, 이를 참고해서 나만의 템플릿을 만들면 더욱 좋다.

📝 독서노트 템플릿 활용 아이디어

템플릿에 독서노트 양식을 만들어두면, 독서 정리를 빠르게 시작할 수 있게끔 노션 페이지를 미리 세팅해준다. 여기에 아이디어를 조금만 더 보태면, 더욱 편리하게 활용할 수 있다. 내가 쓰는 몇 가지 아이디어를 소개한다.

■ 템플릿 보완으로 반복 작업 더 줄이기

NOTION SAMPLE

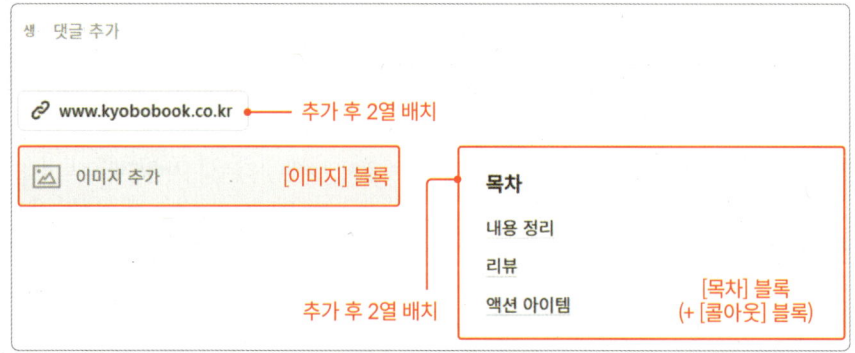

• 01 인터넷 서점 링크 | 02 이미지 삽입 공간 | 03 목차 추가

📅 캘린더 보기

[캘린더] 보기는 페이지를 달력 형태로 보여준다. 캘린더는 <날짜> 속성을 기준으로 페이지를 보여주므로 <날짜> 속성이 반드시 필요하다. 만약 데이터베이스에 <날짜> 속성이 없다면 강제로 하나를 만들어준다.

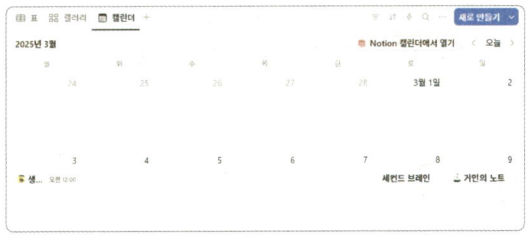

■ 보기 추가

이제 [캘린더] 보기를 만들어보자. 방법은 [갤러리] 보기 추가할 때와 같다.

01 데이터베이스 왼쪽 위 보기 탭쪽에 마우스를 올린 뒤, ➕를 클릭하고 [새 보기] - [캘린더]를 클릭하면 끝이다.

02 바로 [캘린더] 보기가 생성된다. 일반적인 월 달력 형태다. '읽은 기간' 속성에 기록된 날짜에 맞춰 독서 페이지가 하나씩 올라가게 된다. 처음 [캘린더] 보기를 생성하면, [레이아웃] 메뉴가 오른쪽에 자동으로 열린다. 일단 ⊗를 클릭해 닫아주자.

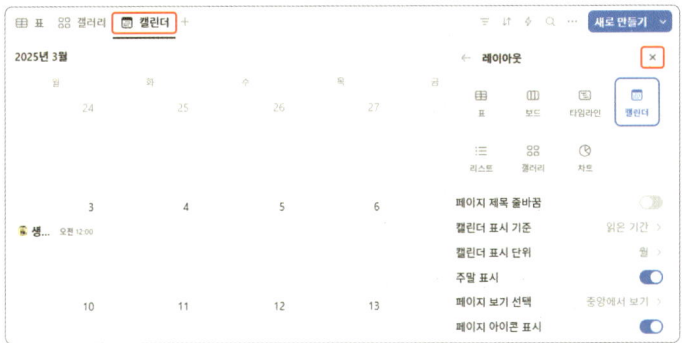

03 페이지의 <날짜> 속성 값이 '이번 달'이 아닌 경우, 02에서처럼 첫 화면에 아무 페이지가 안 보일 수 있다. 그럴 때는 달력 오른쪽 위 < 오늘 > 버튼 모음을 이용한다. (안 보일 경우, [레이아웃] 사이드바를 닫으면 찾을 수 있을 것이다.)

페이지 1 보기란? 129

[오늘] 버튼을 클릭하면 '오늘' 날짜로 바로 이동한다. 그리고 양 옆 < / > 버튼을 누를 때마다 이전 달/다음 달로 캘린더를 넘길 수 있다. < 를 이용해 '읽은 기간' 날짜와 일치하는 2025년 3월 달력을 찾았다.

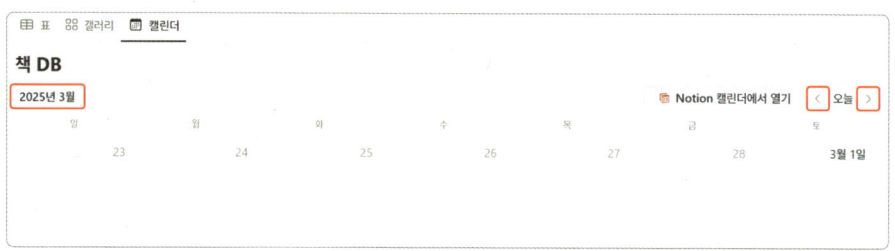

04 <책 DB>의 세 페이지가 보인다. 여기서 오해하면 안 되는 게 있다. [캘린더] 보기는 일정을 관리하는 보기가 아니다. "날짜 속성이 있는 페이지"를 캘린더 형태로 보여주는 것이다. 그저 페이지의 의미를 일정이라고 부를 뿐이다. 누르면 페이지가 열리고, 날짜를 옮기면 페이지의 위치가 달라진다.

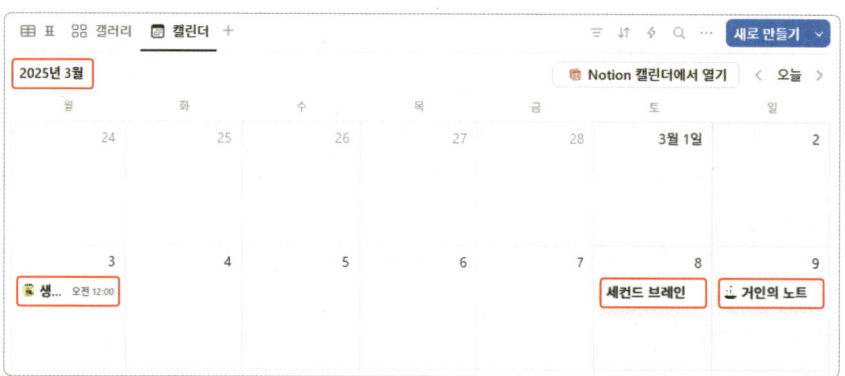

> **Note** <날짜> 속성이 없는 페이지는?
> <날짜> 속성에 값이 없는 페이지가 있다면, [데이터베이스 메뉴바] 왼쪽에 [날짜 없음]이라는 버튼이 나타날 것이다. 그 버튼을 클릭해 찾을 수 있다.

05 [캘린더] 보기 위의 페이지를 마우스로 잡아서 다른 날로 옮겨보자. 페이지의 <날짜> 속성이 바뀐다. 또 페이지 양 옆 경계를 클릭하여 당기면, 기간도 수정할 수 있다. [표] 보기에서보다 일정/기간 변경이 간편하다.

Notice 아마 '일정'에 배경색을 넣고 싶을 것이다. 색상만 봐도 직관적으로 일정을 파악할 수 있기 때문이다. 아쉽게도 노션에는 페이지의 색상을 바꾸는 기능은 없다. [캘린더] 보기에서 <선택> 속성을 표시하도록 하여 약간의 구분을 하는 것만 가능하다. 꼭 필요하다면, 이후에 배울 [노션 캘린더]를 활용해보자.

■ 캘린더 표시 옵션 설정

[캘린더] 보기 – 속성 표시

여러 페이지가 한눈에 들어오니 흐름 파악이 쉽지 않은가? 더 나아가 페이지 제목 외에 다른 속성도 볼 수 있다면 편리할 것이다. [캘린더] 보기에도 속성을 표시할 수 있다. 한번 해보자.

01 데이터베이스 오른쪽 위 [...] 버튼을 클릭하고 [보기 설정] 메뉴에서 [속성]을 클릭한다.

02 [속성] 메뉴가 열린다. 데이터베이스 속성이 나열되어 있고, 각 속성 오른쪽에 (빗금 눈) 아이콘이 붙어 있다. 이를 클릭해 (눈) 아이콘으로 바꾸면, 해당 속성이 [캘린더에서 숨기기] → [캘린더에 표시하기] 섹션으로 이동되고 [캘린더] 보기에도 보이게 된다. (이는 다른 보기에서도 마찬가지다.)

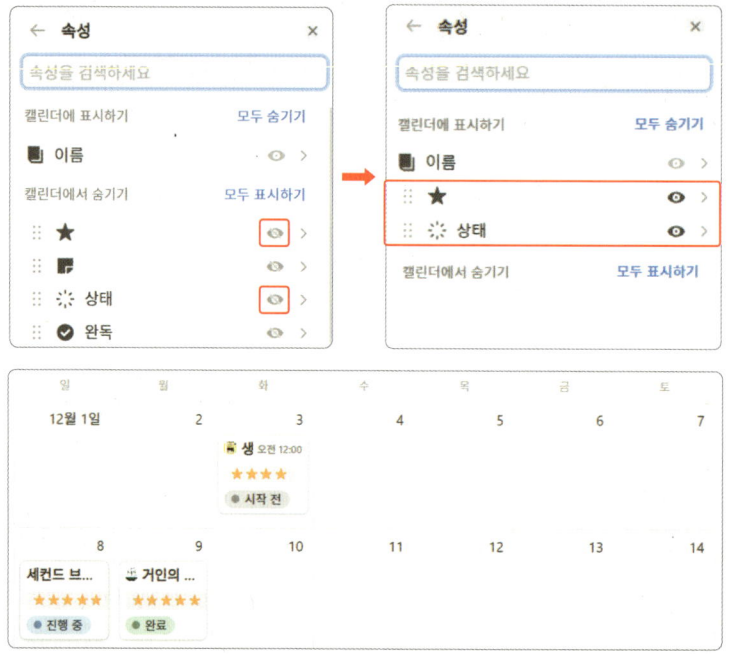

Notice [갤러리] 보기에서 했듯이, [캘린더] 보기 페이지에도 '카드 미리보기'를 적용하고 싶겠지만 지원하지 않는다. '카드 미리보기'는 [갤러리] 보기와 [보드] 보기에서만 가능하다.

[캘린더] 보기 – [레이아웃] 메뉴

[캘린더] 보기 - [레이아웃] 메뉴에는 날짜와 관련된 여러 가지 옵션이 있다.

❶ 데이터베이스에 <날짜> 속성이 여러 개라면, [캘린더 표시 기준 보기]를 클릭하여 기준이 될 속성을 변경할 수 있다.

❷ [캘린더 표시 기준]에서는 캘린더를 '주간(일주일)'으로 변경할 수 있다.

❸ [주말 표시] 토글을 끄면 토요일과 일요일이 보이지 않는다. 줄어든 요일만큼 충분한 공간을 확보할 수 있다.

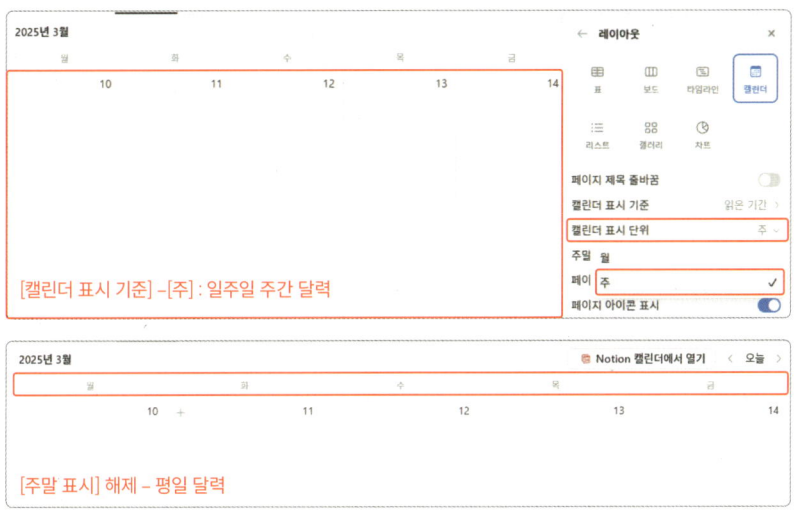

📦 보드 보기

[보드] 보기는 페이지를 **칸반 보드 형태**로 바꿔서 보여준다. '칸반 보드'는 애자일 방식의 시각적 프로젝트 관리 도구로, "사각 카드를 열로 배치한 보드"라고 생각하면 된다. 노션의 [보드] 보기는 언뜻 [갤러리] 보기와 유사해 보이지만, **특정 속성을 기준으로 페이지를 분류**해준다는 차이가 있다.

다음 예시를 보자. 앞서 **<책 DB>** 에 추가했던 속성 중 **'출판사'** 선택 속성이 있었다. 이 옵션에 따라 [김OO]와 [다OOO], [프리렉]으로 페이지가 나뉜 것을 볼 수 있다. 그럼 직접 해보며 [보드] 보기만의 특성을 알아보자.

■ 보기 추가

01 데이터베이스 상단 ➕ 버튼을 클릭하고 **[보드]**를 선택해 **[보드] 보기**를 추가한다. 데이터베이스에 추가되어 있는 <선택> 속성이나 <상태> 속성 중 하나를 기준으로 페이지가 자동 분류된다. 예시에서는 <상태> 속성 기준으로 분류되었다.

02 [갤러리] 보기와 동일하게 [레이아웃] 메뉴에서 카드 표시 옵션과 그 크기를 정할 수 있다. [카드 미리보기] – [표지], [카드 크기] – [작게]로 각각 설정하자.

03 이어서 ❶ [레이아웃] 메뉴 - [그룹화 기준]을 클릭하면 [그룹화] 메뉴가 보인다. 다시 맨 위 ❷ [그룹화 기준]을 클릭하면, 페이지를 모으는 기준 속성을 바꿀 수 있다. 만약 '출판사' 속성이 아니라면, ❸ 목록에서 '출판사' 속성을 선택해 바꾸자.

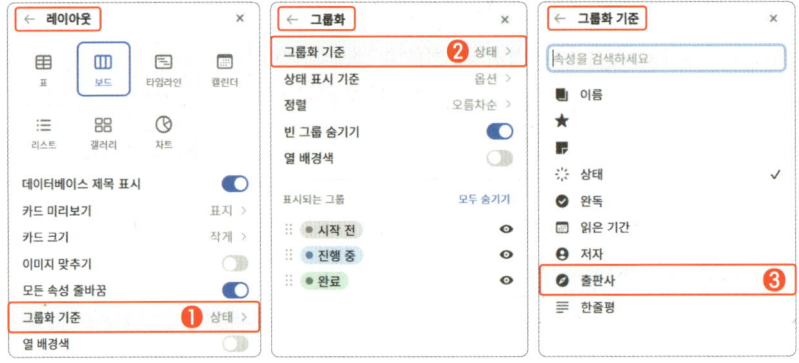

04 '출판사' 속성 기준으로 정렬된 [보드] 보기가 완성되었다. 각 그룹 아래 [+ 새 페이지] 버튼을 클릭하면, 각 속성 그룹에 <새 페이지>를 만들어 넣을 수 있다.

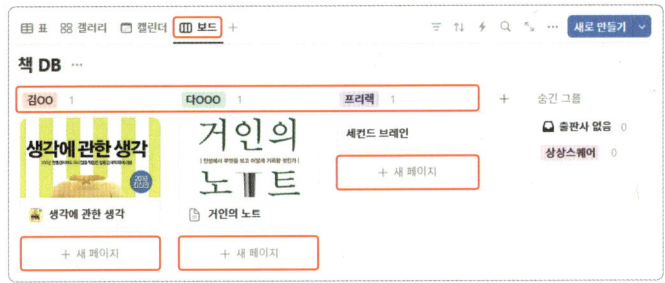

05 **[갤러리] 보기**에서처럼 페이지를 끌어 위치와 순서를 바꿀 수 있다. 이때 한 그룹에 있는 페이지를 끌어서 다른 그룹으로 옮기면, 속성의 값(옵션)도 바뀌니 유념하자.

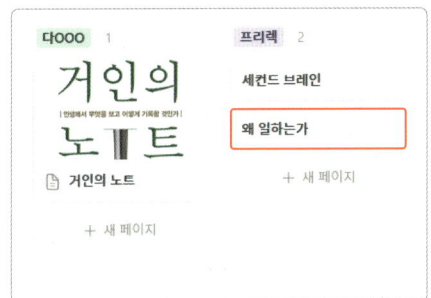 

 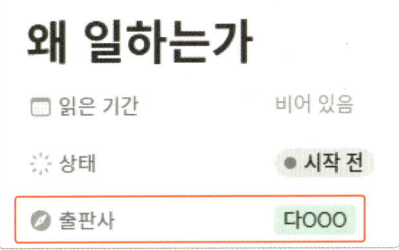

> **Note** **[숨긴 그룹]은 뭔가요?**
>
> **[보드] 보기** 가장 끝에는 **[숨긴 그룹]** 기준이 나타난다. 여기에는 숨겨진 모든 옵션이 보인다. 숨긴 그룹 자체를 숨길 수는 없다.
>
>

페이지 1 보기란? 135

■ 보드 그룹 옵션 설정

이제 기본 [보드] 보기는 어느 정도 이해했을 것이다. 이제 화면을 더 가독성 좋게, 깔끔하게 꾸며보자.

01 [레이아웃] 메뉴 - [열 배경색] 토글을 켜면, 그룹에 <선택> 속성의 색으로 배경색이 옅게 입혀진다. 그룹 간 구분이 더 용이해진다.

02 각 그룹에 마우스를 올리면 그룹 메뉴가 보인다. ❶ [그룹 이름]을 클릭하면 이름을 바꿀 수 있다. ❷ ⋯ 을 클릭하면 옵션의 색상을 바꿀 수 있다. 여기서 ❸ [페이지 삭제]는 주의하자. 옵션이 아니라, 옵션을 가진 페이지 전부를 삭제하는 기능이다.

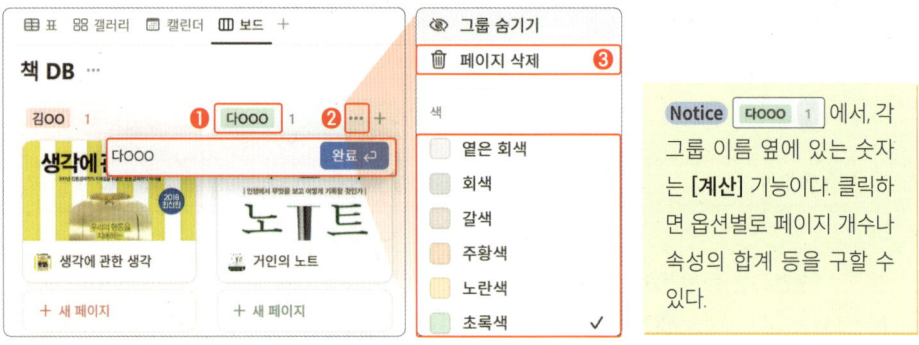

> Notice 다OOO 1 에서, 각 그룹 이름 옆에 있는 숫자는 [계산] 기능이다. 클릭하면 옵션별로 페이지 개수나 속성의 합계 등을 구할 수 있다.

> Note 보기 추가 버튼이 사라졌다면?
> 보기를 여러 개 추가하다 보면, 어느새 추가한 보기가 사라진다. 당황하지 말고 데이터베이스를 잘 보면, 그 대신 오른쪽 끝에 ▦ 표 ∨ 나 [더 보기] 버튼이 보일 것이다. 이를 클릭하면 오른쪽 그림처럼 숨겨둔 보기들을 볼 수 있고, 순서도 조정할 수 있다.

🅝 다양한 보기

8개의 보기는 페이지를 보여주는 형태가 각각 다르다. 필요한 관점과 형태, 목적에 따라 유형을 선택해 사용하는 것이 좋다. 그중 앞서 만든 [표] 보기, [갤러리] 보기, [캘린더] 보기, [보드] 보기는 가장 많이 사용하는 보기다. 따라서 사용법을 완벽하게 숙지해야 한다.

나머지 4개의 보기도 유용하게 활용할 수 있으나 <책 DB>에서는 잘 쓰이지 않는다. 아래 표에 나머지 보기의 특징과 용도, 특별한 기능을 정리해두었다. 노션 사용법을 더 익힌 후에, 더 적절한 주제에서 다시 다룰 예정이다.

보기	특징	예시
리스트	표와 유사한 모양의 리스트 형태다. 페이지를 바로 클릭할 수 있지만, 페이지를 열어서 속성을 편집해야 한다. 이 보기는 세로선이 안 보여서 깔끔하다. 메뉴나 게시판 느낌으로 활용하면 유용하다.	
타임라인	날짜가 우측으로 뻗어 나가는 타임라인 형태로 페이지를 볼 수 있다. <날짜> 속성을 기간 단위로 관리할 때 유용하다. 우측 상단의 [월] 버튼을 클릭하여 날짜 단위를 바꾼다. 왼쪽 위의 [>>] 버튼을 클릭하여 표 보기를 같이 본다. 좁은 페이지에서는 각 페이지가 좌우 여백까지 침범하므로, 형태가 좀 엉성하다. 따라서 페이지가 넓을 때만 사용하길 권장한다. 한편 [데이터베이스] 블록은 [콜아웃] 블록 안에도 넣을 수 있는데, 이때 타임라인 보기에서 확장된 표 보기는 자동으로 숨겨진다.	

차트	페이지들을 집계하여 차트 형태로 보여준다. 총 4가지 형태의 차트가 있고, 각 그래프는 세부 모양을 조정할 수 있다. (파트 III에서 자세히 다룬다.)	
양식	설문조사 질문지를 만들 수 있는 보기다. 레이아웃이 아닌 원본 데이터베이스의 보기 추가로만 추가할 수 있다. 질문지에 답변을 작성하고 제출하면, 데이터베이스에 응답 페이지가 만들어진다. 노션 양식을 쓰면, 노션 한곳에서 설문조사 양식과 배포, 응답 분석까지 모두 할 수 있어 편리하다. (파트 III에서 자세히 다룬다.)	

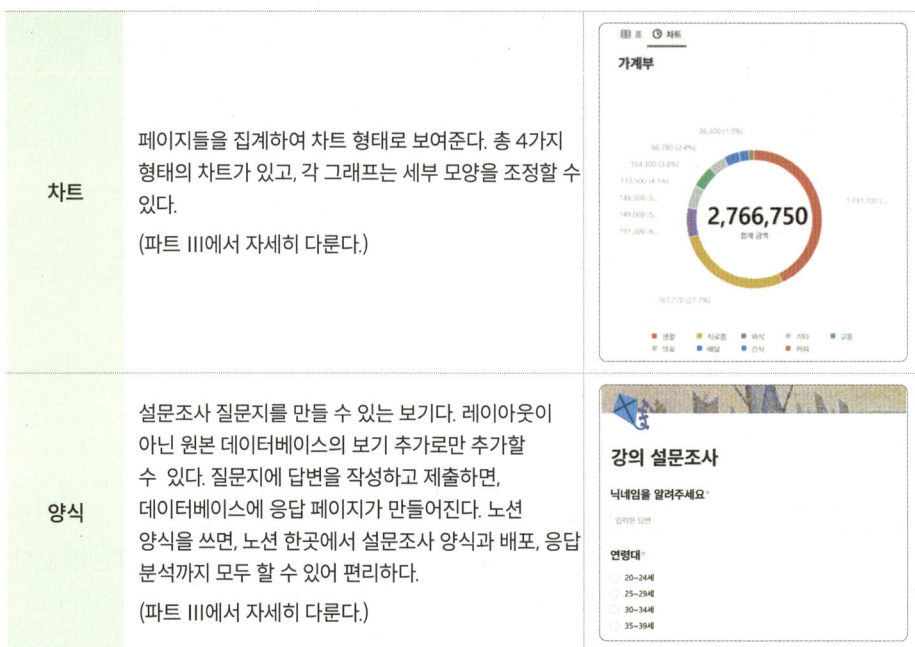

페이지 2 보기를 더 강력하게, [필터]와 [정렬]

이 [보기]와 더불어서 값과 페이지 정리 및 탐색에 큰 도움이 되는 기능이 있다. 바로 [필터]와 [정렬]이다. 하나씩 직접 살펴보자.

📙 필터 설정

필터는 조건에 맞는 페이지만 골라서 보여준다. 따라서 너무 많은 페이지가 있거나, 특정 분류나 조건별로 페이지를 보고 싶을 때 유용하다. 관점에 따라 필터를 세팅하면, 데이터 분석을 할 때 유용하다. 여기에서는 <체크표시> 여부에 따라 필터를 설정해 '다 읽은 책'만 모아 보는 실습을 해보겠다.

01 [표] 보기로 돌아와 시작한다. '**완독**' 속성의 제목 열을 클릭하고, 메뉴에서 [**필터**]를 클릭한다.

02 [필터 설정 메뉴]에서 [체크 표시됨]을 선택해보자. 그러면 설정한 필터 조건 [완독: 체크 표시됨]이 데이터베이스 제목 아래 나타나며, '완독' 속성의 값에 체크한 페이지만 보이게 된다. 그림을 보면, 체크되지 않은 <세컨드 브레인> 페이지는 가려졌다.

03 필터를 설정하고 보면, 데이터베이스 메뉴 모음 중 첫 번째 ❶ ≡ (필터) 버튼이 파랗게 변해 있다. 이를 눌러 필터 조건을 숨기거나 보이게 할 수 있다. ❷ [필터 조건]을 클릭하면 조건을 수정할 수 있다. ❸ [+ 필터 추가]를 클릭하면 다른 조건도 더 추가할 수 있다.

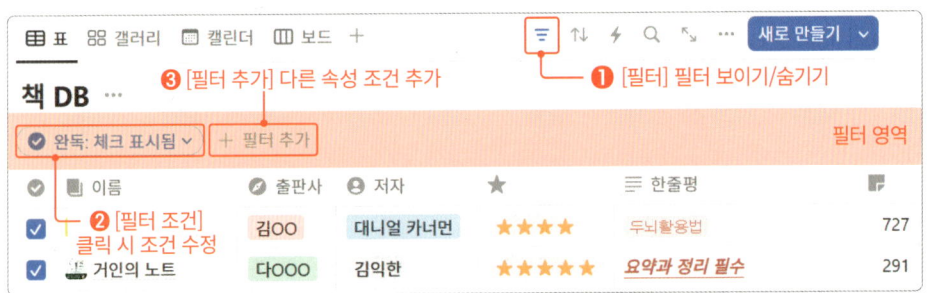

04 필터를 설정한 보기 중, 자주 사용할 것은 복제해두자. [표] 보기를 클릭하고, 메뉴에서 [복제]를 선택하면 바로 복제된다. 여기서는 완독한 책만 보는 용도로 하나 만들어서 보기 제목을 '완독'으로 정했다. 매번 필터를 바꿀 필요가 없어 편리하다.

05 다른 형태의 보기에서도 필터를 설정할 수 있지만, 속성 이름은 보이지 않는다. 따라서 데이터베이스 오른쪽 위 ☰(필터) 버튼을 클릭하여 필터를 설정하도록 한다. 표지가 있는 페이지만 보거나, 별점이 5개 이상인 페이지만 보는 등, 여러 가지 보기(관점)를 생각해 만들어보자.

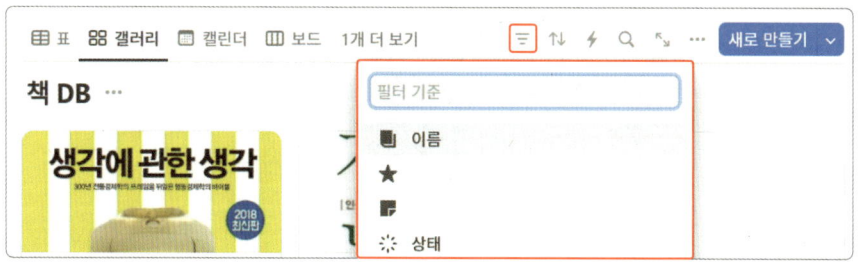

■ **필터의 효과**

필터를 설정하면, 새 페이지의 속성 값을 자동으로 입력할 수 있다. 필터를 적용한 보기에서 <새 페이지>를 추가해보자. <새 페이지>의 속성 값이 필터의 조건으로 자동 입력된다. 실제로 [완독] 보기에서 [+ 새 페이지]를 클릭해보면, '완독' 속성에 체크표시가 되어 추가됨을 볼 수 있다.

이 필터의 '자동 입력' 효과를 이용해서, 데이터베이스에 <새 페이지> 추가를 효율적으로 할 수 있다. 예를 들어 <책 DB>에서라면 '읽은 기간' 속성을 선택해 [필터]를 추가하고, 조건을 [시작일] - [~이전(당일 포함)], [날짜 선택 또는 입력] – [오늘]로 지정해두면 유용하다. 이 상태로 [+ 새 페이지]를 클릭하면, '읽은 기간'에 오늘 날짜가 자동으로 들어가기 때문이다.

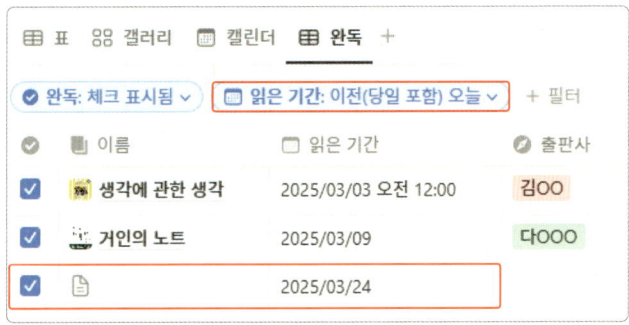

이 기능에는 이유가 있다. 갓 만든 <새 페이지>에는 당연히 아무런 속성 값이 없다. 그러니 만약 필터가 설정되어 있다면 <새 페이지>는 필터 때문에 보이지 않게 된다. 따라서 노션은 자동으로 필터 조건에 맞게 값을 넣어서 새 페이지가 보이게끔 해주는 것이다. 이 '자동 입력'은 필터의 조건이 되는 속성을 숨겨도 동작한다.

> **Notice** '자동 입력'은 대부분 속성에서 가능하지만, <수식> 속성에 필터 조건을 걸면 이 효과가 적용되지 않는다. 값을 직접 입력할 수 없기 때문이다.

📝 정렬

정렬은 페이지의 순서를 바꿔준다. 정렬 기준은 페이지의 제목이나 속성이다. 사용법은 간단하다.

01 <이름> 속성을 클릭한다. 메뉴 중에서 [오름차순]이나 [내림차순]을 클릭한다. 정렬이 추가되었다.

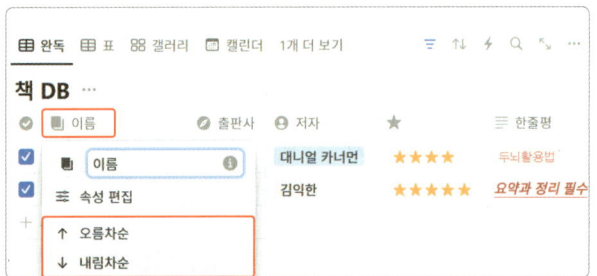

02 정렬을 추가하면 필터 조건 옆에 정렬한 속성 이름이 보인다. 클릭하여 순서나 기준을 수정할 수 있다. 정렬 조건이 보이지 않는다면 데이터베이스 위 [↑↓] (정렬) 아이콘을 클릭하면 된다.

03 정렬을 지정하면 간혹 페이지가 추가되는 위치에 따라 "정렬을 제거하시겠습니까?"란 팝업창이 뜰 때가 있다. 알아서 옮겨주면 될 텐데, 그건 어렵나 보다. 어쩔 수 없다. [제거하지 않음]을 클릭하자.

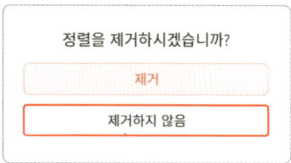

> **Note** 데이터베이스에 속성이 너무 많다면?
>
> 데이터베이스에 속성을 많이 추가했다면, 어느샌가 스크롤하면서 속성을 찾는 것도 일이 되어 있을 것이다. 몇 가지 편리한 팁을 제공하겠다.
>
> - 데이터베이스의 가로 너비가 늘어나면, 하단에 가로 막대가 생겨난다. 이걸 일일이 마우스로 드래그해 움직이기 번거롭다면, 키보드 `Shift` 를 누르고 마우스 휠을 움직여보자. 가로로 스크롤할 수 있다.
>
>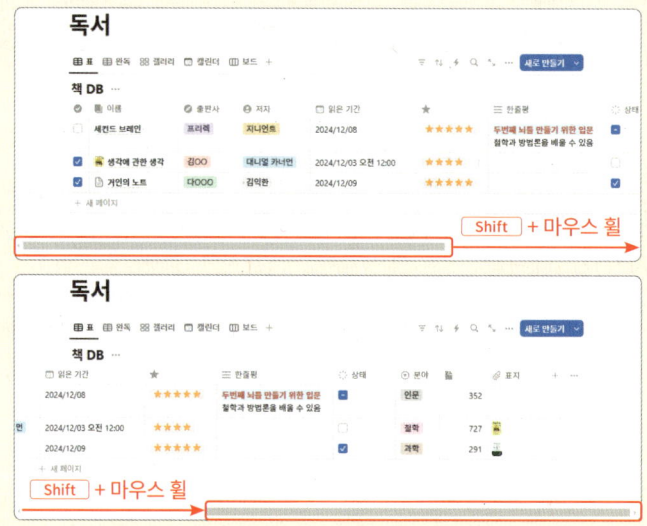
>
> - 그리고 데이터베이스를 움직여도 <이름> 속성이 항상 맨 앞에 보이길 원한다면 열 고정 기능을 써보자. [속성 메뉴]를 열어 [열까지 고정]을 클릭한다. 데이터베이스의 세로 줄이 제목 행까지 연장되는 것을 볼 수 있다. 이 상태로 아까처럼 가로 스크롤을 해보면, 아무리 이동해도 <이름> 속성은 그자리에 머물러 있을 것이다.

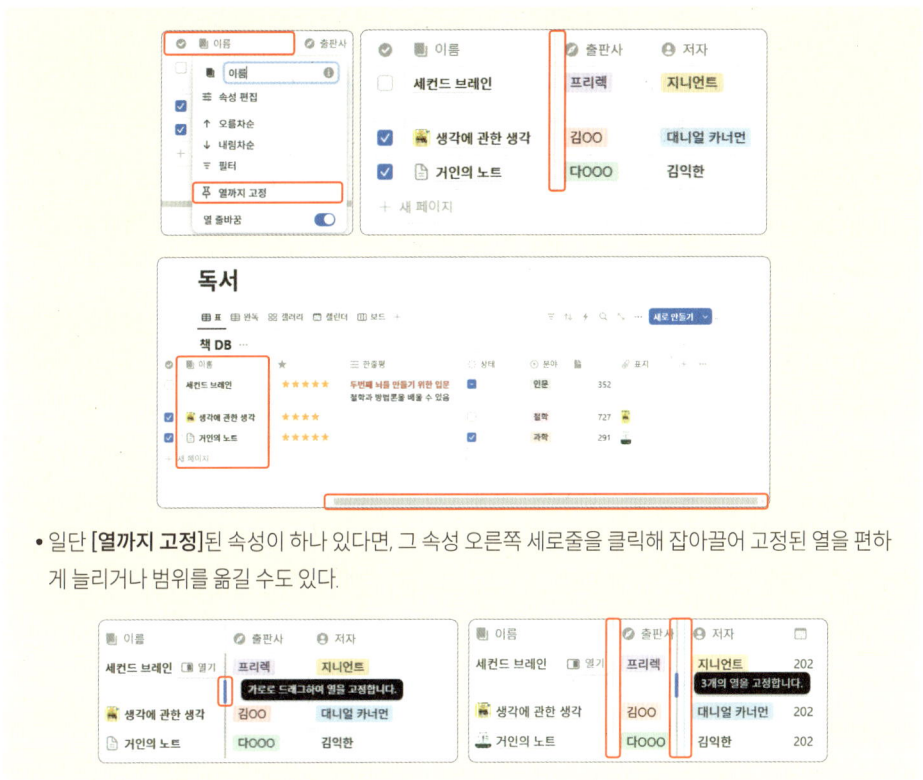

- 일단 [열까지 고정]된 속성이 하나 있다면, 그 속성 오른쪽 세로줄을 클릭해 잡아끌어 고정된 열을 편하게 늘리거나 범위를 옮길 수도 있다.

페이지 3 보기를 어디서나, [링크된 보기]

<책 DB>는 <독서> 페이지의 본문에 있다. <책 DB>를 꼭 이 페이지에서만 봐야만 할까? 노션의 [링크된 보기] 기능을 활용하면, 워크스페이스 어디서든 <책 DB>의 보기를 만들 수 있다. 즉, 데이터베이스의 보기를 다른 곳에도 만들 수 있다는 뜻이다.

링크된 보기

01 <독서> 페이지 아래쪽에, / 명령어로 [링크된 데이터베이스 보기]를 만든다. 그리고 연결하고 싶은 데이터베이스인 <책 DB>를 선택한다.

02 <책 DB>에 있는 보기 목록이 보인다. 이를 선택하면, 똑같은 보기가 만들어진다.

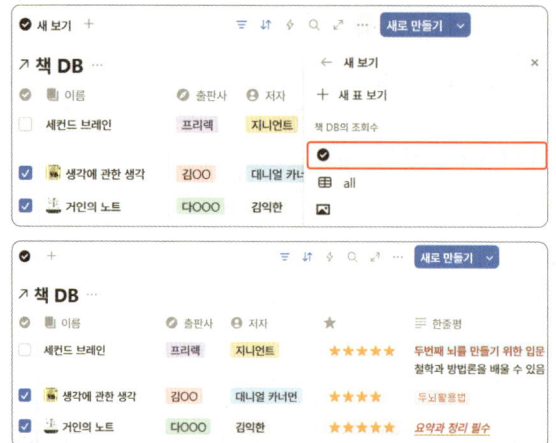

03 원래 만들어둔 데이터베이스를 "원본"이라고 하며, 새로 만든 [링크된 데이터베이스 보기]는 [링크된 보기]라고 부른다. 이를 구분하는 방법은 데이터베이스 제목에 있다. [링크된 보기]에는 화살표가 있고, 데이터베이스 이름을 수정할 수 없다.

04 [링크된 보기]의 페이지 제목을 수정하면, 원본에서도 실시간으로 바뀌는 걸 확인할 수 있다.

N 링크된 보기 특징

[링크된 보기]는 원본의 보기와 기능이 똑같다. 페이지를 열거나 추가할 수 있고, 속성과 속성 값을 수정할 수 있으며, [필터]와 [정렬]을 지정할 수 있다. 원본 밖으로 보기를 떼낸 것이라 할 수 있다.

[링크된 보기]를 쓰게 되면 '블록 삭제'를 주의하자. 원본 데이터베이스를 삭제하면, 링크된 보기에서는 데이터베이스를 제대로 사용할 수 없다. 반면 [링크된 보기]는 지워도 된다. 원본 데이터베이스는 그대로이기 때문이다. 페이지가 지워지는 것도 아니다.

[링크된 보기]를 가장 쉽게 만드는 방법은 데이터베이스 보기를 클릭하고 [보기 링크 복사]를 클릭한 뒤, 원하는 곳에 붙여넣는 방법이다. 붙여넣기 후, [연결된 데이터베이스 보기]를 클릭하면 똑같은 보기가 만들어진다.

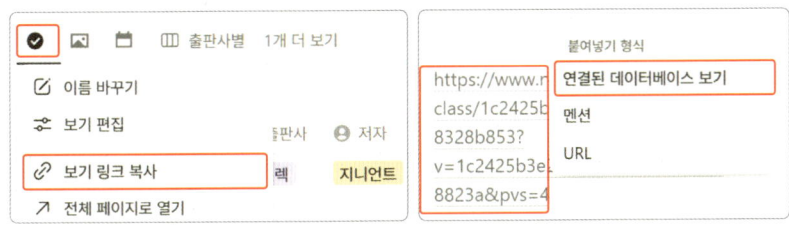

[링크된 보기]는 데이터베이스를 어디에서든 다루게 해주므로 꽤 유용한 기능이다. 이후 파트에서도 차트 대시보드를 구성하거나, 데이터베이스 구조화를 위해 사용할 예정이다. 꼭 기억해두자.

> **Note** 가져온 보기는 원본 보기와 연동되나요?
>
> [링크된 보기]에서 보기의 설정을 바꾸면, 원본의 보기의 설정도 바뀌냐는 질문이다. 그렇지 않다. 직접 수정해보면, 두 개의 보기는 완전히 독립된 보기다. 보기 고유의 설정들은 서로 연동되지 않는다. 보기의 레이아웃, 필터, 정렬, 페이지의 순서, 속성의 순서 등은 독립적이다. 바뀌는 건 페이지와 속성 값밖에 없다. 가령 페이지의 속성의 이름, 속성의 값, 페이지의 제목과 본문 등을 변경하면, 모든 보기에서 함께 바뀐다.
>
> 여기서 오해하지 말아야할 게 있다. 페이지를 수정할 때, 각 보기에서 보이는 페이지가 서로 '연동'되는 게 아니라는 점이다. 데이터베이스의 페이지는 어떤 보기에서 열었냐와는 상관 없이 항상 페이지 원본이며, 유일하다. 즉, [링크된 보기]에서 보이는 페이지가 원본의 보기에서 보이는 페이지다. 이 페이지가 지워지면 원본 페이지를 지우는 것이다.

곰손도 가능한 노꾸 테크닉 ⑤

데이터베이스의 속성과 보기 추가하는 방법을 배웠다. 이번 보너스페이지에서는 데이터베이스를 꽤 깔끔하게 꾸밀 수 있는 테크닉을 준비했다.

🅽 제목 꾸미기

노션이 익숙해진다면 데이터베이스의 제목을 숨겨두자. **[보기]**를 클릭하고 메뉴에서 **[데이터베이스 제목 숨기기]**를 설정하면 된다. 없어진 제목은 **[콜아웃]** 블록으로 깔끔하게 추가해두면 보기 좋다. 숨겨진 제목은 **[보기 메뉴] - [데이터베이스 제목 표시]**를 클릭하여 다시 볼 수 있다.

🅽 페이지 제목 숨기기

[갤러리] 보기와 **[보드]** 보기에서는 **[카드 미리보기]** 옵션으로 **[표지]**를 설정하면, <이름> 속성을 숨길 수 있다.

📝 보기 꾸미기

데이터베이스 보기 아이콘도 바꿀 수 있다. 적절한 아이콘을 찾는다면, 보
기 이름이 필요 없을지도 모른다. 보기 이름은 키보드 Space 를 이용해 공란 하나만 넣으면 없앨 수 있다.

    루틴 트래커 예시를 보면, 아이콘으로 '체크하는 곳'과 '보는 곳'을 나누었다. 요일별로 <체크박스> 속성 아이콘을 설정한 것도 포인트다.

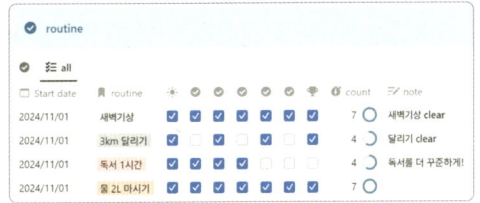

📝 노션에 줄 긋기

[수학 공식] 블록이나 [인라인 수학 공식]을 활용하면 노션에 긴 줄을 그을 수 있다. 그뿐 아니라 색상과 길이, 굵기까지도 지정할 수 있다. 색상을 지정하는 수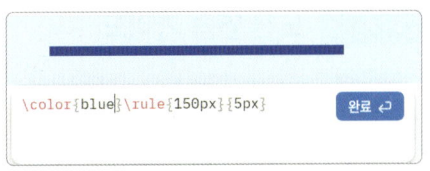
학 공식은 \color{색상}이고, 줄을 긋는 수학 공식은 \rule{길이}{굵기}다. 색상은 색상 코드로 입력할 수도 있다. 이를 [캘린더] 보기에서 연속 일정을 표현하는 데 활용할 수 있다. 단, 속성 값은 [글자 스타일링]으로 직접 입력해야 한다.

SECTION 08 데이터베이스와 보기 실습

ONE-PAGER GUIDE

[지니언트's saying] 데이터베이스는 노션의 핵심 기능이다. 데이터베이스를 많이 만들어 보아야 노션을 잘 다루게 된다. 특히 속성과 템플릿, 보기를 만드는 연습은 아무리 해도 시간이 아깝지 않다. 이번 섹션에서는 노션 기본기를 다지기 위하여 다이어리와 루틴 트래커, 가계부와 같이 평소에 쓸 수 있는 데이터베이스를 준비했다. 체계적인 기록을 위해 다양한 데이터베이스를 만들어보고, 목적에 맞는 보기까지 세팅해보자.

페이지 1 노션 연습 가이드

노션 연습 3단계

우리는 노션의 핵심 기능인 페이지와 블록, 데이터베이스를 배웠다. 노션 연습에 본격적으로 들어가기 전에, 앞에서 배운 것들을 잠시 짚어보자.

NOTION PREVIEW

노션 데이터베이스로 보는 노션 기능

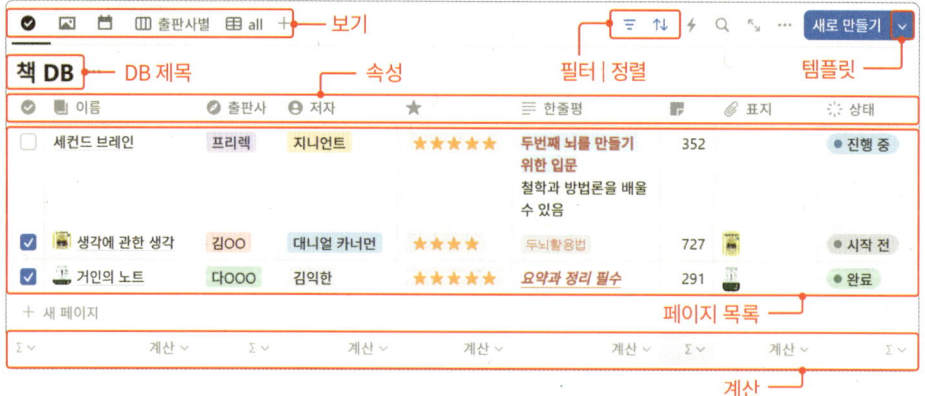

- **[블록과 페이지]**
  노션에서는, 페이지가 폴더 겸 파일 역할을 한다. 블록은 페이지를 채우는 도구이며, 명령어는 /이다.
- **[데이터베이스]**
  데이터베이스는 페이지를 관리하는 도구다. 템플릿과 속성, 보기를 활용하면 페이지를 효과적으로 관리할 수 있다. 특히 보기는 페이지를 보는 관점을 설계하는 기능이다. 원하는 형태의 보기를 설계하고, 필터와 정렬로 효과적으로 페이지를 정리할 수 있다. 계산 기능으로는 페이지나 속성의 통계치를 구할 수 있다.

이렇게나 다양한 노션 기능을 연습하라고 해도, 무작정 하자면 막막할 터다. 무엇부터 연습하는 게 좋을지 3단계로 가이드해 주겠다.

첫 번째 단계는 하루 기록이다. 활용하기 전에, 기본 기능 익히기와 습관 형성이 가장 중요하다. 일정과 일기, 가계부처럼 매일 간단히 기록할 수 있는 콘텐츠로 시작하자. 특히 여러 블록을 활용해서 원하는 모양을 만들어보길 바란다.

두 번째 단계는 업무 보조다. 자료를 수집하거나 데이터를 노션으로 관리해보자. 데이터베이스의 구조를 만들어보고, 업무에 유용한 기능들을 하나씩 익혀보자. 자연스럽게 속성의 종류와 사용법, 다양한 보기를 활용해볼 수 있다. 다양한 템플릿을 참고하여, 나만의 시스템을 만들어보는 것이 좋다. 몇 개만 따라 만들어보면, 더 이상 다른 사람들의 시스템을 구매해서 사용하는 일은 없을 것이다. 템플릿의 모양과 사용법만 봐도 금방 따라 만들 수 있는 수준이 된다.

세 번째 단계는 종합적인 인생 관리다. 통합과 연결의 장점을 활용해보는 것이다. 인생의 목표부터 시작하여, 이와 연결된 프로젝트와 액션 아이템을 관리해보자. 커리어 로드맵과 사용하는 기술을 나만의 방식으로 정리하는 것도 좋다. 나아가 가계부나 자산 관리까지 추가한다면, 모든 기록을 노션에 정리할 수 있는 수준에 이른다.

"쉬운 길은 없다."

자, 의문이 생길지도 모르겠다. '잘 만들어진 템플릿으로 세 번째 단계부터 시작할 순 없을까?' 결론부터 말하면 아니다. 이런 프로그램에 익숙하지 않은 사람들에겐 불가능한 일이기 때문이다. 노션의 기능과 구조 설계, 사용 습관을 한 번에 잡으려 하다간, 결국 모두 놓치고 말 것이다. 노션을 단순하게 쓰거나, 멀리 하게 된다.

여기 노션 사용 습관을 기를 수 있는 간단한 템플릿을 3가지 준비했다. 속성 몇 개와 보기 몇 개로 이루어진 간단한 데이터베이스다. 핵심 기능을 다루므로 실습하기에도 좋다. 이 데이터베이스 제작 실습 단계를 마치고 노션을 최소 며칠은 더 써본 이후에, 파트 Ⅲ로 넘어가기를 추천한다.

🅽 데이터베이스 설계도

데이터베이스를 만들기 전에, 어떤 속성을 추가할 건지 미리 설계해두는 게 좋다. 먼저 큰 그림을 그려보는 것으로, 설계도를 미리 그려두면 유용하다. 지금부터 데이터베이스 실습 시에는 항상 이런 형태의 **데이터베이스 설계도**를 제시할 예정이다.

	책DB	
체크박스	완독	
제목	이름	
선택	출판사	ex.프리렉,김OO,다OOOO
선택	저자	ex.지니언트,대니얼 카너먼,김익한
선택	별점	
텍스트	한줄평	

그림은 <책 DB>의 설계도. 보는 법은 간단하다. 다이어그램 첫 줄은 데이터베이스의 이름이다. 그 아래 줄은 왼쪽부터 추가할 속성 유형과 속성 이름, 속성의 옵션이다.

> **Notice** 이 설계도는 노션 [코드] 블록의 'Mermaid'로 만들었다. 만드는 방법은 뒤쪽에서 다시 한번 다룬다. 지금은 보여주는 설계도를 보고 만들어보자.

설계도의 장점은 특히 여러 데이터베이스를 추가하고 서로 연결할 때 발휘된다. 각 데이터베이스의 관계도를 한눈에 보고 파악할 수 있기 때문이다. <업무 DB> 설계도 예시를 보자. <업무 DB>에 <일정 DB>, <이력 DB>, <자료 DB>가 각각 연결된 형태다. 각 데이터베이스의 연결 방향은 화살표로 나타내었다.

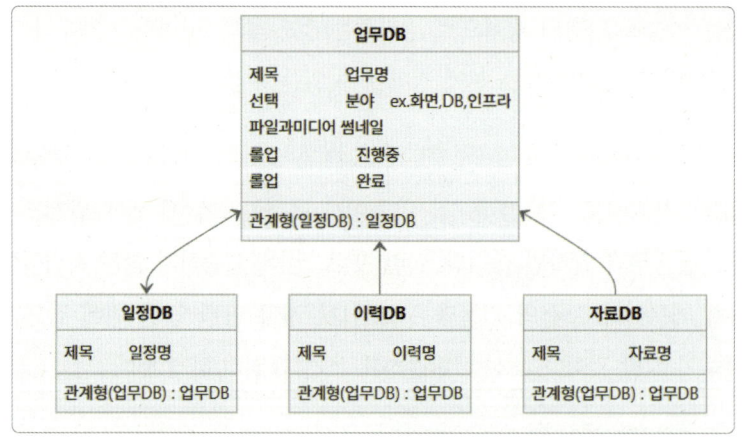

데이터베이스는 설계도상 화살표가 출발하는 쪽(화살표 꼬리쪽) DB에서 <관계형> 속성을 추가해 연결할 수 있다. (관계형은 데이터베이스를 연결하는 기능으로, 뒤쪽에서 상세히 다룬다.) 각 다이어그램의 마지막 줄이 연결된 <관계형> 속성이다. 괄호 안에 연결한 데이터베이스의 이름이 들어간다.

그럼 지금부터 데이터베이스 실습에 들어가보자. 먼저 각각의 데이터베이스 설계도를 보고, 그에 맞게 속성을 추가하여 데이터베이스를 완성하자. 그다음 여러 가지 목적을 가진 보기를 추가한다. 정답 템플릿과 힌트도 넣어두었다.

페이지 2 다이어리 DB 실습 (4)

앞서 노션 연습의 첫 번째 단계는 하루 기록이라고 했다. 가장 먼저, 매일 간단히 기록할 수 있는 다이어리를 만들자.

NOTION SAMPLE

다이어리 DB

이번에 실습할 양식은 다양한 기록을 남길 수 있는 다이어리다. 날짜와 기분, 날씨, 사진을 입력할 수 있도록 속성을 추가했다.

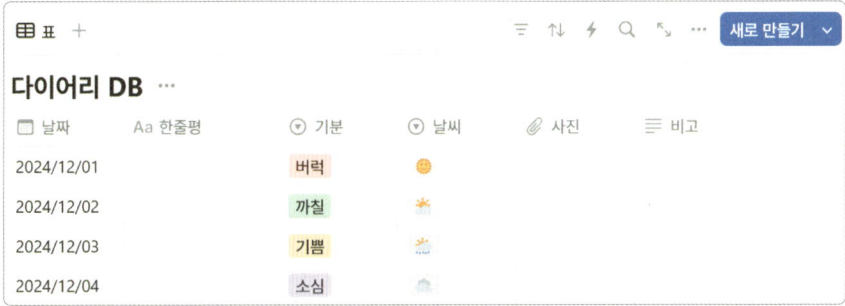

- 속성(유형 – 속성 이름): 날짜 – 날짜 | 이름 – 한줄평 | 선택 – 기분 | 선택 – 날씨 | 파일과 미디어 – 사진 | 텍스트 – 비고
- 옵션(선택 유형 한정): 기분: 따분, 당황, 질투, 불안, 슬픔, 소심, 기쁨, 까칠, 버럭(9개) | 날씨: 맑음, 맑은 뒤 흐림, 맑은 뒤 비, 흐림, 비, 뇌우, 바람, 눈(8개)
- 꾸밈 요소: '날씨' 속성 선택 옵션에 이모지 사용

📝 데이터베이스 설계

제작에 앞서 항상 데이터베이스 설계도를 먼저 챙기도록 한다. 우리가 만들 다이어리 데이터베이스의 설계도는 다음과 같다.

<페이지 제목>은 '한줄평'으로 정했다. 긴 일기는 페이지에 작성하겠지만, 일기 제목을 보이게 하면 그날 하루가 어땠는지 데이터베이스에서도 바로바로 알 수 있을 것이다.

나머지 속성도 살펴보자. <다이어리 DB>는 하루에 하나의 페이지를 생성한다. 따라서 정렬 기준은 <날짜>다. '기분'과 '날씨'는 <선택> 속성으로 만든다. 기분과 날씨 종류를 옵션으로 넣어두고, 간단히 선택해 입력하도록 한다. 사진을 업로드할 <파일과 미디어> 속성도 추가해두었다.

📝 보기 설계: 표 보기 | 캘린더 보기

그럼 <다이어리 DB>를 함께 만들어보자. <mark>데이터베이스를 설계할 때에는 항상 [표] 보기에서 시작한다.</mark> 속성을 추가하기에 가장 좋다.

01 <새 페이지>에 [데이터베이스 - 인라인] 블록을 만들고, 설계도와 다음 그림을 참고해 속성을 모두 추가하자. 다 추가했다면 위치와 너비를 조정한다.

02 <선택> 속성인 '기분'과 '날씨'에 옵션들을 추가하자. 일단 '기분'은 9개, '날씨'는 8개다. 나중에 필요에 따라 추가하거나 삭제하며 사용하면 된다. '날씨' 옵션은 이모지로 채운 것이다.

맨 앞 <날짜> 속성에는 미리 값을 입력해두자. 월간 다이어리라고 생각하고, 해당 월의 1일부터 30일(31일)까지 처리하면 된다.

03 틀은 다 만들었다. 이어서 ❶[표] 옆 ⊕ 버튼을 클릭해 [캘린더] **보기**를 추가한다. 추가해둔 <날짜> 속성이 기준 속성이 된다.

<선택> 속성이 캘린더에 보이도록 ❷ 상단 ⋯ (보기 설정) 메뉴 - [속성]에서 ❸ [캘린더 표시 옵션]까지 조정하면, 월 전체의 기분과 날씨를 확인할 수 있는 나만의 일기장이 된다.

<다이어리 DB>에 맞게 페이지 본문도 작성해보자. 각 페이지에 긴 일기 작성란은 물론이고, 즐겨듣는 음악([오디오] 블록), 나만의 명언([인용] 블록) 등을 넣어 꾸미면 좋다. 데이터베이스 템플릿으로 만들어 활용하면 나만의 기록 루틴을 만들 수 있다.

페이지 3 루틴 트래커 DB 실습 (5)

데이터베이스로 나만의 루틴을 기록할 수 있는 루틴 트래커를 만들어보자.

NOTION SAMPLE

루틴 트래커 DB

루틴 트래커는 개인에 따라 얼마든지 다르게 만들 수 있다. 실습할 양식은 목표를 위해 수행하는 단 한 가지 일인 '원씽과 루틴별 체크박스' 구성이다. 사진으로 독서 인증도 할 수 있다.

- 속성(유형 – 속성 이름): 날짜 – 날짜 | 이름 – 원씽 | 체크박스 - 영양제, 독서 30분, 식후 산책, 노션 활용(4개) | 파일과 미디어 – 독서 인증

🗒️ 데이터베이스 설계

<루틴 트래커 DB> 역시 매일 하나의 페이지를 만들게 된다. 이름 <페이지 제목>에는 '원씽' 항목을 적는다. 그리고 루틴별로 <체크박스> 속성을 추가한다. 매일 한 페이지에서, 여러 개의 루틴을 체크할 수 있다. <파일과 미디어> 속성을 활용하면 독서 인증과 운동 인증도 모아볼 수 있다. <숫자>나 <텍스트>와 같은 다양한 속성도 활용해보자.

루틴트래커DB	
제목	원씽
날짜	날짜
체크박스	영양제
체크박스	독서 30분
체크박스	식후 산책
체크박스	노션 활용
파일과미디어	독서 인증

🗒️ 보기 설계: 표 보기 | 캘린더 보기 | 갤러리 보기

<새 페이지>에 [데이터베이스 – 인라인] 블록을 만들고, <루틴 트래커 DB>를 채워보자. 이 데이터베이스는 총 3가지 보기로 유용하게 사용할 수 있다.

01 [표] 보기에서 다음과 같이 속성을 추가하고, 매일 체크박스에 표시하여 루틴을 실행한다. 루틴을 결산할 때는 아래쪽 [계산] 기능을 활용하면 편리하다. [비율]을 통해 [체크 표시된 비율]/[체크 표시되지 않은 비율]을 각각 계산할 수 있다. [수]로 월 또는 주별로 체크 개수를 결산해보는 것도 의미가 있을 것이다.

02 [캘린더] 보기도 활용하자. 모든 <체크박스> 속성을 캘린더에 표시하도록 세팅해두면, 월별로 얼마나 루틴이 잘 지켜지고 있는지 한눈에 볼 수 있다.

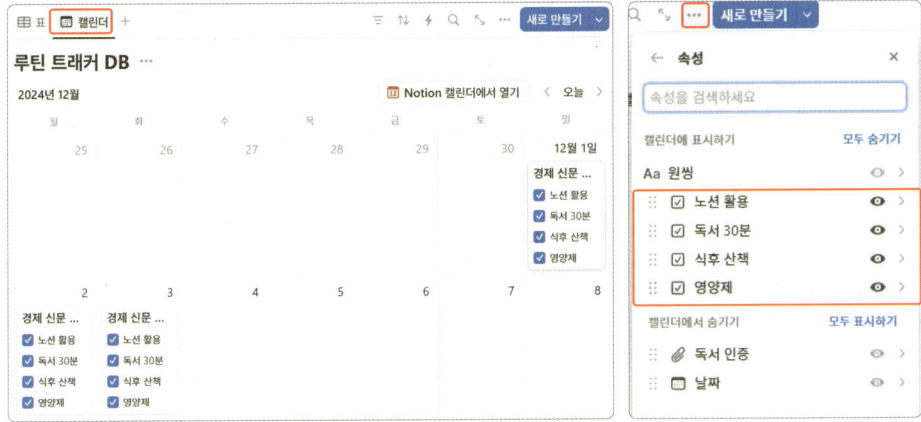

03 추가로 [갤러리] 보기를 이용해 '독서 인증 갤러리'를 만들어보자. 우선 [새 보기] 메뉴에서 [카드 미리보기]를 클릭해 썸네일을 [독서 인증] 속성으로 변경한다. [카드 크기]는 [중간]으로 설정한다.

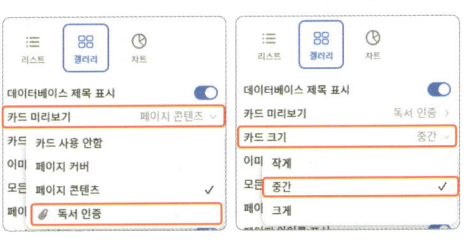

04 모든 페이지가 다 보일 것이다. '독서 인증'만 모아보기 위해서는 필터 설정이 필요하다. ❶ ⋯ (보기 설정) 메뉴 - [필터]를 클릭하고 ❷[필터 추가]에서 [독서 인증]을 선택한다. 마지막으로 ❸'독서 인증' 속성 값이 [비어 있지 않음]일 경우(값이 있을 때)에만 보이게 조건을 설정한다.

그러면 다음 그림처럼 독서 인증만 깔끔하게 보이는 나만의 인증 공간을 만들 수 있다.

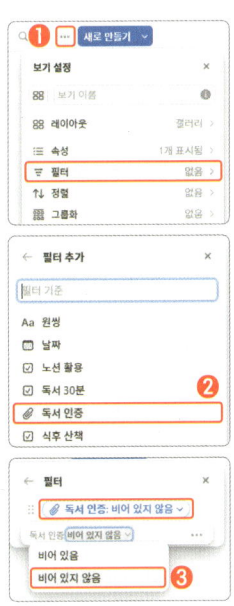

페이지 3 루틴 트래커 DB 155

> **Note** **<루틴 트래커>에 활용하면 유용한 버튼 속성**
>
> 각 루틴을 일일이 체크하기 번거로운가? **<버튼>** **속성**을 활용하면 하루의 모든 루틴 체크를 한 번에 처리할 수 있다. 이에 대해서는 추후 더 소개하겠다.
>
>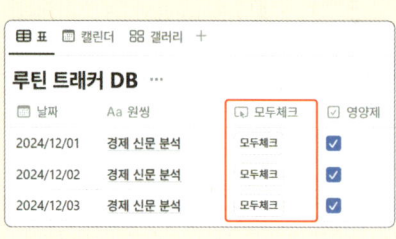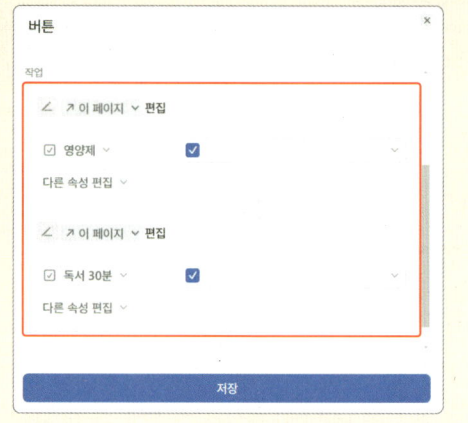

페이지 4 가계부 DB 실습(6)

이번 섹션 실습의 목표 중 하나는 '매일같이 기록하며 노션 기록 습관 형성하기'다. 그런 관점에서 가계부는 적절한 예제다.

NOTION SAMPLE

가계부 DB

이번에 실습할 가계부 양식은 금액과 지출 분류를 정리할 수 있는 간단한 양식이다. 그룹화를 활용하여 분류별로 지출 합계를 계산하는 [차트] 보기까지 만들어보자.

- **속성**(유형 – 속성 이름): 날짜 – 날짜 | 이름 – 지출내역 | 숫자 – 금액 | 선택 – 지출분류 | 텍스트 – 비고
- **옵션**(선택 속성 한정): 지출분류: 생활비, 식비, 교통비, 보험비, 여가비

📝 데이터베이스 설계

<가계부 DB>는 매 지출 시마다 페이지를 만드는 가계부다. (<날짜> 기준으로 페이지를 생성하던 이전 DB들과는 다르다.) <페이지 제목>은 '지출내역'이다. 가계부인 만큼 '날짜'와 '금액'은 필수다. 그리고 어디에 얼만큼 썼는지 알기 위해 '지출분류'를 추가했다. 간단히 메모할 수 있는 '비고'도 넣었다.

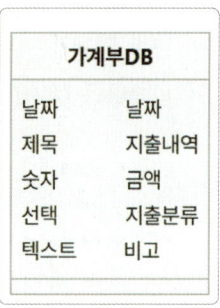

📝 보기 설계: 표 보기(그룹화) | 차트 보기

보통 가계부에서 가장 많이 살펴보는 정보는 '지출분류별 지출액'일 것이다. 노션에서는 [보기 설정]의 [그룹화] 옵션을 활용하면 지출 분류별 합계를 구할 수 있다. 이를 그래프로 바꿔볼 수 있다면 더욱 편리할 것이다. 이는 [차트] 보기에서 가능하다.

01 <새 페이지>를 하나 만든다. 페이지 이름은 '가계부 관리'다. [데이터베이스 – 인라인] 블록을 생성하고, 예시를 참고해 <가계부 DB>의 속성과 값을 채워넣자.

02 이제 '지출분류'에 따라 [표]를 재배치하고, 분류별 합계를 계산해보자. 우선 ❶ 데이터베이스 상단 ⋯(보기 설정) 메뉴에서 [그룹화]를 클릭한다. ❷ [그룹화 기준]으로 [지출분류] 속성을 설정하면 바로 '지출분류'의 옵션대로 그룹이 나뉘어 배치된다. 현재 ❸ <생활비>, <식비>의 두 그룹이 있다.

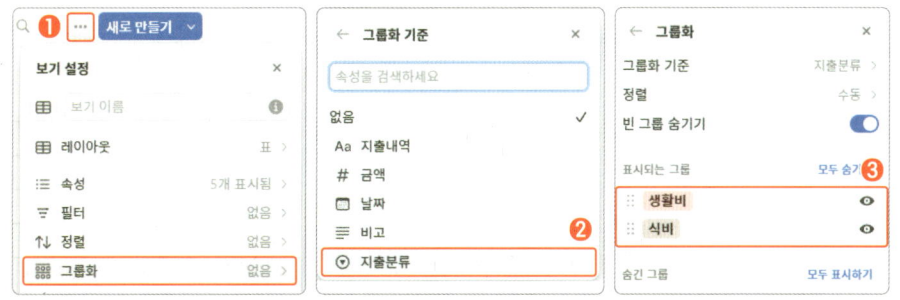

03 그럼 지출분류별 합계 금액도 계산해보자. [표] 보기의 '지출분류' 옵션에 마우스를 올리면 메뉴가 나타난다. […]을 클릭하고, [집계 표시]를 선택하면 각 분류 옆에 숫자가 나타난다. [계산] 기능의 숫자다.

04 나타난 숫자를 클릭하자. 그리고 메뉴에서 [추가 옵션] - [합계] - [금액]을 순서대로 클릭한다. 그러면 지출 분류별로 합계가 자동으로 계산된다.

> **Note 숫자가 이상해요!**
> 합계 금액 말고, '99+'만 보이는가? 이는 데이터베이스 성능 향상을 위해 [큰 수를 99+로 표시] 옵션이 켜져 있기 때문이다. '99+' 텍스트를 클릭하고, [수] 메뉴에서 해당 토글을 끄도록 한다. 문제 없이 표시될 것이다.
>
>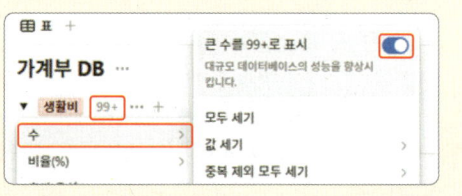

자동 계산까지 되니 정말 편리하지 않은가? 그런데 항목이 점점 늘어나고 금액이 커지게 되면, 단순 합계로는 지출이 얼만큼인지 감을 잡기 힘들어진다. 이럴 때는 [차트] 보기가 애용된다. 페이지의 속성 값을 간단한 차트로 표현해주는 보기다. 아직 배우지 않은 보기인 만큼, 여기서는 간단하게 어떤 보기인지 알아만 보도록 하겠다.

05 보기 옆 ❶ ⊞ 버튼을 클릭해 [새 보기] - [차트]를 선택하자. 자동으로 세로 막대그래프가 나타난다. [새 보기] 메뉴의 ❷ [보기 이름]에 적절한 것을 입력(여기서는 '차트')한 다음, 아래 ❸ [차트 편집] 버튼을 클릭하자.

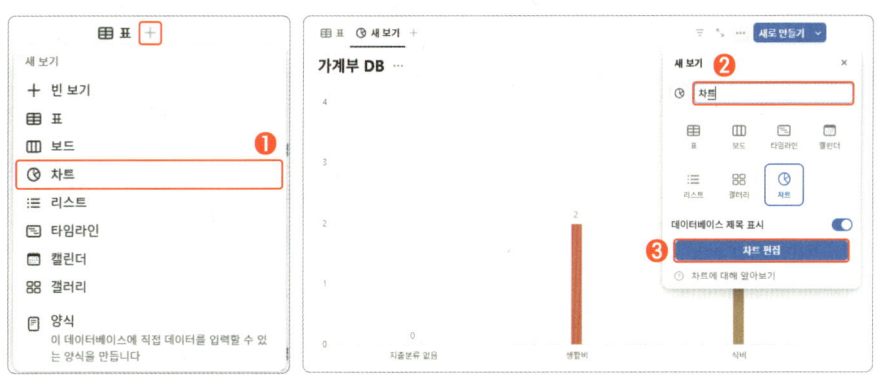

06 [보기 설정] 메뉴가 뜨면 [차트 유형] 중 네 번째에 위치한 [도넛]을 클릭하자. 흔히 가계부 앱 등에서 보던 원 형태 그래프로 변환된다.

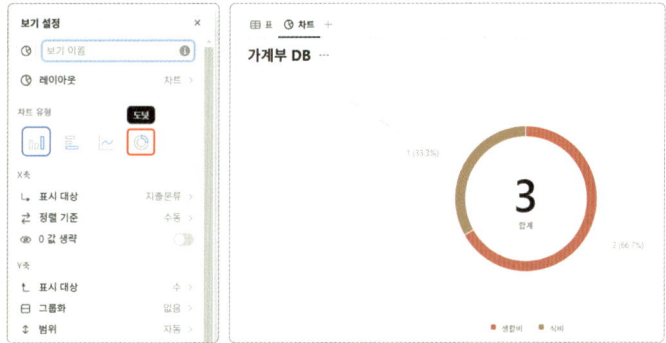

07 여러 설정이 가능하지만, 이 실습에서는 한 가지만 해보겠다. 지금 그래프는 금액이 아니라 항목 수(페이지 수)가 보여 어색하다. 가계부답게 금액이 보이도록 바꿔보자. [보기 설정] - [각 슬라이스의 의미]를 클릭하고, [금액] - [합계]를 차례로 선택해주면 된다.

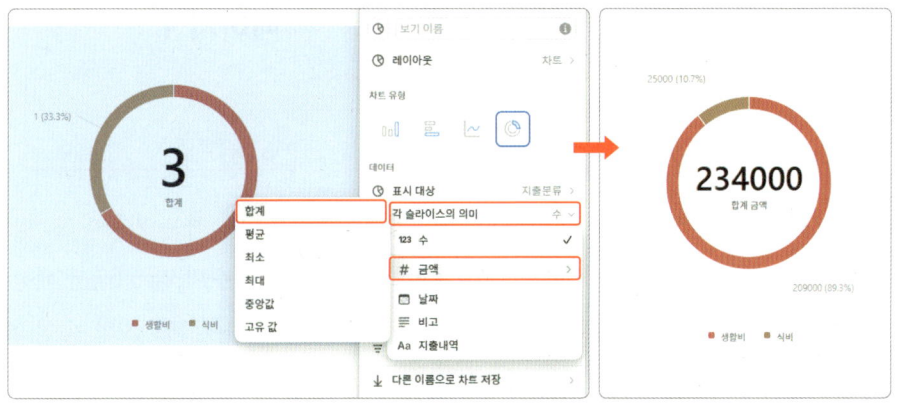

페이지 4 가계부 DB 159

엑셀과는 다른 데이터베이스

마이크로소프트 엑셀을 써본 사람들은 데이터베이스도 쉽게 사용할 수 있다. 하지만 막상 데이터베이스는 엑셀처럼 쓸 수 없다. 많은 직장인이 당황하는 지점이 여기다. 이는 자료를 관리하는 단위가 다르기 때문이다. 엑셀은 셀(Cell)이고, 데이터베이스는 페이지다. 노션을 꽤 써본 숙련자도 데이터베이스의 자료 단위가 '페이지'라는 사실을 모르는 사람이 꽤 많다.

엑셀의 스프레드 방식은 열(Column)과 행(Row) 주소에 하나의 셀이 있고, 하나의 값을 가진다. 셀끼리는 계층이 없다.

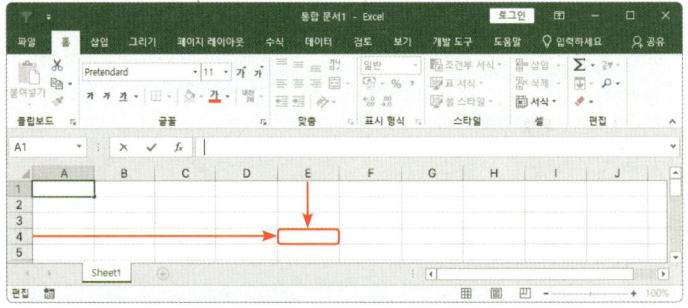

반면 노션의 데이터베이스는 레코드(Record) 방식이다. 레코드는 여러 개의 값을 가진다. 노션에서 행 한 줄이 하나의 묶음이다. 바로 페이지다. 데이터베이스의 페이지는 제목과 본문, 여러 가지 속성 값을 가지고 있다. 속성이 단순히 페이지 제목 옆의 "열"이 아니라, 페이지가 가지고 있는 하위 정보라는 점이 포인트다.

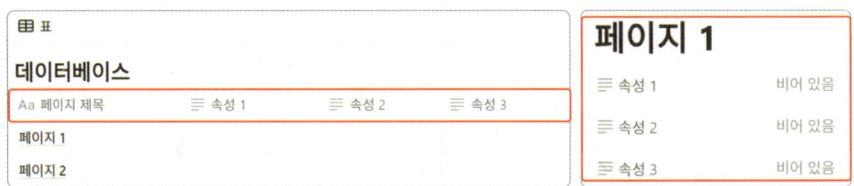

다시 강조하면, 데이터베이스는 표가 아니다. 페이지들을 관리하는 기능이 표 형태로 보여질 뿐이다. 한 페이지에는 여러 가지 속성을 추가할 수 있다. 그래서 페이지 하나를 옮기면 속성도 모두 옮겨진다. 이 구조의 차이 때문에, 페이지와 속성의 순서가 그리 중요하지 않고, 수식의 사용 방법도 달라진다.

엑셀은 셀에 수식을 입력한다. 주소만 있다면 어떤 셀의 값이라도 수식에서 활용할 수 있다. 위쪽 값, 아래쪽 값을 참고하는 수식도 만들 수 있고, 수식을 복사해서 옮기면 셀의 주소도 상대적으로 옮겨진다.

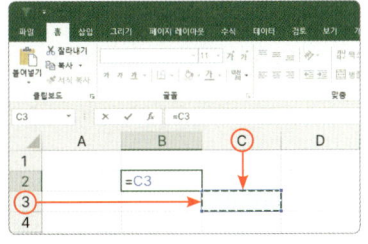

반면 **노션**의 수식은 속성이다. 데이터베이스 내의 모든 페이지가 같은 수식이다. 그리고 페이지가 가진 다른 속성의 값에 따라 값이 달라진다. 행과 열의 주소를 쓰지 않으므로 "아래 페이지의 값을 참고한다"라든가, "우측 속성의 값을 참고한다" 식의 활용은 불가능하다. 그저 자기 페이지의 다른 속성 값만 쓸 수 있다.

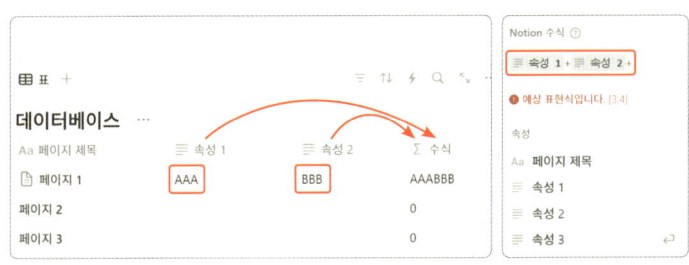

엑셀처럼 자유롭지는 않지만, 레코드 방식의 장점도 있다. 여러 데이터들을 묶어 두었으니 이동하거나 처리하기에 편하다. 속성에 수식을 지정하면, 모든 페이지에 일괄 적용되어 관리가 쉽다. 값에 수식을 넣는 게 아니어서, 수식이 망가질 일이 거의 없다. 속성 이름을 바꿔도 수식을 수정하지 않아도 된다.

> **Notice** 다른 페이지의 속성 값을 가져올 수 있는 방법이 완전히 없는 건 아니다. **<관계형>**과 **<롤업>** 속성을 사용하여 다른 데이터베이스의 속성 값을 가져올 수 있다. 이는 엑셀의 vlookup 함수와 sumif 함수와 비슷하다. 이는 엑셀에는 없는 새로운 방식이다. **<관계형>**은 이후 실습으로 구체적으로 다룰 예정이다.

PART III

데이터베이스 하나만으로는 복잡한 정보들을 관리할 수 없다. 어떤 정보들은 서로 밀접하게 관련되어 있어서, 정보를 연결하고 추적하며 활용해야 한다. 노션에서는 데이터의 연결을 돕는 <관계형>과 <롤업> 기능을 제공한다.

이번 파트에서는 관계형으로 데이터베이스를 구조화하는 방법을 배운다. 관계형은 하나의 데이터베이스에서 다른 데이터베이스의 페이지를 선택할 수 있게 해준다. 그리고 롤업은 선택한 페이지의 속성을 가져올 수 있다. 이를 통해 복잡한 정보들을 중복 없이 간단하게 처리할 수 있다.

여러 개의 데이터베이스를 다루기 때문에 다소 어려울 수 있다. 하지만 반드시 배워야 할 핵심 기능이다. 노션을 체계적인 시스템으로 업그레이드할 기능이기 때문이다. 개념을 꼼꼼히 읽고, 실습도 차근차근 따라해보자.

데이터베이스 구조화

GOAL
- 관계형과 롤업 마스터하기
- 데이터베이스 구조화 방법 배우기

RESULT
- 독서 시스템

KEYWORD 관계형과 롤업 액션 아이템 독서 트래킹 문장 수집

SECTION 09 관계형&롤업으로 데이터베이스 연결

ONE-PAGER GUIDE

[지니언트's saying] 특별한 가이드 없이도 데이터베이스를 만들고, 속성을 추가하고, 보기를 만들 수 있다면, 이번 과제도 꼭 도전해보길 바란다. 이번 섹션에서는 여러 데이터베이스를 연결하여 활용하는 <관계형>과 <롤업> 기능을 다루고 있다. 겁먹지 않아도 된다. 속성 중 하나일 뿐이고, 옵션만 잘 설정하면 된다. 그저 여러 개 데이터베이스를 다루다 보니 약간 혼란스러울 뿐이다. 앞으로의 섹션에서 두 속성을 계속 추가할 예정이니, 개념과 사용법을 확실하게 익혀두길 바란다.

페이지 1 독서노트 시스템 구축: 액션 아이템 DB

N 데이터베이스 구조화 전략

지금까지 배운 노션의 기능 중에서, 독서 이후에 정한 액션 아이템(실행 항목)들을 관리하는 데 사용할 만한 것을 살펴보자. 총 2가지를 생각해볼 수 있다.

첫 번째는 앞서 **섹션 6**에서 배웠던 방식이다. 페이지 본문에 [할 일 목록] 블록으로 넣는 것이다. 직관적이고 만들기도 쉽다. 다만 액션 아이템이 각 페이지에 흩어져 있어 책 페이지가 많아지면 관리하기 어렵다.

```
액션 아이템
☐ 액션 아이템 1
☐ 액션 아이템 2
☐ 액션 아이템 3
```

두 번째 방식은 <책 DB>에 <텍스트> 속성으로 '액션 아이템'을 추가하는 것이다. <텍스트> 속성이니 여러 줄을 입력할 수도 있고, 모든 책의 액션 아이템을 한 눈에 볼 수 있다.

하지만 단점이 분명하다. 액션 아이템 입력 작업이 번거롭다. 독서 정리를 하다가 액션 아이템을 남기려 페이지 위쪽으로 스크롤해야만 한다. 게다가 좋은 책들은 액션 아이템이 한두 개가 아니어서 속성 값이 너무 길어진다. 이후 액션 수행 여부를 체크하기도 여러모로 불편하다.

우리는 더 편리한 방식을 원한다. 만들기도 쉽고, 체계적으로 관리할 수 있으며, 사용하기도 편해야 한다. 가장 편리한 마지막 방법은 바로, **액션 아이템을 관리할 데이터베이스를 하나 더 만드는** 것이다. 액션 아이템이 생기면 이 데이터베이스에 새 페이지를 하나 만들면 된다. 액션 아이템이 많아져도 데이터베이스로 한꺼번에 관리되니 걱정이 없다. 액션 수행 여부도 편리하게 체크할 수 있다. 이를 <액션 아이템 DB>라고 하겠다.

<액션 아이템 DB>를 살펴보면, 어떤 책의 액션 아이템인지 구분할 수 있는 '**책 DB**' 속성이 있다. 이는 단순한 옵션이 아니라, 앞서 만들어둔 <책 DB>의 책 페이지다. 즉, 속성 하나를 추가함으로써 <액션 아이템 DB>에서 <책 DB>의 책 페이지를 선택할 수 있게 된 것이다. 이게 바로 <관계형> 속성의 기능이다.

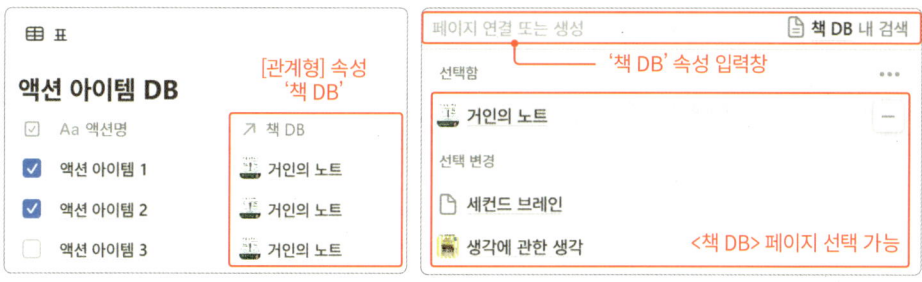

정리하면, **관계형**이란 데이터베이스 두 개를 서로 연결하는 기능이다. 그리고 <관계형> 기능을 추가한 데이터베이스에는, 연결된 상대방 데이터베이스의 페이지를 선택할 수 있는 속성이 추가된다. 기능만 놓고 보면, **페이지 링크 기능이 있는 선택 속성**이라 할 수 있다. 여기서 옵션까지 활용하면, 상대방 데이터베이스에도 속성을 추가할 수 있다. 즉, 그림처럼 <책 DB>에서도 <액션 아이템 DB>의 페이지를 선택할 수 있다.

그럼 직접 <액션 아이템 DB>를 만들고, 이것을 <책 DB>에 <관계형> 속성으로 연결해보자.

<액션 아이템 DB> 데이터베이스 설계

NOTION SAMPLE

액션 아이템 DB: 1단계

우리가 만들 <액션 아이템 DB>는 액션 아이템과 수행 여부만 관리하는 아주 간단한 데이터베이스다. 필요한 속성이 있다면, 이 섹션이 전부 끝나고 원하는 속성을 더 추가해보자.

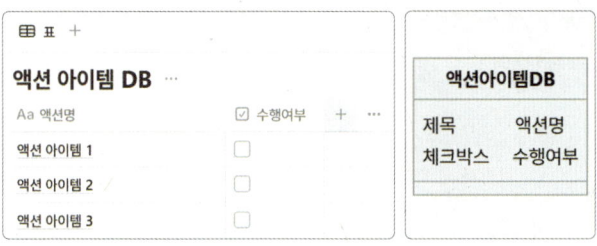

01 <책 DB>가 들어 있는 <독서> 페이지의 아래쪽에 [데이터베이스 – 인라인] 블록으로 새 데이터베이스를 만든다. 데이터베이스 이름은 <액션 아이템 DB>다.

02 <이름> 속성을 '액션명'으로 바꾸고, (속성 추가) 버튼을 클릭해, <체크박스> 속성 '수행여부'를 추가한다. 앞 완성본과 데이터베이스 설계도 다이어그램을 참고해 진행하자. 실습을 위해 이름이 <액션 아이템 1~3>인 페이지 3개도 생성했다.

페이지 2 액션 아이템 추가: 관계형 실습(7)

데이터베이스 연결: <관계형> 속성

NOTION SAMPLE

액션 아이템 DB: 2단계

<액션 아이템 DB>의 2단계는 <관계형> 속성으로 데이터베이스 2개를 연결하는 것이다. 그러면 <액션 아이템 DB>에서 <책 DB> 페이지를 선택할 수 있다. 지금부터는 2개의 데이터베이스를 다루기 때문에 헷갈리기 쉽다. 수정 중인 데이터베이스가 무엇인지 꼭 확인하고, 속성의 옵션도 한 번 더 체크하자.

01 <관계형>은 속성이다. <액션 아이템 DB>에서 ⊞(속성 추가) 버튼을 클릭하고, [관계형]을 선택한다.

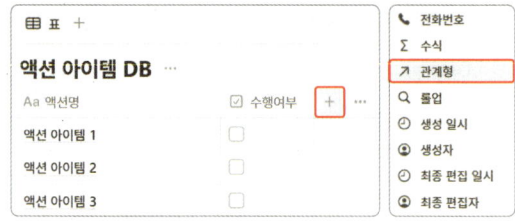

02 [관계형 대상] 메뉴에는 워크스페이스의 모든 데이터베이스가 나타난다. 데이터베이스 이름 아래 데이터베이스가 있는 상위 페이지도 보이니, 잘 확인하자. 연결할 상대 데이터베이스인 <책 DB>를 찾아 선택한다. (검색창에 이름을 입력하면 더 빨리 찾을 수 있다.)

03 그리고 [새 관계형] 메뉴에서 속성 기본 설정을 한다.
- ❶ [제한]은 [1개 페이지]다. [제한 없음] 옵션을 선택하면, 속성 값으로 페이지를 여러 개 선택할 수 있다.
- ❷ [양방향 관계형]은 상대방 데이터베이스에 이쪽 데이터베이스가 연결된 <관계형> 속성을 자동으로 추가해주는 옵션이다. 이 옵션을 켠다.
- ❸ 아래 [관계형 추가] 버튼을 눌러서 속성을 만든다.

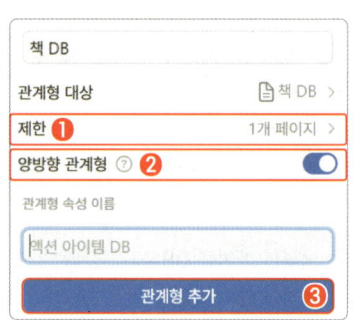

04 <액션 아이템 DB>에서 새로 만든 <관계형> 속성의 값을 클릭해보자. 상대방 데이터베이스인 <책 DB>의 페이지 목록이 보인다. 시험삼아 <거인의 노트> 페이지를 선택한다. (앞서 [제한 없음]을 선택하면 여러 개 입력할 수도 있다.)

05 이제 눈을 돌려서 위에 있는 <책 DB>를 보자. 속성의 가장 오른쪽에 '액션 아이템 DB' 라는 <관계형> 속성이 추가되어 있다. 앞서 <관계형> 속성을 추가할 때, 옵션 중에 [양 방향 관계형] 옵션을 켰기 때문이다. 방금 <액션 아이템 DB>에서 연결한 <액션 아이템 1> 페이지가 <거인의 노트> 페이지에 선택되어 있다.

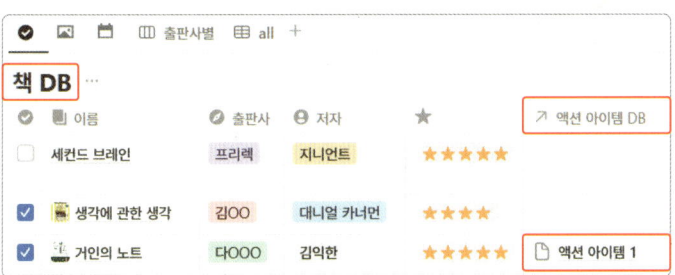

> **Note** <책 DB>에 '액션 아이템 DB' 속성이 보이지 않아요!
> 만약 '액션 아이템 DB'가 보이지 않는다면, 3가지를 체크해보자. 첫 번째, <액션 아이템 DB>의 <관계형> 속성에서 연결한 데이터베이스가 <책 DB>가 맞는지 확인한다. 다음으로는 <액션 아이템 DB>에서 관계 형 속성을 추가할 때, [양방향 관계형] 옵션을 켰는지 확인한다. 마지막으로는 <책 DB>에 속성이 숨겨져 있지는 않은지 확인한다.

■ 관계형 속성 기능

<관계형> 속성에는 유용한 기능이 있다. 몇 가지 소개한다.

- 속성 검색 창에 상대방 데이터베이스에 없는 새로운 페이지 제목을 입력하고, 메뉴 에서 [~ 페이지 생성] 메뉴를 클릭하면, 그 데이터베이스로 이동 없이 곧바로 새로운 페이지를 추가할 수 있다.

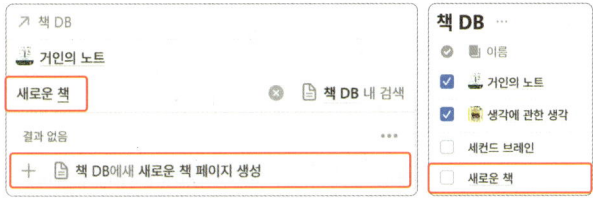

- 속성 값으로 입력된 페이지를 클릭하면, 그 페이지가 [사이드 보기]로 열린다. 원본 페 이지가 열리기 때문에 수정도 할 수 있다.

- 페이지 선택을 돕는 기능도 있다. 우측 ⋯ 버튼을 클릭하면 <책 DB>의 속성 정보를 표시할지 여부를 선택할 수 있다. 원하는 속성 옆 👁 아이콘을 클릭하여 페이지의 속성 값을 제목과 함께 볼 수 있다.

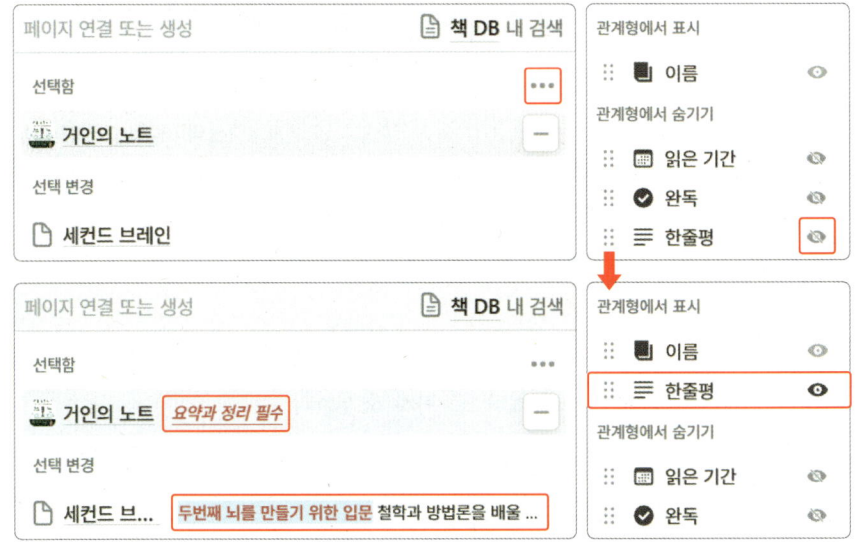

📝 보기 설계: 링크된 보기

NOTION SAMPLE

액션 아이템 DB: 3단계

현재 <액션 아이템 DB>는 <독서> 페이지의 본문에 있다. 독서할 때마다 <액션 아이템 DB>를 따로 열어보는 건 번거롭다. 더 편리한 독서 시스템을 위해 데이터베이스를 각 페이지의 본문에도 넣어보자. 우리는 앞서 원본 데이터베이스의 위치는 그대로 두고, 이와 연결된 보기를 다른 페이지에 구성하는 방법을 배웠다. 바로 [링크된 보기]를 활용할 때다.

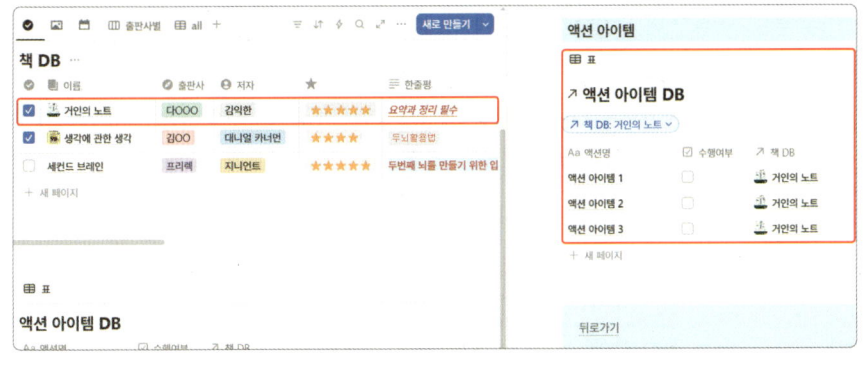

01 먼저 <액션 아이템 DB>에 만든 [표] 보기를 클릭하고 메뉴에서 [보기 링크 복사]를 클릭한다. 그대로 <책 DB>의 <거인의 노트> 페이지를 열어 '액션 아이템' 제목 밑에 붙여넣고, 팝업된 [붙여넣기 형식] 메뉴에서 [연결된 데이터베이스 보기]를 클릭하자.

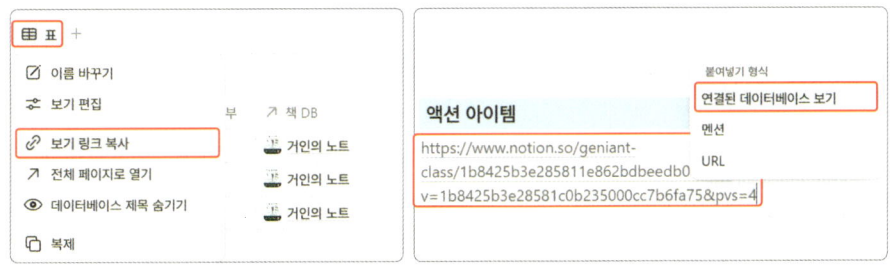

02 <액션 아이템 DB>의 페이지가 보이는 [링크된 보기]가 만들어졌다. 이 페이지에서는 <거인의 노트>에 관련된 액션 아이템만 보여야 한다. 데이터베이스 ≡(필터) 기능을 이용해 '책 DB' 속성에 [필터]를 설정한다. 조건은 값이 '거인의 노트'인 경우다.

페이지 2 액션 아이템 추가: 관계형

03 이와 같은 방법으로 다른 책 페이지에도 **<액션 아이템 DB>**의 **[링크된 보기]**를 구성할 수 있다. 다 마친 다음 각 책 페이지에 구성된 **[링크된 보기]**에 액션 아이템을 입력하면, 원본 데이터베이스인 **<액션 아이템 DB>**에 모든 액션 아이템이 모이게 된다.

> **Note** 관계형 때문에 한 페이지의 칸 높이가 너무 길어져요!
>
> **<책 DB>** 속성의 **[속성 편집]** 메뉴에서 **[열 줄바꿈]** 옵션을 끈다. 막상 사용해보면 **<액션 아이템 DB>**에서는 책 페이지를 선택하지만, **<책 DB>**에서 액션 아이템을 선택할 일은 별로 없다. 그러니 **<책 DB>**에서는 **<관계형>** 속성인 '**액션 아이템 DB**'를 숨겨두는 것도 방법이다.

페이지 3 액션 아이템 집계: 롤업 실습 (8)

앞 페이지에서 **<관계형>**으로 두 데이터베이스를 연결하여 구조화하였다. 덕분에 **<책 DB>**를 더욱 더 편리하게 활용할 수 있다. 여기서 한 발 더 나아가, 데이터베이스 구조화의 강점을 극대화할 방법을 추가 소개한다. 바로 ==롤업==이다.

<관계형>과 마찬가지로 역시 데이터베이스 속성인 **<롤업>**은, 이렇게 ==**<관계형>**==으로 ==연결된 페이지의 속성 값을 가져오는 기능==이다. 텍스트나 숫자뿐 아니라 날짜와 체크박스 등, 모든 속성 값을 가져와 한 번에 볼 수 있어 편리하다.

또한 단순히 가져오는 기능만 있는 게 아니다. **<관계형>** 속성에서는 값으로 한 페이지가 아닌 ==여러 페이지를 선택==할 수도 있었다. 이를 **<롤업>** 속성 입장에서 보면, 한 페이지에 다수의 페이지가 연결되었으니, **<롤업>**으로 가져오는 속성의 값도 여러 개가 된다. 이때, **<롤업>**은 선택한 여러 페이지들의 ==속성 값을 여러 개 가져오거나==, ==집계==(==합계==, ==평균==, ==중앙값== 등)하여 가져온다.

<롤업>은 다양하게 활용할 수 있다. 가령 액션 아이템의 개수와 진척률을 일일이 손으로 계산할 필요 없이, 자동으로 계산하여 **<책 DB>**에 표시할 수 있다.

> NOTION SAMPLE

<책 DB>에 액션 아이템 개수 및 진척률 표시

다음은 <책 DB>에 연결된 액션 아이템들의 수행여부에 따라, '액션 아이템 개수'와 '진척률'을 계산한 <롤업> 속성을 나타낸 것이다. 그림만으로는 다소 이해하기가 어려울 수 있으니, 한번 실습을 해보자.

> Notice 롤업은 엑셀 함수인 vlookup과 비슷하다. 그리고 여러 페이지의 숫자를 계산해서 가져온다는 점에서 sumif처럼 활용할 수도 있다.

N 액션 아이템 개수 표시

01 ❶ <책 DB>에서 <롤업> 속성을 추가한다. ❷ 속성 이름은 '**액션 아이템 개수**'로 변경한다. [속성 편집] 옵션 중 [관계형]은 정보(값)를 가져올 데이터베이스를 지정하는데, 이미 <관계형>으로 연결된 데이터베이스만 표시된다. ❸ [관계형] 옵션에서 <**액션 아이템 DB**>를 선택한다.

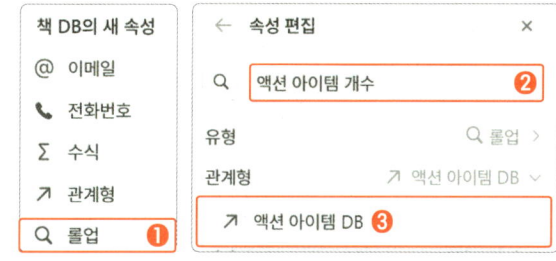

02 새 옵션 2개가 나타난다. ❶ [속성]은 <롤업>을 추가하고 있는 <책 DB>가 아니라, 상대방 데이터베이스인 <액션 아이템 DB>의 속성을 말한다. 전체 개수를 셀 때에는 어떤 속성인지는 중요하지 않으므로 제목 속성인 '**액션명**'을 선택한다. ❷ [계산]은 [수] - [모두 세기]를 선택한다. 이 옵션은 선택한 페이지의 개수를 센다.

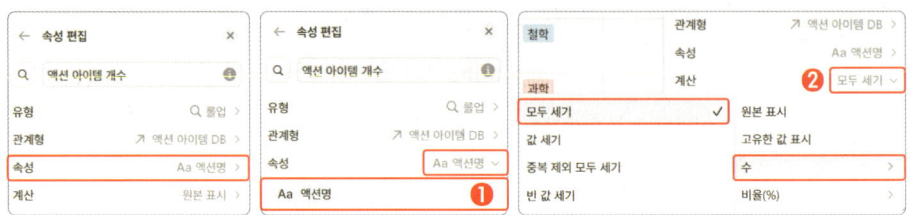

03 이로써 <롤업> 설정이 끝났다. <책 DB>를 보면, 그림처럼 <액션 아이템 DB>에 선택된 페이지에 따라 전체 액션 아이템의 개수가 카운트되는 것을 확인할 수 있다.

🅽 진척률 계산

진척률은 전체 액션 아이템 중 속성 '수행여부'에 체크한 액션 아이템의 비율이다. 가령 3개의 액션 아이템 중 2개를 수행했다면 66.67%다. <롤업> 속성으로 이를 계산해보자.

01 <책 DB>에 <롤업> 속성을 하나 더 추가한다. 속성 이름은 '**진척률**'이다. <관계형> 옵션은 <액션 아이템 DB>로 지정한다.

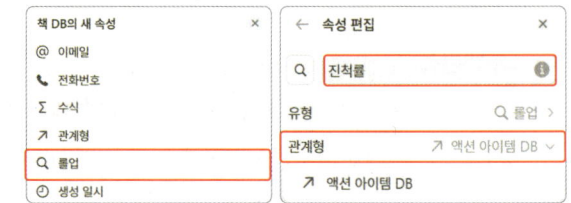

02 가져올 [속성]은 '**수행여부**'를 선택하고, [계산]은 [비율(%)] - [체크 표시된 비율(%)] 옵션을 설정한다. 수행 여부 속성을 체크한 페이지를 비율로 가져오겠다는 의미다.

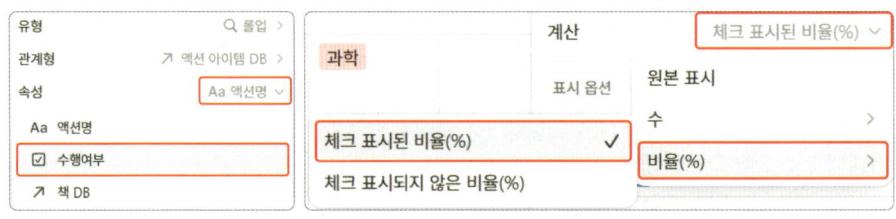

03 <액션 아이템 DB>로 가서 각 페이지의 '**수행여부**' 속성을 체크하면, <**책 DB**> '**진척률**' 속성의 퍼센트(%)가 올라간다. 모두 체크하면 100%다.

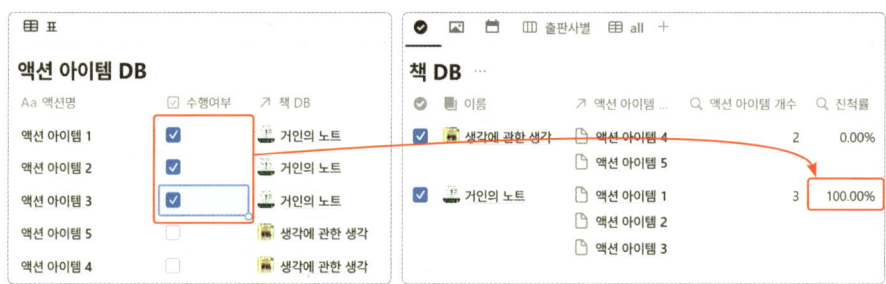

SECTION 10 링크된 보기 자동화 및 구조 업그레이드

ONE-PAGER GUIDE

[지니언트's saying] 이제 앞 파트에서 만든 <책 DB>를 업그레이드할 차례다. 독서 기록을 더 편리하게 하고, 체계적으로 사용하는 독서 시스템을 완성하게 된다. 다만 섹션을 진행하기 전에 템플릿과 링크된 보기, 필터, 관계형은 확실하게 숙지하고 시작하길 바란다. 이 모든 기능을 아주 똑부러지게 활용할 수 있는 자동화 테크닉도 알려주겠다. 그리고 독서노트에 연결하면 유용한 <문장 수집 DB>와 <독서 트래킹 DB>도 추가해보자.

페이지 1 템플릿 업그레이드

앞서 책 페이지의 본문에 <액션 아이템 DB>의 [링크된 보기]를 넣고 [필터]를 세팅하여, 하나의 책 페이지만 보이도록 설정했다. 이로써 책별로 액션 아이템을 관리하게 되어 편리해졌다. 하지만 지금대로라면 매번 페이지 본문에 <액션 아이템 DB>의 [링크된 보기]를 넣어주어야 해 번거롭다. 이를 해결하기 위해, 템플릿에 [링크된 보기]를 미리 넣어두자.

링크된 보기 자동 추가 실습(9)

01 우선 링크된 보기부터 준비한다. <액션 아이템 DB> 상단 [표]를 클릭하고 [보기 링크 복사]를 클릭한다.

02 <책 DB>의 오른쪽 위 `새로 만들기` 옆에 `⌄` 버튼이 있다. 이를 클릭한다. 이전에 만들었던 [새 책 추가하기] 템플릿이 보인다. 오른쪽의 `...`를 클릭해 템플릿 편집창을 연다.

03 '액션 아이템' 아래 [할 일 목록] 블록을 지우고, 대신 복사해둔 <액션 아이템 DB>의 [링크된 보기]를 붙여넣는다. 팝업된 [붙여넣기 형식] 메뉴에서 [연결된 데이터베이스 보기]를 클릭한다.

04 <액션 아이템 DB>의 페이지가 보이는 [링크된 보기]가 만들어졌다. 다음으로 (필터)를 이용해 <관계형> 속성인 '책 DB' 속성에 [필터]를 설정한다. 조건을 보면 <새 책 추가하기>라는 페이지가 보인다. 이는 템플릿 페이지다. 이걸 선택한다.

Notice 템플릿 수정을 하고 있는 게 맞는지, 항상 꼭 위쪽 주황색 문구를 확인하도록 한다.

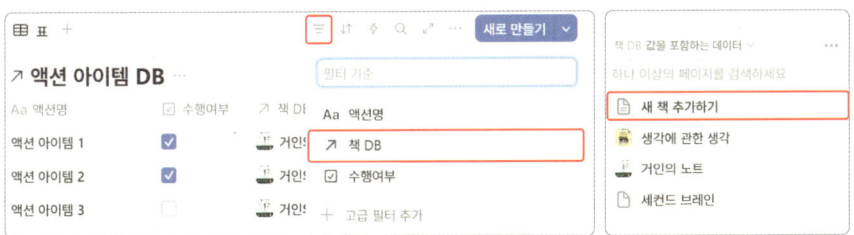

05 추가 작업은 끝났다. 마지막으로 [링크된 보기]가 자동으로 만들어지는지 테스트해보자. <책 DB>에 새 페이지 <새로운 책>을 만들고, 그 페이지 본문의 [새 책 추가하기]를 클릭하여 템플릿 양식을 적용한다.

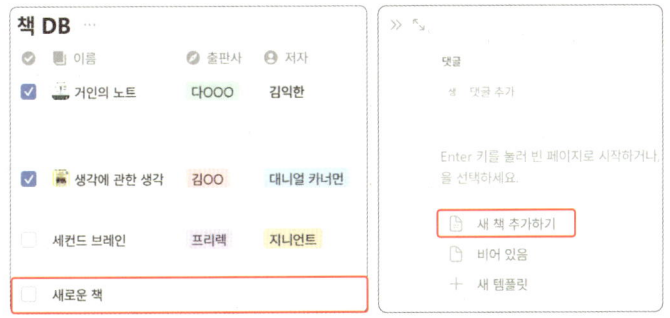

06 '액션 아이템' 영역을 확인해보면, 다음과 같이 **<액션 아이템 DB>**의 **[링크된 보기]**가 자동 추가된 것을 볼 수 있다.

📝 필터 자동 세팅

여기서 한 가지 의아한 점이 있다. 템플릿 페이지 안에 넣어둔 **<액션 아이템 DB>**의 **[링크된 보기]**에 걸린 **[필터]** 조건은 원래 템플릿 페이지였던 '새 책 추가하기'였다. 왜 이게 새로 만든 페이지인 '**새로운 책**'으로 바뀐 것일까?

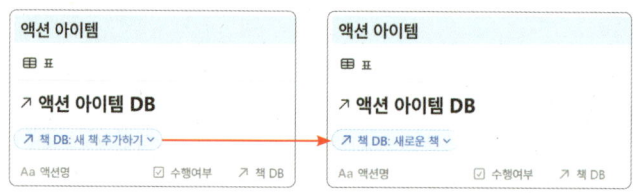

이는 버그가 아니라 노션에서 제공하는 편의 기능 중 하나다. 템플릿 페이지 안의 필터에 걸린 속성이 **<관계형>**이고, 조건값이 **<템플릿 페이지>**라면, 템플릿을 적용할 때 이런 조건과 값들을 모두 새로운 페이지로 바꿔주는 것이다. 그 덕분에 **[링크된 보기]** 생성 작업과 **[필터]** 설정 작업을 매번 반복하지 않아도 된다. 동작 조건을 정리하면 다음과 같다.

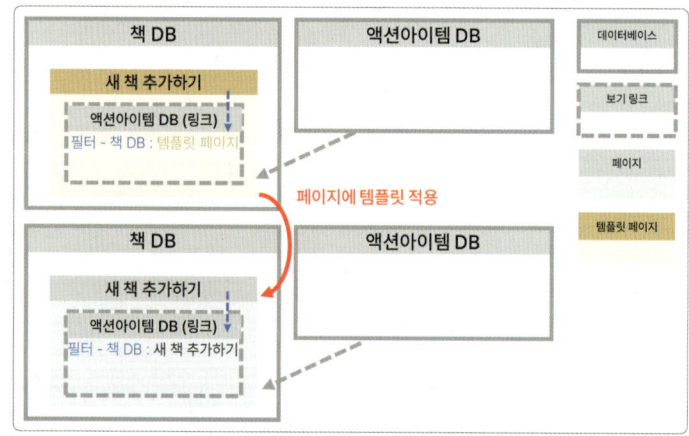

1. 두 데이터베이스가 <관계형>으로 연결되어 있다. 각각 A(책)와 B(액션 아이템)라고 하자.
2. B의 [링크된 보기]를 A의 <템플릿 페이지>에 넣는다.
3. B의 [링크된 보기]에 [필터]를 설정하고, 조건은 B와 연결된 <관계형> 속성을 선택한다.
4. 조건의 값으로 A의 <템플릿 페이지>를 지정한다.

이 테크닉은 데이터베이스 구조화의 핵심이다. 데이터베이스를 연결하다 보면, 한쪽 [링크된 보기]를 다른 쪽 템플릿 페이지에 넣을 일이 많이 생긴다. 이 테크닉을 기억해두고 데이터베이스를 연결할 때마다 써먹자. 후반부의 DSLR 통합에서도 활용할 예정이다.

페이지 2 독서노트 시스템 업그레이드

데이터베이스에는 <관계형> 속성을 여럿 추가할 수 있다. 즉, <책 DB>에 또 다른 데이터베이스를 연결할 수 있다는 뜻이다. 지금까지 만든 독서노트 시스템은 <책 DB>와 <액션 아이템 DB>를 연결한 구조였다. 여기에 실제 독서한 날짜를 일자별로 기록할 수 있는 <독서 트래킹 DB>와 책의 좋은 문장들을 수집하는 <문장 수집 DB>도 추가해보자. 더 풍성한 독서 기록이 가능해진다.

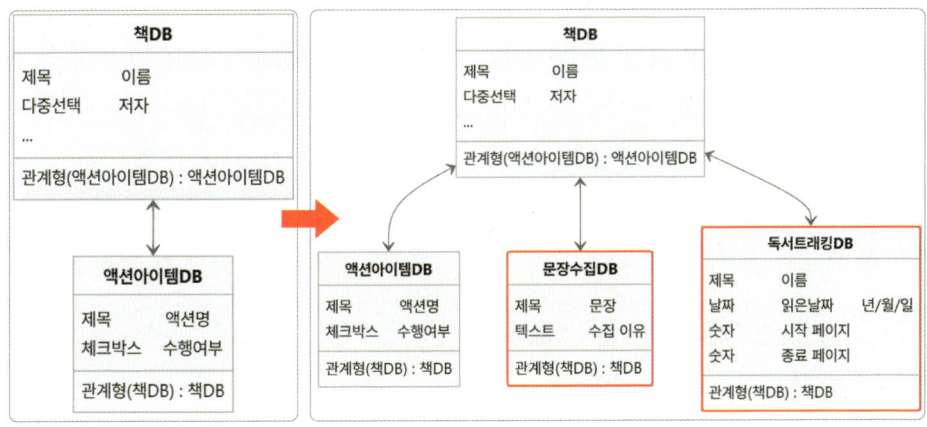

문장 수집 DB 실습 (10)

NOTION SAMPLE

문장 수집 DB

책을 읽다가 마음에 드는 문장을 만나곤 한다. 이런 문장들은 한두 개가 아니라 수십 개까지도 된다. <책 DB>에 전부 기록하자니 불편하고, 나중에 찾기도 어렵다. 이런 문장을 수집할 수 있는 데이터베이스 <문장 수집 DB>를 새로 만들고, <책 DB>에 <관계형> 속성으로 연결해보자. 그러면 책 한 권에 여러 문장을 간편하게 기록할 수 있다.

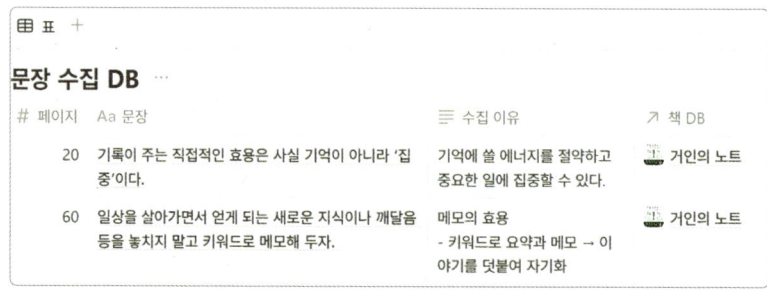

- 속성(유형-이름): 숫자-페이지 | 이름-문장 | 텍스트-수집 이유 | 관계형-책 DB

01 <독서> 페이지에 <문장 수집 DB>를 새로 만든다. **NOTION SAMPLE** 을 참고해 속성을 추가하고 값을 채워넣는다. 마지막으로 <관계형> 속성을 추가하고 <책 DB>를 연결한다. [제한]은 [1개 페이지]로 하고, [양방향 관계형] 옵션은 켠다.

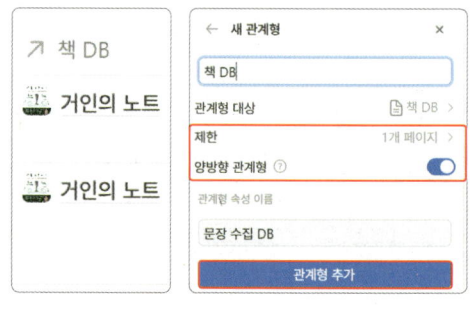

02 <거인의 노트> 페이지에 <문장 수집 DB>의 [링크된 보기]를 붙여넣고 [필터]를 건다. 조건은 <책 DB>, 값은 '거인의 노트'다.

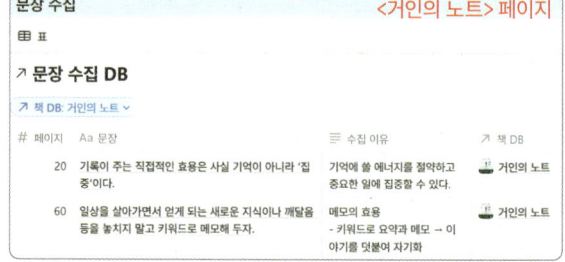

03 마찬가지로 <책 DB>의 템플릿에도 <문장 수집 DB>의 [링크된 보기]를 넣어두자. 필터의 조건은 템플릿 페이지인 '새 책 추가하기'다.

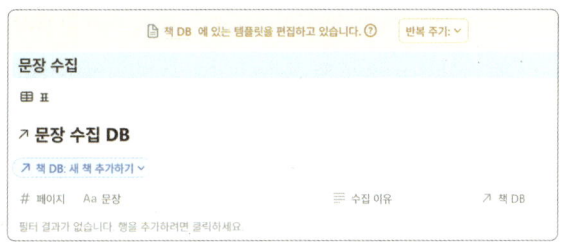

📙 독서 트래킹 DB 실습 ⑪

처음 만든 <책 DB>에는 <날짜> 속성으로 '읽은 기간'이 있었다. 하지만 이 속성만으로는 책 하나에 하나의 시작일과 종료일만 넣을 수 있었다. 하지만 바쁜 성인들은 책을 오랜 기간 띄엄띄엄 읽을 때가 많으므로, 실제 읽은 날을 하루씩 기록하고 싶을 것이다. 독서 일정을 더 상세히 관리하고 싶다면, 구조를 바꿔야 한다.

NOTION SAMPLE

독서 트래킹 DB

액션 아이템을 속성에서 데이터베이스로 분리했던 것처럼, 새 데이터베이스 <독서 트래킹 DB>를 추가한다. 그리고 <책 DB>에 <관계형> 속성으로 연결한다. 그러면 책 한 권당 여러 개의 독서 일정을 관리할 수 있다. 이를 만드는 방법은 앞서 해본 실습 과정과 똑같다.

독서 트래킹 DB

Aa 이름	📅 읽은 날짜	# 시작 페이지	# 종료 페이지	↗ 책 DB
1일차	2025/01/01	1	10	거인의 노트
2일차	2025/01/02	11	15	거인의 노트
3일차	2025/01/03	16	33	거인의 노트

- 속성(유형-이름): 이름-이름 | 날짜-읽은 날짜 | 숫자-시작 페이지 | 숫자-종료 페이지 | 관계형-책 DB

01 데이터베이스를 만들고, 이름을 <독서 트래킹 DB>로 변경한다. NOTION SAMPLE 예시를 참고하여 속성을 추가하고 값을 입력한다. <관계형> 속성에는 <책 DB>를 연결한다. [제한] - [1개 페이지]로 설정하고, [양방향 관계형] 옵션은 켠다.

02 <거인의 노트> 페이지에 <독서 트래킹 DB>의 [링크된 보기]를 붙여넣고 [필터]를 건다. 조건은 <책 DB>, 값은 '거인의 노트'다.

03 <책 DB> 템플릿에도 <독서 트래킹 DB> [링크된 보기]를 넣어두자. 필터 조건은 템플릿 페이지인 '새 책 추가하기'다.

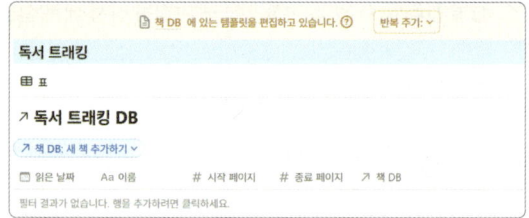

04 추가로 <롤업> 속성을 활용하면, 독서 시작일과 종료일이 언제인지, 총 며칠을 읽었는지도 셀 수 있다. 아래 그림의 속성 편집창을 참고하여 <책 DB>에 '독서 시작일', '독서 종료일', '독서 일자'의 <롤업> 속성 3개를 추가해보자.

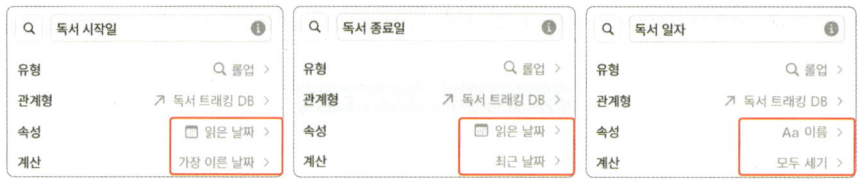

책 DB ...				
✓ 이름	↗ 독서 트래킹 DB	🔍 독서 시작일	🔍 독서 종료일	🔍 독서 일자
✅ 📙 거인의 노트	📄 1일차 📄 3일차 📄 2일차	2025/01/01	2025/01/03	3

PART IV

노션은 개인적으로 활용해도 충분하다. 그뿐 아니라, 더 나아가 협업하기에는 더욱 좋다. 노션을 통해 나의 정보를 다른 사람과 쉽게 공유하고, 시각 자료로 만들어 분석하고, 설문조사도 할 수 있다. 바로 [공유]와 [차트], [양식]을 통해서다. 이는 팀 작업과 프로젝트 관리의 핵심이라 할 수 있다.

이번 파트에서는 노션의 공유 기능을 통해 페이지나 데이터베이스를 다른 사람과 공유하는 방법을 다룬다. 또한, 차트를 사용하여 데이터를 시각적으로 표현하고, 양식을 만들어 입력을 더 편하게 하는 방법까지 배운다. 이는 팀과의 협업을 원활하게 하고, 업무의 진행 상황을 직관적으로 파악할 수 있게 도와준다.

이 기능들을 배우면, 팀원들과 효율적으로 협업하고, 차트를 이용해 데이터를 한눈에 분석하며, 양식을 만들어 사용자 입력을 수집하고 정리할 수 있다.

노션, 한 걸음 더

GOAL
- 다른 사람과 함께 노션 쓰기
- 노션 고급 보기 마스터하기
- 대시보드 구성하고 분석하기

RESULT
- 가계부 차트
- 노션 설문조사 대시보드

KEYWORD 페이지 공유 게시 차트 보기 양식 보기와 설문조사 대시보드

SECTION 11 페이지+
노션, 함께 쓰고 공유하기

ONE-PAGER GUIDE

[지니언트's saying] 노션은 최고의 협업 도구다. 혼자 써도 좋지만, 노션의 진가는 '함께'할 때 극대화된다. 이번 섹션에서는 내 워크스페이스와 페이지에 다른 사람을 초대하고 함께 편집하는 방법을 배운다. 동료들이 노션을 함께 쓴다면 물 흐르듯 자연스럽게 협업할 수 있을 것이다.

페이지 1 다른 사람 초대 및 협업

다른 사람을 내 노션에 초대하는 방법은 총 3가지로, [멤버 추가], [게스트 추가], [게시]다.

초대할 상대방이 노션 사용자라면, 워크스페이스에 [멤버 추가]를 하면 된다. 하지만 이 방법을 사용하려면 워크스페이스 소유자와 멤버로 초대받는 사람 모두 유료 요금제 회원이어야 한다.

만약 무료 요금제를 쓰고 있다면, 게스트 초대 기능인 [공유]를 활용해보자. 비록 워크스페이스에 초대하는 것은 아니지만, 페이지에 최대 10명의 게스트를 초대하고 함께 편집할 수 있다.

마지막으로 [게시]는 내 노션을 웹사이트로 만들어서 공개하는 기능이다. 노션 계정이 없는 사람도 웹 링크를 통해 페이지를 볼 수 있다. 소문으로만 듣던 노션 포트폴리오, 팬클럽 페이지 등은 다 게시 기능을 활용한 것이다.

	멤버	게스트 (공유)	게시
용도	많은 동료들과 협업	10명 이하의 동료들과 협업	불특정 다수에게 공개
초대 방법	워크스페이스에 초대	페이지에 초대	웹 주소 전달
노션 계정	필요	필요	편집 시에만 필요

	멤버	게스트 (공유)	게시
결제 여부	유료 요금제	무료 요금제	
초대 제한	무제한	최대 10명	무제한 게시
특징			검색 엔진 노출 가능

지금까지 소개한 노션 초대 방법 3가지를 다시 한번 표로 정리했다. 이 중 **[멤버 초대]**와 **[공유(게스트 초대)]** 방법을 함께 알아보자.

📝 멤버 초대 및 삭제

워크스페이스 멤버는 이메일을 보내 초대할 수 있다. 초대 메뉴는 2가지 방법으로 접근한다.

01 왼쪽 **[사이드바]**에서 ❶ **[설정]** 메뉴를 클릭해 노션 설정창을 열고, ❷ **[워크스페이스]** – **[사람]** 메뉴로 들어간다. 그리고 ❸ 파란색 **[멤버 추가]** 버튼을 클릭하면 된다.

02 **[멤버 초대]** 팝업창이 뜬다. 초대할 멤버의 ❶ 노션 계정 이메일을 입력하고 ❷ **[역할]**을 **[멤버]**로 지정한 뒤, ❸ **[초대 보내기]** 버튼이 활성화되면 클릭해 완료한다. 멤버는 수신한 이메일을 통해 워크스페이스 멤버로 참여할 수 있다.

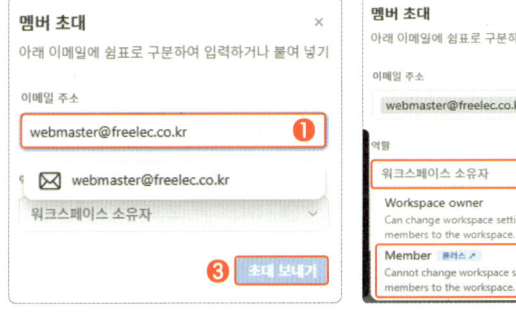

03 [멤버 초대] 팝업창은 [워크스페이스 계정 메뉴]의 [멤버 초대] 버튼이나, [사이드바] 가장 하단의 [멤버 초대] 메뉴를 통해서도 접근 가능하다.

04 멤버를 삭제할 수도 있다. [설정]의 [워크스페이스] - [사람] 메뉴에 다시 들어가자. 워크스페이스 멤버 목록이 보인다. 삭제할 멤버의 오른쪽 ⋯ 버튼을 클릭하고 [워크스페이스에서 제거]를 클릭한다. 해당 멤버는 더 이상 워크스페이스를 볼 수 없다.

> **Notice** 멤버를 제거한다고 해서 그 멤버가 만든 페이지나 블록이 같이 사라지지는 않는다.

🅽 게스트 초대

무료 요금제 이용자라면, [공유] 기능을 통해 페이지에 다른 사람을 초대할 수 있다.

01 초대할 페이지의 오른쪽 위 페이지 메뉴에서, ❶[공유] 버튼을 클릭하자. [초대] 팝업창이 뜬다. ❷입력칸에 초대할 사람의 노션 계정을 입력하면 게스트로 초대할 수 있다.

02 입력칸 오른쪽에 ❸[전체 허용] 텍스트가 나타난다. 클릭하면 게스트의 편집 권한을 설정할 수 있다. 적절한 권한을 부여하고 ❹[초대] 버튼을 누르면 완료된다.

03 게스트가 초대 메일 본문의 [초대 수락] 버튼을 클릭하면, 곧바로 새 탭에서 공유된 노션 페이지가 열린다. 한편 해당 노션 계정의 [사이드바] - [수신함]에도 초대 알림이 뜬다. 여기에서 [시작하기] 버튼을 클릭해도 된다. 노션에 워크스페이스가 추가되고, 그 워크스페이스를 열면 공유받은 페이지를 볼 수 있다.

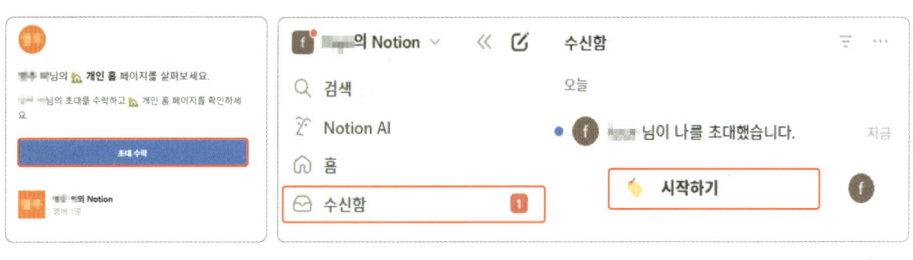

Note 공유의 범위

공유는 다른 노션 사용자가 내 페이지를 볼 수 있도록 허용하는 기능이다. 이때 범위는 워크스페이스의 전체 페이지가 아니라, **공유한 페이지와 그 페이지의 하위 페이지에 한정**된다. 또한 상위 페이지 공유 시 하위 페이지 중 일부만 편집하지 못하도록 막거나 볼 수 없도록 제한할 수 있다. 상위 페이지를 공유한 상태에서 막고 싶은 하위 페이지를 연 뒤, 페이지 [공유] 메뉴 – [초대된 사용자]의 권한 허용 옵션을 별도로 변경하거나 [제거]해 주면 된다.

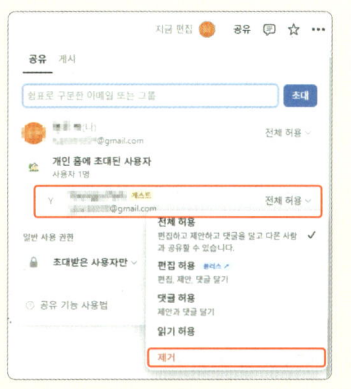

📝 초대한 사람들과의 소통 및 협업

필요한 멤버와 게스트를 모두 성공적으로 노션에 초대했는가? 그렇다면 본격적으로 함께 여행 계획을 짜거나, 장부를 관리하거나, 자료를 수집해 정리하거나, 협업을 할 차례다. 노션에서 여러 사람과 함께 작업할 때 유용한 팁을 몇 가지 소개한다.

■ 멘션으로 다른 사람 호출하기

다른 사람을 호출하고 싶다면 [멘션] 기능을 활용한다. @사용자 이름을 입력하거나, 명령어 @를 넣으면 팝업되는 [사람 목록]에서 선택하면 된다.

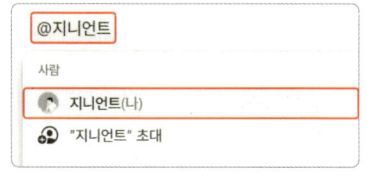

호출은 페이지 본문에서뿐만 아니라 데이터베이스에서도 가능하다. <사람> 속성에서 호출할 사람을 선택하면 된다. 그리고 <텍스트> 속성에서도 @ 명령어가 동작하므로 페이지와 똑같이 [멘션] 기능을 활용하자.

그러면 호출된 사람의 워크스페이스 [수신함]에 "OO님이 나를 멘션했습니다."라는 알림이 뜬다. 다만 이 알림은 모든 워크스페이스의 수신함에 보이는 게 아니다. 수신함은 워크스페이스별로 있으므로, 멘션한 페이지가 속한 워크스페이스의 수신함에서 보인다.

> **Note** <사람> 속성과 버튼 조합 활용하기
>
> 노션에서 다른 동료를 호출할 때에는 데이터베이스의 <사람> 속성 유형을 활용해보자. 속성 이름을 '결재자'나 '승인자', '참조자'로 지정해서 쓰는 식이다. 나아가 <버튼> 속성으로 [승인]이나 [합의] 버튼을 만들어두면, 소통을 더 유연하게 할 수 있다.
>
>

■ 댓글로 소통하기

노션에서는 페이지의 거의 모든 요소에 댓글을 달 수 있다. 페이지 제목 하단부터 각 블록과 블록의 값, 데이터베이스의 속성 값에도 댓글을 남길 수 있다.

페이지 제목 댓글

페이지 제목 메뉴에서 [댓글 추가] 버튼을 클릭하면 댓글 입력창이 생긴다. 댓글에는 버튼을 이용해 파일을 첨부하거나, @(멘션)으로 다른 사람을 호출할 수도 있다.

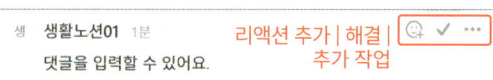

또한 다른 사람의 댓글에 마우스를 올리면 추가 메뉴 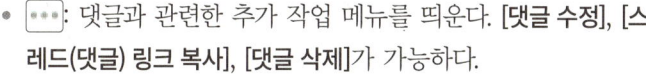 가 나타난다. 이 메뉴를 이용해 여러 작업이 가능하다.

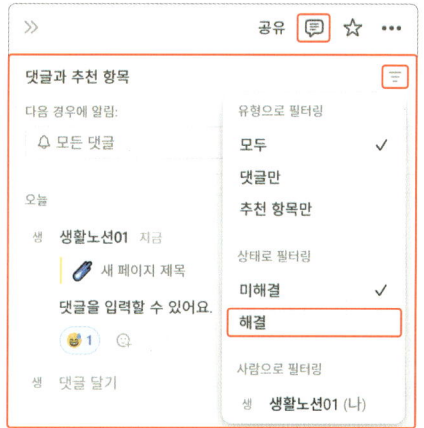

- 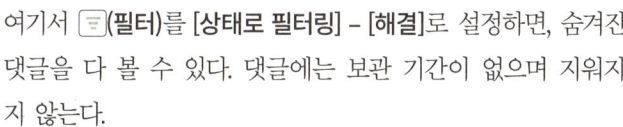 : 이모지로 반응(리액션)을 남길 수 있다. 추가한 이모지는 위 그림처럼 하단에 표시된다.

- ✓ : 확인이 끝났거나 해결된 댓글을 숨긴다. 이건 삭제되는 것이 아니라 별도 공간에 보관된다.

- 페이지 상단 메뉴 중 💬(댓글) 버튼을 클릭하면 오른쪽에 [댓글 사이드바]가 열리는데, 해당 페이지의 댓글을 스레드 형태로 볼 수 있다.

  여기서 ≡(필터)를 [상태로 필터링] – [해결]로 설정하면, 숨겨진 댓글을 다 볼 수 있다. 댓글에는 보관 기간이 없으며 지워지지 않는다.

- ··· : 댓글과 관련한 추가 작업 메뉴를 띄운다. [댓글 수정], [스레드(댓글) 링크 복사], [댓글 삭제]가 가능하다.

페이지 본문 및 블록 댓글

페이지 본문과 블록에 댓글 남기는 방법도 간단하게 소개한다. 블록의 경우, ⋮⋮(핸들) 메뉴에서 [댓글]을 클릭하면 바로 댓글 입력창이 팝업된다. 댓글이 달린 블록은 그림처럼 배경색+밑줄로 표시되며, 오른쪽에 추가된 [댓글] 아이콘에서 댓글이 몇 개 달렸는지 볼 수 있다. 클릭하면 댓글 스레드가 열린다.

일부 글자에만 댓글을 남기고 싶을 때는 드래그한 뒤 팝업되는 **[스타일링] 메뉴**를 이용한다. **[댓글]** 버튼을 클릭하면 입력칸이 팝업되며, 나머지 기능은 동일하다.

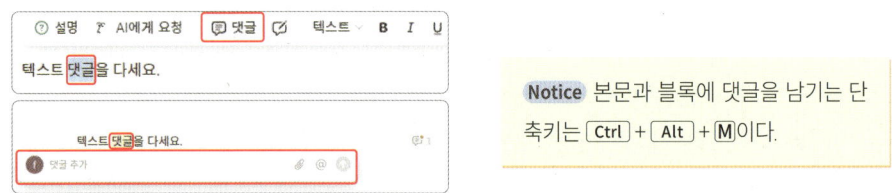

> **Notice** 본문과 블록에 댓글을 남기는 단축키는 Ctrl + Alt + M 이다.

■ [모두에게 저장]으로 데이터베이스 필터/정렬 공유하기

노션은 실시간으로 편집 과정이 작업자 모두에게 공유된다. 이는 데이터베이스도 마찬가지다. 그렇다면 문제가 있다. 당장 내가 어떤 데이터를 보고 있는데, 다른 사람이 **[필터]**나 **[정렬]** 옵션을 수정하면 어떻게 될까? 내가 보고 있는 데이터의 배치나 형태가 달라져서 곤란할 것이다. 하지만 걱정하지 않아도 된다. 노션의 **[필터]**와 **[정렬]**은 자기 자신에게만 적용된다. 그래서 **[필터]**와 **[정렬]** 조건을 바꾸더라도 각자 보이는 화면에서만 적용될 뿐, 다른 사람이 보는 화면에는 영향을 끼치지 않는다.

반대로, 내가 설정한 보기의 옵션을 다른 사람의 화면에도 적용하려면 **[모두에게 저장]** 버튼을 클릭해야 한다. 이 버튼은 평소에는 숨겨져 있다가, 페이지에 멤버 초대나 공유, 게시 기능을 써서 다른 사람도 데이터베이스를 볼 수 있을 때, **[필터]**와 **[정렬]** 옵션을 수정하면 비로소 보인다. 우측의 ⌄ 버튼을 클릭하여, 별도의 보기로도 저장할 수 있다.

페이지 2 페이지 인터넷 게시 실습 (12)

마지막으로 노션의 공유 방법 중, [게시]를 다룰 차례다. [게시]는 인터넷에 내 노션 페이지를 게시하는 기능이다. 간단한 웹페이지를 코드 한 줄 없이 만들 수 있다.

📄 페이지 게시

■ 사이트 사용자 지정

NOTION PREVIEW

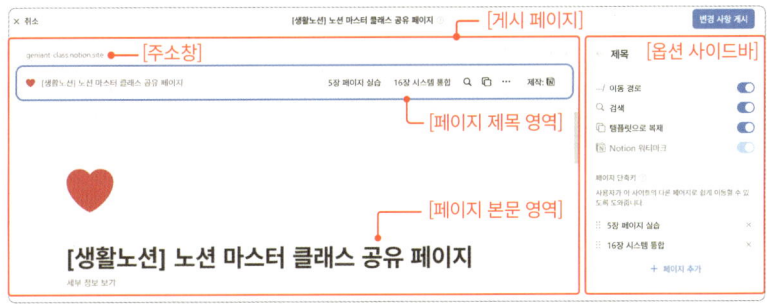

[사이트 사용자 지정] 화면은 2단으로 구성되어 있다. 왼쪽이 [페이지]다. 가장 위가 [페이지 도메인]이고, 그 아래에 [제목 영역], [본문 영역]이 차례로 보인다. 오른쪽은 각 영역을 설정할 수 있는 [옵션 사이드바]다.

---

01 페이지 게시는 페이지 위쪽의 [공유] 메뉴에서 할 수 있다. 공유 메뉴의 탭 중에 두 번째 탭인 [게시] 탭을 클릭한다. 아래쪽 [게시] 버튼을 클릭하면 [게시] 설정창이 열린다. 가장 상단에는 게시된 링크 주소가 보인다.

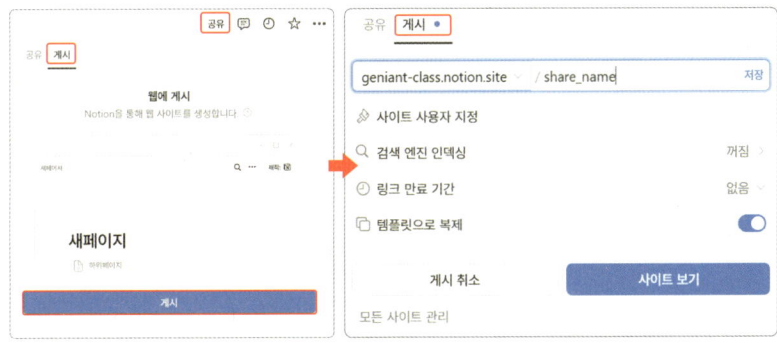

02 맨 위 창이 **페이지 주소**로, 처음에는 자동 생성되어 있다. 왼쪽 칸이 **[도메인]**, 오른쪽 칸이 **[URL(상세주소)]**이다. 자동 생성 URL은 클릭해서 알기 쉽고 짧게 수정할 수 있다. 아쉽지만 유료 기능이다. **[도메인]**은 설정에서 무료로 1개까지 설정할 수 있다. 그 아래 **[사이트 사용자 지정]**을 클릭하면 페이지 구성을 할 수 있다. 클릭해서 진입하자.

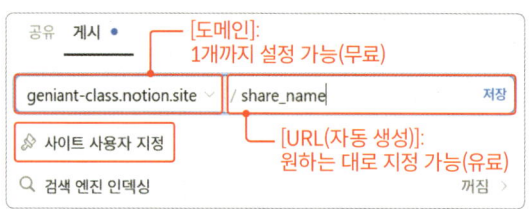

> **Notice** 페이지 주소와 **[사이트 사용자 지정]** 기능에는 플러스 요금제 이상에서 제공되는 유료 기능이 많다.

03 **[사이트 사용자 지정]** 창 왼쪽 위 **[페이지 제목 영역]**을 클릭해보자. 오른쪽 **[사이드바]**에 여러 옵션 토글이 나타난다. 순서대로 **[이동 경로]**(해제하면 사이트에서 상위 페이지를 숨겨준다), **[검색]**, **[템플릿으로 복제]**, **[Notion 워터마크]**(해제하면 Notion 워터마크를 없애준다)다. 플러스 요금제를 사용한다면, <mark>**[검색]**을 제외하고 대부분 꺼두는 편이 깔끔</mark>하다.

04 하단의 **[+ 페이지 추가]** 버튼을 클릭해 **[페이지 단축키]**를 설정하면 다른 페이지로 이동할 수 있는 상단 메뉴를 만들어준다. 최대 5개까지 만들 수 있다. 자주 찾는 페이지나 최상단 메뉴를 넣어두면 된다.

05 다음으로 **[본문 영역]**을 클릭하면 마찬가지로 **[사이드바]**에 옵션이 보인다. **[테마]**에서 보는 사람의 시스템 설정과 상관 없이 **[라이트 모드]**나 **[다크 모드]**를 적용할 수 있다. **[파비콘]**은 페이지의 아이콘이다. 설정을 모두 마쳤다면, 우측 상단 **[변경 사항 게시]** 버튼을 클릭해 페이지 게시를 완료한다.

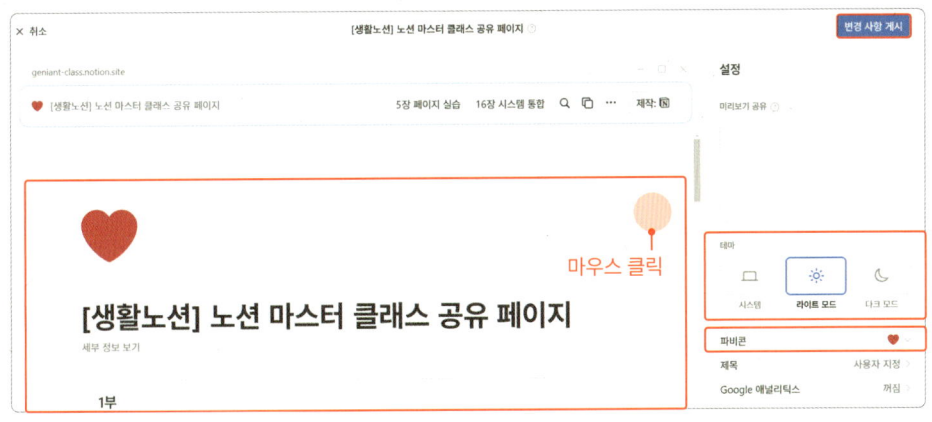

> **Note** [게시] 탭 더 알아보기
>
> [공유] - [게시] 탭의 나머지 3가지 기능은 아래 표에 정리해두었다.

기능	설명	비고
검색 엔진 인덱싱	구글과 같은 검색 사이트에 페이지를 노출한다.	일부 유료 기능 존재
링크 만료 기간	일정 시간이 지나면 게시를 자동으로 꺼준다.	일부 유료 기능 존재
템플릿으로 복제	링크가 있는 사람은 페이지를 복제할 수 있다. 워크스페이스에 모든 내용을 복제하며, 데이터베이스 원본과 하위 페이지도 포함한다. 복제한 페이지는 사본이며, 원본과 별개의 페이지다.	무료

■ 게시 페이지 권한 설정

게시된 페이지의 권한을 설정할 수 있다. 유의점은, 이 기능은 [게시] 탭이 아니라 [공유] 탭에 있다는 사실이다.

페이지를 게시한 상태에서 다시 [공유] 탭에 가면 아래쪽의 일반 사용 권한 섹션에 [링크가 있는 모든 사용자]가 보인다. 기본값은 [읽기 허용]이다. 편집을 허용하거나 댓글만 허용할 수 있다.

게시 페이지 관리

■ 게시 취소

게시는 언제든지 취소할 수 있다. [게시] 탭 - [게시 취소] 버튼을 클릭하면, 해당 페이지는 더 이상 웹 링크로 접근할 수 없다.

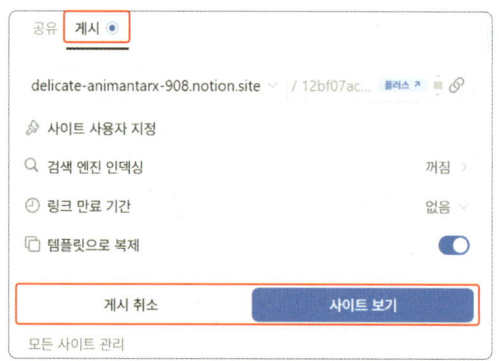

오른쪽 [사이트 보기]를 클릭하면 인터넷 브라우저에서 이 페이지를 열어준다. 다른 사람에게 페이지 주소를 주기 전에 이를 눌러서 확인하는 습관을 가지면 좋다.

> **Note** 게시를 한 후 다른 사람에게 웹 링크를 줬는데, 노션에 로그인하라고 뜬다면?
>
> 전달한 웹 링크의 주소가 잘못된 것이다. 노션 페이지 주소에는 2가지 형태가 있다. 하나는 https://www.notion.so/~~로 시작하는 주소이고, 다른 하나는 https://~~.notion.site/로 시작하는 주소다. 앞의 주소는 로그인한 사람만 볼 수 있고, 뒤의 주소는 로그인 없이도 볼 수 있다.
>
>
>
> 열람에 차질이 없게 하려면, 페이지 주소를 전달할 때 웹페이지의 주소를 바로 전달하지 말고, 항상 [게시] 탭의 🔗(사이트 링크 복사) 아이콘을 클릭하여 얻은 주소를 공유해야 한다.

■ 게시 사이트 모아보기

게시한 페이지는 웹 링크 형태로 공유한다. 도메인이란 웹 링크의 앞부분을 의미한다. 기본적으로 랜덤 문자로 설정되어 있다. 본격적으로 게시를 하기 전에 도메인을 내 닉네임이나 브랜드에 맞게 바꿔두면 좋다. 도메인을 바꾸면 내 노션 페이지의 링크가 아래와 같이 바뀐다.

- https://www.notion.so/입력한 도메인/690~
- https://입력한 도메인.notion.site/690~

[설정]에 가면 ❶ [워크스페이스] - [사이트] 메뉴가 있다. ❷ [도메인] 오른쪽 ··· 버튼을 클릭하고, 메뉴에서 [업데이트]를 선택하면 [기존 도메인 업데이트] 창이 뜬다. ❸ 원하는 도메인을 입력하고 ❹ [변경 사항 저장] 버튼을 클릭하면 반영 완료다. 무료 요금제 사용자도 도메인을 바꿀 수 있으니, 꼭 해보도록 하자.

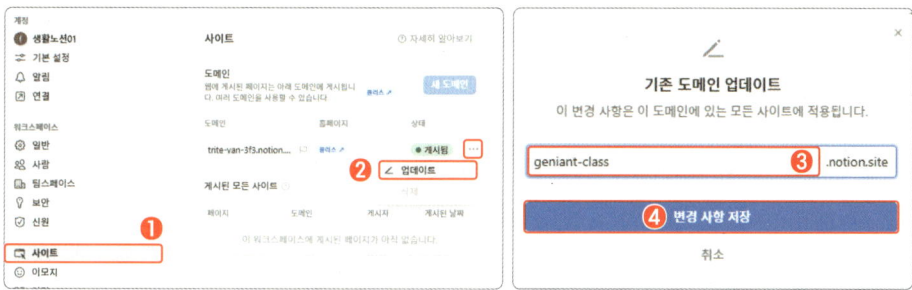

그 아래 [게시된 모든 사이트]는 워크스페이스에서 게시한 모든 페이지의 리스트다. 만약 게시하고 싶지 않은 페이지가 있다면, 정기적으로 정리하는 게 좋다. ❶ 오른쪽 ··· 버튼 메뉴에서 [설정]을 클릭하면 [게시 설정] 창이 뜬다. [게시] 탭과 구성이 동일하므로, 똑같이 ❷ [게시 취소] 버튼을 눌러주면 된다.

SECTION 12 보기+ 내 맘대로 만드는 노션 차트

ONE-PAGER GUIDE

[지니언트's saying] 노션에도 차트가 있다. [차트]도 보기 중 하나이며, 데이터들을 집계하여 그래프를 그려준다. 아쉽게도 차트는 유료 기능이어서 워크스페이스 1개당 1개의 차트만 그릴 수 있다. 아직 무료 요금제를 쓰고 있다면, 차트를 만들고 지우는 식으로 기능을 익혀보자. 이번 섹션에서는 앞서 실습한 <가계부 DB>를 나만의 차트로 구성해본다. 다음 섹션에서도 차트를 활용할 예정이니, 차트별로 옵션을 확실하게 숙지하길 바란다.

페이지 1 노션 차트 유형

노션 차트는 데이터베이스의 8개 보기 중 하나인 [차트] 보기로 제작한 차트들을 말한다. **[차트] 보기는** 해당 데이터베이스가 가진 페이지들을 집계하여 차트 형태로 보여준다.

차트 유형은 총 4가지다. **세로형 막대그래프, 가로형 막대그래프, 꺾은선 그래프**와 **도넛 그래프**다. 각 그래프 유형별로 크기 등의 옵션을 세부 조정할 수 있다.

NOTION SAMPLE

<가계부 DB> 템플릿

[차트] 보기 실습을 하기 위해서는, 데이터가 담긴 <가계부 DB> 템플릿이 필요하다. 템플릿은 스터디 가이드에서 안내한 예제 페이지에서 복제할 수 있다. 데이터베이스를 열어보면 지출 내역이 분류별로 기록되어 있다. 이 <가계부 DB>에 [차트] 보기를 추가하면서 실습을 진행해보자.

⊞ 표

가계부 DB

📅 날짜	Aa 항목	# 금액	⊙ 분류	⊙ 그룹	≡ 비고
2025/03/01	순대국밥	10,000	외식	변동비	
2025/03/01	대형마트	39,000	식료품	변동비	
2025/03/01	동네마트	1,800	식료품	변동비	
2025/03/01	동네마트	1,200	식료품	변동비	
2025/03/01	과일가게	3,400	식료품	변동비	

📝 막대그래프 (세로형/가로형)

==막대그래프==는 각 그룹(항목)의 값을 막대 길이로 표현하는 그래프다. 수량의 많고 적음을 비교할 때 편리하다. 보통 그래프 하면 가장 먼저 떠올리는 기본적인 형태다. 노션에서 처음 [차트] 보기를 추가하면 나타나는 기본 차트 역시 막대그래프다.

막대그래프는 다시 막대 방향에 따라 ==세로형/가로형==으로 나뉜다. 노션 [차트] 보기에서는 두 막대그래프를 모두 지원한다. 세로형 막대그래프가 기본이며, ==가로형 막대그래프==는 그룹(항목) 개수가 많을 때 이용하면 좋다.

■ 세로형 막대그래프

NOTION SAMPLE

'월별 금액 막대그래프' 실습 (13)

매월 지출 금액을 비교해볼 수 있는 [보기]를 <가계부>에 추가하고자 한다. 총 지출액 막대그래프에서 그치지 않고, 어떤 분류에 얼만큼 지출했는지를 한눈에 볼 수 있도록 만들어보자.

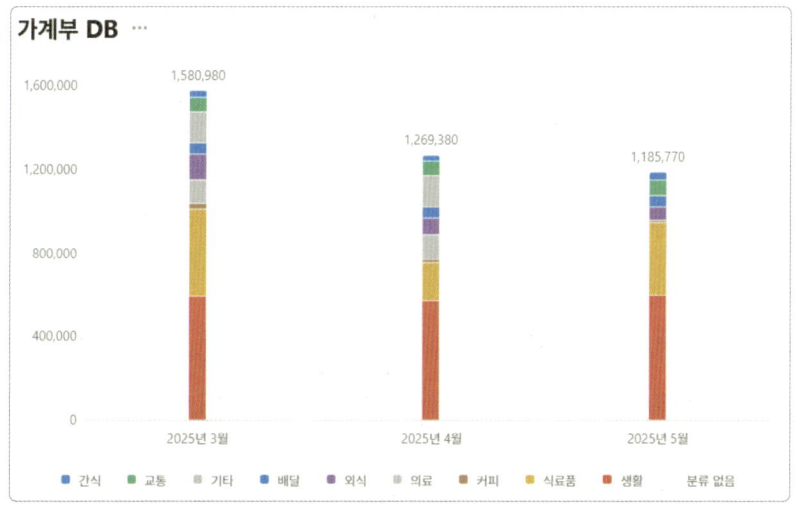

01 [표] 보기 옆 ⊕ 버튼을 눌러 [차트] 보기를 추가하자. 노션 데이터베이스에서 처음 [차트] 보기를 생성하면, 기본으로 **세로형 막대그래프**가 만들어진다. <가계부>에서라면, <분류> 속성이 X축, 각 옵션에 속하는 페이지수가 Y축인 형태로 나타날 것이다.

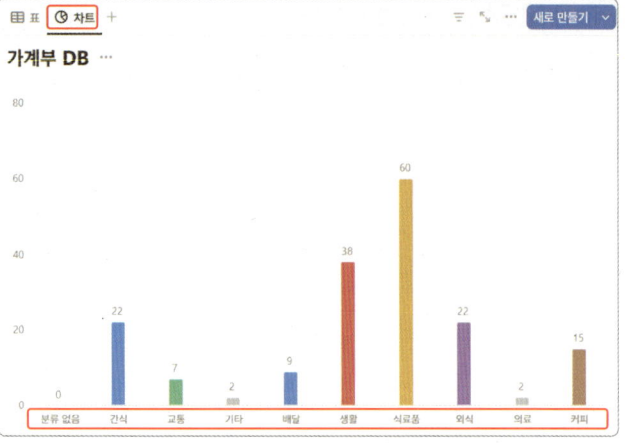

02 이 차트를 샘플대로 수정하려면, 데이터베이스 상단 ⋯ 버튼을 눌러 [보기 설정] 메뉴를 이용해야 한다. [차트 유형]을 보면, (세로형 막대)가 활성화되어 있다. 그 아래부터가 [세로형 막대]의 옵션이다. 옵션은 [X축]과 [Y축]으로 나뉘어 있다. 각 옵션을 이용해 막대그래프를 수정해보자.

[X축]

[X축]은 **세로형 막대그래프 아래 가로축**(오른쪽으로 뻗어 나가는)에 해당되는 속성이다. 각 옵션의 기능을 알아보고, [X축]이 '**매월**'이 되도록 설정해보자.

왼쪽이 기본 옵션이고, 오른쪽이 우리가 만들 그래프 [X축]에 맞춘 옵션이다.

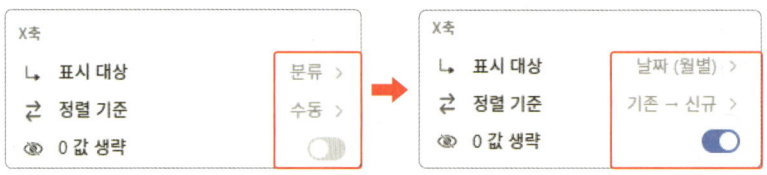

01 ❶ [표시 대상]에서 ❷ <날짜> 속성을 선택하고, 이어서 표시할 날짜의 기준은 ❸ [월별]로 설정한다.

02 [정렬 기준]에서는 분류(날짜)의 순서를 지정할 수 있다. 과거 날짜에서 미래 날짜로 향하도록 [기존 → 신규]를 클릭한다. ([표시 대상]을 [날짜 (월별)]로 설정하면, 자동으로 선택되어 있다.)

03 [0 값 생략] 옵션을 켜면 금액이 없는 분류가 숨겨진다. 이것도 클릭한다.

[Y축]

다음은 [Y축]이다. **세로형 막대그래프 왼쪽 세로축**(위쪽으로 뻗어나가는)에 해당하는 속성이다. [표시 대상]의 속성 값이 막대의 크기다. [X축]에서와 마찬가지로 기본 설정(왼쪽)을 샘플에 있는 월별 금액 그래프에 맞게 변경해보자(오른쪽).

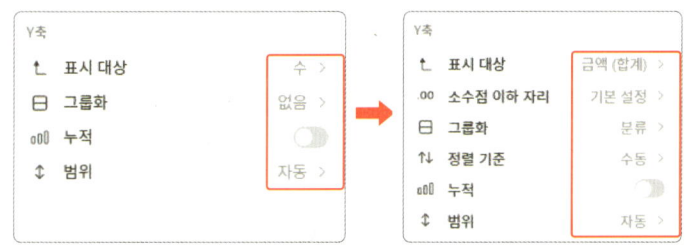

01 가장 먼저, ❶ [표시 대상]부터 설정한다. '금액'을 표시하고 싶으므로, ❷ [금액] - ❸ [합계]를 차례로 선택한다. 이때 [소수점 이하 자리] 옵션이 새로 생기는데, 기본 그대로 두면 된다.

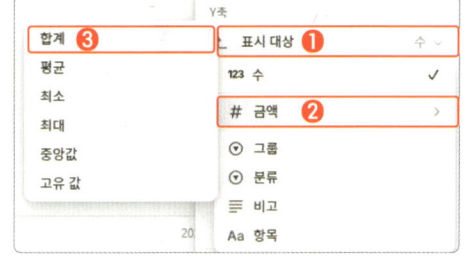

02 [그룹화]는 막대그래프의 금액을 속성별로 나눠서 보여주는 기능이다. 속성 <분류>를 선택한다. 이제 그래프는 합계 금액을 보여주되, <분류>별로 구분해서 표시할 것이다.

03 <분류> 속성을 선택하면 그 아래 [정렬 기준] 옵션이 나타난다. 그룹들을 어떤 순서로 정리할지를 묻는 것이다. [수동]으로 바꾸고, 다음 그림처럼 조정한다.

> **Notice** 팁을 주자면, '생활비'나 '식료품비' 같이 **고정적으로 나가는 금액 중 합계가 큰 분류를 가장 아래쪽에 배치하는 것이 좋다**. 분류별 지출을 보기에 유용하다. [누적] 기능을 켜면 월별 금액이 누적된다. 이 데이터의 경우, 8월 금액에 7월 금액도 포함되어 표시된다.

드디어 월별, 분류별 지출 합계 금액을 확인할 수 있는 세로형 막대그래프가 완성되었다. 마우스 커서를 각 그래프 위에 올려보면, 그림처럼 상세 금액 내역도 확인할 수 있다.

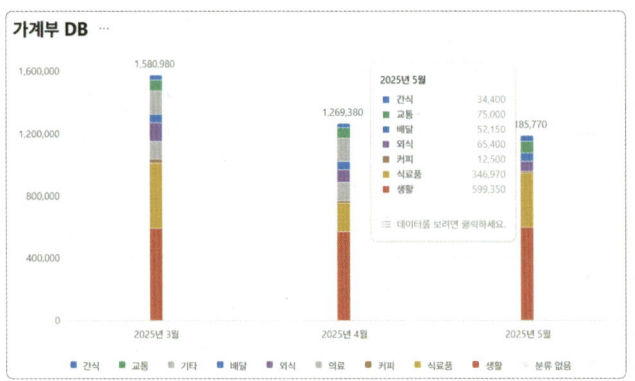

> **Note** '월별 금액 막대그래프' 옵션 정리
> - [X축]: 막대그래프 아래 가로축 항목으로, [표시 대상]으로 <날짜(월별)> 속성을 선택했다.
> - [Y축]: 막대그래프의 크기를 나타내는 왼쪽 세로축이며, [표시 대상]으로는 <금액> 속성을 선택했다.
> - [그룹화]: 막대그래프를 세부 분류로 한 번 더 나눠주는 기능으로, <분류> 속성을 선택했다.

■ 가로형 막대그래프

가로형 막대그래프는 세로형 막대그래프와는 X축과 Y축이 반대다. 가로형 막대그래프로 전환하려면, 데이터베이스 위쪽 ⋯ 버튼 – [보기 설정] 메뉴의 [차트 옵션]에서 ▦ (가로형 막대)를 클릭해주면 된다.

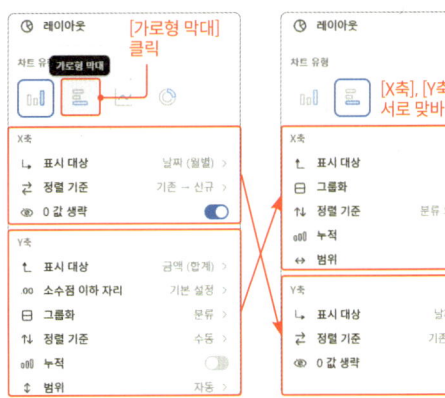

바뀐 그래프와 [보기 설정] 메뉴를 확인해보면, X축 ↔ Y축 옵션 설정이 그대로 서로 바뀌었음을 알 수 있다.

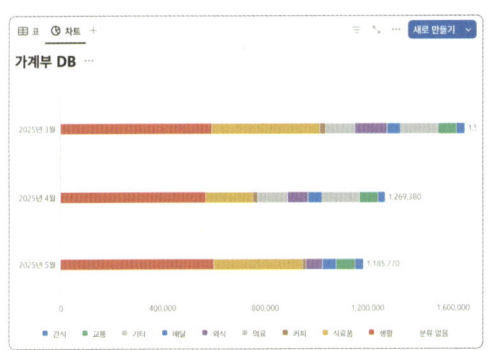

Notice [차트] 보기가 다른 보기와 다른 점!
노션 차트 보기는 다른 보기와 본질적인 차이가 있다. 이 보기에서는 페이지가 하나도 보이지 않는다는 점이다. 앞서 배운 보기들은 페이지를 다른 형태로 바꿔서 보여주었다. 따라서 페이지를 클릭하면, 그 페이지의 본문을 수정할 수 있었다. 하지만 차트엔 페이지가 없다. 페이지의 특정 속성의 값을 집계하여 하나의 그래프로 표현해줄 뿐이다. 값을 변경하고 싶다면 다른 보기에 가서 수정하자.

📝 꺾은선 그래프

꺾은선 그래프도 세로형 막대그래프와 크게 다르지 않다. 단지 수치가 막대가 아닌 선 형태로 그려지는 차이점이 있으며, 서로 이어져 있기 때문에 변화와 추이를 알아보기 쉽다는 장점이 있다.

<가계부>에서는 간단하게 '월별 고정비/변동비 추이'를 확인하는 데 사용할 것이다. 꺾은선 그래프는, 가로형 막대그래프 때와 마찬가지로 ⋯ 버튼 – [보기 설정] 메뉴의 [차트 옵션]에서 ∿ (꺾은선)을 선택해 전환하면 된다.

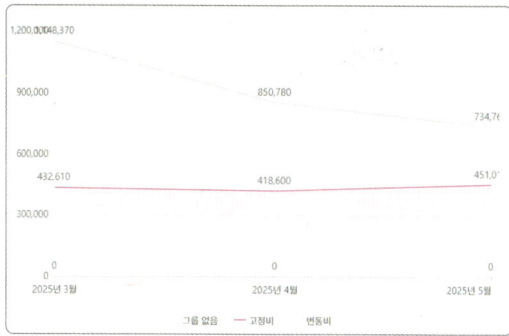

　예시의 꺾은선 그래프 옵션은 앞 그림과 같다. [X축], [Y축] 옵션을 쭉 보면 대체로 방금 실습한 세로형 막대그래프와 동일하다. 다른 점은, [그룹화 조건]을 <그룹> 속성으로 설정했다는 것이다. 지출을 '고정비'와 '변동비'로 구분해두었다. 그 결과 '고정비'(분홍색)와 '변동비'(회색)이 따로 그려진다. 차트 덕분에 데이터에서는 보이지 않던 경향성을 발견할 수 있다. 변동비는 크게 감소했지만, 고정비는 유지되는 걸 알 수 있다.

> **Note** '월별 고정비/변동비 추이 그래프' 옵션 정리
> - **[X축]**: 꺾은선 그래프 아래 가로축으로, [표시 대상]은 **<날짜(월별)>** 속성이다.
> - **[Y축]**: 꺾은선 그래프의 크기를 나타내는 세로축이며, [표시 대상]은 **<금액(합계)>** 속성이다.
> - **[그룹화]**: 꺾은선 그래프를 여러 개 그릴 수 있는 기능이다. '고정비', '변동비' 두 옵션이 있는 **<그룹>** 속성을 선택했다.

N 도넛 그래프

도넛 그래프는 항목별 비중을 살펴보기에 좋은 그래프다. 도넛이라고 하면 감이 안 올 수 있다. ⋯ 버튼 – [보기 설정] 메뉴의 [차트 옵션]

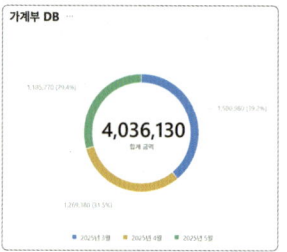

에서 (도넛)을 클릭해보자. 그러면 그래프가 얇고 알록달록한 도넛 모양으로 바뀐다. 가운데에는 총 합계가 나오며, 고리를 따라 세부 항목과 비중까지 계산되어 표시되는 모습을 볼 수 있다.

이 [차트] 보기를 '분류별 지출 비중 그래프'로 만들 것이다. 도넛 그래프는 축이 없어 옵션이 간단하다. 3가지만 설정하면 된다.

01 [표시 대상]은 도넛의 조각을 쪼갤 단위를 의미한다. 분류별로 금액 합계를 보고 싶으므로, <분류> 속성을 선택한다.

02 [각 슬라이스의 의미]는 조각의 크기를 말한다. <금액> 속성을 고르고, [합계]를 선택한다.

03 [정렬 기준]은 조각의 순서로, 기준은 시계 방향이다. [합계 높음 → 낮음]을 선택한다. (도넛 그래프는 보통 12시부터 시계 방향으로 읽는다. 조각이 큰 것부터 보는 편이 자연스럽다.)

'분류별 지출 비중 그래프'가 완성되었다. 총 지출과 각 분류마다 얼마씩을 썼는지를 한눈에 볼 수 있어 지출 관리에 용이하다.

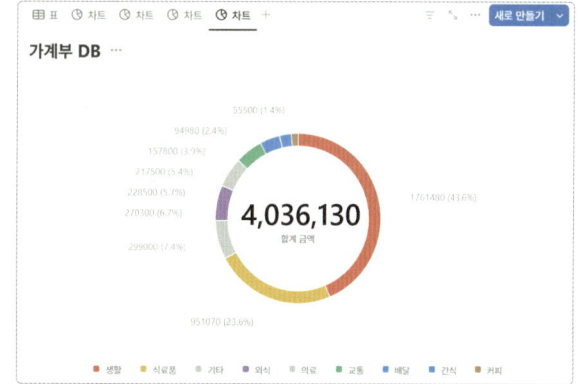

> Note '분류별 지출 비중 그래프' 옵션 정리
> - [표시 대상]: 도넛 조각을 쪼갤 단위. <분류> 속성을 선택한다.
> - [각 슬라이스의 의미]: 조각의 크기. <금액 (합계)>로 설정했다.
> - [정렬 기준]: 조각의 순서. [합계 높음 → 낮음]을 선택한다.

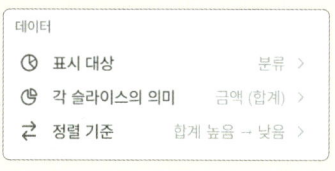

페이지 2   노션 차트 꾸미고 읽기

지금까지 노션 차트를 모두 살펴보았다. 이제 한 걸음 더 나아가, [스타일] 옵션을 활용하여 노션 차트를 더 잘 보이게 만들고, 데이터베이스의 [필터] 기능으로 원하는 부분만 남기고 보는 방법을 알아보겠다. 잘 익혀서 나만의 가계부 차트를 완성해보자.

N 스타일 옵션

각 차트 [보기 설정] 메뉴 하단에서는 [스타일] 항목을 찾을 수 있다. 각 차트의 기본 옵션 외에 추가로 가독성과 편의를 높이기 위한 다양한 설정이 있다.

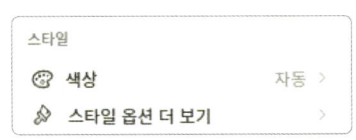

이 중 [색상]은 모든 차트에 있는 기능이며, [스타일 옵션 더 보기]의 옵션은 차트 유형마다 다르다. 어떻게 쓰면 될지 함께 살펴보자.

■ 막대그래프

[색상]

[색상] 메뉴를 이용하면, 막대 색깔을 바꿀 수 있다.

- [자동]: 기본 설정이다. 그래프에 <선택> 속성을 나타냈을 경우, 데이터를 입력할 때 지정한 옵션의 색으로 표시된다.
- [다양한 색상]: 각 범례마다 서로 다른 색을 적용해준다.
- [그 외(색상 없음~빨간색)]: 동일 계열 색을 농도만 달리 해 사용하게 된다.

[스타일 옵션 더 보기]

차트 전체의 다양한 옵션을 원하는 대로 조정 가능하다. 특히 [그룹 스타일]에는 [누적됨], [비율(%)], [누적되지 않음] 3가지 옵션이 있는데, 각 옵션은 [그룹화] 기능의 표현 형태를 바꿔준다.

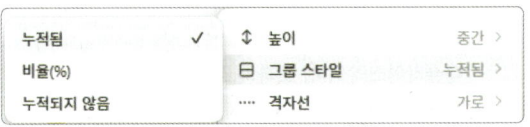

- **[누적됨]**: 각 그룹의 속성 값을 한 막대에 쌓아서 표현한다. 기본 옵션으로, 앞서 페이지 1에서 만든 '월별 누적 금액 그래프'와 같다.
- **[비율(%)]**: 전체 100% 중 각 그룹이 차지하는 비중을 퍼센트로 환산해서 표현한다. 매달 지출에서 각 <분류>가 얼만큼씩을 차지하는지 비교해보아야 할 때 좋다.
- **[누적되지 않음]**: 각 그룹의 속성 값을 각각 별개의 막대로 표현(한 막대에 누적시키지 않음)하며, X축 기준에 따라 묶어준다. 다음 오른쪽 그림처럼 '묶인 막대그래프' 형태가 된다. 월별/분류별 지출액을 한꺼번에 보고 싶을 때 선택하면 효과적이다.

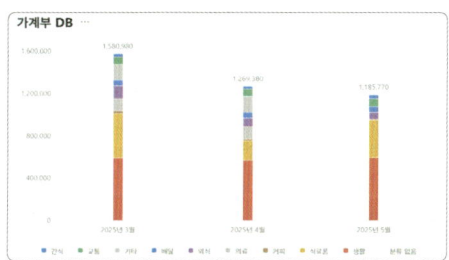 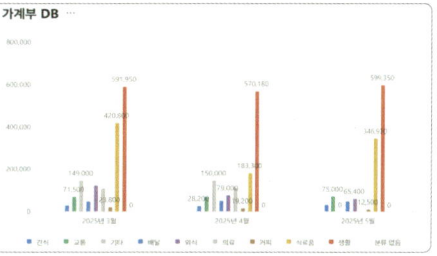

막대그래프 그룹 스타일 비교 – [비율(%)](왼쪽)과 [누적되지 않음](오른쪽)

그 밖에 [스타일 옵션 더 보기]에서 할 수 있는 설정은 다음과 같다.

- ❶ **[높이]**: 차트 전체가 얼마나 크게 보일지 정한다. 속성 값 크기에 따라 바꾸면 좋다. [작게/중간/크게/매우 크게]가 있으며, 기본은 [중간]이다.
- ❷ **[격자선]**: 차트 내 안내 격자선을 어떻게 표시할지 정한다. 모눈종이를 생각하면 쉽다. 가로선 혹은 세로선만 그리거나([가로]/[세로]), 둘 다 표시할 수 있고([둘 다]), 아예 없애는 것도 가능하다([없음]).
- ❸ **[축 이름]**: X축, Y축 속성 이름을 차트에 표시할 수 있다. 둘 중 하나만 보거나([X축]/[Y축]), 둘 다 볼 수 있다([둘 다]). 기본은 보이지 않는 상태다([없음]).
- ❹ **[범례]**: 어떤 색 막대가 무엇을 나타내는지를 알려주는 요소다. 기본은 [켜짐] 상태다.
- ❺ **[데이터 라벨]**: 각 막대 위나 옆의 '값'을 표시하고 없앨 수 있다. 기본은 [켜짐] 상태다.
- ❻ **[캡션]**: 차트(그래프)의 이름이다. 아래 빈칸에 자유롭게 입력해 추가할 수 있다.

■ 꺾은선 그래프

다음으로 [**꺾은선 그래프**]의 스타일 옵션을 살펴보자. [**색상**] 기능의 경우, 막대그래프와 동일하다. [**스타일 옵션 더 보기**] 메뉴도 몇 항목을 제외하면 대체로 같다. 꺾은선 그래프만의 옵션을 따로 소개한다.

- ❶ [**곡선**]: 이 기능을 켜면 꺾은선 그래프의 선들이 꼭지점 없이 부드럽게 연결된다. 기본은 꺼져 있다.

- ❷ [**그라데이션 영역**]: 이 기능은 꺾은선 그래프 영역에 옅게 배경색을 깔아준다. 끄면 아무 배경색 없이 선만 표시된다.

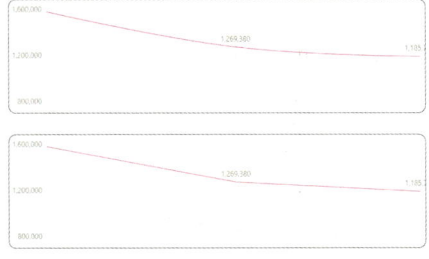

■ 도넛 그래프

[**도넛 그래프**]의 [**스타일 옵션**]도 살펴보자. 형태가 고정된 차트인 만큼 구성이 단출하다. [**색상**]과 나머지 스타일 옵션은 타 유형과 같고, [**중앙에 값 표시**]와 [**데이터 라벨**]만 보면 된다.

- ❶ [**중앙에 값 표시**]: 계속 보았듯 도넛 그래프는 원래 중앙에 합계 수치가 표시되는데, 이 기능을 끄면 가운데에 아무것도 안 보이게 할 수 있다.

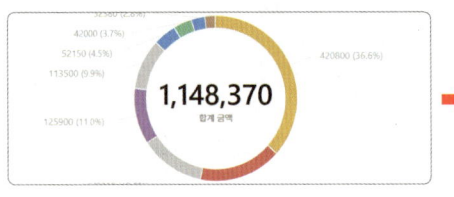
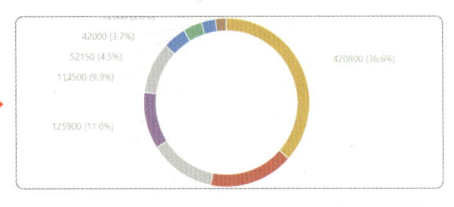

- ❷ [**데이터 라벨**]: 조각의 라벨을 어떻게 표시할지 정한다. 기본은 [**값(%)**]이다. [**이름과 값(%)**]으로 설정하면, 다음 오른쪽 그림처럼 분류와 금액, 비중이 함께 표시된다.

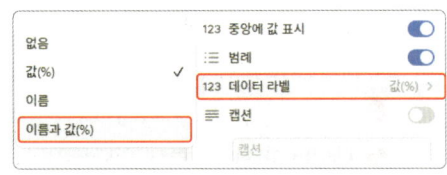

N 필터 적용

[차트]에도 필터를 적용할 수 있다. [보기 설정] - [필터]를 이용하면 된다. 월별 변동비 지출을 한눈에 볼 수 있는 도넛 그래프를 만들어보자.

01 ❶[필터] 메뉴를 클릭하고 [필터 추가] 메뉴에서 ❷ 원하는 속성('그룹')과 ❸ 옵션(<변동비>)을 차례로 선택한다. 바로 도넛 그래프에 필터와 조건이 적용된다.

02 오른쪽 위 ≡(필터) 버튼을 클릭해 현재 적용 중인 필터를 확인하고 조건을 변경할 수 있다. [그룹: 변동비] 필터가 잘 추가되어 있다.

03 이 차트를 명료하게 활용하려면 날짜 필터가 필요하다. ❶ + 필터 추가 를 클릭하고, 특정 한 달 간의 변동비만 볼 수 있도록 필터의 조건에 <날짜> 속성을 추가하자. ❷ [시작일] 옆 [오늘 기준]을 클릭하고, [범위 내]로 변경한다.

❸ 달력에서 데이터가 있는 달을 찾은 다음, ❹ [시작일]은 '1일', [종료일]은 '해당 월의 마지막 날'로 각각 지정하면 된다.

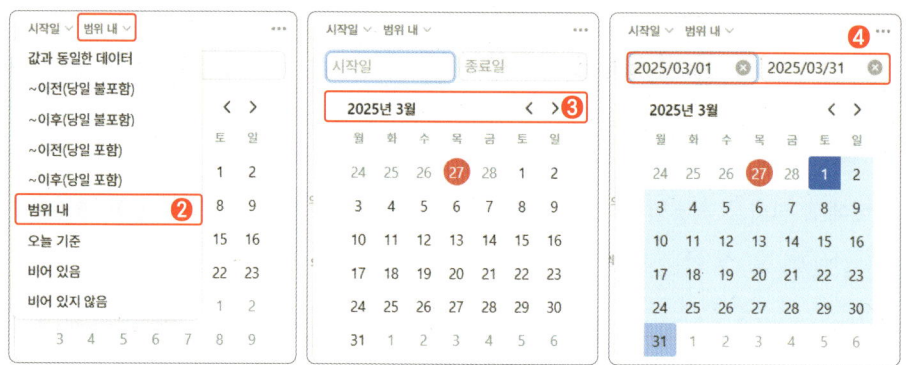

04 이로써 '**3월 한 달**' 간의 '**변동비 내역**'만 보이는 도넛 차트 필터 조건 세팅이 완료되었다. 매월 변동비가 총 얼마이며, 어느 **<분류>**에 주로 쓰였는지를 한눈에 볼 수 있다.

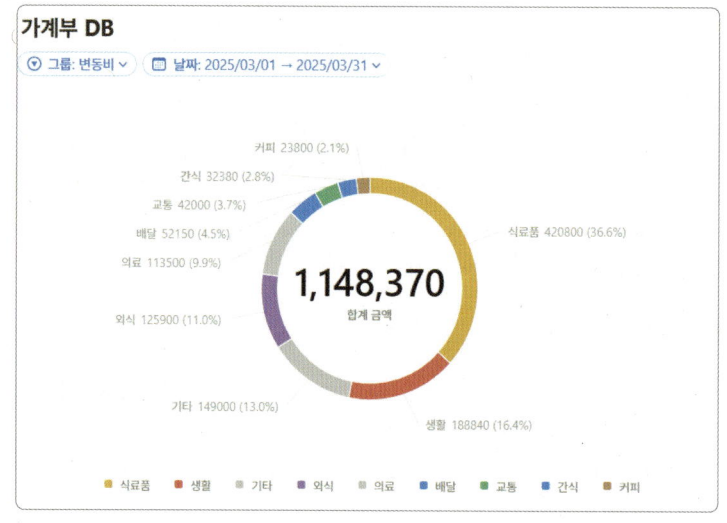

이런 방식으로 비교 분석용 차트를 여러 개 만들어두면, 매월 가계부 결산을 할 때마다 여러 인사이트를 얻을 수 있다.

> **Note** [링크된 보기]와 가계부 대시보드
>
> 노션 차트도 보기이므로 [링크된 보기]로 페이지 어디에나 보기를 만들 수 있다. 아래와 같이 [3개의 열]과 [링크된 보기]를 활용한다면, 나만의 지출 추이와 합계, 비중을 모두 볼 수 있는 <가계부 대시보드>를 만들 수 있다. [링크된 보기]로 만드는 대시보드 구성은 다음 섹션에서 자세히 다루고 있으니 참고하라.
>
>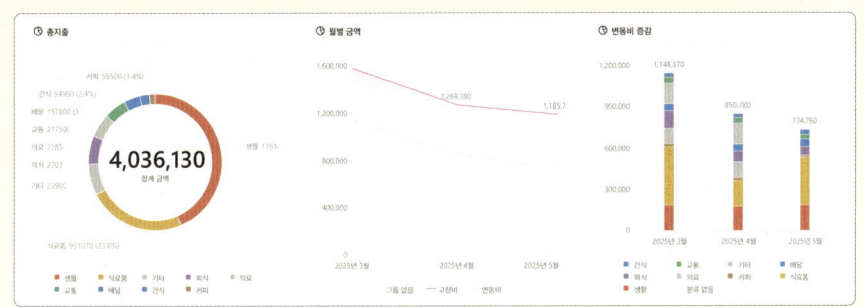

SECTION 13

보기+ 간편한 설문조사 시스템, 노션 양식

ONE-PAGER GUIDE

[지니언트's saying] 노션의 [양식] 보기는 설문조사 시스템을 만들 수 있는 기능이다. 설문조사부터 데이터 기록, 분석까지 한 도구에서 할 수 있다는 건 큰 장점이다. 특히 응답결과를 노션 차트로 활용하여 구성하면, 나만의 응답 대시보드가 된다. 이번 섹션을 통해 양식 기능을 배우고, 나만의 설문조사 시스템을 완성해보자.

페이지 1 [양식] 보기와 설문지 제작 실습(14)

노션 데이터베이스의 8가지 보기 중에는, [양식]이 있다. [양식] 보기는 데이터베이스에 데이터를 쉽게 입력할 수 있는 보기다. 데이터베이스를 위 그림 같은 설문조사 질문지로 만들 수 있다. 다른 사용자가 공유받은 질문지에 답을 써 넣으면, 기존 데이터베이스에 새 페이지가 추가된다. 각 답변은 새 페이지의 속성으로 들어간다. 즉 데이터베이스 속성 값을 다른 사람으로 하여금 직접 채우게 하는 것이다. 응답지와 답변, 분석 차트까지 모두 한곳에서 관리할 수 있어 꽤 편리하다.

NOTION SAMPLE

노션 강의 설문조사 템플릿

먼저 실습을 위해 노션 강의 수강생 20명의 설문조사 답변이 들어 있는 설문조사 템플릿을 내려받자. 데이터베이스 구조는 간단하다. 페이지 이름은 수강생의 닉네임이다. 속성 정보로 '연령대'와 '성별'이 있고, '시간배분', '내용구성', '난이도', '만족도', '도움' 등의 평가 항목들이 <선택> 속성으로 있다. 그리고 각자 자유로운 의견을 낼 수 있는 <텍스트> 속성도 하나 추가했다.

이 설문조사 데이터베이스에 새 답변을 받을 수 있도록 설문조사 질문지를 추가하고, 결과를 [차트] 보기로 만드는 실습을 진행해보자.

📝 1단계: [양식] 보기 추가

01 <노션 강의 설문조사> 데이터베이스 [표] 보기 옆 ➕ 버튼을 클릭하고, [양식]을 선택한다. [양식] 보기에는 데이터베이스 기존 속성에 기반해 질문을 자동 생성해주는 기능이 있다. 질문 생성 방식을 묻는 팝업창이 뜨면, [질문 8개 만들기]를 클릭하자.

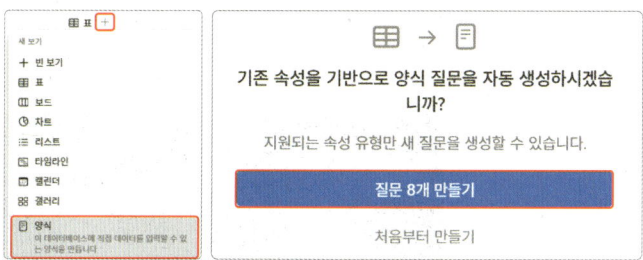

02 그럼 노션은 <노션 강의 설문조사> 데이터베이스 속성으로 다음 NOTION PREVIEW 와 같은 질문지를 생성해준다.

NOTION PREVIEW

[양식 작성기] 보기

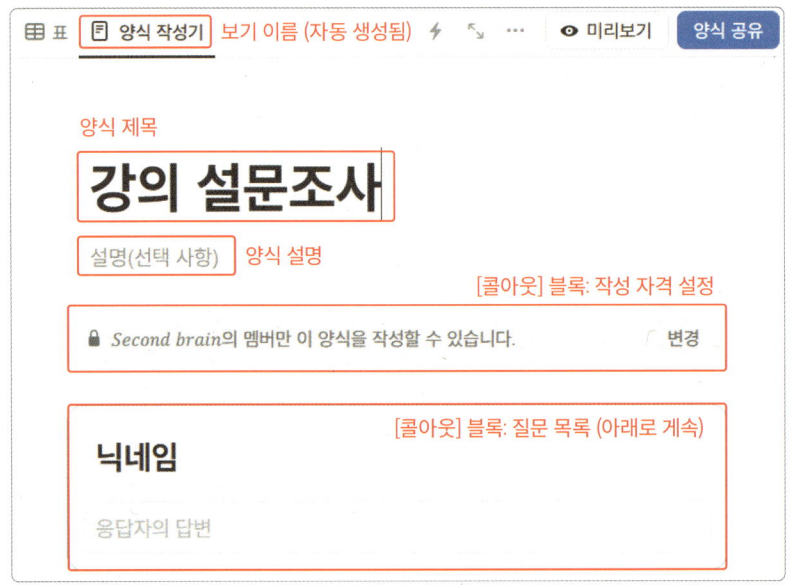

[양식 작성기] 보기다. 구조를 보면, 먼저 <양식 제목>이 있고, 양식에 대해 설명하는 공간, 작성 권한을 알리는 공간이 있다. 그 아래부터는 문항이 이어진다. 각 문항의 제목은 데이터베이스 속성 이름이다. 답변 칸이 있으며, 날짜나 선택지처럼 다양한 형식의 응답을 넣을 수도 있다.

03 맨 위 제목은, 양식 제목 대신 "강의 설문조사"라고 입력한다. 제목 영역에 마우스를 올리면 나타나는 [양식 아이콘]과 [양식 커버]를 이용해 설문지를 적절히 꾸며주도록 하자. 방법은 페이지에서와 동일하다.

📝 2단계: 질문 옵션 설정 및 질문 추가

일단 [양식] 보기를 만들었다. 그러나 이대로 사용하기에는 내용도 딱딱하고 안내도 불친절하다. [질문 옵션]을 조정하고 설명을 추가하여 실제 질문지처럼 만들어보자.

■ 질문 옵션 설정

01 각 질문 오른쪽 위 ···(질문 편집) 버튼을 클릭하면 질문마다 [질문 옵션]을 설정할 수 있다. 첫 번째 질문인 '닉네임'부터 시작해보자.

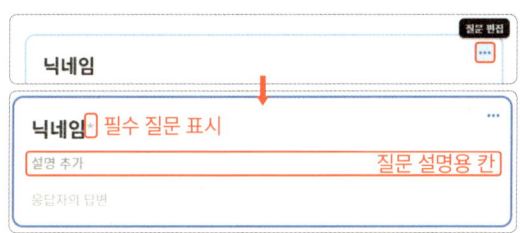

02 맨 위 옵션부터 보자. ❶ [필수]는 질문을 필수 응답으로 지정하는 기능이다. 누가 응답했는지는 필수 정보이므로 켜도록 하자. ❷ [설명]은 질문과 답변 사이에 응답자가 참고할 수 있는 짧은 설명 문구를 넣어준다. 이것도 켠다. 그러면 질문은 위 그림과 같은 상태가 된다. 필수 질문임을 표시하는 *가 붙었고, 설명을 써넣을 수 있는 공간도 마련되었다.

03 그다음 ❸ [속성 이름과 동기화] 옵션을 끄자. 이제 각 질문을 클릭하여 문구를 바꿀 수 있다. 딱딱한 속성 이름(닉네임)을 질문 문장 "닉네임을 알려주세요"로 바꾸고, "실명으로 입력하셔도 됩니다."란 안내 문구도 입력해두었다.

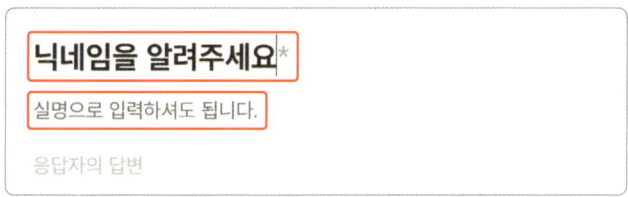

> **Note** [질문 옵션] 메뉴 더 살펴보기
>
> [질문 옵션]에서는 이 밖의 여러 설정이 가능하다. 복잡하지 않으니 가볍게 살펴보고 넘어가자.
> ① [상세 답변]: 이 기능을 켜면 답변 항목의 크기를 확장시켜준다. 입력칸이 넓어진다고 생각하면 쉽다.
> ② [질문 유형]: 이 질문에 입력받을 값의 형식을 지정한다. 텍스트/객관식/날짜/사람/파일과 미디어/번호/체크박스/이메일/URL/전화 총 11개 중 선택 가능하다. 이에 따라 답변이 연결된 데이터베이스의 속성 유형도 달라지니 유의하자.
> ③ [연결된 속성 보기]: 해당 질문에 연결된 속성의 [속성 편집] 메뉴를 확인할 수 있다. 데이터베이스의 다른 보기로 화면을 전환하지 않아도 [양식] 보기에서 바로 속성을 수정할 수 있다.
> ④ [질문 삭제]: 질문을 [양식] 보기에서 삭제한다. 연결된 속성은 삭제되지 않는다.

■ 질문 추가

[양식] 보기에는 자동 생성된 질문 외에 새로운 질문을 추가할 수 있다. 강의 수강 날짜를 묻는 질문을 추가해보자.

01 새 질문이 들어갔으면 하는 위치에 마우스를 올리면 왼쪽 옆에 ① 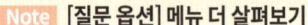 (질문 추가) 버튼이 나타난다. ② 클릭하면 >이 가리키는 위치에 빈 칸이 생기고, [유형 선택] 팝업창이 뜬다. ③ <날짜>를 선택하자.

02 <날짜> 속성을 가진 새 질문이 생성되었다. 동시에 <노션 강의 설문조사> 데이터베이스에도 새로 <날짜> 속성이 자동 추가되고, 이 질문과 연결된다. [질문 옵션] 메뉴에서 [속성 이름과 동기화] 옵션을 끄고, 제목을 질문 문장("강의 수강 날짜는 언제인가요?")으로 변경했다. 그리고 [필수] 질문으로 지정했다. (그 밖의 옵션은 다음 그림과 같다.)

03 질문의 위치도 마음대로 수정할 수 있다. 질문 박스를 마우스로 잡아 끌면 쉽게 옮겨진다. 닉네임 - 연령대 - 성별 - 날짜 순으로 배치되게 조정해보자.

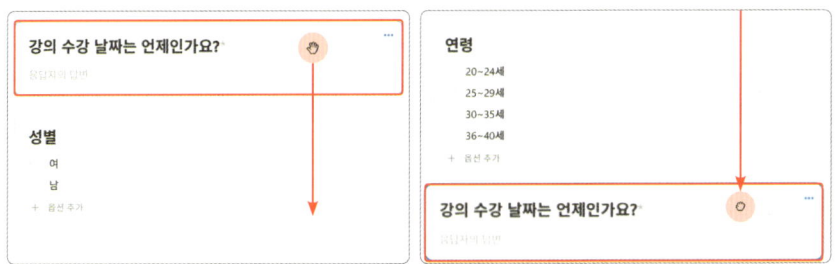

04 [유형 선택]에서 [객관식]을 고르면, 다음처럼 <선택> 속성의 옵션을 선택할 수 있는 객관식 질문이 된다. 없는 옵션도 [양식] 보기에서 바로 추가할 수 있다.

(아쉽지만 '기타'를 선택하고 옵션에 없는 응답을 입력받는 기능은 아직 없다.)

05 같은 방법으로, 남은 질문들의 옵션을 다음 표를 참고해 세팅한 뒤 완료한다.

속성	질문지 변경	필수	설명	기타 옵션 설정
닉네임	닉네임을 알려주세요.	O	실명으로 입력하셔도 됩니다.	
연령대	연령대 (변경 X)	O		[속성 이름과 동기화] 유지
성별	성별 (변경 X)	O		[속성 이름과 동기화] 유지
날짜	강의 수강 날짜는 언제인가요?	O		
시간배분	프로그램 시간이 적절하게 배분되었습니까?	O		
내용구성	프로그램 내용 구성이 우수했습니까?	O		
난이도	강사는 프로그램 내용을 이해하기 쉽게 설명하였습니까?	O		
만족도	프로그램에 대해 전반적으로 만족하십니까?	O		
도움	본 프로그램 수강이 자기계발에 도움이 되었습니까?	O		
자유로운 의견	본 프로그램 관련하여 좋았던 점이나 향후 개선점 등을 자유롭게 적어주세요.			[상세 답변] 활성화

N 3단계: 양식 공유

설문지를 다 만들었다면, 응답을 받아볼 차례다. 어떻게 공유하는지 알아보자.

01 오른쪽 위 [미리보기] 버튼을 클릭한다. [중앙에서 보기] 팝업으로 제작한 양식 페이지가 열린다. 내보내기 전에 응답자 입장에서 어떻게 보이는지 꼭 확인하자.

02 이상이 없다면 그 오른쪽 [양식 공유] 버튼을 클릭한다. 설문조사 양식의 링크를 확인할 수 있다. 공유하기 전에 마저 설정을 해주자.

> **Notice** 여기서 주의할 점은 배포할 설문조사 양식의 주소와 설문지의 데이터베이스가 들어 있는 페이지의 주소는 다르다는 점이다. 페이지 주소를 공유해버리면 응답자는 페이지 접근 권한이 없어서 설문을 작성할 수 없다. 따라서 **반드시 [양식 공유] - (복사) 버튼을 통해 얻은 주소를 공유하도록** 하자.

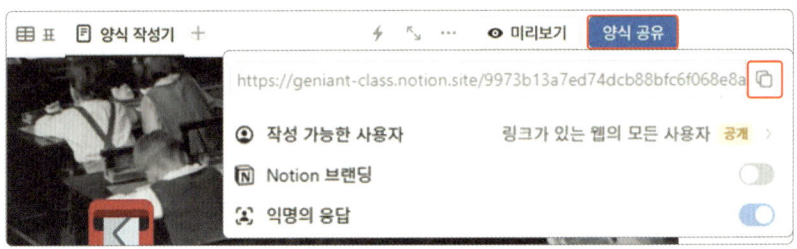

- **[작성 가능한 사용자]**: '워크스페이스의 멤버', '게스트', '링크가 있는 사용자 중' 택일 가능하다. [링크가 있는 웹의 모든 사용자]로 설정한다.
- **[Notion 브랜딩]**: 노션 로고를 없애준다(유료).
- **[익명의 응답]**: 응답자를 비공개로 처리해준다. 켜고 진행한다.

03 원하는 설정을 마치고 (복사) 버튼을 클릭하자. "복사되었습니다." 메시지가 뜨면 정상 복사된 것이다. 응답자들에게 링크를 보내고, 답변을 요청하면 된다.

04 응답자는 각자 공유받은 질문지에 답변을 입력하고 **[제출]** 버튼을 누를 것이다. ([사본 보내기]는 응답자가 자신의 메일로 설문 결과를 받을 수 있는 기능이다.) 그러면 설문지 제작자의 노션 데이터베이스에 응답 페이지가 만들어진다.

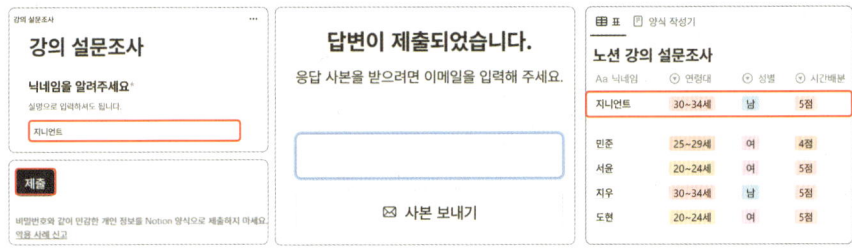

페이지 2 [차트] 보기와 설문 결과 분석

설문조사가 끝났다. 응답을 모으기만 하고 분석하지 않는다면, 설문조사를 수행하는 의미가 없다. 여기서는 노션이 제공하는 [차트] 보기의 다양한 옵션을 활용해 응답 데이터를 알아보기 좋게 가공할 것이다. 더 나아가, 여러 [차트]를 같은 화면(페이지)에서 동시에 체크하고 비교할 수 있는 대시보드까지 마련하여 종합 분석 툴로 완성해보자.

N 차트 분석

표로는 전체적인 모습이나 데이터의 경향성을 확인하기 어렵다. [차트] 보기를 추가해 데이터를 시각화해보자. 다양한 그래프를 만들 수 있겠지만, 우선 연령대별로 난이도 평가가 어땠는지 분석할 수 있는 차트를 그려보도록 하겠다.

01 [차트] 보기를 추가하고, [보기 설정]을 연다. [차트 유형] - [세로형 막대]를 선택한다.

02 X축/Y축 옵션을 설정한다.
- **X축**: [표시 대상]은 '**연령대**' 속성, [정렬 기준]은 [**연령대 오름차순**]이다.
- **Y축**: [표시 대상]은 '**수**'다. 설문조사에서는 금액 같은 합계가 필요하지 않다. 응답 페이지의 개수를 의미하는 [**수**]로 충분하다.

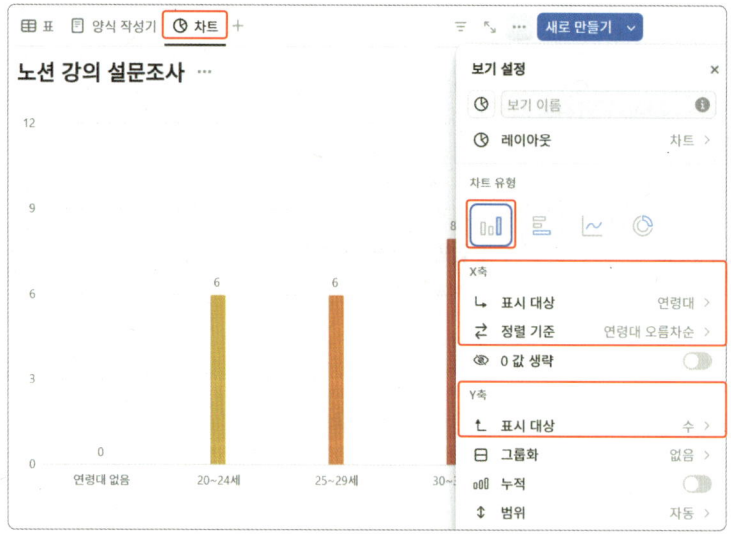

연령대별 응답 수가 나열된 세로형 막대그래프가 되었다. 여기서 추가로 난이도별 분포를 보려면, Y축 옵션을 조정하면 된다.

03 Y축 옵션을 추가 조정한다.

- **Y축**: [그룹화] 메뉴에서 '난이도' 속성을 선택하고, [정렬 기준]은 [난이도 오름차순]으로 설정한다.

위 그림 오른쪽이 완성 차트로, 이 중 빨간색 막대가 강의가 쉬웠다는 응답이다. 차트를 보면, 연령대와 강의 난이도는 크게 상관이 없어 보인다는 걸 알 수 있다.

같은 방법으로 [차트] 보기를 2개 더 추가하여, 성별-난이도 상관관계, 전체 만족도의 분포를 각각 세로형 막대그래프, 도넛 그래프 차트로 분석해보자.

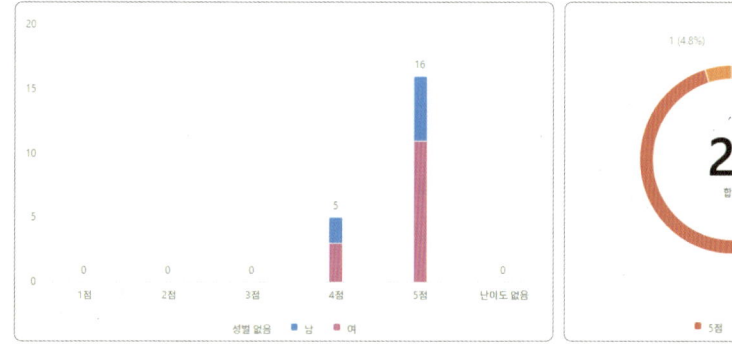

성별-난이도 분석 세로형 막대그래프(왼쪽)와 만족도 분포 도넛 그래프(오른쪽)

각 차트의 옵션은 다음 표를 참고하라.

성별 난이도 분석 차트	차트 유형	세로형 막대
	X축 옵션	[표시 대상] – '난이도' 속성 [정렬 기준] – [수동]
	Y축 옵션	[표시 대상] – '수' 속성 [그룹화] – '성별' [정렬 기준] – [성별 오름차순]
만족도 분석 차트	차트 유형	도넛
	데이터 옵션	[표시 대상] – '만족도' 속성 [각 슬라이스의 의미] – '수' [정렬 기준] – [수 높음 → 낮음]
	스타일 옵션	[중앙에 값 표시] – 켜기 [범례] – 켜기 [데이터 라벨] – [값(%)]

N [링크된 보기]로 분석 대시보드 구성 실습 (15)

앞서 만든 설문 결과 차트에서 불만족스러운 점이 한 가지 있다. 노션 차트는 Y축의 값을 하나만 선택할 수 있기 때문에, 한 차트에 한 가지 질문만 표현된다는 점이다. 여러 질문을 보는 건 구조적으로 불가능하다. 만일 여러 질문에 대한 응답 결과를 모두 보고 싶다면, 단을 나눠 대시보드를 구성해야 한다.

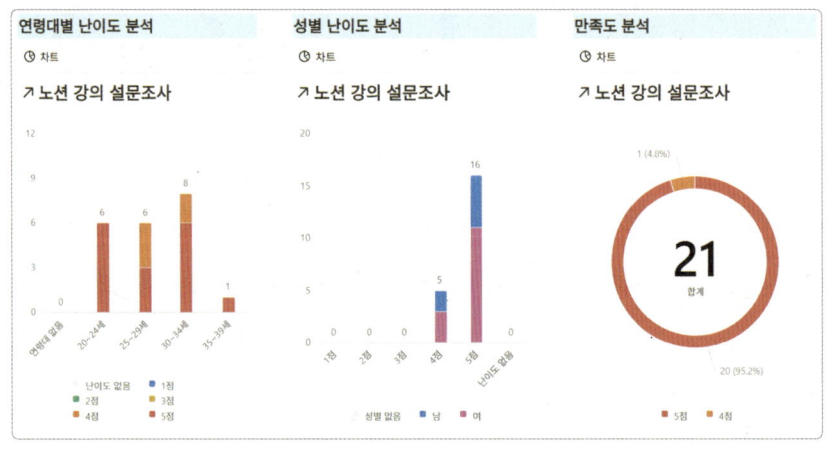

여러 질문에 대한 응답 차트를 대시보드 형태로 구성해보자. 차트 대시보드를 만드는 데는 [링크된 보기]를 이용한다.

01 데이터베이스의 상단 보기 탭 중, [차트] 보기를 클릭하고 [보기 링크 복사]를 클릭한다. 그러면 "보기 링크 복사 완료" 메시지와 함께 웹페이지 주소 하나가 복사된다.

02 응답이 모여 있는 [표] 보기로 돌아와서, 페이지 본문의 원하는 위치에 복사한 주소를 붙여넣기 Ctrl + V 한다. 작

은 팝업 메뉴가 하나 뜬다. 여기서 [연결된 데이터베이스 보기]를 클릭한다.

03 [차트] 보기가 하나 더 만들어진다. 이제 두 보기를 동시에 열고 비교해보자. 똑같이 생겼다. 하지만 [링크된 보기]로 만든 보기는 복사한 보기와는 다른 보기다. 이 보기의 옵션을 바꿔보면, 원래 있던 보기는 바뀌지 않는다. 단, 페이지와 속성 값, 속성의 옵션들을 수정하면 데이터베이스 원본과 페이지를 수정하는 것이므로, 모든 보기에서 바뀌게 된다.

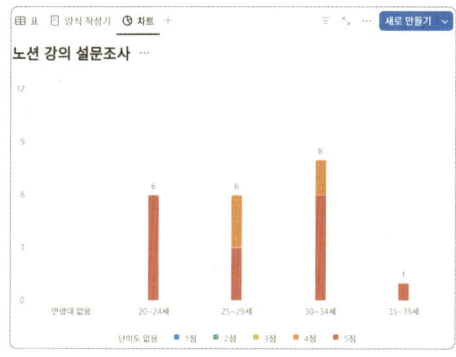
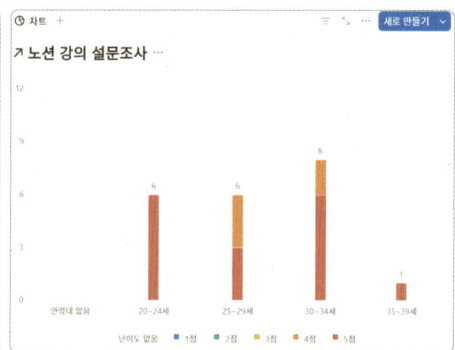

페이지 2 [차트] 보기와 설문 결과 분석   223

04 이제 [3개의 열] 블록을 활용하여 첫 번째 [링크된 보기]가 있는 페이지의 단을 3개로 나누자. 그리고 다시 [링크된 보기]를 이용해 여러 가지 분석용 차트를 복제해 배치한다. 그러면 다음 그림과 같은 대시보드가 완성된다. **연령대별 난이도, 성별 난이도, 만족도**까지 모두 **다른 [차트] 보기**이지만, **같은 원본 데이터베이스의 페이지들**을 보여준다. 데이터를 한 페이지에서 종합적으로 판단할 수 있다.

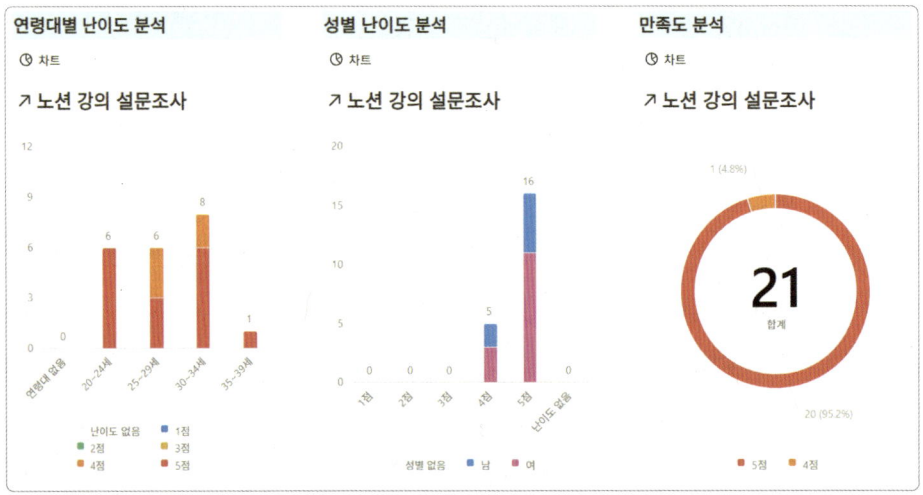

추가로 앞서 배운 4유형 차트의 옵션과 각종 기능들을 활용해보자. 간단한 차트는 금방 만들어낼 수 있을 것이다. 다양한 조합을 시도해보길 바란다. 앞서 배운 가계부 대시보드도 구성해보자.

직장인을 위한 노션

노션,
일과 삶을 통합하는
DSLR 프레임워크

업무 관리 툴로서의 노션을 만나다

내가 개발자로 입사하고 처음 맡은 시스템은 영업 팀의 선적 계획과 재고를 관리하는 시스템이었다. 프로그래밍 스킬뿐만 아니라 업무 배경지식도 중요했다. 복잡한 무역 용어와 고객사별 매출 기준을 알아야 하고, 선적과 재고를 처리하는 코드와 실제 비즈니스를 함께 이해해야 했다.

선임들에겐 업무 설명서랄 게 딱히 없었다. 비즈니스가 빠르게 변하여 자료를 제때 업데이트할 여력이 없었기 때문이다. 대부분은 업무에 치이다 보니 파일이 어디 있는지조차 몰랐다. 그들이 의지하는 유일한 업무 설명서는 자신의 머릿속과 경험, 잔뜩 쌓인 몇 년치 이메일이었다. 하지만 선임들은 별 문제가 없었다. 문제는 나였다. 아무것도 몰랐고 인맥도 없었다. 쌓아둔 자료나 경험도 전무했다.

입사 후 3년 동안 배우고 공부한 내용을 디지털 도구에 정리했다. 매해 한두 명쯤은 퇴사했고, 그들의 업무는 내 업무가 되었다. 맡은 업무가 많아질수록 내용을 다시 정리하고, 도구도 업그레이드했다. 가끔은 만든 도구의 한계를 느끼고, 모든 걸 다시 만들었다.

처음에는 엑셀로 업무와 일정을 모두 관리했다. 엑셀에는 유용한 기능이 많았다. 캡처, 표, 수식 등으로 업무를 정리해둘 수 있었다. 그러나 업무 시트가 많아지자 정보를 찾기가 점점 어려워졌다. 게다가 별도의 일정 관리 기능이 없었다. 수식은 사용하기가 까다로웠다. 일정 관리를 해보려고 WBS를 만들었지만, 일정을 다양한 각도에서 체크할 수 없었다. 무엇보다 일정과 업무가 연결되어 있지 않았다.

반면 노션은 일정과 업무를 모두 관리할 수 있는 툴이었다. 게다가 이 두 가지를 연결할 수 있는 구조였다. 페이지를 다양한 각도에서 볼 수 있는 [보기] 기능도 있었다. 다양한 종류의 콘텐츠를 모두 담을 수도 있었다. 무엇보다 작성법이 간편하고, 특별한 디자인 능력 없이도 디자인이 깔끔했다. 내 업무를 도와주는 시스템을 만들기에 이보다 적합

한 툴은 없었다. 나는 시스템을 만든 경험을 모아서 업무를 관리하는 하나의 프레임워크를 완성했다.

업무를 돕는 DSLR 시스템

직장에서 일을 체계적으로 하고 싶다면, 다음 4종류의 데이터가 중요하다. **업무 설명서와 일정, 이력과 자료**다. 업무에 필요한 데이터는 대부분 이 범주에 들어간다. 이를 제대로 관리한다면 누구나 빠르게 업무를 수행하게 되고, 업무 이력에 대해 빠삭해지며, 일정도 꼼꼼하게 챙길 수 있다. 즉, 일 잘하는 업무 전문가가 될 수 있다.

정보	설명
업무 설명서 (Description)	업무 설명과 지식, 설명서를 관리하는 문서이다.
일정 (Schedule)	할 일과 작업, 일정 등을 관리한다.
이력 (Log)	업무의 변화관리를 위한 이력이다.
자료 (Resource)	업무에 활용되는 레퍼런스, 파일, 링크 등 다양한 자료를 관리한다.

내가 제안하는 디지털 시스템은 이 4개의 정보를 체계화한 것이다. 이름은 각 영단어의 앞 글자를 따서 **DSLR 프레임워크**다. 마치 디지털카메라처럼 업무를 더 선명하게 보고, 원하는 대로 확대해보고, 기록을 남기고, 직관적으로 관리하는 시스템이다.

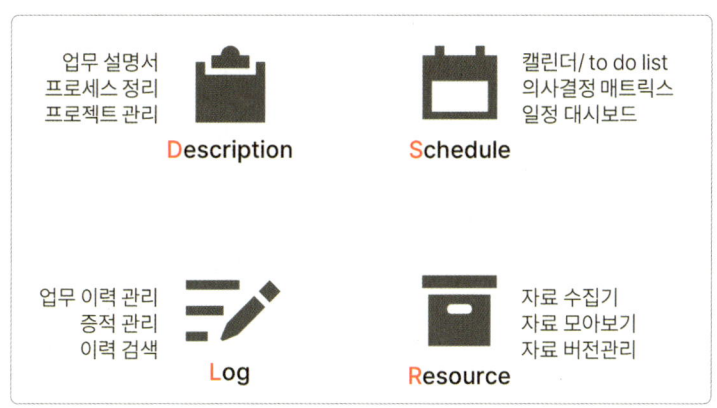

DSLR 프레임워크

단순히 데이터베이스만 구성한 건 아니다. 자료를 수집하고 업무에 연결시키는 작업까지 일원화했다. 이 테크닉까지 배우면, 스마트폰, PC, 노션 어디서나 생각과 아이디어를 메모하고, 한곳에 모을 수 있다. 이렇게 모인 정보를 모두 내 일과 삶에 체계적으로 연결한다. 즉, 업무에 언제든지 활용할 수 있는 지식 시스템이다. 어수선하고 복잡했던 삶의 방식이 간결해지리라 확신한다.

- **업무 설명서 관리**: 업무를 하면서 필요한 설명서와 업무 지식들을 관리한다.
- **일정 관리**: 업무에 필요한 일정들을 통합 관리하고, 할 일에 명확한 우선순위를 부여해준다.
- **이력 관리**: 업무에서 발생하는 이벤트와 이력을 한곳에서 기록하고 추적할 수 있다.
- **자료 관리**: 여러 형태의 데이터를 한곳에서, 하나의 자료로 관리한다. 그리고 각 업무에 적절히 분배하여 활용하게 도와준다.

수많은 데이터베이스가 필요할 것 같지만, 그렇지 않다. 단 4개의 데이터베이스로 깔끔하게 구성했다. 그리고 각 데이터베이스를 유기적으로 연결했다. 다른 데이터베이스를 추가하여 관리 영역을 넓히기도 용이하다. 영역을 무한 확장하면서 다양한 기록을 할 수 있는 체계적인 프레임워크다.

왜 직접 만들어야 할까?

이 시스템은 노션의 기능과 사용성, 구조를 사용하기 좋게 최적화한 것이다. 그럼에도 사용하기에는 어려울지도 모른다. 나도 양식을 주고 사용법을 알려준 뒤, "잘 활용하세요."라고 말할 수 있으면 좋겠다. 하지만 노션은 그런 툴이 아니다. 당신의 노션은 당신의 일과 삶에 맞춰서 끊임없이 변화해야 한다. 바꿀 수 없는 시스템은 죽은 시스템이다. 그러기 위해서는 사용법뿐만 아니라 구조와 형태를 명확하게 이해해야 한다.

그래서 이 책의 후반부, **직장인을 위한 노션**에서는 업무와 일상에 활용할 4개의 데이터베이스를 직접, 하나씩 만들어볼 것이다. 내가 제안한 템플릿을 만드는 것만으로도 업무를 체계적으로 정리할 수 있다. 그 다음은 각 데이터베이스를 연결하고 통합할 차례다. 마지막에는 내 라이프 스타일에 맞게 이 시스템을 확장하는 방법과 생산성을 높여줄 여러 고급 기능까지 다룬다.

    이 과정을 마치면, 업무와 일상을 기록하고 관리할 수 있는 하나의 시스템을 완성하게 된다. 노션 실력이 일취월장하는 것은 물론이며, 자신만의 시스템으로 업그레이드할 수 있는 여러 테크닉들도 알게 될 것이다. 그리고 한번 익숙해지고 난 뒤에는, 과거에 쓰던 원래 기록 시스템으로는 절대 돌아갈 수 없으리라.

PART V

일을 관리하는 방식만 달라져도 생산성이 크게 증가한다. 업무 설명서(Description)와 일정(Schedule), 이력(Log)과 자료(Resource)는 모든 업무에 필요한 중요 요소다. 이를 체계적으로 관리할 수 있는 시스템이 바로 DSLR이다.

이 파트에서는 노션을 활용하여 업무 설명서를 작성하고, 각 업무에 필요한 정보를 체계적으로 정리하는 방법을 배운다. 또한, 일정과 할 일을 관리하는 일정 관리 데이터베이스를 만든다. 그리고 이력 관리를 통해 업무 진행 상황을 기록하고 추적하는 방법을 익힌다. 마지막으로, 필요한 파일과 문서를 정리하고 쉽게 찾을 수 있는 자료 관리 시스템을 만든다.

특히 내가 직장인 생활을 하면서 배운 꿀팁을 다 담았다. 잘 익혀둔다면, 어느새 일을 잘한다는 이야기가 들려오기 시작할 것이다. 그리고 이를 노션으로 어떻게 구현하는지도 유심히 살펴보길 바란다. 나의 업무 스타일에 맞게 바꿀 인사이트까지 얻을 수 있다.

직장인 비밀 무기, DSLR 시스템

GOAL
- 노션으로 나만의 업무 시스템 만들기
- 데이터베이스 및 보기 설계 실습 및 활용

RESULT
- DSLR의 핵심 시스템 4가지
  (업무 설명서, 일정, 이력, 자료)

KEYWORD 업무 설명서 프로세스 정리 일정 관리 업무 이력 검색 자료 관리

SECTION 14 [Description(디스크립션)] ❶ 정확히 일하는 업무 설명서

ONE-PAGER GUIDE

[Needs Story] 업무 설명서는 파워포인트나 엑셀, 워드로 만든다. 업무 프로세스나 용어 설명, 각종 이슈와 해결 방법, 시스템 활용법과 이해관계자 등이 주제다. 하지만 나를 위한 업무 설명서는 없다. 자작 업무 설명서의 도움을 받으며 일하는 직장인은 얼마나 될까? 거의 없을 터다. 제때 업데이트하기 번거롭고, 문서를 찾는 일이 귀찮기 때문이다.

업무 설명서는 매번 다른 사람을 위해 만든다. 투입한 시간 대비 업무에 실질적인 도움을 주지 않는다는 의미다. 사람들은 업무가 자기 손을 떠나갈 때, 그제서야 업무 설명서를 만든다. 가령 후임이 들어왔을 때나 이직할 때다. 빨리 1인분을 해서 내 일을 덜어 가면 좋겠는데, 되려 일이 늘어난다. 신입 교육이 내 몫이다. 옛 선임이 만들어둔 인수인계서를 찾는 데 한 세월이다. 막상 열어봐도 너무 옛날 자료로, 업데이트할 내용이 많다. 그냥 내 머릿속을 통째로 복사해주고 싶다.

[NOTION SOLUTION] 나는 기억력이 좋지 않아 학생 시절 대외활동을 하거나 군대에서 행정 업무를 할 때 곤혹스러울 때가 많았다. 나는 내 약점을 잘 알았고, 회사에서 발목 잡히고 싶지 않았다. 그래서 생각한 게 나만의 설명서를 만드는 것이었다. 무슨 일을 하든지 노션에 그 업무를 정리해두기 시작했다. 배운 걸 까먹지 않고, 똑같은 질문을 두 번, 세 번 하지 않기 위해서였다. 업무 체계도 모르는 신입이 만든 업무 설명서는 얼마나 엉성했을까? 그러나 배운 걸 꾸준히 정리했더니, 기대했던 것보다 효과가 컸다.

복잡하고 세부적인 업무를 일일이 외울 필요가 없었다. 이미 배운 걸 선임 눈치를 보며 또 묻지 않게 되었다. 업무가 기억이 안 나도 검색으로 빠르게 찾을 수 있었다. 실수도 적었더니, 세 번 이상 반복하지 않았다. 자료가 쌓일수록 업무 처리는 더 빠르고 정확해졌다. 내가 알고 있는 것과 모르는 걸 분명하게 알 수 있었다. 결국 머릿속에도 업무의 큰 그림이 그려졌다. 노션은 실로 내 업무를 도와주는 듀얼 브레인이었다.

- **목표:** 나만의 업무 설명서로 업무 속도 높이고 전문성 기르기 | 복잡한 데이터와 절차를 편하게 재구성하는 방법 체득하기
- **과제:** 업무 설명서 DB 구성하기 | 설명서 페이지 샘플 만들기 | 페이지 링크 및 하위 항목 마스터하기
- **결과물:** DSLR 시스템 중 'D', <업무 설명서 DB>

페이지 1 노션 업무 설명서: <업무 설명서 DB>

업무 설명서에서 가장 중요한 건 무엇일까? 바로 속도다. 필요할 때 빨리 찾을 수 있어야 하고, 업데이트도 쉬워야 한다. 필요한 정보를 제때 찾기 어렵다면 찾는 일 자체가 귀찮아 결국 사용하지 않게 될 것이다. 업데이트가 번거로우면 내용이 최신화가 되지 않는다.

즉 너무 상세한 분류와 체계는 비효율적이다. 정보를 찾아 페이지 속의 페이지를 헤매야 한다면, 결국 시간과 에너지를 다 뺏기고 만다. 우리는 다양한 사람을 위한 도서관이 아니라, 내 업무를 빠르게 도와줄 전용 시스템을 만들고 있다. 가급적 페이지 속에 또 다른 페이지를 넣는 식으로 만들지 말자. 페이지를 열면 정보가 바로 나오는 게 제일 좋고, 아니어도 두어 번 클릭만으로 원하는 정보를 찾을 수 있어야 한다. 이 점을 염두에 두고 노션 업무 설명서를 마련해보자.

N <업무 설명서 DB> 데이터베이스 설계

NOTION PREVIEW

업무 설명서 DB

<업무 설명서 DB>는 DSLR 시스템의 첫 번째 데이터베이스다. 각 페이지 하나가 업무 설명서다. 페이지의 본문이 속성보다 중요하며, 업무와 관련된 설명서와 각종 데이터들을 입력하고 관리한다.

업무 설명서 DB

Aa 설명서 이름	≔ 분류		≔ 담당자	
프로그램 사용법	시스템	기타	김대리	천과장
프로세스 정리	행정	시스템	천과장	
프로젝트 관리	영업	수주	오차장	
고객 관리	영업		천과장	

- **속성(유형 – 속성 이름)**: 이름 – 설명서 이름 | 다중 선택 – 분류 | 다중 선택 - 담당자
- **옵션(선택 속성 한정)**: '분류'(시스템, 행정, 영업, 수주), '담당자'(김대리, 천과장, 오차장)

01 [개인 페이지] 섹션에 새로 <나의 세컨드 브레인> 페이지를 만든다. 앞으로 DSLR 시스템을 위치시킬 메인 페이지다. 이 페이지 본문에 [/] 명령어로 [데이터베이스 - 인라인] 블록을 삽입한다. 데이터베이스 제목은 '업무 설명서 DB'로 적는다.

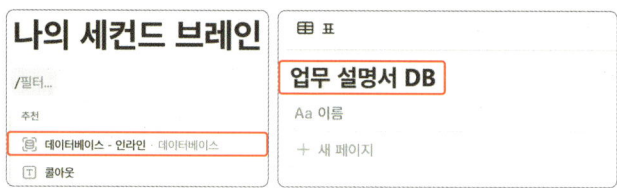

02 <업무 설명서 DB>의 데이터베이스 설계도는 오른쪽 그림과 같다. 다이어그램과 예시 이미지를 참고해 데이터베이스 속성들을 추가하고, 순서와 너비를 조정한다. <다중 선택> 속성인 '분류'와 '담당자'에는 각자 필요한 옵션을 추가해둔다.

03 <프로그램 사용법>, <프로세스 정리>, <프로젝트 관리> 3개 페이지를 추가하고, 다음과 같이 데이터를 입력한다.

앞으로 여기 추가한 페이지를 하나씩 열어 가면서, 일잘러로 거듭나기 위한 DSLR 시스템을 구성해갈 것이다. 이번 섹션은 <프로그램 사용법> 차례다. 노션의 다양한 기능을 활용하여 효과적으로 업무 설명서를 구성하는 방법을 알려주겠다. 참고로 업무 설명서에서 활용할 수 있는 프로세스 관리 방법은 이번 파트의 마지막 섹션에서 다룰 예정이다.

설명서 본문 구성

업무 설명서는 업무 절차대로 프로그램 화면을 캡처하면서 작성한다. 업무를 잘 모를 때는 우선 정확하게 작성하는 데 초점을 맞춘다. 업무가 충분히 익숙해진 뒤에 큰 그림을 보며 다시 정리해도 늦지 않다.

'프로그램 사용법'처럼 본문이 대부분 이미지와 텍스트라면 노션의 기본 블록만 활용해도 충분하다. 화려한 표현을 사용할 일도 없고, 디자인 요소를 넣을 일도 없다. 다만 아쉬운 점은 이미지다. 업무상 화면 캡처를 입력해야 하는데, 노션의 기능엔 업로드한 이미지를 편집하는 도구가 거의 없다. 이미지의 크기와 비율을 조절할 수는 있으나, 다른 도형이나 텍스트를 넣을 순 없다. 따라서 설명서를 만들 때는 도형을 삽입할 수 있는 캡처 프로그램을 함께 활용하면 좋다.

내가 추천하는 캡처 프로그램은, 누구나 가볍게 쓸 수 있는 라이트샷(lightshot)과 기능이 많은 픽픽(pickpick)이다. 라이트샷은 캡처 이미지에 도형 정도만 빠르게 삽입할 때 좋고, 픽픽은 이미지 크기 변경이나 편집 작업이 많을 때 추천한다.

NOTION SAMPLE

노션 업무 설명서 작성 실습(16)

실습 예제로 <pickpick 프로그램 사용 설명서>를 준비했다. 설치 방법, 캡처 기능, 이미지 편집 기능 사용법, 기타 항목으로 구성된 설명서다. 이 설명서를 따라 만들면서, 노션의 기능을 활용하는 팁과 원칙을 함께 배워보자.

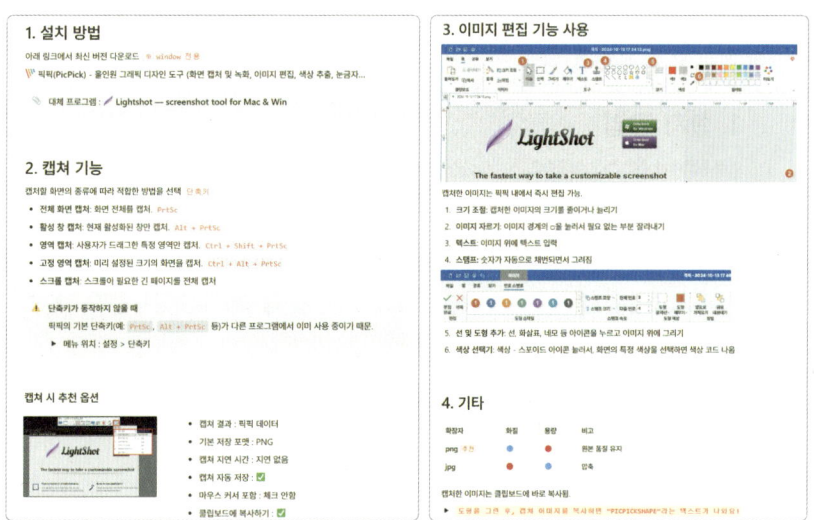

- **사용 블록**: 제목1, 제목2, 글머리 기호 목록, 번호 매기기 목록, 콜아웃, 표, 토글 목록, 2개의 열, 이미지
- **꾸밈 요소**: 붙여넣기 형식(멘션). 글자 스타일링(코드로 표시, 배경색), 픽픽 프로그램 스탬프

페이지 1 노션 업무 설명서: <업무 설명서 DB>

■ 나만의 작성 원칙

설명서를 본격적으로 작성하기 전에, 나만의 작성 원칙을 세워두면 좋다. 원칙이 있으면 문서 읽는 속도가 빨라진다. 각 항목마다 표기 원칙과 적용할 글자 스타일링을 정하고, 사용할 블록도 미리 생각해둔다. 기본은 [텍스트] 블록이다. 예를 들면 다음 표와 같다.

항목	표기 원칙 및 글자 스타일링	사용 블록
메뉴 및 기능	대괄호 [ ] 로 묶기 / [코드로 표시] 적용	
시스템 메뉴 및 페이지명	[굵게] 적용	
강조하는 부분	[텍스트 색] – [노란색 배경] 적용	
질문 답변	[코드로 표시] 적용	[토글] 블록
주의해야 할 점		[콜아웃] 블록
단축키 및 참고사항	[코드로 표시] 적용	
웹사이트 링크	@(멘션) 사용	
데이터 (간단한 것)		[표] 블록
데이터 (추가/변경/연결)		[데이터베이스 - 인라인] 블록

■ 웹페이지 링크 표현 방법 4

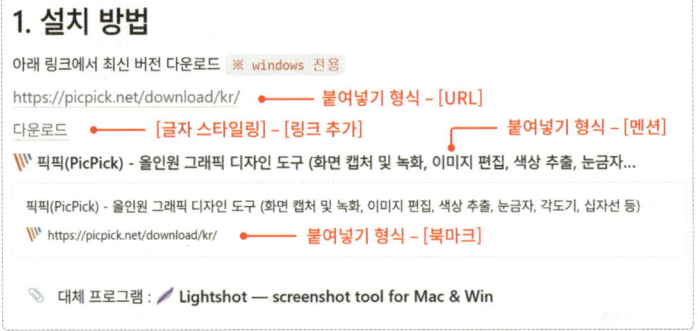

링크는 다양한 형식으로 표현할 수 있다. 웹페이지 주소를 복사하고 페이지 본문에 붙여넣으면, [붙여넣기 형식] 메뉴가 보인다. 4가지 옵션의 장단점을 알고 활용해보자.

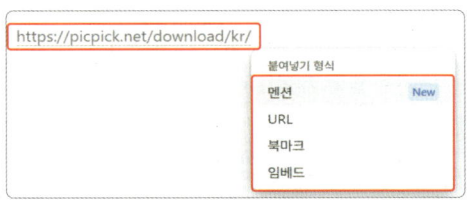

붙여넣기 형식	설명 및 예시
멘션	픽픽(PicPick) - 올인원 그래픽 디자인 도구 Lightshot — screenshot tool for Mac & Win 웹페이지의 아이콘과 제목이 보이는 링크다. 입력하기도 편하고 보기에도 좋다. 블록이 아니라 인라인으로 만들어진다. [콜아웃] 블록 등 다른 블록 위에도 입력할 수 있다.
URL	https://picpick.net/download/kr/ 링크가 있는 주소 형태로 생성된다. 링크가 너무 길다면, 글자 [스타일링]의 [링크 추가] 기능을 활용하자.
북마크	픽픽(PicPick) - 올인원 그래픽 디자인 도구 (화면 캡처 및 녹화, 이미지 편집, 색상 추출, 눈금자, 각도기, 십자선 등) https://picpick.net/download/ [북마크] 블록으로 생성된다.
임베드	웹페이지의 내용을 보여주는 [임베드] 블록으로 생성된다. 단, 지원하지 않는 웹사이트도 있다.

■ 간단한 개요 및 기능 설명

기능은 [글머리 기호 목록] 블록에 정리했다. 오른쪽 단축키 [스타일링] - [코드로 표시]를 적용해 모양을 바꾼 것이다. 단축키는 Ctrl + E 다.

[콜아웃] 블록에 경고 아이콘을 넣고, 주의해야 할 점을 정리해두었다. [토글 목록] 블록은 큰 설정창 이미지 때문에 페이지가 너무 길어지는 걸 방지하기 위해 사용했다.

이미지와 내용은 [0개의 열] 블록을 활용하여 여러 단으로 구성하면 좋다. 공간을 충분히 활용할 수 있다. 예시는 2단 구성으로, 왼쪽은 [이미지] 블록, 오른쪽은 [글머리 기호 목록] 블록을 배치했다. 이미지 내 빨간 사각형은 픽픽에서 삽입한 도형이며, 다시 복사하여 페이지에 입력했다.

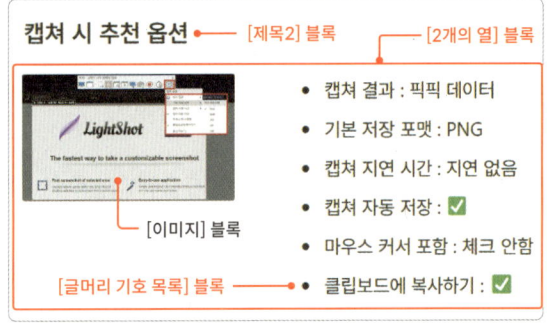

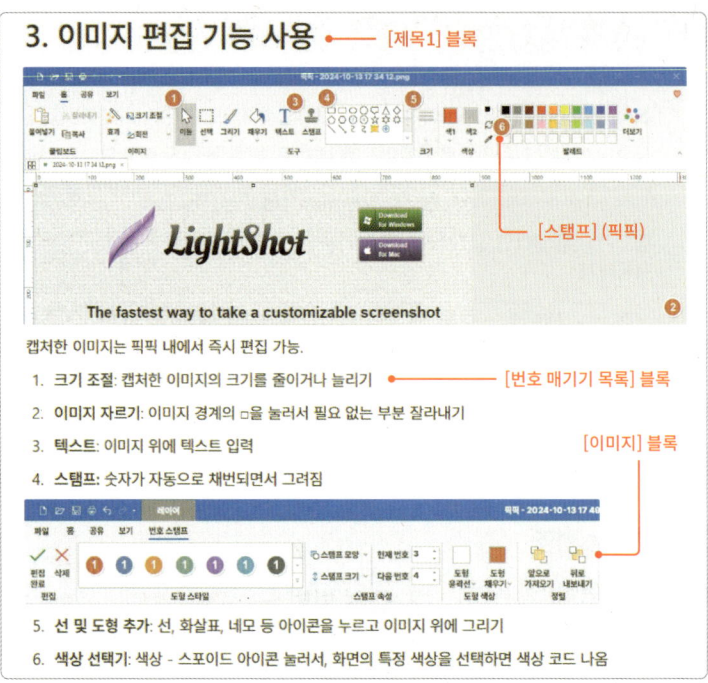

메뉴에 여러 기능이 있을 때에는 [번호 매기기 목록] 블록을 활용하면 좋다. 각 기능을 순서대로 정리한 후, 이미지의 해당 부분에 숫자를 적어두었다.

이때 캡처 이미지에 숫자를 직접 표시하기보다, **픽픽 프로그램**의 [**스탬프**] 기능을 활용해보자. 클릭 한 번으로 숫자 이미지가 생성되는데, 자동으로 1씩 늘어나 추가 작업이 필요없다. 예시에는 그 밖의 픽픽 프로그램 사용법도 소개해두었다.

■ 표 vs. 데이터베이스

데이터는 표로 정리하는 게 직관적이다. 노션에서는 [표] 블록과 [데이터베이스 - 인라인] 블록 2가지를 활용한다.

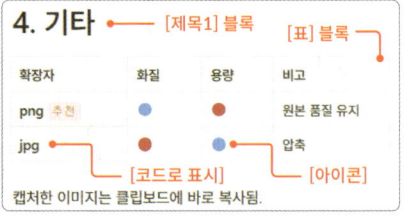

하지만 데이터베이스를 무조건 써야 하는 건 아니다. 입력한 데이터가 바뀔 일이 없고 간단하다면 [표] 블록을 활용하자. 반면, 데이터베이스는 새로운 정보를 추가하기 좋고, 다른 페이지에서 연결해서 쓰기도 편리하다.

■ **토글 활용**

다양한 데이터를 정리할 때는 [제목 토글]이나 [토글 목록] 블록을 활용해서 내용을 뭉쳐두면 편리하다. 예시에선 스타일링 [코드로 표시]를 활용하여 형태까지 바꿨다. 그리고 [노란색 배경]을 지정하여 강조했다.

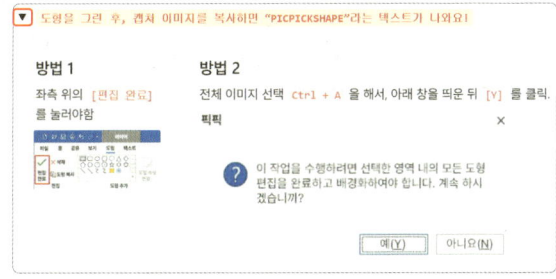

[토글] 유형 블록이 많아지면 [토글]을 한꺼번에 열고 접는 단축키를 활용해보자. `Ctrl` + `Alt` + `T`를 누르면 페이지 전체의 토글이 열리거나 접힌다. 단축키가 바로 생각이 안 난다면, 설명서 맨 위의 [댓글]이나 블록에 자주 쓰는 단축키를 적어두면 편리하다. 따로 기억하지 않아도 된다.

페이지 2 페이지 연결과 계층 관리

<업무 설명서 DB>를 만들고 설명서의 페이지 본문도 작성해보았다. 이제 각 설명서를 수시로 참조하고 업데이트하는 방법과 데이터를 관리하는 방법을 알아보자.

📄 페이지 연결: [페이지 링크]와 [백링크]

업무를 정리하다 보면, 다른 설명서를 참고해야 할 때가 있다. 똑같은 내용을 여러 페이지에 정리하면 관리가 어렵다. 업무 지식은 최대한 한 페이지에 모아야 내용을 정확하게 보장할 수 있고, 수정도 쉽다. 페이지 바로가기 기능인 [페이지 링크]를 활용해보자.

01 <업무 설명서 DB>의 <프로그램 사용법> 페이지를 열자. 페이지 본문에 멘션(@) 기능을 활용하여 @프로세스 정리라고 입력한다. 그럼 [페이지 링크] 메뉴에서 페이지를 검색할 수 있다. 나의 워크스페이스 내 페이지 위치가 가장 가까운 페이지부터 상단에 보이며, 데이터베이스가 아닌 일반 페이지도 찾을 수 있다.

02 페이지 <프로세스 정리>를 클릭하면, 오른쪽 그림처럼 [페이지 링크] 인라인이 만들어진다. 이를 클릭하면 페이지가 열린다. 작업 중인 페이지를 떠나지 않고 페이지를 확인하

고 싶다면, 키보드 [Alt]를 누르고 클릭한다. 페이지가 [사이드 보기]로 열린다.

03 [페이지 링크]는 페이지를 연결하는 핵심 기능이다. 오피스 툴의 하이퍼링크와 유사하지만, 단순 바로가기가 아니다. 두 페이지를 서로 연결한다. 페이지를 연결하면, 상대방 페이지(여기서는 <프로세스 정리>) 제목 위에 [백링크] 메뉴가 나타난다. 이 페이지를 참고하고 있는 다른 페이지를 볼 수 있다.

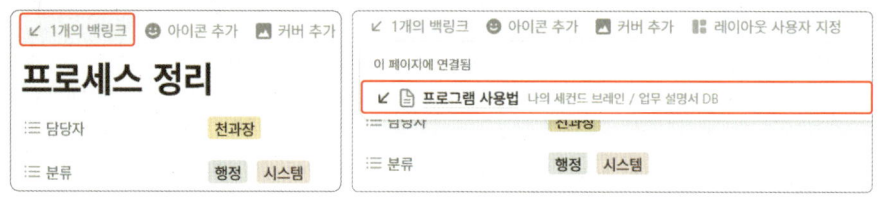

N 내용 연결: [동기화] 블록

[동기화] 블록을 활용하면 본문도 연결할 수 있다. 동기화하고 싶은 내용을 동기화 블록의 빨간 경계 안에 넣는다. 그리고 오른쪽 위 메뉴의 **[복사하고 동기화하기]**를 클릭하여 다른 페이지에 붙여넣는다. 그러면 다른 페이지에서도 내용이 보이고, 편집까지 가능하다.

다만, 동기화 블록을 사용할 때는 원본 블록과 사본 블록을 구분해야 한다. 사본 블록은 지워도 상관 없지만, 원본 블록을 삭제하면 연결된 사본 블록에서 원본 블록이 사라졌다는 메시지가 보이게 된다. 원본 블록을 지울 때는 오른쪽 그림처럼 경고 문구가 뜨니, 꼭 확인하길 바란다.

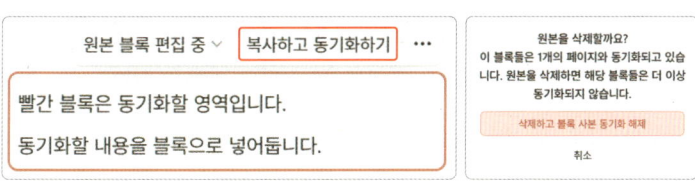

계층 데이터 관리: [하위 항목]

노션은 위키처럼 페이지 단위로 데이터를 관리한다. 페이지 속에 페이지를 겹겹이 넣는 식이다. 하지만 업무 데이터에는 계층(Hierarchy)이 있다. 상위 데이터와 하위 데이터가 존재한다. 계층이 있는 정보의 예로는 조직 구조, 화면 메뉴나 제품 BOM 등이 있다. 이런 데이터는 페이지 본문보다 데이터 간의 위계가 중요하다.

이런 유형의 데이터를 한 페이지만으로 관리하기는 어렵다. 원하는 페이지를 찾아 계속 페이지 속으로 들어가야 한다. 계층 데이터를 편리하게 관리하려면, [하위 항목]을 활용해보자. [표] 보기에서 모든 데이터의 계층을 한눈에 볼 수 있다. 하위 페이지를 보기 위해 페이지 본문을 열 필요가 없어 간편하다. 간단한 실습을 통해 하위 항목을 사용하는 방법을 배워보자.

01 <업무 설명서 DB> 아래 [데이터베이스 - 인라인] 블록을 삽입한다. 데이터베이스 제목은 '하위 항목 실습 DB'다. 시험삼아 <최상위 페이지> 2개를 추가했다.

02 데이터베이스 메뉴인 [···]을 클릭하고, ❶ [보기 설정] - [사용자 지정]을 클릭한다. ❷ [사용자 지정] 기능 중 [하위 항목]을 선택해 추가하자. ❸ [하위 항목 켜기] 버튼을 클릭하면 완료다.

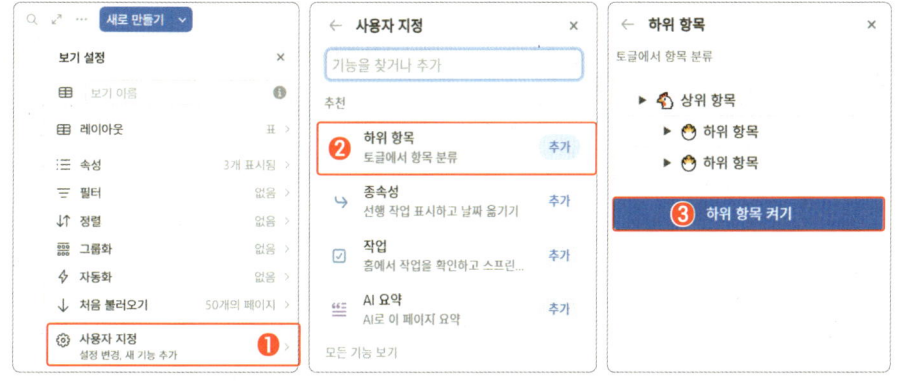

03 데이터베이스 페이지에 마우스를 가져다 대면, 페이지 앞에 토글 ▶이 뜨는 것을 볼 수 있다. 토글을 클릭하면, 페이지 아래에 연하게 [+ 새 하위 항목] 텍스트가 보인다. 이를 클릭하면 페이지 아래에 하위 페이지가 생성된다.

04 같은 방법으로 하위 페이지에 다른 하위 페이지도 추가할 수 있다. 최상위 토글을 접으면 하위 페이지가 모두 숨겨진다.

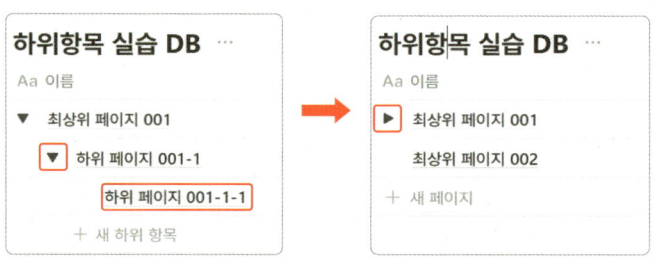

> **Note** 하위 항목에서 Tab 키 활용하기
>
> 페이지를 선택한 상태에서 키보드의 Tab 과 Shift + Tab 을 눌러보자. Tab 을 누르면 선택한 페이지가 바로 위 페이지의 하위 항목으로 설정된다. Shift + Tab 을 누르면 다시 밖으로 나온다. 이 기능은 여러 페이지를 선택해도 동작한다.
>
>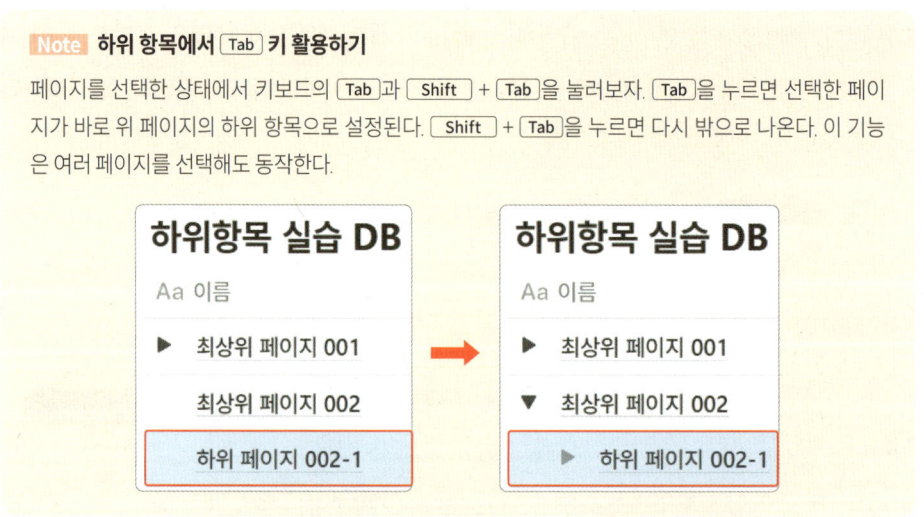

SECTION 15 [Schedule(스케줄)] 퇴근 시간을 당기는 일정 관리법

ONE-PAGER GUIDE

[Needs Story] 할 줄 아는 게 많을수록 더 많은 일이 들어온다는 말은 사실이었다. 사원 2년 차 때, 에러 대응과 개발을 같이 하느라 일이 너무 많았다. 대부분의 에러는 코드 몇 줄 수정하는 수준이라 직접 대응했다. 수시로 이슈 F/U까지 했더니, 오전에 일을 쳐내면 오후에 일이 그만큼 생겼다. 문득 일이 너무 많아서 잠시 세어보니, 개발 업무 11건을 2주 안에 해결해야 했다. 분명 쉴 틈 없이 일했지만, 약속한 일정이 자꾸 미뤄져서 고객도 나도 난감했다.

어떤 프로그램은 시간을 들여 분석해야 했다. 그러나 할 게 많아서 마음이 급했고, 자연히 집중할 여유가 없었다. 혼자 다 해보려고 애쓰다가 공휴일에 혼자 일하는 지경에 이르렀다. 결국 PM에게 찾아가 도움을 요청했다. PM은 나의 구구절절한 이야기를 듣고선 딱 한 마디만 했다. "고객한데 리스트 주고, 순서를 정해 달라고 해."

고객사에 메일을 썼다. 내 업무가 너무 많으니, 교통 정리를 해 달라고. 공휴일에 나 혼자 일한 게 억울했는지 평소 나답지 않게 안 좋은 감정을 내비쳤다. 그럼에도 고객이 흔쾌히 보낸 답신을 보니 많은 생각이 들었다. 나 혼자만 애쓰고 있었던 것이다. 어떤 일은 일정을 충분히 조정할 수 있었고, 안 해도 별 상관 없는 일, 다른 사람이 해도 되는 일도 꽤 있었다. 미처 거기까지는 생각하지 못했을 뿐이었다. 얼마 전까지만 해도 일을 순서대로 쳐내도 충분했지만, 이제는 업무의 우선순위를 판단해야 했다. 다시 말하면, 전략적으로 일할 시기였다.

[NOTION SOLUTION] 나는 이 경험을 하고 나서 "중요한 일을 먼저 한다."라는 업무 원칙을 세웠다. 아침에 출근하면 일정과 할 일을 모두 리스트업한다. 그리고 일의 우선순위를 매긴다. 어떤 게 중요한지 가늠한다. 그리고 가장 중요해 보이는 일부터 시작한다. 설령 급한 일이 아니어도 말이다. 출근 후 약 10분을 투자했더니, 단 몇 개월만에 일이 눈에 띄게 줄어들었다. 연차가 쌓인 직장인들은 저마다 일정 관리 방법이 있다. 나는 일이 들어오는 족족 빠르게 쳐내는 게 편하다. 나와 비슷한 사람이 있는가 하면, 시간 단위로 계획해서 일하는 사람도 있다. 분명한 사실은 연차가 쌓일수록 일정을 전략적으로 관리할 줄 알아야 한다는 점이다. 이번 섹션에서는 일정을 관리하는 자신만의 원칙과 전략을 노션에 담아내는 방법을 알려주겠다.

- **목표**: 일정 관리 전략을 노션에 구현하기 | <일정 DB> 완성하기
- **과제**: <일정 DB> 만들고 보기 설계하기 | 우선순위 매트릭스와 일정 대시보드 만들기
- **결과물**: DSLR 시스템 중 'S', <일정 DB>

페이지 1 일정과 할 일 관리 <일정 DB> 실습(17)

<일정 DB>를 만들기 앞서, '일정'과 '할 일'부터 제대로 알아야 한다. 일정과 할 일은 언뜻 비슷해 보이지만, 엄밀히 구분하면 다르다. 일정이 약속과 계획에 가깝다면, 할 일은 작업과 실무에 가깝다. 회사에서는 연차별로 일정과 할 일의 비중도 다르다. 사원 때에는 당장 쳐내야 하는 할 일이 많다. 매니저 역할에 가까워질수록 실무의 비중이 줄고, 일정과 관리 업무가 많아진다.

관리 방법과 전략도 다르다. 일정은 [캘린더]나 [타임라인] 형태로 관리하는 게 좋다. 날짜가 중요하기 때문이다. 반면 할 일은 [칸반 보드] 형식이나 [체크리스트]로 관리한다. 날짜보다 작업의 진행 상태가 더 중요하다. 여유가 있을 때 빨리 해치우는 편이 낫다.

그러나 바쁜 직장인이 일정과 할 일을 구분해 가며 관리할 여유는 없다. 그러니 매번 어떤 데이터베이스에 넣을지 고민하지 말고, 차라리 데이터베이스 하나로 통합하는 걸 추천한다. 관리가 훨씬 간편해진다. 하나의 보기에 모든 일정과 작업이 보이며, 오늘 챙겨야 할 일을 파악하기에 좋다. 게다가 노션에는 [보기]와 [필터]라는 강력한 기능이 있다. 이 기능 덕분에 두 가지를 함께 관리할 수 있다. [캘린더] 형태와 [칸반 보드] 형태로 상황에 맞게 바꿔 보면 된다.

N <일정 DB> 데이터베이스 설계

NOTION PREVIEW

일정 DB

우리가 만들 <일정 DB>는 일정 하나당 페이지 하나로 구성된다. <날짜>가 있고, 진행 상황을 확인할 수 있는 <상태> 속성이 있다. 그리고 우선순위 판별을 위한 '중요도' 속성과 '긴급도' 속성이 있다.

날짜	Aa 일정명	⊙ 중요도	⊙ 긴급도	● 상태	≡ 상세	≡ 분류	
2024/12/02	주간 회의	보통	여유	● 시작 전		행정	
2024/12/03	인보이스 발행	중요	여유	● 시작 전		영업	
	고객사 문의 대응	중요	긴급	● 진행 중		영업	시스템
	공급망 이슈 대응	보통	긴급	● 진행 중		영업	

- 속성(유형 – 속성 이름): 날짜 – 날짜 | 이름 – 일정명 | 선택 – 중요도 | 선택 – 긴급도 | 상태 – 상태 | 텍스트 – 상세 | 다중선택 – 분류
- 옵션(선택 속성 한정): '중요도'(중요, 보통) | '긴급도'(긴급, 여유) | '분류'(행정, 영업, 시스템)

01 <나의 세컨드 브레인> 페이지에 [인라인 – 데이터베이스] 블록을 만든다. 제목은 <일정 DB>다.

02 다음 데이터베이스 설계도를 참고해 속성을 추가하고, `NOTION PREVIEW` 대로 값을 채운다.

일정DB		
날짜	날짜	년/월/일
제목	일정명	
상태	상태	ex.시작전,진행중,완료
선택	중요	ex.중요,보통
선택	긴급	ex.긴급,여유
텍스트	상세	
다중선택	분류	ex.행정, 영업, 시스템

보기 설계: 캘린더 보기 | 표 보기(필터)

일정은 상황에 따라 여러 관점을 사용한다. 월초에는 월 전체 일정을 한눈에 보면서 조정한다. 주간 회의를 할 때에는 지난 주의 실적과 한 주의 계획이 필요하다. 개발 회의에서는 담당자별로 하고 있는 일을 한눈에 보면 편리하다. 매일 아침에는 오늘 할 일을 리스트업하고 시간을 배분한다. 퇴근 전에는 오늘 처리하지 못한 작업을 보며 야근을 할지 말지 판단한다.

이처럼 상황에 따라 보고 싶은 기간과 형태가 다르다. 즉, ==일정을 관리하는 목적에 따라 관점이 달라진다==. 이 관점을 미리 세팅해둘 수 있는 기능이 바로 데이터베이스의 [보기]다. 보기는 내가 보고자 하는 "관점을 고정"시킨다. 단순히 형태만 바꾸는 용도로 활용하기엔 아까운 기능이다. 보기를 통해 상황별로 필요한 관점을 설계해보자.

■ **일정: 먼슬리 캘린더**

먼저 일정을 관리할 수 있는 먼슬리 캘린더를 만들어보자. 월 전체 일정을 보면서 조율

할 때에는 [캘린더] 보기가 유용하다. 이때 각 일정의 세부 내용이 같이 보이면 좋다. '중요도'나 '긴급도' 속성이 함께 보이도록 보기 옵션을 조정해보자.

01 [캘린더] 보기를 추가한다. 만들어둔 <날짜> 속성이 캘린더의 기준이 된다. [캘린더] 보기의 각 날짜 칸 위에 일정 페이지가 하나씩 올라간다.

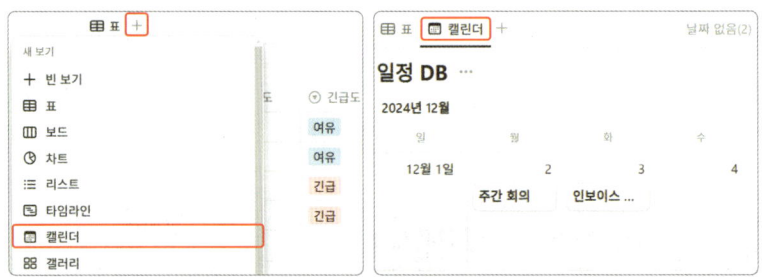

02 데이터베이스 오른쪽 ❶ ⋯ (보기 설정) 버튼을 클릭하고 데이터베이스 메뉴 중 ❷ [속성]을 클릭한다. 보고 싶은 속성인 ❸ '중요도'의 오른쪽에 있는 👁 아이콘을 클릭한다.

03 그럼 아이콘이 👁 모양으로 바뀌고, 아래 그림처럼 [캘린더] 보기에 '중요도' 속성이 일정과 함께 보이게 된다. 필요하다면 같은 방법으로 '긴급도'나 '상태' 속성도 추가한다.

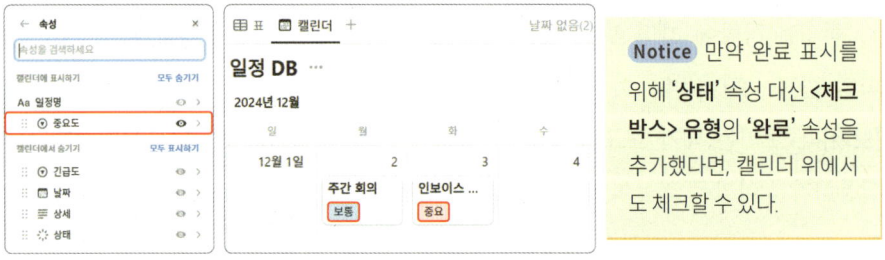

Notice 만약 완료 표시를 위해 '상태' 속성 대신 <체크박스> 유형의 '완료' 속성을 추가했다면, 캘린더 위에서도 체크할 수 있다.

> **Note** 위클리 캘린더로 보기
>
> 주간 일정만 보고 싶을 때에는 [캘린더] 보기의 옵션을 바꾼다. 데이터베이스 [보기 설정] 메뉴 – [레이아웃]에서 [캘린더 표시 기준]을 [월]에서 [주]로 변경하면 된다. 그러면 한 달이 아니라 한 주의 일정만 보인다. 주말이 필요 없다면, [주말 표시] 옵션도 끈다. 페이지에 공간을 많이 확보할 수 있다.

■ 할 일: to do list 표

[캘린더] 보기에는 <날짜> 속성이 있는 페이지만 보인다. <일정 DB>에서 날짜 속성이 없는 일정들은 대부분 '할 일'들이다. 이 할 일은 to do list로 관리하는 게 가장 효율적이다. to do list는 해야 할 일을 놓치지 않고 처리할 수 있는 간단하면서도 유용한 도구다. 아침에 해야 할 일을 모두 리스트업하고, 퇴근 전까지 모두 체크했을 때 성취감이 있다. <일정 DB>의 [표] 보기를 일정과 작업을 모두 관리하는 to do list로 활용할 수 있다.

01 <일정 DB>의 [표] 보기에서, 속성의 순서와 너비를 조정한다. '상태' 속성과 '상세' 속성을 앞으로 옮겨 그림처럼 배치하자.

02 '상태' 속성 이름을 클릭해 메뉴를 열고, [필터]를 설정하자. '상태' 속성 중 <할 일>과 <진행 중> 그룹만 보이도록 조건을 세팅한다.

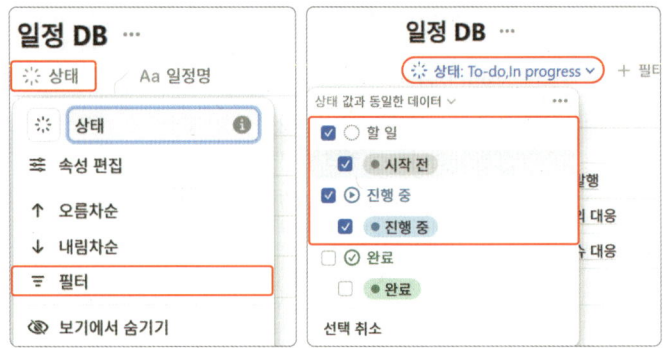

03 이어서 ❶[속성 메뉴]에서 [속성 편집]을 클릭한다. 상태 속성 편집창에서 ❷[표시 옵션]을 [체크박스]로 바꾼다. ❸아이콘 메뉴를 클릭해, ❹ 'checkmark circle'로 변경한다.

04 아이콘을 알맞게 넣었으니 속성 이름은 굳이 필요 없다. 깔끔하게 보이도록 속성 너비를 줄이고, 대신 ❶[표] 보기 - [이름 바꾸기]를 클릭해 [보기 설정] 메뉴에서 ❷이름을 'to do'로 바꾼다. ❸보기 아이콘도 똑같이 'checkmark circle'로 변경한다.

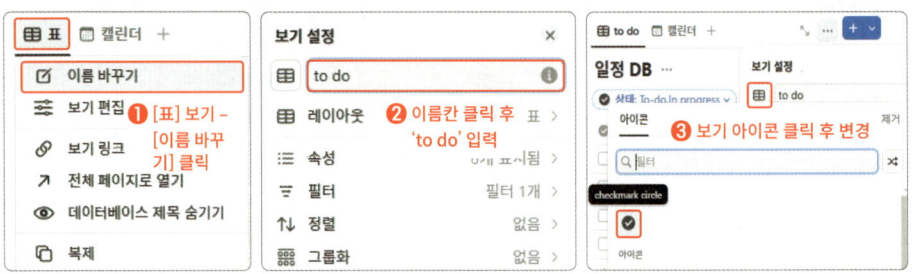

05 [to do] 보기가 세팅되었다. 날짜가 없는 페이지만을 보고 싶다면, [+ 필터 추가] 버튼을 클릭하고 <날짜> 속성에도 필터 조건(비어 있음)을 설정한다.

06 <고객사 문의 대응> 페이지의 '상태' 속성을 클릭하여 '완료' 처리를 해보자. [상태] 필터에 의해 페이지가 숨겨진다. 참고로 체크박스 3종류 중 ■ 는 진행 중이라는 의미다. [표] 보기에서 바로 <체크박스> 속성 값을 바꾸고 싶다면, 키보드 Alt 를 누른 채 클릭하면 된다.

07 to do list 제작이 끝났다. 새 할 일이 생기면, [to do] 보기에 <새 페이지>를 추가해서 할 일을 입력하면 된다.

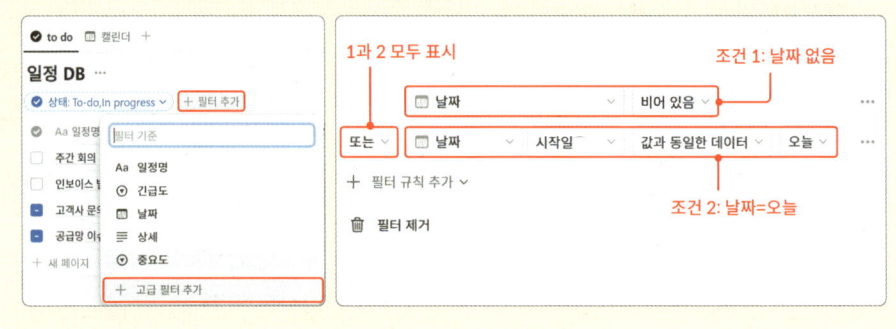

■ 할 일: done list 표

to do list와 반대로, 완료한 일들을 모아주는 보기도 만들어보자.

01 앞서 만든 [to do] 보기를 클릭하고 [복제]를 선택해 복제한다. 그다음 새로 생긴 [to do (1)] 보기를 클릭해 [보기 설정]에서 이름을 'done'으로 바꾼다.

02 [done] 보기에도 '상태' 속성 필터가 복제되어 있다. ≡ 버튼을 클릭해 [상태] 필터를 선택하고, '상태' 속성 중 [완료]된 것만 보이도록 세팅을 변경하면 끝이다.

> **Note** 작업 시점을 기록하고 싶다면?
>
> <날짜> 유형의 속성을 추가하여 관리하면 된다. 그러나 직접 입력하는 일이 번거롭다. 이는 파트 Ⅵ에서 배울 [자동화] 기능을 활용하면 된다. 조건은 '상태 속성이 완료로 바뀌었을 때'이고, 추가한 날짜 속성인 '작업 완료 일시'를 [자동 실행된 시간]으로 지정한다.

페이지 2 보기 설계 심화: 우선순위 매트릭스 | 일정 대시보드

일정과 할 일을 모두 관리할 수 있는 데이터베이스의 뼈대를 완성했다. 이제 한 발 더 나아가, 일의 우선순위를 나눠볼 수 있는 **우선순위 매트릭스**와 **일정 대시보드**를 구성해 보자.

📝 우선순위 매트릭스 실습(18)

일이 너무 많을 때는 무엇부터 해야 할지 몰라 난감할 때가 많다. 바쁠수록 전략적으로 일해야 한다. 해야 할 일이 수십 가지인데, 머릿속에서 우선순위를 따지는 건 불가능하다. to do list에 할 일을 다 적어놓고 이리 저리 옮겨 가며 중요도를 따지는 게 효율적이다.

자기경영 전략 중에, 일의 우선순위를 명확히 보여주는 좋은 전략이 있다. 바로 **아이젠하워의 의사결정 매트릭스**다. 여기서는 업무를 **중요도**(중요함/중요하지 않음)와 **긴급도**(긴급함/긴급하지 않음)를 기준으로 4분면으로 나눈다. 그리고 중요하고 긴급한 일부터 처리한다. 작업 우선순위는 알파벳 'Z'를 그리면 기억하기 쉽다.

이 전략을 그대로 가져와서, 노션으로 할 일의 우선순위를 볼 수 있는 새 관점을 만들어보자. 이는 [보드] 보기와 [하위 그룹화]를 활용하면 된다. 중요도와 긴급도를 기준으로 페이지를 이리저리 이동하며 우선순위를 정할 수 있는 유용한 보기다.

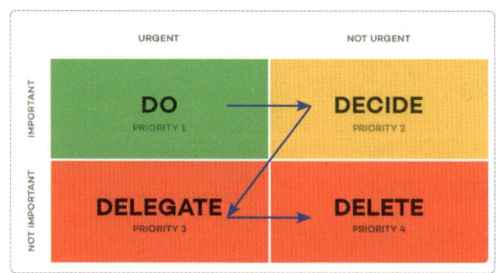

아이젠하워 매트릭스 (출처: https://nozbe.com/ko/blog/eisenhower-matrix)

01 <일정 DB> 보기 옆 ⊕(추가) 버튼을 클릭하여 [보드] 보기를 추가한다. '상태' 속성이 그룹화되어 칸반 보드 형태로 표시된다. 그룹화는 속성에 따라 달라질 수 있다.

02 우리가 필요한 것은 우선순위 매트릭스다. 그에 맞게 설정을 진행하자. 우선 각 카드가 너무 크다. [레이아웃] 메뉴에서 [카드 크기]를 [작게]로 바꾼다.

03 이어서 우선순위를 표현하기 위해, ❶ [레이아웃] 메뉴 - [그룹화 기준]을 클릭한다. ❷ [그룹화] 메뉴에서도 다시 [그룹화 기준]을 클릭해 ❸ '중요도' 속성으로 변경한다.

04 [그룹화]에서 나머지 옵션을 마저 조정한다. ❶ [정렬]을 [수동]으로 바꾸고, [표시되는 그룹]의 각 그룹 앞 ⋮⋮(핸들)을 이용해 ❷ [중요] 그룹을 가장 위로 올린다(중요-보통-중요도 없음 순). ❸ [빈 그룹 숨기기] 옵션은 끈다. [열 배경색] 옵션을 켜면 더 깔끔하다. 여기까지 완료한 모습은 오른쪽 그림과 같다.

05 우선순위를 표현하려면, '중요도' 말고 '긴급도'도 알아야 한다. 이는 [하위 그룹화] 기능으로 추가한다. 데이터베이스 ❶ [보기 설정] 메뉴에서 [하위 그룹화]를 클릭하고, ❷ [하위 그룹화 기준]으로 [긴급도]를 선택한 뒤 옵션을 아래와 같이 설정한다. (❸ '긴급'-'여유'-'긴급도 없음' 순 [수동] 정렬/❹ [빈 그룹 숨기기] 끄기) 그럼 '긴급도' 기준으로 페이지가 위아래로 한 번 더 나뉘게 된다.

06 위쪽 ▤(필터) 버튼을 눌러 필터를 추가한다. **<날짜>** 속성을 기준으로 하고, [비어 있음] 조건을 걸어 날짜가 비어 있는 페이지만 보이도록 설정한다.

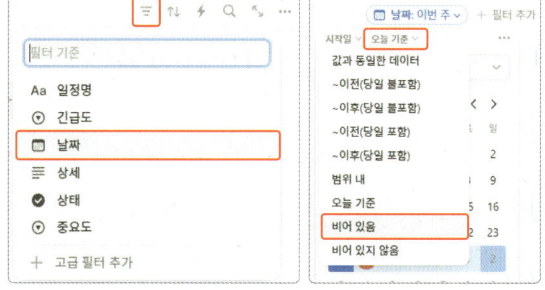

07 [이름 바꾸기] 메뉴로 보기 이름을 'MTX'로 변경하고, 아이콘(grid square 2x2)도 설정한다.

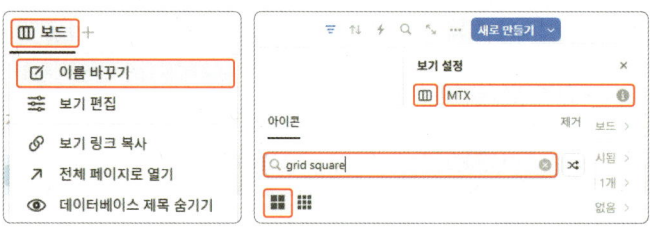

08 우선순위 매트릭스 [MTX] 보기 세팅이 완료되었다. 이제 해야 할 일의 중요도와 긴급도를 옮겨 가며 우선순위를 판단하고, 그대로 일할 수 있다.

📝 나만의 일정 대시보드

지금까지 일정 관리에 도움을 주는 보기들을 만들었다. 실무에서는 이 보기들을 한꺼번에 봐야 하는 상황이 많다. 그래서 모든 보기를 한 화면에서 체크할 수 있는 일정 대시보드가 필요하다. <일정 DB>는 하나인데, 어떻게 여러 보기를 한 번에 볼 수 있을까? [링크된 보기]를 활용하면 된다.

01 우선 <나의 세컨드 브레인> 페이지에 ❶/2 명령어로 [2개의 열] 블록을 만든다. 그리고 ❷<일정 DB> 옆 ⋮⋮(핸들)을 끌어 왼쪽 단(열)에 <일정 DB>를 옮겨 놓는다.

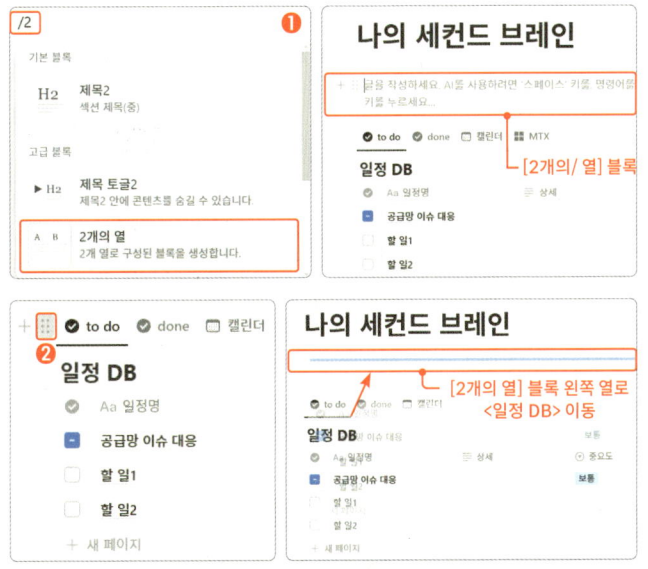

페이지 2 보기 설계 심화: 우선순위 매트릭스 | 일정 대시보드

02 오른쪽 열에는 <일정 DB> - [to do] 보기의 [링크된 보기]를 넣는다. ❶ [to do] 보기 메뉴에서 [보기 링크 복사]를 클릭하면 보기 주소를 얻을 수 있다. 그대로 ❷ 오른쪽 열에 붙여넣기한 후 팝업된 [붙여넣기 형식] 메뉴에서 [연결된 데이터베이스 보기]를 클릭하자.

03 [to do] 보기가 오른쪽 단에 추가되었다. 다시 한번 [링크된 보기] 방식으로 [to do] 보기 아래에 [MTX] 보기를 추가한다.

04 마지막으로 왼쪽 열의 원본 <일정 DB>를 [캘린더] 보기로 변경하면 끝이다.

일정 대시보드가 완성되었다. 일정은 왼쪽 [(먼슬리) 캘린더]에서 확인하고, 작업은 [to do] 보기에 입력한다. 그리고 [MTX] 보기에서 우선순위를 할당하면 된다. 익숙해지면, 일정 체크와 할 일 리스트업, 작업 우선순위 판단을 빠르게 할 수 있다.

> Notice [링크된 보기]를 사용할 때는 데이터베이스 원본과 [링크된 보기]를 잘 구분해야 한다. [링크된 보기]를 지우려다가 원본 데이터베이스를 지우지 않도록 유의한다.

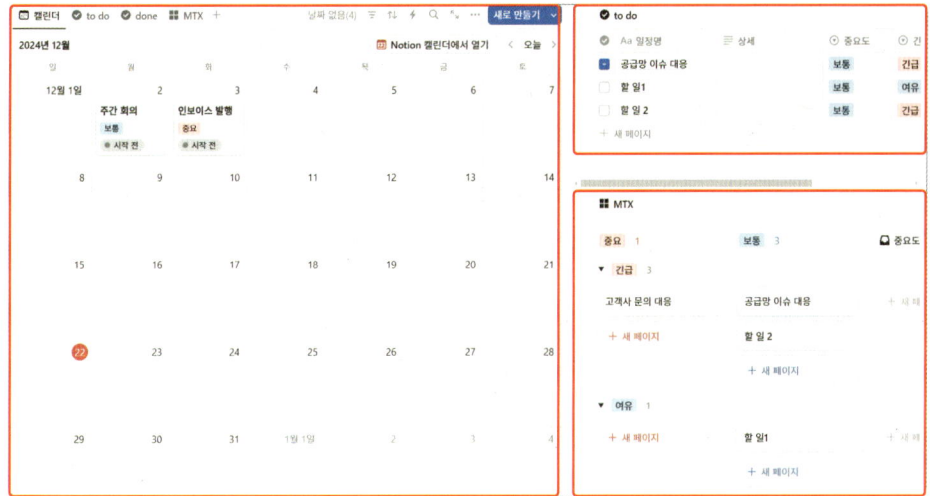

반복 업무 관리 아이디어

회사에는 매일 또는 매주 정기적으로 할 일들이 있다. 가령 주간 회의나 결산, 소모품 재고 파악, 시스템 점검 등이다. 이런 업무들은 어떻게 관리하는 게 좋을까? 반복적인 업무를 관리하는 데 도움이 될 아이디어를 소개한다.

첫 번째. 템플릿 활용

가장 쉬운 방법은 <일정 DB>에 매번 페이지를 만들어주는 것이다. 데이터베이스에는 [템플릿] 기능이 있다. 템플릿에서는 양식 지정 외에도, [반복] 설정이 가능하다. 그럼 매일 아침 또는 특정 요일에 주기적으로 새 페이지를 만들어준다. 반복되는 일정을 <일정 DB> 템플릿으로 지정하여 아침마다 자동으로 만들도록 세팅해보자.

01 <일정 DB> 오른쪽 위 ⌄ 버튼을 눌러 [+ 새 템플릿]을 추가하자. [템플릿(페이지) 이름]에 반복 작업의 일정명(여기서는 '아침 모니터링')을 입력하고, '**날짜**' 속성을 [오늘]로 세팅한다.

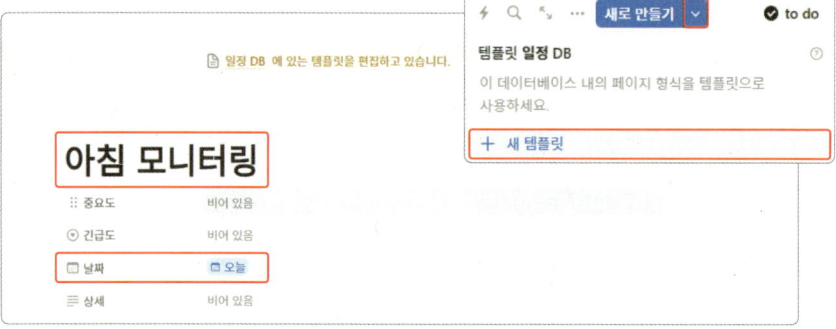

02 템플릿 팝업창을 닫고, 데이터베이스로 돌아와 다시 ⌄ 버튼을 클릭하면 새 템플릿이 보인다. 오른쪽 ⋯ 메뉴에서 <아침 모니터링> 템플릿의 반복 작업을 설정한다. [반복] - [일]을 선택하고, [시간]을 '6:00 오전'으로 선택하면, 매일 아침 6시에 <아침 모니터링> 페이지가 자동 생성되게 된다. 또 [반복] 옵션에서는 주기 외에도 반복을 언제 시작할지([시작 시간]), 언제 끝낼지([종료일])를 설정할 수 있고, 잠시 멈추는 것([반복 중지])도 가능하다.

📝 두 번째. 별도 데이터베이스 구성

두 번째 방법은 별도의 데이터베이스를 만드는 것이다. <반복 업무 DB> 데이터베이스를 하나 더 만들어서 요일별로 점검하고 체크하는 식으로 활용한다. 파트 Ⅶ에서 배울 [버튼] 기능까지 활용하면 전부 체크 해제나 체크 표시를 손쉽게 할 수도 있다.

할 일이 많다면, 아래처럼 페이지로 할 일을 만들고, 속성에 요일을 넣는 것도 방법이다. 한 주가 시작하는 시점에는 체크를 모두 해제해 주어야 한다.

이외에 가능한 방법으로는 매주 [버튼] 블록으로 한 주치 일정을 만들거나 **make**나 **japier**와 같은 자동화 도구와 노션을 연동하는 것이 있다. 이 방법은 별도로 툴을 배워야 하므로 초보자에게는 권장하지 않는다.

SECTION 16
[Log(로그)] 경험이 자산이 되는 업무 이력

ONE-PAGER GUIDE

[Needs Story] 업무를 인계받고 나서, 당황스러운 일이 가끔 있다. 오래 전에 도입한 업무나 프로세스가 문제가 됐을 때다. 문제를 해결해야 하는데, 도입 배경을 아무도 모른다면? 잘 모르겠다는 변명에도 한계가 있다. 만약 자신이 큰 이슈의 중심에 있고, 고객과 팀장이 해결하라고 압박한다면 무척이나 난감하고 막막할 수밖에 없다.

특히 변화가 많은 시스템을 운영할 때는 이런 일이 비일비재하다. 가령 잘 쓰던 프로그램이 에러가 난다. 코드를 열어 보니, 수년 전에 개발해둔 코드였다. 코드엔 달랑 한 줄 남겨져 있다. "2016.05.01 김민수 수정함" 이 이력으로는 어떤 이슈와 배경이 있었는지 알 길이 없다. 결국 전임자에게 전화를 걸어서 확인하는 수밖에 없다. 불행하게도 대부분의 전임자는 짠 것마냥, 마치 언제 그런 일을 했냐는 듯이 기억이 안 난다고 답변한다. 이런 상황을 대비하려면 어떻게 해야 할까?

[NOTION SOLUTION] 문제 시 검색하기 쉽도록, 사전에 이력을 체계적으로 남겨야 한다. 이력이란, 달리 말하면 이슈의 배경과 문제 해결 방법이다. 한 조직에 오래 몸담은 직장인에게는 경험이 곧 자산이다. 현재의 업무를 아는 만큼 과거 이력을 아는 것도 중요하다. 특히 매니저 직급이 되었을 때, 어떤 사안을 판단하고 결정할 때 큰 도움이 된다. 이번 섹션에서는 업무 이력을 체계적으로 기록하는 방법을 알려주겠다. 업무 이슈 기록과 트래킹, 일일 회고록부터 연말 결산까지 노션에서 관리해보자.

- 목표: 업무 이력 체계적으로 기록 및 관리, 검색 방법 학습
- 과제: <이력 DB> 만들고 보기 설계하기 | 이력 기록하는 습관 들이기 | 이력 검색해 활용하기
- 결과물: DSLR 시스템 중 'L', <이력 DB>

페이지 1 업무 이슈 및 이력 관리: <이력 DB> 실습 (19)

업무 이력을 찾을 때마다 메일함을 뒤적거리고, 모든 페이지를 하나씩 여는 건 시간 낭비다. 매일·매주의 이슈를 정리해서 한 데이터베이스에 전부 넣어보자. 그게 바로 <이력 DB>다. 이 <이력 DB>에, 업무에 따른 속성을 추가하여 체계적으로 관리하면 된다.

특히 노션에는 다양한 콘텐츠를 담을 수 있다. 페이지 본문에 <파일과 미디어> 속성 등을 활용하여 내용을 정리하면 요긴하게 활용할 수 있다. 보고 및 공유용으로 '회의록'이나 '이슈 보고서'를 정리하거나, 스스로 업무 개선에 참고할 '일일 회고록'을 작성하는 식으로 응용 가능하다.

N <이력 DB> 데이터베이스 설계

NOTION PREVIEW

이력 DB

우리가 만들 <이력 DB>는, 모든 이력을 관리할 수 있는 데이터베이스다. 각 이력 하나가 페이지다. <날짜> 속성을 기본으로 마련하고 그 외에는 정리하고 싶은 데이터에 따라 속성을 추가한다. 개발자라면 프로그램 개발 배경과 이슈, 조치 방법 등을 적어두면 유용하다. 영업 담당자라면 고객과의 미팅 내용이나 동향도 넣어볼 수 있다.

날짜	Aa 요약	상세 이력	고정	처리자	분류
2024/01/01	홍해 공급망 차질 대응	후티 반군 공격으로 수에즈 운하 운송 불가 → 희망봉을 통한 물류 운회		김대리	업무 공급
2024/02/01	수요 관리 화면 에러			오차장	업무 수요
				천과장	

- **속성**(유형 – 속성 이름): 날짜 – 날짜 | 이름 – 요약 | 텍스트 – 상세 | 체크박스 – 고정 | 다중 선택 – 처리자 | 다중 선택 – 분류
- **옵션**(선택 속성 한정): '처리자'(김대리, 오차장, 천과장) | '분류'(업무, 공급, 수요)

01 <나의 세컨드 브레인> 페이지에 [데이터베이스 – 인라인] 블록으로 새 데이터베이스를 만든다. 데이터베이스 이름은 <이력 DB>다.

02 ⊕ 버튼을 클릭해, 속성들을 차례로 추가한다. 속성 유형과 옵션 등은 다음 데이터베이스 설계도 다이어그램을 참고하면 된다.

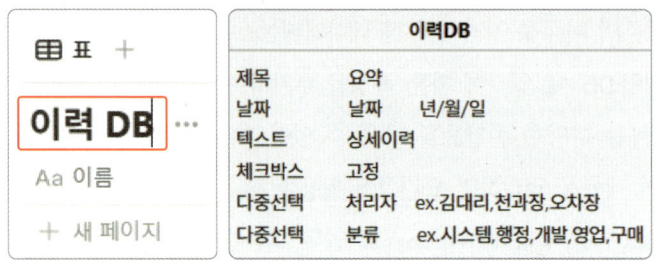

ⓝ <이력 DB> 입력 시 유용한 기능

<이력 DB> 페이지에 속성 값을 채워 이력을 기록하는 일 자체는 그리 어렵지 않다. 페이지를 만들고 날짜별로 이력을 넣으면 된다. 문제는 머지않아 이력이 너무 많아진다는 점이다. 체계적인 이력 관리 팁을 공유하겠다. 한번 활용해보길 바란다.

■ 이력 연속 기록

어떤 업무는 하루만에 끝나지 않고, 며칠이고 챙겨야 한다. 이런 업무는 이력도 날짜별로 관리하면 좋다. 하지만 단순히 페이지 추가만으로는 이력의 연속성을 표현하기가 어렵다. 따라서 2가지 기록 방법을 추천한다. 5일 이내 짧은 이력용의 [멘션]과 일주일 이상 긴 이력용의 [하위 항목]이다.

5일 이내: [텍스트 속성 – 멘션]

한 이력에는 하루의 이력만 넣어야 할까? 그렇지 않다. <텍스트> 속성에 [멘션] 기능을 사용하면, '오늘' 날짜를 선택할 수 있다. 이를 활용해 상세 이력 속성에 날짜별로 이력을 기록해보자. 기간이 짧은 이슈는 이런 방식으로 정리하면 팔로우업이 쉽다.

01 '상세 이력' 속성에 값을 입력할 때, 명령어 @을 활용하여 [날짜] – [오늘]을 선택하고 이

력을 기록해보자.

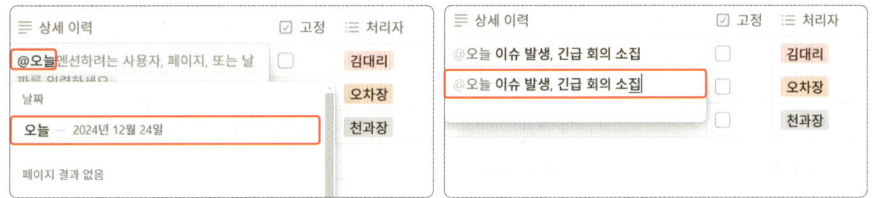

02 정확한 시간도 기록할 수 있다. **@지금**이라고 입력하면 현재 시각이 입력된다. 이런 식으로 날짜/시각마다 같은 페이지 내에서 줄을 바꿔 가며 기록하면, 연속 기록이 수월하다.

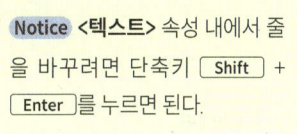

Notice <텍스트> 속성 내에서 줄을 바꾸려면 단축키 Shift + Enter 를 누르면 된다.

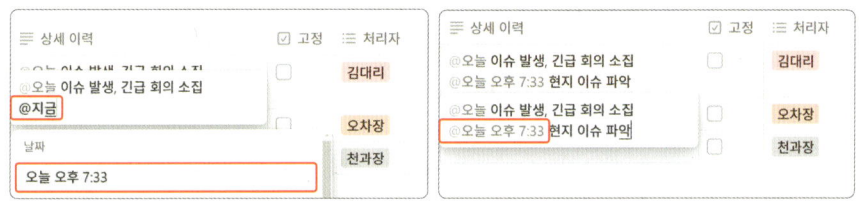

일주일 이상: [하위 항목]

두 번째 방법은 **[하위 항목]**을 활용하는 것이다. 이슈 페이지를 하나 만들고, 하위 페이지로 상세 이력을 기록하는 방식이다.

01 ⋯을 클릭하고, **[보기 설정]** - **[사용자 지정]**을 클릭한다. 여러 기능 중 **[하위 항목]**을 선택하고, 다시 **[하위 항목 켜기]** 버튼을 클릭하면 완료된다. (하위 항목 추가 방법은 **섹션 14 - 페이지 2**를 참고하라.)

페이지 1 업무 이슈 및 이력 관리: <이력 DB>   265

02 데이터베이스 페이지 앞 ▶(토글)을 클릭하면, 페이지 아래 [+ 새 하위 항목]이 보인다. 이를 클릭하면 페이지 아래에 하위 페이지가 생성된다. 상위 페이지와 연속되는 이력을 입력하면 된다.

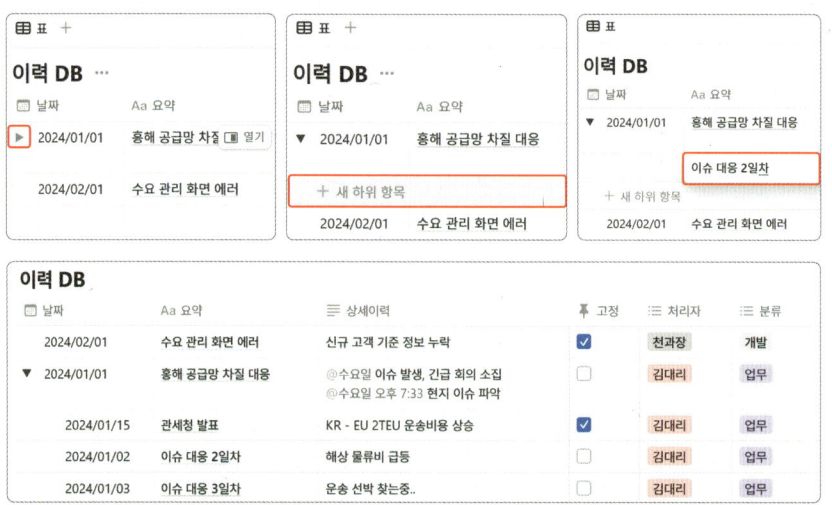

■ 상단 고정: [정렬]

이슈는 반복된다. 한번 대응한 이슈를 잘 정리해두면, 다음 번에 대응할 때 큰 도움이 된다. "저번에 어떻게 했더라?" 되뇌며 경험에 의지하거나 메일함을 뒤지지 않아도 된다. 자주 처리하는 업무나 이슈는 따로 모아두자. 데이터베이스의 [정렬] 기능을 활용하여 중요한 이력이 상단에 오도록 세팅해보자. 이 기능을 위해 처음부터 <체크박스> 속성인 '고정' 속성을 만들어두었다.

01 가장 먼저, '고정' 속성의 아이콘을 'push pin'으로 바꾼다. 속성의 너비를 줄여 이름을 숨겨도 어떤 의미인지 알기 쉽다.

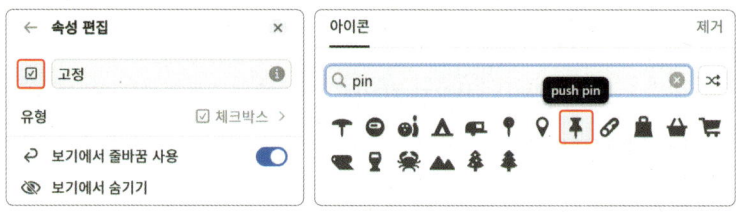

02 데이터베이스에 정렬 기준을 세팅한다. ❶ '고정' 속성의 정렬은 속성 옵션창에서 바로 설정 가능하다. [내림차순]을 선택한다. 이어서 데이터베이스 위 ❷ [정렬] 메뉴의 [+ 정렬 추가]를 선택하고, ❸ '날짜' 속성을 추가한다. '날짜' 속성의 정렬 기준은 [오름차순]이다.

> Notice <체크박스> 속성은 값에 체크하면 영어로 "true"고, 아니면 "false"다. 그러므로 정렬 기준을 [내림차순]으로 하면, 우리가 '고정' 속성에 체크한 페이지가 위쪽에 먼저 나오게 된다. 알파벳을 기준으로 "t"가 "f"보다 뒤에 있기 때문이다.

03 이제 날짜와 상관없이 고정된 페이지가 위쪽에 자리 하며, 하위 항목 안에서도 정렬된다.

■ 상세 이력 관리

<이력 DB>의 상세 이력 속성은 각자의 업무대로 바꿔서 사용해도 상관없다. 기록할 내용이 너무 많다면 각 이력 페이지의 본문에 작성해도 좋다. <이력 DB>는 자세하게 작성할수록 더 유용한 자료다. 가령 다음과 같은 이력들이 유용하다.

- 요청사항 또는 배경 정리
- 증적을 위한 메일 캡처
- 변경을 요청한 사람(또는 업무 관련 담당자)

- 업무 분석 내용
- 변화 관리를 위한 As is와 To be

만일 당신이 상세한 관리를 좋아한다면 업무의 유형별로 이력을 남길 속성을 추가하고 싶을 것이다. 그러나 한 데이터베이스에서 <텍스트> 속성을 여럿 쓰기에는 공간이 여의치 않다. 게다가 업무마다 필요한 <텍스트> 속성이 다른 만큼, 필요 없게 된 속성을 관리하는 것도 번거롭다. 이런 방식은 추천하지 않는다.

그보다는 <이력 DB>의 범용성을 높이는 방법을 추천한다. <텍스트> 속성의 의미를 조금 추상적인 표현으로 바꿔보자. 그리고 업무별로 나눠서 활용하면 좋다. 나는 <이력 DB>를 우선순위별로 구분한 <텍스트> 속성 4개로 관리한다. '메인', '서브1', '서브2', '기타'다.

이력 DB					
날짜	Aa 요약	메인	서브 1	서브 2	기타
▶ 2024/02/01	수요 관리 화면 에러	원인 신규 고객 기준 정보 누락	대응책 현업가이드		
▼ 2024/01/01	홍해 공급망 차질 대응	이력 ⊚ 화요일 이슈 발생, 긴급 회의 소집 ⊚ 화요일 오후 7:03 현지 이슈파악	회의 13:00 화상 회의		23:00 퇴근
▶ 2024/01/15	관세청 발표	이슈 KR → EU 2TEU 운송비용 상승			

중요한 내용은 '메인'에 넣고, 그 외는 '서브1'과 '서브2'에 넣는다. 예를 들면 업무 배경이나 개발 이력은 '메인'에 넣고, 해결 방안이나 참조 자료는 '서브 1'에, 느낀 점이나 회고록 등은 '기타'에 넣는 식이다. 이렇게 구성하면 다양한 이력을 <텍스트> 속성 4개로 충분히 남길 수 있다. 추가로 글자 [스타일링] 기능을 활용하여 각 키워드에 [코드로 표시]를 적용해두어도 좋다. 앞 예시에서도 원인, 이력, 이슈 등을 이렇게 표시했다.

페이지 2 보기 설계 및 이력 검색

<이력 DB>는 업무의 기록과 과정을 남기기에 좋은 구조다. 따라서 니즈와 스타일에 맞춰서 [속성]이나 [보기]를 추가하여 커스텀하면 유용하다. 예시를 보고 분야별로 이력을 모아볼 수 있는 [보기]를 만들어보자. 또한 만들어둔 [보기]가 없더라도, 빠르게 일하기 위해서는 <이력 DB>의 무슨 내용이든 필요할 때 즉시 찾아볼 수 있어야 한다. 그런 의미에서 노션의 검색 방법 2가지도 함께 알아보겠다.

보기 설계: 표 보기(필터) | 갤러리 보기

■ '업무'만 모아보기: [필터]

NOTION SAMPLE

<이력 DB> - 필터 적용

'분류' 속성 중 옵션 [업무]를 선택한 페이지만 보이는 보기다. 업무에 관련된 이력만 추적하기에 적절하다. 여기에 속성을 한두 개 더 추가해서 관리해도 좋다. 가령 이슈 대응이라면 이슈의 배경과 해결 방안을 입력할 수 있는 <텍스트> 속성을 만드는 것이다.

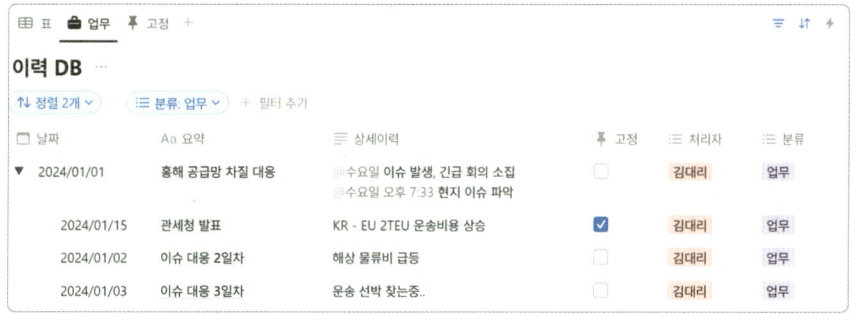

01 [표] 보기를 복제한다. 보기 이름을 [업무]로 변경한다. 아이콘은 'briefcase'다.

02 (필터)를 이용해 '분류' 속성에 [필터]를 설정한다. 조건은 [값을 포함하는 데이터] - [업무]다. 이런 식으로 분류별로 보기를 만들어두자.

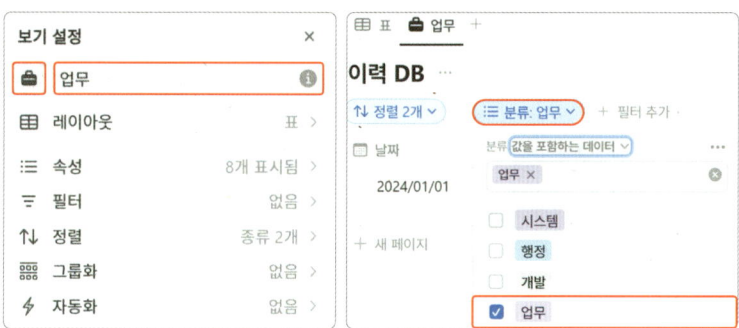

페이지 2 보기 설계 및 이력 검색

Note 하위 항목이 보이지 않는다면

그런데 [필터]를 설정하면 앞에서 만들어둔 하위 페이지가 더 이상 보이지 않는다. 이유는 '**분류**' 속성에 값을 넣지 않았기 때문이다. 매번 '**분류**' 속성에 업무 값을 선택하는 건 비효율적이다. [필터]는 하위 페이지에도 적용된다. 즉 [필터]의 효과로 [업무] 보기에서 만든 페이지는 자동으로 '**분류**' 속성 값이 선택된다. 따라서 업무 이력을 작성할 때에는 [업무] 보기에서만 작성하는 게 편리하다.

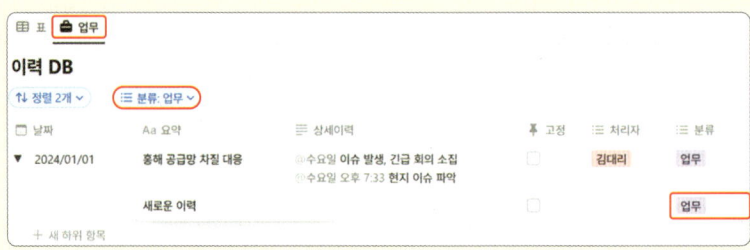

Note 페이지가 회색으로 보인다면

[하위 항목]과 [필터]를 동시에 적용했기 때문이다. 하위 페이지는 필터 조건에 따라 보여지지만, 상위 페이지는 필터 조건을 충족하지 못하는 경우다. 그러면 아래 그림처럼 상위 페이지의 글자색이 회색으로 변한 채 보이게 된다.

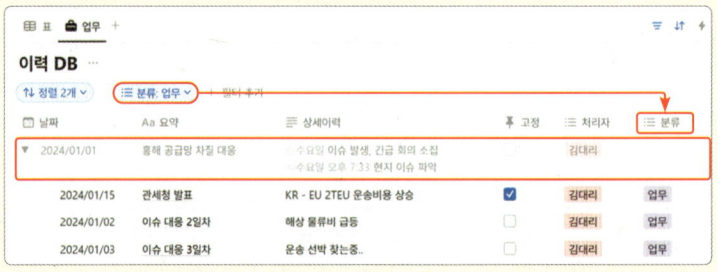

■ '고정된 페이지' 모아보기: [갤러리] 보기

> **NOTION SAMPLE**

<이력 DB> - [고정] 보기

'고정' 속성에 체크된 페이지만을 모아보면, 중요한 이력만 한곳에서 모두 관리할 수 있다. 이 경우에 [표] 보기도 좋지만, 한 공간에 많은 페이지를 보여줄 수 있는 [갤러리] 보기가 적절하다.

01 <이력 DB>에 [갤러리] 보기를 추가하고, 이름을 [고정]으로 바꾼다. 보기 아이콘도 'push pin'으로 변경한다.

02 [갤러리] 보기가 생성되었다. 필요한 것보다 카드가 크다. [레이아웃] 옵션에서 [카드 미리보기]를 [카드 사용 안함]으로 선택한다. [카드 크기]도 [작게]로 변경한다.

03 이제 ▽(필터)를 켜고 '고정' 속성에 '체크 표시됨' 필터를 세팅한다. 고정 페이지는 2개였는데, <관세청 발표> 페이지가 보이지 않아 이상하다. 이는 [갤러리] 보기 기본 세팅으로는 하위 항목을 표현할 수 없기 때문이다. 전체 페이지가 보이도록 해보자.

04 ⋯(보기 설정) 메뉴를 연 뒤, [사용자 지정] – [하위 항목] 설정에 들어가서 [표시 옵션]을 [비활성화됨]으로 변경한다. 하위 페이지도 모두 잘 보이게 된다.

Notice [표시 옵션]은 보기별로 지정된다. 즉 설정을 변경해도 다른 보기는 바뀌지 않는다.

05 마지막으로 [보기 설정] – [속성]에서 필요한 속성도 함께 보여주도록 변경하자. '**분류**' 속성, '**상세 이력**' 속성을 함께 보이게 했다.

이렇게 목적에 따라 [보기]를 여러 개 만들어두면 좋다. 하지만 분류가 많아질수록 [보기]의 개수도 많아지는 또 다른 문제가 생긴다. 편리하고자 [보기]를 만들었는데, 정작 찾느라 번거로워지는 것이다. 이 어려움은 이후 <관계형>을 활용한 업무 시스템 통합을 하면 해소된다. **파트 VI**에서 만나보자.

🅽 이력 검색 방법

좋은 이력 기록이라면 언제든 찾기 쉬워야 한다. 노션에 입력한 이력을 찾는 방법은 2가지다.

- **노션 기본 [검색]**: 가장 쉬운 방법이다. 이 기능은 워크스페이스의 모든 페이지에서 검색한다. 그래서 검색되는 페이지가 많다.
- **데이터베이스 [검색]**: 이 기능은 데이터베이스 안의 페이지와 속성에서 검색한다. 업무 이력을 검색할 때에는 전체 페이지 검색보다 이쪽이 유용하다.

■ 노션 기본 검색

노션 기본 검색은 간단히 **[사이드바]**의 메뉴로 할 수 있다. 한번 해보자.

01 왼쪽 **[사이드바]**의 **[검색]** 메뉴를 클릭한다. 단축키는 `Ctrl` + `K`다.

02 화면 중앙에 검색창이 뜬다. 맨 위 칸에 검색어를 입력하면 페이지를 검색할 수 있다. 검색 범위는 페이지 및 본문의 블록, 데이터베이스 제목과 속성이다.

03 여러 가지 조건을 걸어서 원하는 결과를 찾을 수 있다. 검색창 오른쪽 ⊜**(필터 표시)** 아이콘을 누르면 다음과 같이 세부 검색이 가능한 필터 목록이 보인다. 여기서 원하는 조건을 설정하면 된다. 가령 **[검색 범위]**를 **<이력 DB>**로 세팅하면, **<이력 DB>**에 있는 페이지만 찾는다.

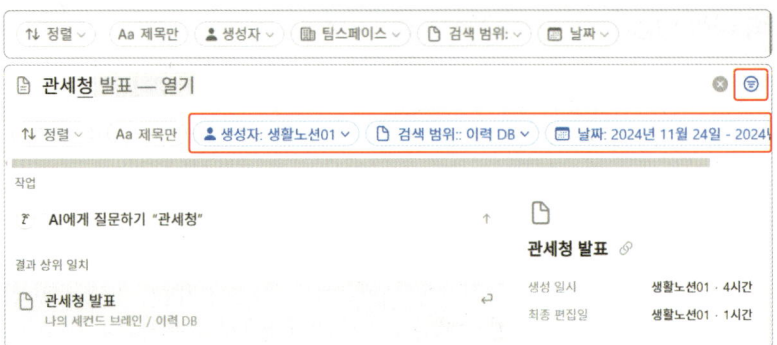

노션 검색 기능에는 몇 가지 아쉬운 점이 있다. 먼저 자주 찾는 페이지라든지, 중요한 페이지를 우선적으로 보여주지 않는다. 그리고 한글 검색 기능도 약간 버벅인다. 데이터베이스 속성까지 검색되는 기능도 최근에 추가되었다. 이 부분들은 노션 사용자들이 본사에 꾸준히 제안하고 있으며, 보완 중이라고 한다.

> Notice 검색창 가장 상단의 [작업] 섹션에서 [AI에게 질문하기]를 클릭하면, 노션 AI가 내 워크스페이스의 모든 페이지를 참고하여 답변해준다.

> Note 페이지 본문 검색 및 바꾸기
>
> 페이지 본문에서도 검색이 가능하다. 키보드로 단축키 Ctrl + F를 누른다. 오른쪽 위에 작은 검색창이 나타날 것이다. 여기에 검색어를 입력해 원하는 내용을 찾을 수 있다. 검색창 내 🔁 (바꾸기) 아이콘(검색어 입력 전에 나타나지 않는다)을 클릭하면 워드 프로세서처럼 찾아 바꾸기도 가능하다. 페이지 본문 중 찾은 글자를 한 번에 바꿔준다.

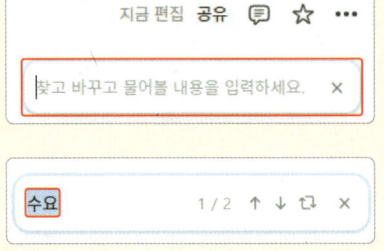

■ 데이터베이스 검색

찾고자 하는 페이지가 어느 데이터베이스에 있는지 명확하게 알고 있고, 페이지 속성까지 검색하고 싶을 때는 데이터베이스의 [검색] 기능을 활용하자.

01 데이터베이스의 메뉴 옆에는 [검색] 기능이 있다. 아이콘을 클릭하자.

02 바로 검색창이 나타난다. 이를 클릭 후 검색어를 입력한다. 페이지와 속성을 검색할 수 있다.

이 검색 기능은 데이터베이스가 가지고 있는 페이지의 제목과 속성 값을 검색한다. 다만, 데이터베이스 원본의 모든 페이지를 검색하는 건 아니다. 검색하고 있는 보기의 필터가 기준이다. 필터의 조건에 의해 안 보이는 페이지, 그리고 숨겨져 있는 속성은 검색할 수 없다. 그리고 페이지의 본문도 검색할 수 없다.

> **Note** 노션 기본 검색 vs. 데이터베이스 검색
>
> 2가지 검색 방법을 표로 다시 정리했으니 참고하자.
>
> | 노션 기본 검색 | 구분 | 데이터베이스 검색 |
> | --- | --- | --- |
> | 사이드바 검색 메뉴 클릭 | 진입 방법 | 데이터베이스 오른쪽 위 검색 버튼 클릭 |
> | 워크스페이스 전 페이지 | 검색 범위 | 데이터베이스 내 페이지 및 속성 |
> | 추천에 의한 검색 결과 리스트업 | 검색 결과 | 검색 결과에 부합하는 페이지 리스트업 |
> | 위치를 정확히 모르는 정보를 찾을 때 | 용도 | 데이터베이스 내의 정보를 찾을 때 |

SECTION 17
[Resource(리소스)] 노션의 강점을 극대화한 자료 관리

ONE-PAGER GUIDE

[Needs story] 경영학의 아버지, 피터 드러커(Peter Drucker)는 저서 《넥스트 소사이어티》에서 지식 기술자의 출현을 예고했다. 지식 기술자란 상당한 이론적 지식을 갖춘, 정규 교육을 받은 사람이다. 드러커는 이들이 지식 사회의 중심이 될 것이라 보았고, 이 예측은 현실이 되었다. 요즘 대부분의 직장인은 지식 기술자다. 정규과정을 통해 지식과 기술을 배웠다. 업무는 하루 이틀 공부해서는 시작조차 할 수 없다. 실제 일을 해보면 학교에서 배운 건 그저 기반일 뿐이다. 앞으로 지식과 기술, 경험과 인사이트를 어떻게 쌓느냐가 훨씬 중요하다.

나 또한 지식 기술자인 개발자다. 프로그램 개발을 하다 보면 인터넷에서 자료를 찾을 일이 많다. 가령 API나 프레임워크의 개발자 문서, 쿼리 문법과 코드 샘플을 찾아본다. 고객의 비즈니스 프로세스를 이해하기 위해 각종 무역 용어와 재해 정보, 공급망 관련 자료를 찾아볼 때도 있다. 이런 자료들은 한 번 소비하고 끝나지 않는다. 나중에 다시 찾아보기도 하며, 기획서나 보고서 등을 쓰다가 참고 자료로도 활용한다.

[NOTION SOLUTION] 문제는 자료의 형태가 다양하다는 점이다. 웹 사이트의 글과 영상 콘텐츠가 많다. 보통 '카카오톡 나에게 보내기'로 모으거나, 블로그나 메모 앱에 스크랩한다. 이렇게 모은 자료를 체계적으로 관리하고 있는지 돌이켜보면, 대부분 그렇지 않다. 별 잡다한 정보가 다 섞인 잡동사니 바구니다. 제대로 파일과 링크, 영상 등 모든 형태의 자료를 넣고, 한곳에서 검색할 순 없을까? 중복 없이 하나의 자료를 관리하면서 여러 곳에서 접근 가능하게 할 순 없을까? 수집한 자료를 나의 업무와 관심사에 쉽게 연결하고 활용할 수는 없을까?

노션의 강점은 연결과 통합이다. 이 강점을 극대화하면 효율적인 자료 관리가 가능하다. PC와 모바일 양쪽에서 자료를 수집하고 분류하며 통합 관리할 수 있을 뿐만 아니라, 적재적소에 활용할 수 있는 종합적인 테크닉이다. 이를 통해 작업 프로세스를 간결하게 만들고, 일원화하여 생산성을 극대화시켜보자.

- **목표**: 효율적인 자료 관리 및 수집 체계 구축하기
- **과제**: <자료 DB> 만들고 보기 설계하기 | 모바일에서 자료 수집하기 | PC에서 자료 수집하기
- **결과물**: DSLR 시스템 중 'R', <자료 DB>

페이지 1 통합 자료 관리: <자료 DB>

자료 관리의 핵심은 바로 통합이다. 자료를 단 하나의 데이터베이스에 모두 관리해야 한다. 아니면 여기 저기에 자료가 흩어지고, 나중에 찾느라 시간을 낭비한다. 그리고 수집 방식도 통합해야 한다. PC나 스마트폰 어디서든 곧바로 노션에 자료를 수집하는 것이 가장 좋다. 노션의 각종 기능을 활용하면 이 두 요구를 모두 충족할 수 있다.

<자료 DB> 데이터베이스 설계

NOTION PREVIEW

- **속성**(유형 – 속성 이름): 이름 – 자료명 | 텍스트 – 요약 | 다중 선택 - 태그 | 파일과 미디어 – 파일 | 링크 – URL | 임베드 – Google Drive 파일
- **옵션**(선택 속성 한정): 태그(업무, 트렌드, 기술, 취미)

01 <나의 세컨드 브레인> 페이지에 [데이터베이스 – 인라인] 블록으로 <자료 DB>를 만든다. 그리고 데이터베이스 설계도 다이어그램을 참고해서 속성을 추가한다.

자료DB	
제목	자료명
텍스트	요약
다중선택	태그 ex.업무,트렌드,기술,취미
파일과 미디어	파일
URL	URL
GoogleDrive파일	Google Drive 파일

02 `NOTION PREVIEW` 대로 속성의 순서, 너비를 조정하고, 페이지를 4개(001, 101, 201, 301) 생성해둔다.

N 자료 수집 및 입력

<자료 DB>의 경우, 데이터베이스 설계 자체보다 자료 수집과 정리가 더 중요하다. 자료는 노션 내부와 외부에서 가져올 수 있다. 똑똑하게 자료를 수집하는 몇 가지 기능들을 배워보자.

■ 방법 1. <자료 DB> 직접 입력

<파일과 미디어> 속성의 **[업로드] 탭 – [파일을 선택하세요]** 버튼을 이용하면 컴퓨터에 있는 파일을 업로드할 수 있다. 탐색기 창 등에서 직접 끌어다 넣어도 된다. 웹페이지에 업로드된 파일은 **[링크 임베드] 탭**에 바로 웹 주소를 넣어 입력할 수 있다.

다만 업로드한 파일을 노션에서 바로 수정할 수는 없다. 파일을 내려받아서 수정한 뒤 다시 업로드해야 한다. 만약 자료를 수시로 업데이트해야 한다면, **구글 스프레드시트**도 고려해

> **Notice** 무료 요금제는 파일 업로드 용량 제한이 있다. 파일 하나당 5MB다. 단 개수에는 제한이 없다.

보자. **<Google Drive>** 속성을 추가해서 파일을 업로드한다. Google 계정에 있는 파일 중 공유된 파일을 선택할 수 있으며, 파일을 열어 실시간으로 수정할 수도 있다.

■ 방법 2. 노션 다른 페이지에서 입력

종종 노션에서 작업을 하다가, 문득 다른 업무의 아이디어가 떠오를 때가 있다. 그럴 때는 현재 페이지에서 바로 다른 업무 페이지나 데이터베이스에 페이지를 입력할 수 있다. 왔다 갔다 하지 않아도 되니, 시간 낭비 없이 지금 작업에 집중할 수 있다.

방법은 바로 명령어 +페이지제목을 활용하는 것이다. 현재 페이지에서 이동 없이 다른 데이터베이스나 페이지에 새 페이지를 추가할 수 있다.

01 페이지 본문에서 명령어 +를 입력하고 바로 페이지 제목을 입력한다. 여기서는 +아이디어다. 첫 번째가 아닌, 두 번째 메뉴 [새 "OOO" 페이지 추가]를 클릭한다.

02 [추가할 페이지] 선택창이 뜨면, <자료 DB>를 찾아 선택한다.

03 <아이디어> 페이지가 <자료 DB>에 추가되었고, 명령어를 입력했던 자리엔 새로 만든 페이지의 인라인이 만들어졌다.

> Notice + 명령어의 첫 번째 메뉴는 그 자리에 새 페이지를 만드는 기능이다.

■ 방법 3. 외부 자료 입력

PC나 모바일 어디서든 <자료 DB>에 자료와 생각, 아이디어를 바로 기록할 수 있다. 모바일은 노션 앱과 위젯, 제스처 앱으로 자료를 편하게 수집할 수 있고, PC에서는 웹 클리퍼 확장 프로그램인 'Save to Notion'을 주로 활용한다. 이 방법들을 배우고 몇 가지 세팅을 해두면, 자료를 모으는 작업이 훨씬 쉽고 간결해진다. 그 전에, 먼저 유튜브 앱을 이용하여 [공유] 기능의 대략적인 원리를 알아보자.

유튜브 영상 노션에 기록하기 실습 (20)

모바일에서 유튜브 영상을 노션에 기록할 때는 앱의 **[공유]** 기능을 이용한다. 처음엔 좀 낯설 수 있다. 하지만 몇 번 해보면, '카카오톡 나에게 보내기'와 크게 다르지 않다. 수집 작업에는 10초가 채 걸리지 않는다. 중요한 건 어디서 수집하든 **<자료 DB>**에 모두 모인다는 점이다.

01 play 스토어(안드로이드)나 애플 앱스토어에서 **[Notion]**을 찾아 설치하자. 노션 앱을 실행하고, 사용하는 노션 계정을 연결한다. 그러면 **[사이드바]**에 보였던 페이지 목록이 먼저 보일 것이다. (보이지 않는다면 페이지가 열린 것일 수 있다. 왼쪽 위 〈 (닫기) 버튼을 눌러보자. 아니면 PC에서 작업했던 계정과 다른 건 아닌지 살펴보자.)

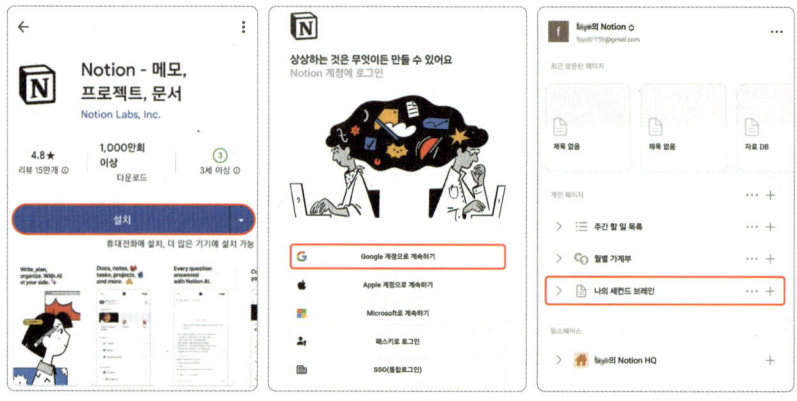

02 유튜브 앱을 실행한다. 좋은 영상을 만났다면, ❶ 제목 밑에 (공유) 버튼을 터치한다. 유튜브의 **[공유]** 메뉴에서 앱을 선택하면 되는데, 처음에는 Notion이 목록에 뜨지 않는다. ❷ 쭉 스크롤해 맨 끝에 있는 **[더보기]**를 터치한다. 영상 URL이 있는 스마트폰 자체의 **[공유]** 메뉴가 열린다. 여기서 ❸ **[더보기]**를 한 번 더 터치하면 앱 목록이 뜬다.

03 [애플리케이션/앱 더보기] 창에서 Notion 아이콘을 확인할 수 있다. 매번 이러긴 번거로우므로, Notion을 즐겨찾기에 추가하자. ❶ 오른쪽 위 [✏️](편집) 아이콘을 터치하고, ❷ 'Notion'을 선택한다. ❸ [즐겨찾기] 항목에 추가된 것을 확인하고, 맨 아래 [완료] 버튼을 누르면 된다.

04 다시 (공유) 버튼과 [더보기] 버튼을 차례로 터치한 뒤, [Notion]을 선택하자. 노션 페이지가 자동으로 팝업되어 열린다. 유튜브 영상 제목이 이미 입력되어 있다.

05 왼쪽 아래의 [추가 대상]을 터치해보자. 여기서 새 페이지가 추가될 위치를 고른다. 자료를 모을 <자료 DB>를 찾아 선택했다. 처음 한 번만 지정하면, 다음 공유부터는 <자료 DB>가 기본으로 선택되어 있다.

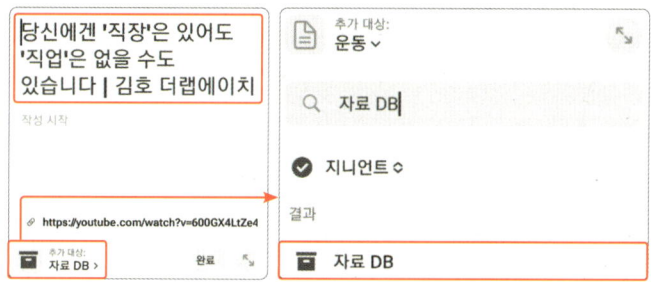

06 이제 (공유) 버튼을 눌러 <자료 DB>에 바로 영상을 추가하거나, 그 옆 (확대) 버튼을 클릭해 페이지를 열고 요약이나 내 생각 등을 추가로 넣을 수 있다. 페이지를 보면 따로 설정하지 않아도 'URL' 속성에 값이 입력되어 있다.

이렇게 한번 세팅해두면, 다음부터는 [공유] → [더보기] → [Notion] 선택 → [완료]라는 4번의 터치만으로 유튜브 영상 자료를 <자료 DB>에 스크랩할 수 있다.

> Notice 일부 앱에서는 웹 링크가 URL 속성으로 바로 들어가지 않는다. 그럴 때는 링크 주소가 제대로 보이지 않는다. 다소 번거롭더라도 따로 URL 링크 복사를 해줘야 한다.

페이지 2 모바일과 PC 자료 수집

📝 모바일 자료 수집

길을 걷다가 갑자기 생각이나 아이디어가 떠오를 때가 있다. 이를 노션에 기록해보자. 노션 앱을 켜서 페이지를 추가해도 되지만 번거롭다. 노션 위젯과 여러 도구를 활용하여 아이디어가 사라지기 전에 기록하는 방법을 알아보자.

■ 노션 위젯 [빠른 메모]

스마트폰 홈 화면에 빠른 메모 위젯을 추가하고 <자료 DB>에 편리하게 기록해보자.

01 스마트폰 홈 화면을 꾹 누르고 있으면 [홈 화면 메뉴]가 나타난다. 하단의 [위젯]을 클릭한다.

02 검색창에 '노션'을 검색한 뒤, 결과에서 [Notion]을 터치한다. Notion 앱에는 총 4개 위젯이 있다. [빠른 메모], [페이지], [즐겨찾기], [최근 항목]이다. 이 중 [빠른 메모]를 선택하여 적절한 위치에 추가해두자.

03 이제 홈 화면 위젯을 한 번만 터치하면 바로 **[페이지 입력 팝업 창]**이 나타나 간편하게 <자료 DB> 페이지를 만들 수 있다.

■ 생산성 앱 [One Hand Operation +]

바탕화면에서 위젯을 찾아 실행하는 것도 번거롭다면? 동작을 하나라도 더 줄이려면 [One Hand Operation +] 앱을 사용해보자. 손으로 화면을 미는 제스처에 새 페이지 만드는 기능을 추가할 수 있다.

01 [One Hand Operation +] 앱을 설치하고 실행하자. 가장 먼저 맨 위 **[사용 중]** 옵션을 켠다. 아래 메뉴에서 [왼쪽 핸들]/[오른쪽 핸들] 중 **[왼쪽 핸들]** 옵션도 켠다.

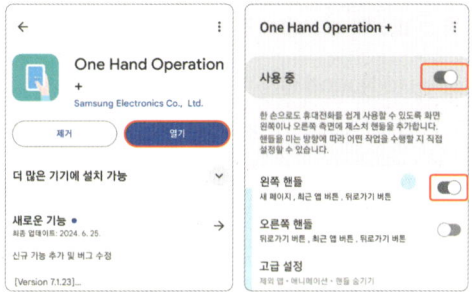

02 세부 옵션에서 제스처별로 실행할 기능을 추가할 수 있다. ❶ **[오른쪽 직선 방향]**을 선택하고, ❷ **[제스처 동작]** 메뉴를 스크롤해 **[홈 화면 바로가기]**를 터치한다. 그다음 ❸ **[Notion : 새 페이지]**를 찾아서 지정한다.

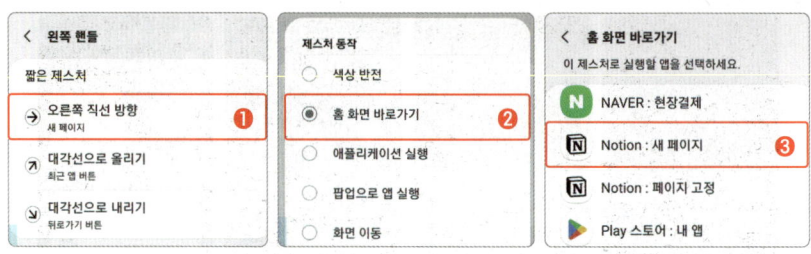

03 [왼쪽 핸들]의 [오른쪽 직선 방향] 제스처에 '노션 새 페이지 추가' 동작이 설정되었다. 이제 스마트폰 화면 왼쪽 가장자리를 오른쪽으로 밀기만 해도 노션 새 페이지를 만들 수 있다.

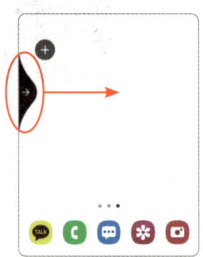

📝 PC 웹페이지 자료 수집: Save to Notion 실습(21)

PC에서 웹서핑을 하다가 유용한 정보를 얻었다. 이걸 <자료 DB>에 바로 넣을 수 있는 방법은 없을까? 크롬 브라우저 확장 프로그램인 웹 클리퍼를 써보자. **'노션 공식 웹 클리퍼(Notion Web Clipper)'**와 **'Save to Notion(세이브 투 노션)'**이 있다. 공식 웹 클리퍼가 특정 사이트에서 간혹 동작하지 않으니, 'Save to Notion'을 추천한다.

■ Save to Notion 설치 및 사용 준비

Save to Notion 설치

01 크롬 브라우저 주소창 옆 ⋮(Chrome 맞춤설정 및 제어) 메뉴에서 [확장 프로그램] → [Chrome 웹 스토어 방문하기]를 클릭한다.

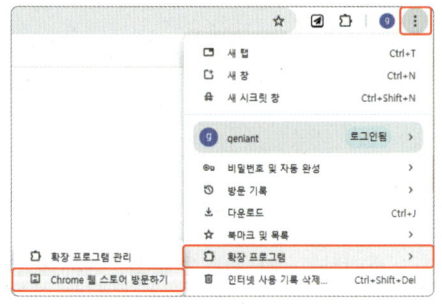

02 웹 스토어에서 "Save to Notion"을 검색한 뒤, [Chrome에 추가] 버튼을 클릭한다. 그 후 팝업창에서 [확장 프로그램 추가] 버튼을 클릭하면 자동 설치된다.

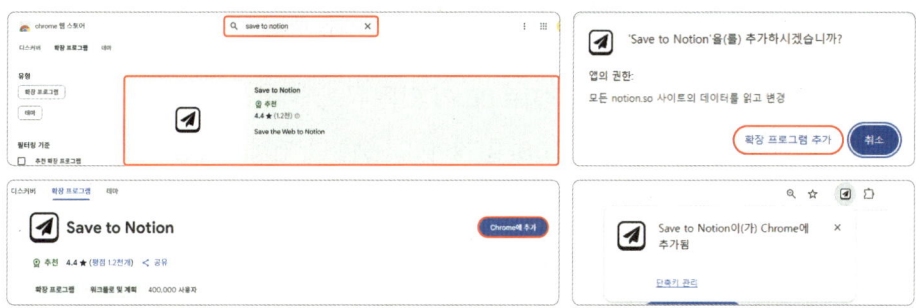

03 다시 (확장 프로그램) 아이콘을 클릭하고, 목록에서 [Save to Notion]을 찾아 오른쪽의 (고정) 아이콘을 클릭한다. 언제나 크롬 메뉴바에서 접근 가능하도록 [Save to Notion] 확장 프로그램을 고정시켜줄 것이다.

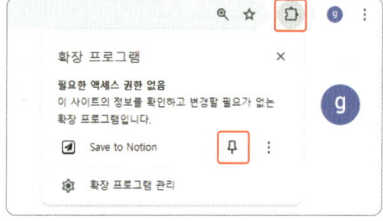

Save to Notion 실행 및 스크랩 폼 생성

이제 [Save to Notion] 아이콘 이 주소표시줄 옆에 보인다. 참고로 이 버튼은 웹 스토어에서는 동작하지 않는다. 스크랩하고자 하는 웹페이지를 하나 열어서 클릭해보자.

01 유튜브 사이트에서 '생활 노션' 채널 영상을 스크랩할 것이다. 비행기 모양 (Save to Notion) 아이콘을 클릭하자. 작은 팝업창에서 프로그램이 실행되면, [Add a Form] 버튼을 클릭한다.

02 첫 실행인 관계로 아무런 세팅이 되어 있지 않을 것이다. 우선 [Select a Page or Database(페이지나 데이터베이스 선택)]를 클릭한다. 어느 워크스페이스의 어느 데이

터베이스에 스크랩할지 선택할 수 있다.

03 [In Space(스페이스)] 항목에서 <자료 DB>가 있는 워크스페이스를 선택한다. 그리고 아래 [Database] 목록에서 <자료 DB>를 찾아서 선택한다. 검색도 가능하다. 가장 위 폼의 이름을 '자료 스크랩'으로 바꾼다.

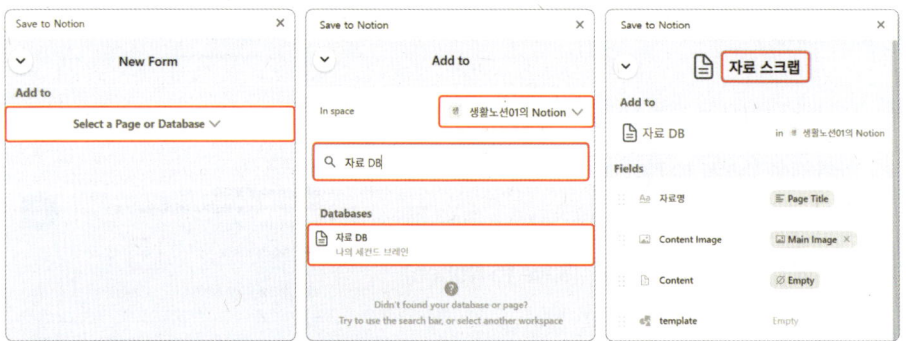

'자료 스크랩' 폼 세팅

폼 세팅에 앞서, Save to Notion의 화면 구성을 잠깐 살펴보자.

> NOTION PREVIEW

Save to Notion

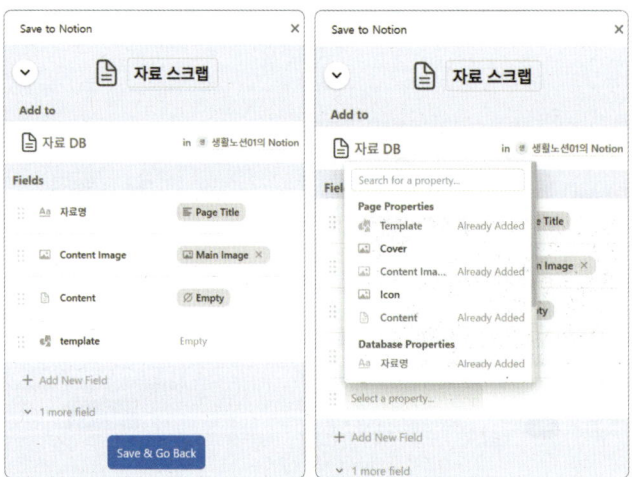

[Fields(필드)]는 <자료 DB> 페이지의 제목, 아이콘, 본문, 속성이다. 'Title(자료명)'에는 기본으로 [Page Title(페이지 제목)] 즉, 스크랩하려는 페이지의 제목이 들어간다. 오른쪽 회색 버튼 메뉴에

서 해당 속성에 들어갈 값을 선택할 수 있다. 노션의 블록과 동일하게 ⋮⋮(핸들)을 클릭하여 입력할 속성을 숨기거나 없앨 수 있다.

아래쪽 [Add New Field(새 필드 추가하기)]는 새로운 속성을 추가하는 버튼이다. 클릭하면 [Page Properties(페이지 속성)]와 [Database Properties(데이터베이스 속성)] 항목이 보인다. [Page Properties]는 페이지의 커버, 이미지, 아이콘을 모아둔 것이다. [Database Properties] 는 데이터베이스의 속성이다. 속성을 클릭하면 스크랩할 때 속성에 값을 넣을 수 있다.

그 아래 [0 more field(0 필드 더보기)]는 숨겨진 필드를 보여주는 버튼이다. 변경 사항은 [Save & Go Back(저장 후 돌아가기)] 버튼을 클릭해 저장하면 된다.

이제 웹페이지를 <자료 DB>에 저장할 때, 속성 값이 자동 입력되도록 세팅해보자.

01 [Content(콘텐트)] 옆 [Empty(빈 값)]를 클릭하고, [Webpage Content(웹페이지 콘텐트)]로 바꿔보자. 그러면 스크랩한 페이지의 내용을 넣어준다.

02 [Add New Field(새 필드 추가하기)] 버튼을 클릭하고 속성 [요약]을 넣어두자. 내용은 [Empty(빈 값)]로 둔다.

03 [Template(템플릿)]은 쓰지 않으니 클릭 후 [Remove field(필드 삭제)]를 통해 삭제한다. 폼 세팅이 끝나면 [Save & Go Back(저장 후 돌아가기)] 버튼을 클릭한다.

04 '자료 스크랩' 폼이 추가된 것을 볼 수 있다. 앞쪽 ⋮⋮(핸들)을 클릭하면 폼의 메뉴 팝업이 보인다. [Edit Form(폼 편집하기)]에서 폼을 다시 수정할 수 있다. 지금은 [Set as Focus Form(고정 폼으로 지정하기)]을 클릭한다. 스크랩 시 폼 선택 단계를 생략해주는 기능이다.

> **Notice** 네이버 블로그나 카페 같은 일부 사이트에서는 본문 스크랩이 되지 않는다. 사이트 보안 정책 때문이다. 아쉽지만 어쩔 수 없다.

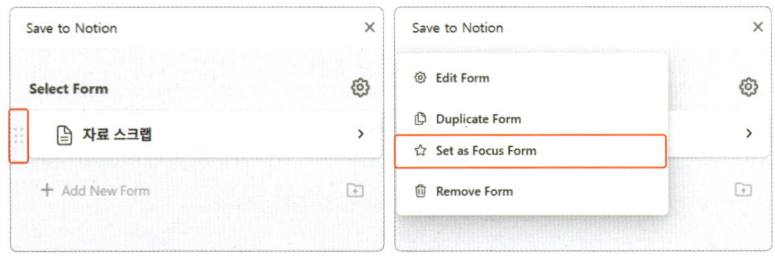

■ Save to Notion 스크랩

스크랩 준비가 모두 끝났다. 이제 [Save to Notion]으로 편하게 웹 자료 수집을 시작하자.

자료 스크랩

01 주소표시줄 옆의 🖅(Save to Notion) 아이콘을 클릭한다.

02 만들어둔 '자료 스크랩' 폼이 자동 선택되고, 속성들이 이미 입력된 걸 확인할 수 있다. 하단 [Save Page(페이지 저장하기)] 버튼을 클릭하면 노션의 <자료 DB>에 저장된다. 완료되면 오른쪽 그림과 같이 바뀐다. 중앙 [Open Page in Notion(노션에서 페이지 열기)] 버튼을 눌러보자.

03 새 탭에서 실제 노션 페이지가 열린다. 스크랩된 페이지를 확인해보자. 페이지의 제목과 속성, 본문이 모두 들어가 있다.

스크랩 단축키 지정

지금도 간편하지만, 매번 브라우저 오른쪽 위 아이콘을 누르는 건 번거롭다. 브라우저에서 확장 프로그램을 바로 실행하는 단축키를 지정할 수 있다.

01 크롬 브라우저의 🧩(확장 프로그램) 아이콘을 다시 클릭하고 메뉴에서 **[확장 프로그램 관리]**를 클릭한다.

02 **[내 확장 프로그램]** 창이 열린다. 사이드바에서 아래 있는 **[단축키]** 메뉴를 클릭한다.

03 설치된 확장 프로그램의 단축키 목록이 보인다. 이 중 **[확장 프로그램 활성화]**가 **[Save to Notion]**을 실행하는 단축키다. ✏️ 아이콘을 클릭하고 한 손으로 쓸 수 있는 단축키를 지정해두면 편리하게 스크랩할 수 있다. 브라우저에서 사용하지 않는 단축키를 활용하자. 나는 주로 Ctrl + Shift + F 를 쓴다.

페이지 3 자료 분류 및 활용

단순 수집뿐 아니라, 이후 관리하고 활용하는 것까지 수월해야 바람직한 자료 관리라 할 수 있다. 이렇게 수집한 자료를 어떻게 분류 및 활용할지 함께 알아보자.

📝 수집한 자료 분류

자료 수집은 몇 번만 해도 금방 손에 익을 것이다. 수집 과정이 너무나 간편하니, 일주일 만 지나도 자료가 수십 개씩 쌓인다. 내가 듣고 보는 것을 전부 지식 자산으로 바꿀 수 있다. 무언가 체계적으로 쌓이기 시작했다는 걸 체감하게 된다. 이제부터는 **자료를 정기적으로 분류**해야 한다.

자료는 언제 분류하는 게 좋을까? 마냥 모으기만 하다 너무 많은 자료가 쌓여버려도 문제다. 정리할 때 큰 에너지와 시간을 써야 한다. 예전에 수집한 자료를 일일이 기억하는 게 어렵기 때문이다. 그럼 무엇이든 미리 미리하는 게 좋으니, 스크랩할 때마다 할까? 아니다. 메모 작업은 정말 간결해야 한다. 번거롭다면 메모 습관이 생기지 않는다.

자료를 어디에 분류할지 판단하려면 은근히 생각할 게 많다. 따라서 따로 시간을 내어 분류하는 것을 추천한다. 노션의 [즐겨찾기] 섹션에 <자료 DB>를 추가해두고, 정기적으로 열어 분류해보자. 직장인이라면 주 2~3회가 적당하다.

01 데이터베이스를 [즐겨찾기] 섹션에 추가하는 방법은 다음과 같다. 우선 ❶ 오른쪽 위 ⤢ (전체 페이지로 열기) 버튼을 클릭한다. 전체 페이지가 열리면, 새로 나타난 ❷ [페이지 상단 메뉴]에서 ☆(즐겨찾기) 버튼을 클릭하면 된다.

02 자료 분류 작업은 아주 간단하다. **<자료 DB>**를 쭉 살펴보면서, 각 자료에 맞는 '태그' 속성 옵션을 선택하면 끝이다. 여러 개 선택해도 된다. 팁을 주자면, [표] 보기의 왼쪽에 있는 페이지 선택 기능을 활용하자. 여러 자료를 선택하여 값을 한꺼번에 바꿀 수 있다.

📝 자료 활용

수집한 **<자료 DB>**의 각 페이지는 노션 어디에서나 활용할 수 있다. [멘션] 기능을 이용해 [페이지 링크]를 만들면 된다.

01 먼저 자료를 참고하고 싶은 위치에 명령어 @를 입력하고, 바로 이어서 자료의 **페이지 이름**을 입력한다. [페이지 링크] 목록에서 원하는 페이지를 선택한다.

02 바로 선택한 페이지가 인라인으로 만들어진다. 키보드 Alt 를 누른 채 클릭하면, **<자료 DB>** 이동 없이 해당 자료를 그 자리에서 바로 볼 수 있다.

> **Notice** 페이지 인라인은 명령어 [[를 입력해도 만들 수 있다.

자료 관리 아이디어

수집한 자료들을 더 체계적으로 관리할 수 있는 노션 기능을 소개한다. 자료 관리를 할 때 미리 추가하면 유용한 속성들이다. 업무에 필요한지 생각해보고 적용해보자.

🅝 자료 관리

자료를 그때 그때 잘 활용하려면, 누가, 언제 수집/등록한 자료인지 정확히 알아야 한다. 노션 데이터베이스의 속성과 기능을 활용하여 이를 쉽게 관리할 수 있다.

■ 생성 일시 및 생성자 추가

데이터베이스의 속성에는 <생성 일시>와 <생성자>가 있다. 이는 페이지 생성 시 자동으로 값이 입력되는 속성들이다. 이 두 속성은 <자료 DB>에 추가하면 유용하다. 자료가 만들어진 시점과 만든 사람을 편리하게 관리할 수 있다.

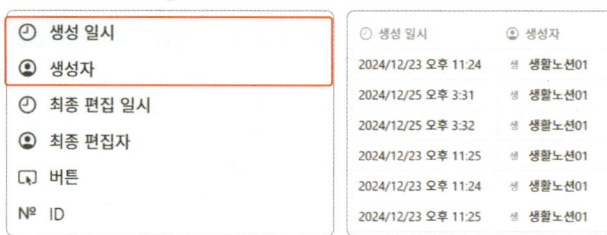

■ 하위 항목 활용

자료에는 여러 가지 버전이 있을 수 있다. [하위 항목] 기능을 활용하면 버전 관리도 가능하다. 참고로 <파일과 미디어> 속성에는 여러 개의 파일을 넣을 수도 있고, 순서도 조정할 수 있다.

이미지 자료 관리

■ [갤러리] 보기로 이미지만 모아보기

이미지 파일을 찾을 때, 미리보기가 커야 구분하기 쉽다. 하지만 [표] 보기에서는 미리보기가 너무 작다. 따라서 [갤러리] 보기 - [카드 미리보기] 기능을 활용하는 게 훨씬 편하다. 이미지 파일을 주로 관리한다면, <파일과 미디어> 속성을 하나 더 추가하여 관리해보자. 이를 [갤러리] 보기로 따로 만들고, 필터를 적용해 이미지가 있는 자료만 모아볼 수 있다.

■ <파일과 미디어> 속성 활용

또한 <파일과 미디어> 속성에 들어 있는 이미지 자료를 복사(Ctrl + C)해서 페이지 본문에 붙여넣기(Ctrl + V) 할 수 있다. [이미지 임베드]를 선택하면 [이미지] 블록으로 생성된다. 하지만 반대로 페이지에 올려둔 파일 블록을 속성 값으로 넣을 수는 없다.

SECTION 18
[Description(디스크립션)] ❷ 업무 프로세스 완벽 정리

ONE-PAGER GUIDE

[Needs Story] 회사엔 프로세스가 있다. 프로세스란 작업 순서, 승인 단계, 시스템 구성, 계약 방식 등의 절차다. 다양한 사람이 원활히 협업할 수 있는 이유는 프로세스 덕분이다. 일하는 방식을 표준화하고 책임 소재를 명확히 한다. 규모가 큰 회사일수록 ERP와 전자결재 시스템의 도움을 받아 표준화되고 체계적인 프로세스를 갖춘다.

"아직 업무 파악이 덜 됐어요."라는 말은 곧 아직 프로세스를 모른다는 말이다. 다음 절차나 담당자를 몰라 우왕좌왕하고 여기저기 묻는다. 주어진 일을 시키는 대로 하며, 문제가 될 상황들을 예상하지도, 피하지도 못한다. 프로세스가 익숙해지기까지는 오랜 시간이 걸린다.

일을 잘하는 사람은 업무의 전체 프로세스를 꿰고 있다. 현재 작업을 할 때도 다음 작업은 언제, 어떤 식으로 진행될지 고려한다. 이를 함께 준비할 수 있어서 효율적이다. 각 프로세스의 의미와 영향도를 예상한다. 빠르게 일하고 이슈도 없으니, 성과와 평가가 좋을 수밖에 없다. 그러니 막연한 경험이나 기억에 의존하지 않고 모든 것을 미리 문서화해두는 게 좋다.

[NOTION SOLUTION] <업무 설명서 DB>에 단순한 업무 설명뿐 아니라, 추가로 프로세스를 정리해두면 꽤 유용하다. 특히 절차가 복잡한 계약이나 결산, 많은 담당자와 컨택하는 업무는 반드시 정리해야 한다. 그래야 전체 업무와 유관 시스템, 담당자를 한눈에 볼 수 있고, 해야 할 일도 놓치지 않는다. 이를 막연한 경험이나 기억이 아닌, 문서로 정리해두어야 정확하게 일할 수 있다.

- 목표: 업무 프로세스 다이어그램으로 시각화하기
- 과제: 머메이드 사용 방법 익히기 | 업무 설명서에 프로세스 머메이드 다이어그램 추가하기
- 결과물: DSLR 시스템 중 'D', <업무 설명서 DB> 업그레이드

페이지 1 프로세스 정리: 머메이드 활용

프로세스는 구체적인 작업 내용보다는 순서가 훨씬 중요하다. 단순한 순서라면 [번호 매기기 목록] 블록을 사용하거나 열을 여러 개로 나누는 선에서 해결 가능하다. 순서대로 프로세스 이름과 방법을 입력하면 된다.

하지만 회사의 프로세스는 단순한 순서로는 표현할 수 없다. 따라서 글보다는 시각화한 자료가 유용하다. 복잡해 보였던 업무 흐름과 유관 시스템, 담당자가 한눈에 보인다. 작업까지 명시되어 있다면, 해야 할 일도 놓치지 않는다. 특히 절차가 복잡한 계약이나 결산, 많은 담당자와 컨택하는 업무는 시각화가 필수다.

프로세스의 대표적인 표현 방법은 **다이어그램**이다. 파워포인트로 도형을 그리고 [이미지] 블록으로 임베드하는 방법도 좋다. 하지만 노션 외의 다른 도구를 활용하는 건 불편한 점이 많다. 먼저 파일의 원본을 따로 보관해야 하고, 절차를 수정할 때마다 원본을 수정해야 한다. 프로세스는 항상 바뀌기 마련이므로, 가급적 노션에서 바로 업데이트할 수 있는 기능을 쓰자.

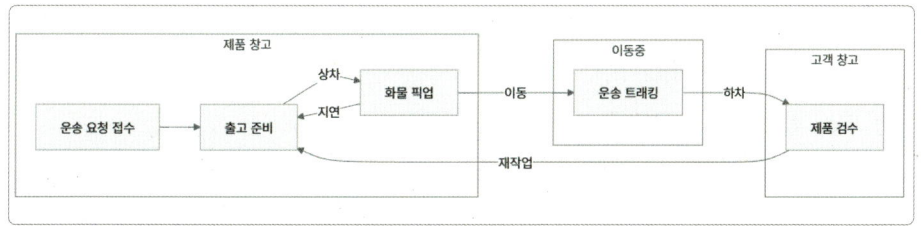

머메이드 블록으로 그린 프로세스도 예시

노션에는 절차와 프로세스를 그릴 수 있는 간단한 도구가 있다. 바로 [코드] 블록이다. 코드 블록은 본래 프로그래밍 코드를 보기 좋게 표현하기 위해 사용하는 것이다. 물론 노션상에서 프로그래밍 코드가 실행되진 않는다. 그런데 이 중 Mermaid(머메이드)는 실제 다이어그램을 그려준다. 이걸 활용할 것이다.

〖N〗 시각화 도구, 머메이드

머메이드가 프로그래밍 언어라고 겁먹을 필요는 없다. 문법은 아주 간단하다. 다이어그램의 유형을 적는다. 그리고 다이어그램을 글과 기호로 표현한다. 그러면 도형이 그려진다. 도형의 위치나 크기를 자유롭게 수정할 수는 없어도, 업무상 절차를 표현하기에는 충분하다. 그럼 직접 해보자.

■ [코드 – Mermaid] 블록

프로세스 정리 페이지 열기

앞서 **섹션 14**에서 <업무 설명서 DB>를 설계할 때, 프로세스도를 그릴 자리를 미리 마련해두었다. <프로세스 정리> 페이지를 열어보자.

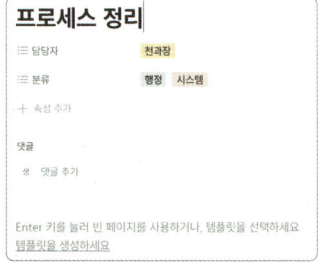

블록 생성

<**프로세스 정리**> 페이지 본문에 명령어 **/머메이드**를 입력하고 [**코드-Mermaid**]를 클릭하자. 예시가 있는 코드 블록이 만들어진다. 사각형 두 개가 있는 간단한 다이어그램이다.

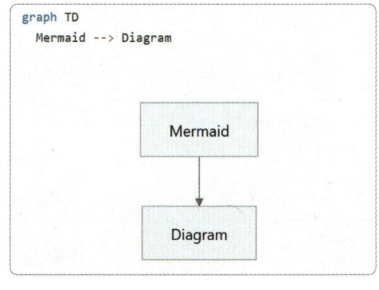

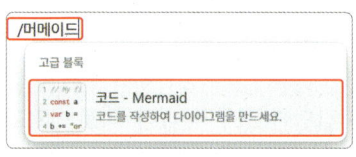

블록 메뉴

다이어그램에 마우스를 올리면 메뉴가 나타난다. 가장 왼쪽은 [**프로그래밍 언어**]다. 우리는 Mermaid만 사용할 것이기 때문에 신경 쓰지 않아도 된다.

그 옆은 [블록 보기 설정]이다. 클릭하면 블록이 보여지는 방식을 바꿀 수 있다. 3개의 옵션이 있다. 수정할 때는 [분할 보기]를 사용하고, 다 완성한 뒤에는 [미리보기]로 바꿔두면 편하다.

- [코드]: 코드만 보여진다.
- [미리보기]: 코드의 다이어그램이 보여진다.
- [분할 보기]: 코드와 다이어그램이 모두 보인다.

■ 머메이드 다이어그램 기본 개념

이제 샘플 다이어그램의 명령어를 살펴보면서 머메이드의 기본 개념을 알아보겠다.

다이어그램 생성 및 방향 지정

우선 첫 줄 graph TD 중, 파란색 graph는 다이어그램을 만들라는 명령어다. 이어지는 TD는 도형의 방향이다. TD는 "Top Down"의 약자다. 다이어그램이 위에서 아래 방향으로 만들어진다. TB를 입력해도 같은 모양이 된다. "Top Bottom"의 약자다.

이 자리에 다른 방향을 지시하면 모양이 달라진다. 가령 LR은 "Left Right"의 약자로, 다이어그램이 왼쪽에서 오른쪽으로 만들어진다. 방향을 바꿔서 BT(Bottom Top) 또는 RL(Right Left)도 가능하다.

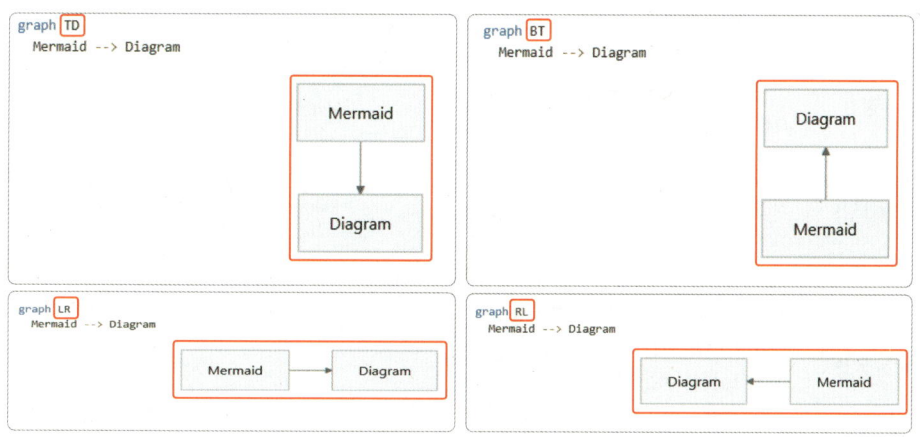

노드의 모양과 이름

다이어그램의 도형 하나 하나는 노드라고 부른다. 노드를 표현하는 방법은 2가지다. 예시 중 두 번째 줄 Mermaid --> Diagram이 노드를 지정하는 코드다.

예시에서처럼 아무 기호 없이 노드의 이름만 입력하면, **사각형 노드**가 만들어진다. 노드의 모양과 이름을 지정해줄 수도 있다. Diagram을 Diagram((절차 1))로 바꾸면 **이름이 '절차 1'인 원형 노드**가 만들어진다.

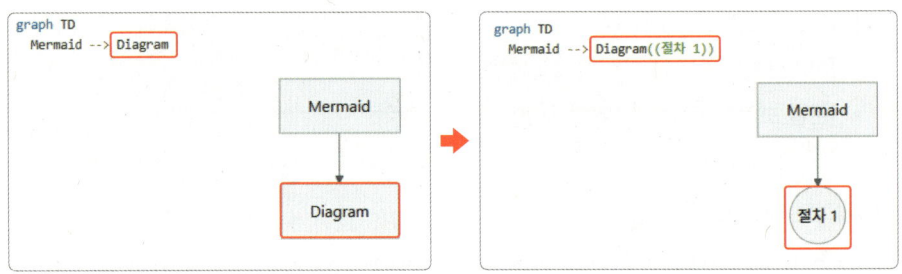

선 연결

두 번째 줄 Mermaid --> Diagram을 다시 풀어 설명하면, 도형 [Mermaid]와 도형 [Diagram]을 만들고, 이 둘을 화살표가 있는 실선으로 연결하라는 명령어다.

이때 노드를 연결하는 선의 종류는 3가지(실선, 점선, 굵은선)이며, 꺾쇠 < >를 앞뒤에 붙여 화살표 머리 방향을 지정할 수 있다. 자세한 설명과 예시는 다음 표를 참고하라.

선 모양	용도	명령어	예시
실선	순차적인 흐름	A --> B	Mermaid → Diagram
점선	선택적이거나 덜 중요한 흐름	A <-.-> B	Mermaid ⇠⇢ Diagram
굵은선	강조된 흐름	A <==> B	Mermaid ⬌ Diagram
글자 있는 선	선 위에 설명이나 조건을 추가하고 싶을 때 (화살표, 점선, 굵은 선 모두 가능)	A <--텍스트--> B A <-.텍스트.-> B A <==텍스트==> B	Mermaid ←텍스트→ Diagram Mermaid ⇠텍스트⇢ Diagram

특수문자 &을 활용하면 여러 노드를 한 번에 연결하거나, 동시에 2개의 노드를 연결할 수 있다. 그리고 두 노드 사이에 여러 개의 선을 만들 수도 있다(오른쪽 그림 참조).

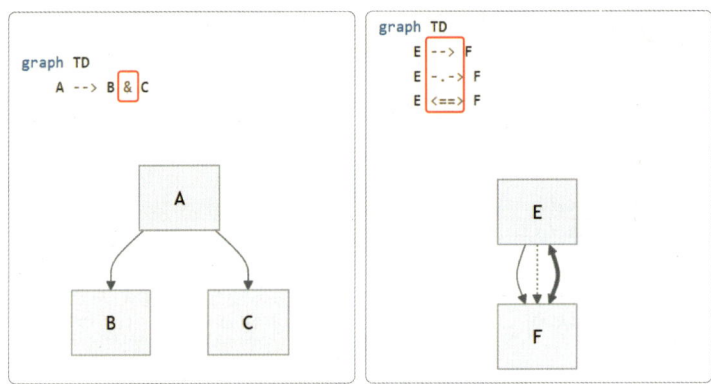

이로써 머메이드의 기본 개념은 어느 정도 이해했을 것이다. 이제 실제로 내 업무 프로세스 다이어그램을 그릴 수 있도록, 구체적인 예시를 알아보자.

N '경비 처리' 프로세스도 작성 실습 (22)

NOTION SAMPLE

'경비 처리' 프로세스도

다음은 회사 경비를 처리하는 프로세스를 머메이드로 시각화한 것이다. 경비 청구부터 취합, 결재, 전표 입력까지 이어지는 단순한 프로세스다. 이 프로세스를 다이어그램으로 그리면서, 여러 가지 활용법을 익혀보자.

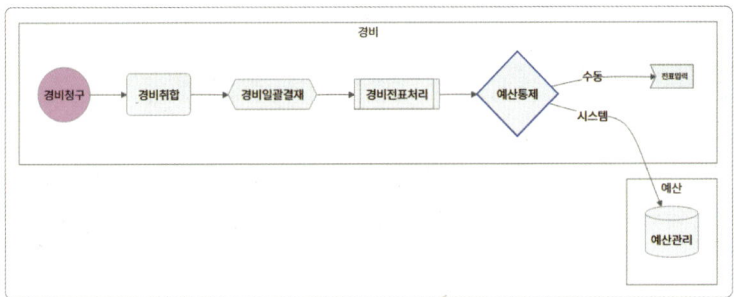

■ **노드 추가 및 모양 지정**

노드 명령어와 선 명령어를 조합해 각 노드와 노드 간의 연결을 표현하면 바로 간단한 다이어그램이 만들어진다. 줄바꿈을 하고, 코드가 같은 노드를 두 번 사용해도 상관없다. 머메이드가 알아서 동일한 노드로 인식하고 연결한다.

그럼 새 [코드 - Mermaid] 블록을 추가하고, 다음과 똑같이 코드를 입력해보자.

```
graph LR
    C1((경비청구)) --> C2(경비취합) --> C3{{경비일괄결재}}-->C4[[경비전표처리]]-->C5{예산통제}
    C5 --시스템--> A1[(예산관리)]
    C5 --수동--> I7>전표입력]
```

예시에서 **C5**는 **예산통제 노드**다. 두 번째 줄과 세 번째 줄을 보면, 같은 노드를 가지고 여러 번 줄바꿈을 하고 명령어를 입력했음이 보인다. 하지만 줄바꿈과 상관없이 예산통제 노드는 예산관리 노드와 전표입력 노드로 각각 자동 연결되었다.

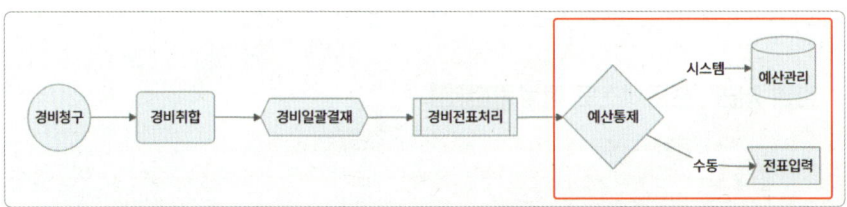

코드에서 **다양한 괄호**가 사용되었다. 괄호는 모두 노드의 모양을 지정하는 명령어다. 노드의 모양은 총 9가지다. 용도별로 의미를 부여하면 직관적이다. 다이어그램 표준인 UML(Unified Modeling Language)에 각 도형이 통용되는 의미가 정의되어 있다. 작업 프로세스를 표현하기에 유용하다. 표를 참고하라.

도형 모양	용도	명령어	예시
사각형	일반적인 작업과 단계	A[텍스트]	텍스트
둥근 사각형	프로세스의 시작 또는 끝을 나타낼 때	B(텍스트)	텍스트
원형	작업이 시작되는 시점 (검은 원)	C((텍스트))	텍스트

도형 모양	용도	명령어	예시
이중 원형	작업이 끝나는 지점	D(((텍스트)))	
다이아몬드	의사결정이나 조건 분기점 또는 합쳐지는 지점	E{텍스트}	
비스듬한 노드	시작 또는 종료를 나타낼 때	F>텍스트]	
서브루틴	반복되는 프로세스	G[[텍스트]]	
육각형	특별한 작업이나 강조가 필요한 단계	H{{텍스트}}	
원통	데이터베이스나 저장소를 나타낼 때	I[(텍스트)]	

■ **노드 스타일 지정**

노드엔 스타일을 추가하여 색상과 모양을 바꿀 수 있다. 스타일 명령어는 다이어그램을 그리는 명령과는 다른 줄에 입력한다. 스타일 명령어의 예시는 style C1 fill:#f9f다. 두 부분으로 구성되어 있다.

- **style C1**: C1 노드에 스타일을 넣으라는 명령어다.
- **fill:#f9f**: 노드를 보라색(#f9f)으로 채워 넣으라(fill)는 의미다. 머메이드 스타일 명령어에서 색상은 hex 코드 6자리로 표현한다.

다음 표를 보고 노드에 다양한 스타일의 옵션을 적용해보자.

스타일 속성	설명	명령어 예시	뜻
fill	노드의 배경 색상	style A fill:#f9f	배경색을 (밝은 분홍색)으로
stroke	노드 테두리 색상	style A stroke:#1d4fff	테두리 색을 (파란색)으로
stroke-width	테두리 두께	style A stroke-width:2px	테두리 두께를 (2픽셀)로
color	노드 내부 텍스트 색상	style A color:#000	텍스트 색을 (검은색)으로
font-size	노드 내부 텍스트 크기	style A font-size:16px	텍스트 크기를 (16픽셀)로
font-weight	노드 텍스트의 굵기	style A font-weight:bold	텍스트를 (굵게)
stroke-dasharray	노드 테두리를 점선으로 설정	style A stroke-dasharray:5	테두리를 (5px 간격 점선)으로
stroke-opacity	테두리의 투명도 설정	style A stroke-opacity:0.5	테두리를 (50%)만큼 연하게
fill-opacity	배경 색상의 투명도 설정	style A fill-opacity:0.7	배경색을 (70%)만큼 연하게
rx / ry	노드 모서리를 둥글게 설정 (x/y축 반경)	style A rx:10 / ry:10	모서리를 (10px)만큼 둥글게

3개의 노드에 스타일을 적용해보았다. [C1 경비청구]는 분홍색 배경을 채웠고, [C5 예산통제]에는 2px 굵기의 파란색 테두리를 적용했다. [I7 전표입력]의 텍스트는 10px로 줄였다.

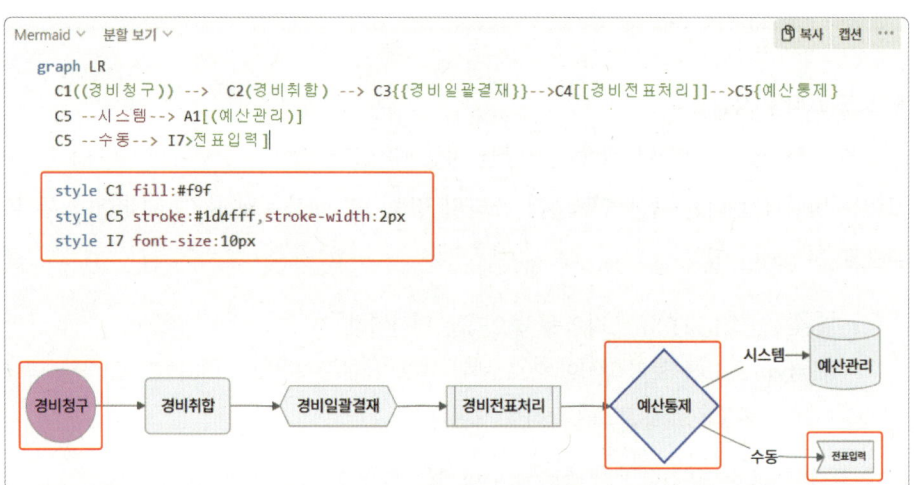

■ **노드에 영역 표현**

각 노드에 영역을 표현하면 구분이 쉽다. 명령어 subgraph를 사용하면, 노드의 영역을 표현할 수 있다. 업무를 시스템이나 담당자, 팀별로 구분해두면 좋다. 이중, 삼중 영역도 표현할 수 있다. 단 각 영역이 끝나면 줄을 바꾸고 end 명령어로 알려주어야 한다.

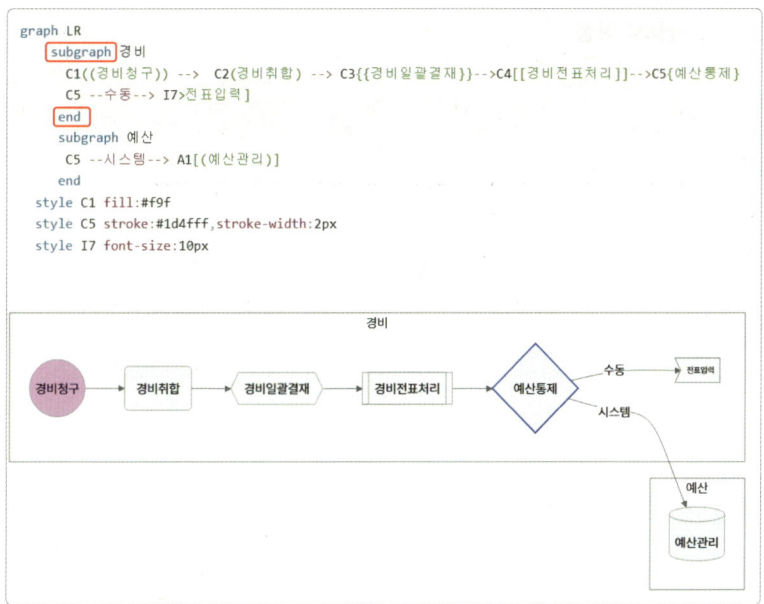

📝 여러 가지 다이어그램

머메이드를 활용하면, 간트 차트, 파이 차트, 클래스 다이어그램 등 여러 다이어그램을 쉽게 그릴 수 있다. 템플릿 페이지를 참고하여 코드와 미리보기를 비교해보자. 다만, 각 다이어그램에 들어가는 데이터가 노션의 데이터베이스에 연동이 되는 건 아니다. 코드로 직접 입력해야 한다.

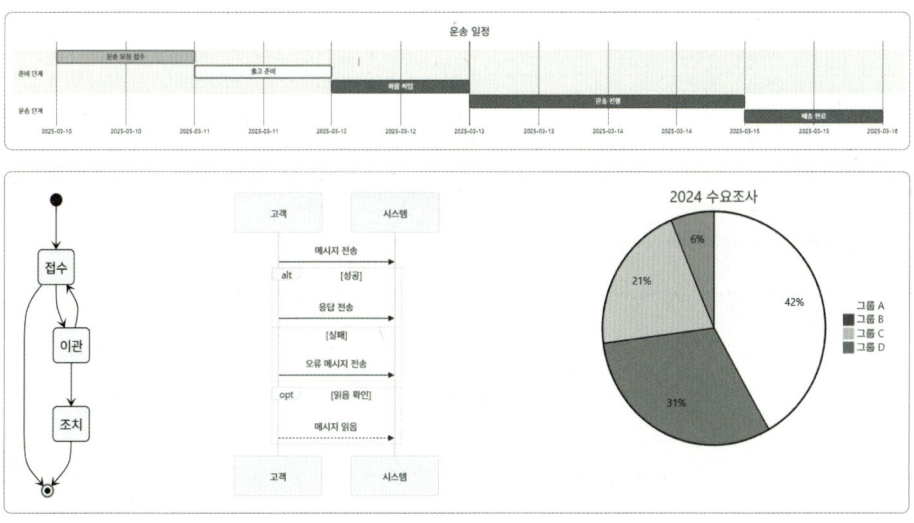

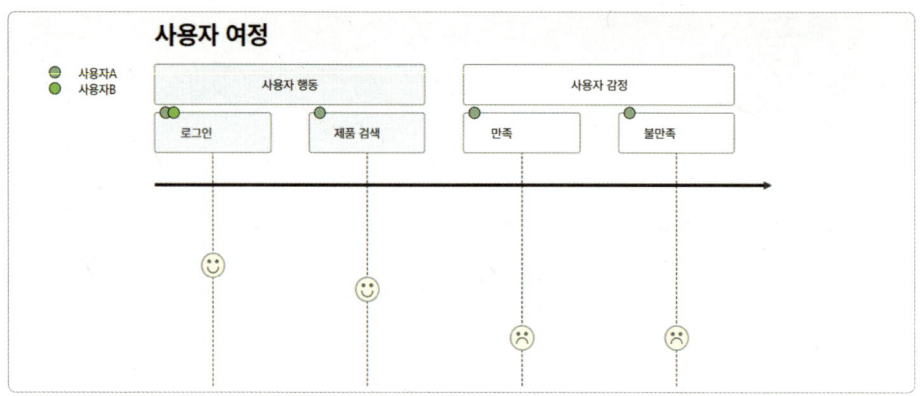

페이지 2 프로젝트 관리: <프로젝트 관리 DB>

업무에는 분명한 프로세스를 가진 일들이 있다. 가령 계약이나 프로젝트 관리, 개발 업무 등이다. 이런 업무의 특징은 해야 할 작업이 명확하고 순서가 정해져 있으며, 계속 반복된다는 점이다.

가령 IT 프로젝트 계약 업무를 들여다보자. 먼저 요구사항에 맞춰서 제안서를 작성하고 견적서를 제출한다. 수주 계약이 되면, 인력을 소싱하고 계약을 체결한다. 내부 회계 시스템에 전산 등록과 매출 아웃룩을 관리하기도 한다. 돈도 계속해서 오간다. 선금과 중도금, 잔금 처리가 있고, 지급도 제때 해주어야 한다. 다음 다이어그램을 보면, 계약 체결 단계 이후부터는 여러 작업을 동시에 진행해야 함을 알 수 있다.

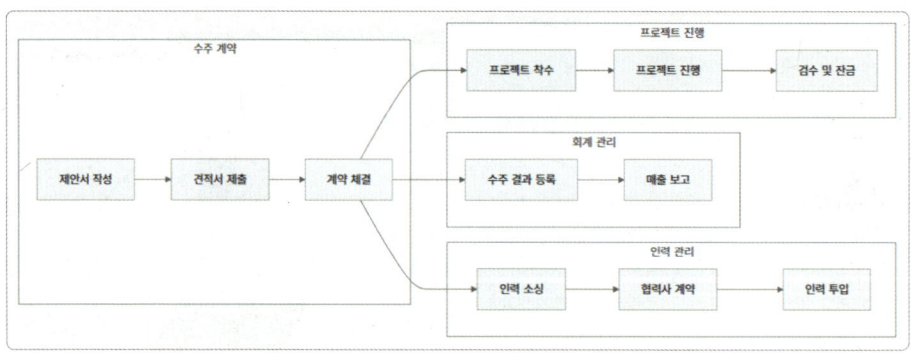

만약 프로젝트가 하나라면, 별다른 관리 도구 없이도 진행할 수 있다. 불행히도 프로젝트는 계획대로 흘러가지 않는다. 계약 체결이 미뤄지고, 검수와 잔금 일정이 지연된다. 게다가 현재 프로젝트가 끝나기도 전에 다음 프로젝트를 계획하고, 수주도 따내고, 계약과 인력 소싱까지 챙겨야 한다. 동시에 여러 프로젝트를 관리할 수밖에 없다. 그럼 전체 프로젝트의 진척이 정리되지 않고, 작업 순서도 헷갈리고, 결국 실수하게 된다.

이런 업무들은 캘린더로 관리하기엔 비효율적이다. 작업의 선후 관계도 명확하고, 오랜 기간 이력을 추적해야 하기 때문이다. 따라서 특화된 데이터베이스를 따로 만들어서 관리하는 게 낫다. 그래야 여러 프로젝트를 동시에 관리할 수 있고, 작업을 놓치지 않는다.

N <프로젝트 관리 DB> 데이터베이스 설계 실습(23)

NOTION SAMPLE

프로젝트 관리 DB

<프로젝트 관리 DB>는 각 페이지 하나가 프로젝트다. 앞서 언급한 수주 계약부터 프로젝트 종료까지 작업을 관리한다. 속성에는 프로젝트를 진행하기 위한 프로세스와 일정 정보와 매출, 영업이익 같은 회계 정보를 넣어두었다.

- 속성(유형 – 속성 이름): 이름 – 프로젝트 이름 | 상태 – 수주 계약 | 상태 – 회계 관리 | 상태 – 인력 관리 | 상태 – 프로젝트 진행 | 날짜 – 기간 | 숫자 – 매출

01 <업무 설명서 DB>의 <프로젝트 관리> 페이지를 열고, 페이지 본문에 실습한다.

02 [데이터베이스 - 인라인] 블록을 삽입한다. 데이터베이스 제목은 '프로젝트 관리 DB'다. 다이어그램을 참고해 필요한 속성들을 추가하고, 값을 채워 넣는다.

03 이번 실습에서 가장 중요한 포인트는 **업무와 작업**이다. 각 업무와 작업은 <상태> 속성을 활용한다. <상태> 속성에는 작업 그룹이 3개 있다. [할 일]과 [진행 중] 그리고 [완료]다. 그룹 안에 여러 가지 작업을 추가할 수는 있으나, 그룹 자체를 늘릴 수는 없다.

04 총 4개의 상태 속성을 추가하고, 각 작업을 다음과 같이 구성했다. 속성 이름은 왼쪽부터 '**수주 계약**', '**회계 관리**', '**인력 관리**', '**프로젝트 진행**'이다.

색상에 의미를 부여하면 더 직관적으로 사용할 수 있다. 가령 여기에서는 '할 일'은 회색, '진행 중'인 작업은 파란색으로 하고, '완료' 중 정상 진행된 것은 초록색, 실패한 것은 빨간색으로 표시했다.

<프로젝트 관리 DB>가 완성되었다. 이제 프로젝트별로 진행 상태를 그때그때 업데이트하며 정확하게 일할 수 있을 것이다.

마지막으로 미리 정해두어야 할 중요한 사항이 하나 더 있다. 바로 작업의 속성 값을 언제 바꿀지다. 가장 직관적인 건, 지금 할 일을 선택하는 것이다. 즉, "진행해야 하는 작업" 또는 "지금 진행 중인 작업"이다. 이게 아니라 "완료된 작업"을 선택하면 사용하기에 불편하다. 정확한 체크를 위해 매번 속성의 옵션을 열어 봐야 하기 때문이다.

PART VI

업무를 효율적으로 관리하려면, 모든 요소가 잘 통합된 시스템이 필요하다. 앞서 만든 <업무 설명서 DB>, <일정 DB>, <이력 DB>, <자료 DB>도 각기 쓰기보다는 함께 관리해야 시너지가 난다.

이번 파트에서는 데이터베이스의 <관계형> 기능을 활용하여 4가지 요소를 하나의 시스템으로 통합하고자 한다. 이로써 업무마다 일정과 이력을 관리하고, 데이터와 자료를 효과적으로 관리할 수 있게 될 것이다. 또한 각 요소들을 업무별로 쉽게 분류하고 모아볼 수 있는 테크닉과 내 마음대로 수정할 수 있는 확장 전략까지 다뤄볼 것이다.

시스템은 멈춰 있지 않고, 삶에 따라 함께 변화해야 한다. 이 파트를 배운 후에는 나의 업무와 삶에 맞게 시스템의 구조를 바꾸고 커스터마이징할 수 있게 될 것이다. 일과 삶을 통합하고 나만의 시스템을 가지고 싶다면, 반드시 배워야 할 테크닉이다.

DSLR 구조화

GOAL
- 관계형과 롤업 이해하기
- DSLR 시스템 연결 및 구조화하기
- 업무 템플릿 제작 및 자동화
- 시스템

RESULT
- 확장 및 통합된 DSLR 시스템

KEYWORD 관계형 롤업 자동화

SECTION 19 DSLR 통합

ONE-PAGER GUIDE

[지니언트's saying] DSLR을 각각 사용해도 유용하지만, 여기서 생산성을 더 높이는 방법이 있다. 바로 시스템을 하나로 통합하는 것이다. <관계형> 속성을 활용하여 DSLR을 구조화하면, 각 자료들을 연결해서 활용할 수 있다. 특히 특정 업무별로 DSLR을 모아보는 기능을 자동화할 수 있다. 이 테크닉은 불필요한 반복 작업들을 줄여주니, 꼭 배워 가길 바란다.
앞서 독서 시스템을 직접 구조화하고 DSLR을 직접 만들었다면, 이번 섹션은 어렵지 않을 것이다. 단지 더 많은 데이터베이스를 다루고, 그 관계가 눈에 보이지 않을 뿐이다. 그러니 <관계형> 속성을 추가하기 전에, 미리 완성될 데이터베이스의 구조를 파악하자. 이는 다이어그램으로 그려 두었다. 그리고 수정하는 데이터베이스가 무엇인지, 연결하려는 데이터베이스가 무엇인지 정확히 구분하며 실습하면 된다.

페이지 1 DSLR 시스템 구조 분석과 통합 전략

앞서 만든 **DSLR 시스템**의 각 데이터베이스를 앞으로 어떻게 활용하게 될지 상상해보자. 가령 한 고객의 사업 제안을 준비한다면 어떨까? 고객 회사의 입찰 시스템 사용 방법과 업무 설명서, 고객에 관한 데이터들이 필요할 것이다. 그리고 제안서 작성 일정, 입찰 일정, 그리고 수주 후의 일정들이 있다. 그 과정에는 여러 가지 이슈와 문제들이 있고, 그 이력을 정리해야 한다. 성공적인 수주를 위해서는 다양한 아이디어와 자료, 데이터를 수집할 필요도 있다.

업무설명서DB	일정DB	이력DB	자료DB
제목　　설명서 이름	제목　　일정명	제목　　요약	제목　　자료명
다중선택　분류	다중선택　분류	다중선택　분류	다중선택　태그
...	...	...	...

즉 DSLR은 '어떤 업무'를 진행하는 데 필요한 정보와 기록이다. 문제는 이런 업무들이 한두 개가 아니라는 점이다. 이 시스템을 활용해보면, 곧 각 데이터베이스의 [보기]에서 '어떤 업무'에 관한 정보만 골라 보고, 모아서 보길 원하게 된다. 그래서 분류에 업무를 옵션으로 추가하고, 필터를 바꿔 가며 사용한다. 하지만 업무가 하나뿐인가. 하루에도 몇 번이고 모든 보기의 필터를 바꿔야 한다. 상당히 번거롭고 비효율적이다.

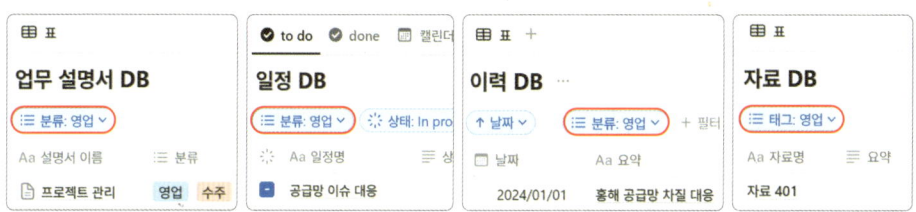

"업무별로 DSLR을 모아 보고 싶어요!"

어떻게 해야 할까? 업무마다 페이지를 만들고, DSLR의 [링크된 보기]를 그 페이지 하나에 다 넣는다. 관련된 정보는 거기서만 보면 된다. 필터는 한 번 세팅하고 바꾸지 않는다. 하지만 이 방법은 문제가 반밖에 해결되지 않았다. 새로운 업무가 생길 때마다 페이지를 만들고, [링크된 보기]를 넣고, 필터를 바꿔주다 보면 아주 번거롭다.

"새 업무에는, 보기의 필터가 자동으로 세팅됐으면 좋겠어요!"

이쯤에서 눈치챈 사람도 있겠다. 이미 해결 방법을 배웠기 때문이다. 앞서 **초심자를 위한 노션**에서 만들었던 <책 DB>, <액션 아이템 DB>와 똑같은 구조로 구성하면 된다. <책 DB>의 각 책 페이지에는 각 책에 관련된 액션 아이템이 모여 있었다. 새 책 페이지를 만들면 [링크된 보기]와 책 페이지 필터가 자동으로 세팅되기도 했다.

DSLR 시스템에도 이와 똑같은 DB 구조를 적용하자. 단지 데이터베이스가 5개로 늘어났을 뿐이고, <관계형> 테크닉을 똑같이 활용한다. 그러면 '어떤 업무'에 대한 설명서와 일정, 이력과 자료를 한 페이지에 모을 수 있고, [필터]도 자동으로 세팅된다.

SYSTEM PREVIEW

통합된 DSLR 시스템 구조

이번 파트의 작업을 완료한 후, **DSLR 시스템 DB 구조**는 다음 그림과 같이 바뀐다. <업무 DB>를 새로 만들고, 이를 중심으로 나머지 데이터베이스들을 모두 연결할 것이다. <업무 DB>에는 템플릿을 세팅하여 DSLR의 [링크된 보기]를 한곳에 모을 것이다.

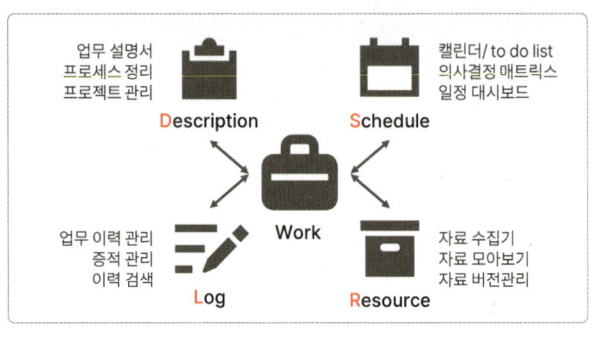

페이지 2 DSLR 통합: 관계형 실습(24)

📝 <업무 DB> 데이터베이스 설계

통합 DSLR 시스템의 중심 데이터베이스는 <업무 DB>다. 앞 예시에서 [필터]가 걸려 있는 '분류(태그)' 속성을 <업무 DB>의 <관계형> 속성으로 대체한다고 생각하면 이해하기 쉽다. 별도로 속성을 더 추가해도 되지만, <업무 DB>의 <관계형> 속성이 그 역할을 대신할 수 있다는 걸 곧 알게 될 것이다.

NOTION PREVIEW

업무 DB

<업무 DB>는 4개의 DSLR 시스템을 하나로 묶어주는 중심 데이터베이스다. 여기서 **업무**란 개별 작업이 아니라 '고객사 관리' '시스템 화면' '계약 관리' 등과 같이 넓은 의미의 업무를 뜻한다. 페이지 안에는 DSLR 시스템의 [링크된 보기]를 넣을 예정이다. 속성은 일단 2개만 사용한다. 필요에 따라 더 추가해도 되지만, 일단 전체적인 데이터베이스 구조를 먼저 잡고 시작해도 늦지 않다.

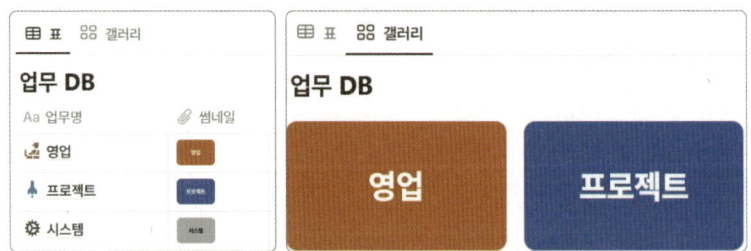

• 속성(유형 – 속성 이름): 이름 – 업무명 | 파일과 미디어 – 썸네일

01 <나의 세컨드 브레인> 페이지에 [데이터베이스 - 인라인] 블록을 삽입한다. 데이터베이스 제목은 '업무 DB'로 적는다.

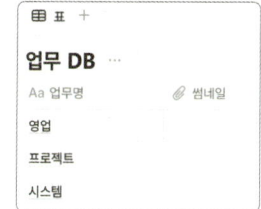
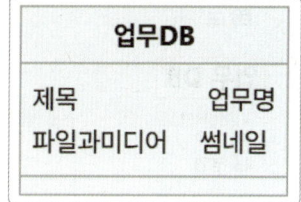

02 <업무 DB>의 데이터베이스 설계도는 위 그림과 같다. 다이어그램과 예시 이미지를 참고해 데이터베이스 속성과 페이지를 추가하고, 순서와 너비를 조정하자.

📝 관계형 연결

NOTION PREVIEW

DSLR 데이터베이스 구조화

이제 <업무 DB>에 DSLR 데이터베이스를 하나씩 연결할 것이다. 앞서 배웠던 관계형 속성을 추가하여 <업무 DB>에서 업무 설명서 페이지, 일정 페이지, 이력 페이지와 자료 페이지를 선택할 수 있게 한다. DSLR 데이터베이스에서도 <업무 DB>의 업무 페이지를 선택할 수 있게 만든다.

■ 업무 설명서 DB 연결

01 <업무 DB>에 <업무 설명서 DB>를 관계형으로 연결한다. <관계형>은 속성이다. <업무 DB>에서 ➕(속성 추가) 버튼을 클릭하고, <관계형>을 선택한다. [관계형 대상] 메뉴에서 연결할 상대 데이터베이스인 <업무 설명서 DB>를 찾아서 선택한다.

02 앞서 배웠던 것처럼 [새 관계형] 메뉴에서 속성 기본 설정을 하면 된다. ❶ [제한]은 [제한 없음]으로 둔다. ❷ [양방향 관계형] 옵션은 켠다. ❸ 아래 [관계형 추가] 버튼을 눌러서 속성을 만든다.

03 <업무 DB>에서 <관계형> 속성의 값을 선택하면, 상대방 데이터베이스인 <업무 설명서 DB>의 페이지 목록이 보인다. <업무 설명서 DB>에도 추가가 되어 있다. [양방향 관계형] 옵션을 켰기 때문이다. <업무 설명서 DB>에서 <업무 DB> 페이지를 선택해보자. <업무 DB>의 '업무 설명서 DB' 속성 값도 자동으로 입력된다.

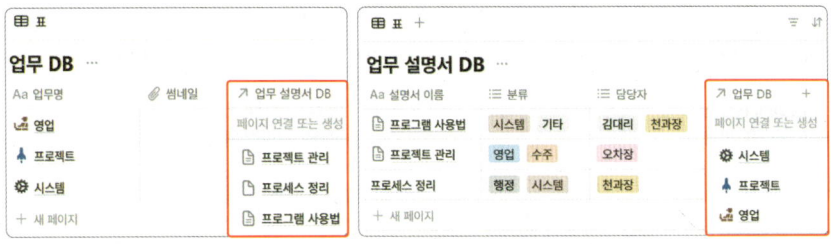

■ 일정 DB / 자료 DB / 이력 DB 연결

01 같은 방식으로 <관계형> 속성을 3번 더 추가하여 나머지 세 데이터베이스도 연결하자. 연결하려는 데이터베이스가 무엇인지 잘 구분해야 한다. [양방향 관계형] 옵션은 모두 켠다.

02 <업무 DB>에는 <관계형> 속성이 3개 추가되었고, <일정 DB>, <자료 DB>, <이력 DB>에는 각각 1개의 <관계형> 속성이 추가되었다. 속성 값으로 페이지를 하나 또는 여러 개 선택해보자.

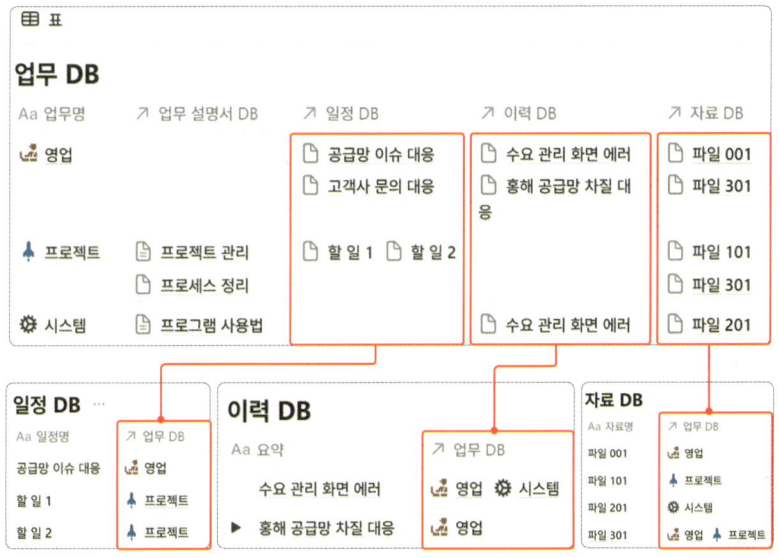

03 페이지가 연결된 걸 확인했다면, <업무 DB>의 <관계형> 속성은 숨겨두자. 연결된 페이지가 많아지면 여러 모로 불편하기 때문이다. 사용해보면 <업무 DB>에서는 <관계형> 속성을 볼 일이 거의 없다.

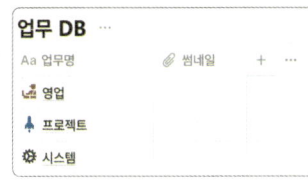

페이지 2 DSLR 통합: 관계형 315

📙 보기 설계: 갤러리 보기 | 리스트 보기

<업무 DB>는 페이지 본문에 정보들을 모아주는 역할을 할 뿐, 속성은 그리 중요하지 않다. [표] 보기보다는, 클릭 한 번에 페이지를 열 수 있는 [갤러리] 보기와 [리스트] 보기를 활용해보자.

■ **시스템 메뉴처럼: [카드 미리보기]**

업무명을 적은 이미지 파일을 만들어서 [카드 미리보기]로 설정한다. 이미지 작업을 할 때에는 여러 색상을 활용하여 배경색을 지정하면 좋다. 글자의 의미를 이해하기도 전에 색상만으로 페이지를 찾을 수 있다.

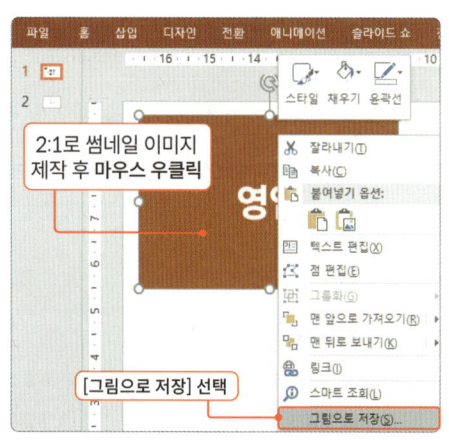

이미지는 파워포인트의 도형을 이용해 만들면 편리하다. 2:1 비율로 만든다. 제작한 도형을 우클릭하여 [그림으로 저장]을 선택하면 그림 파일이 만들어진다. (템플릿 페이지에 샘플 이미지 파일과 원본 PPT 파일이 있으니 참고하라.)

01 [갤러리] 보기를 만들고, [레이아웃] 메뉴에서 옵션을 변경한다. [카드 미리보기]는 [썸네일] 속성으로, [카드 크기]는 [작게]로 선택한다.

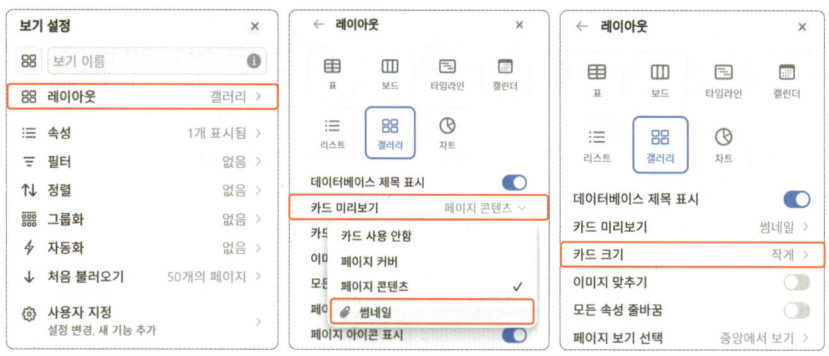

02 [보기 설정] – [속성]에서 '업무명' 옆 👁 아이콘을 클릭해 <제목> 속성까지 숨기면 더 깔끔하게 보인다.

■ 이미지 만들 시간이 없다면: [리스트] 보기

썸네일을 변경하기 번거롭다면, [리스트] 보기와 아이콘을 활용하자. 다음 예시처럼 페이지마다 색상이 있는 아이콘만 세팅해도 충분하다. 불필요한 UI가 없어서 깔끔하고, 클릭 한 번에 페이지가 열린다.

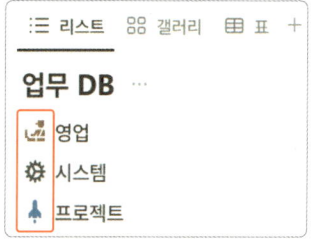

페이지 3 업무별로 DSLR 모아보기 실습(25)

각 업무의 일정, 자료, 이력을 더 편하게 관리하기 위해, 각 데이터베이스마다 업무별로 보기를 추가해도 된다. 하지만 이 방식으로 보기를 추가했다간, 새로운 업무가 생길 때마다 4개의 데이터베이스 보기를 업무 페이지에 추가해야 한다. 이는 상당히 번거로운 일이며, 나중에는 보기가 너무 많아져서 관리하기도 힘들다.

이제 모든 정보를 각 업무 페이지 안에 구성하자. 각 업무 페이지 본문에 업무와 관련된 설명서와 일정, 이력과 자료를 모두 모으는 것이다. 업무와 관련된 정보가 한눈에 보이니, 꽤 직관적이고 편리하게 사용할 수 있다.

🅽 <업무 DB> 템플릿 설계

01 <업무 설명서 DB>의 [표] 보기를 클릭하고 [보기 링크 복사]를 클릭한다.

02 <업무 DB>로 이동한다. 오른쪽 위 새로만들기 옆에 ⌄ 버튼을 클릭하고, [+ 새 템플릿]을 클릭하여 템플릿 편집창을 연다.

03 위쪽 주황색 문구가 있는지 꼭 확인한다. 템플릿 이름을 '새 업무 추가하기'로 입력하고, ⋯ 아이콘을 클릭해 페이지 너비를 [전체 너비]로 변경한다.

04 본문에는 복사해둔 <업무 설명서 DB>의 [링크된 보기]를 붙여넣는다. 팝업된 [붙여넣기 형식] 메뉴에서 [연결된 데이터베이스 보기]를 클릭한다.

05 <업무 설명서 DB>의 [링크된 보기]가 만들어졌다. 다음으로 ☰(필터)를 이용해 <관계형> 속성인 '업무 DB'에 [필터]를 설정한다. 조건은 템플릿 페이지인 <새 업무 추가하기>다.

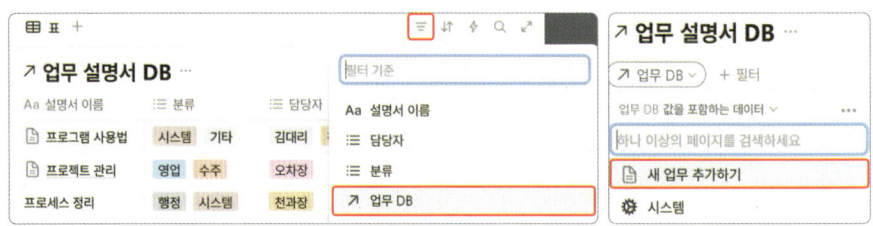

06 같은 방법으로 <새 업무 추가하기> 템플릿 안에 <일정 DB>, <이력 DB>, <자료 DB>의 [링크된 보기]를 차례로 추가한다. [필터]는 <업무 DB>의 <관계형> 속성, 조건은 템플릿 페이지다.

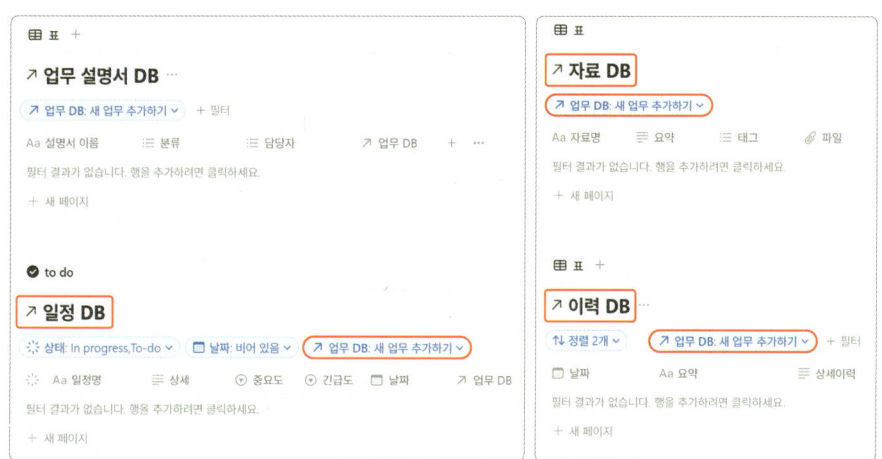

07 마지막으로 <업무 DB>의 <영업> 페이지에 템플릿을 적용해, [링크된 보기]가 자동으로 만들어지는지 테스트한다. 페이지를 열고, 본문의 [새 업무 추가하기]를 클릭하자.

08 자동으로 4종 DB의 [링크된 보기]가 만들어진다. 각 [링크된 보기]의 필터를 열어보면, 새로운 페이지 이름인 '영업'으로 바뀐 걸 확인할 수 있다.

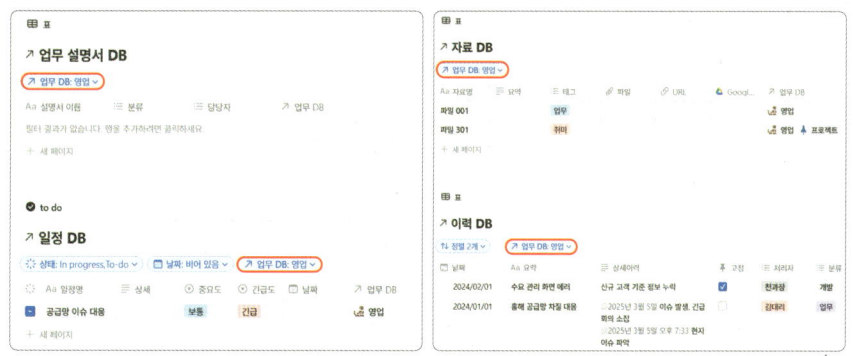

페이지 3 업무별로 DSLR 모아보기 319

업무 템플릿 구성

<업무 DB>의 템플릿에 미리 레이아웃을 잡아두면, 보기에도 좋고 관리하기에도 좋다. 사용할 일이 많은 업무 설명서와 이력을 위쪽에 두고, 그다음 일정, 마지막을 자료로 구성해보자. 업무 설명서와 이력을 [2개의 열]을 활용하여 배치한 건 공간 활용을 하기 위해서다.

01 <업무 DB>의 오른쪽 위 `새로 만들기` 옆에 ⌄ 버튼을 클릭한다. 만들어둔 템플릿을 수정하기 위하여 오른쪽 ⋯ 버튼을 클릭하고, [편집]을 클릭하여 템플릿 편집창을 연다.

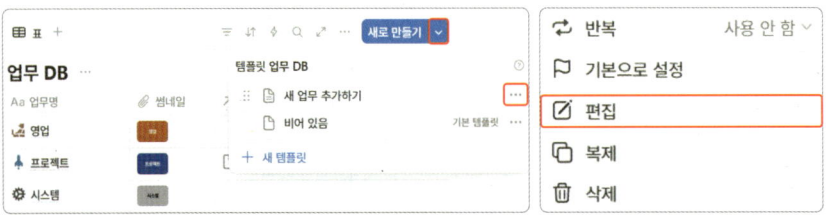

02 [콜아웃] 블록과 [2개의 열] 블록을 활용해 그림과 같이 레이아웃을 구성하고 [제목3] 블록으로 각 영역의 제목을 만든다. 각 [링크된 보기]의 위치는 다음 그림을 참고하라. [링크된 보기]의 데이터베이스 제목을 숨기면 깔끔하다.

03 데이터베이스 원본에 만들어둔 다른 보기를 가져오고 싶다면 이렇게 하자. ❶ 우선 [링크된 보기]에서 ⊕ 버튼을 클릭해 보기를 추가한다. ❷ 원본 데이터베이스를 검색해 선택하고, ❸ [새 보기] 목록에서 원하는 보기를 선택하면 된다.

04 보기가 추가되면, 다시 <관계형> 속성에 [필터]를 설정해 주면 된다.

> **Notice** 보기 목록에 같은 이름이 2개 이상 보일 수 있다. 가장 위쪽 보기는 [링크된 보기]에 이미 만들어진 보기이고, 그다음이 원본 데이터베이스에 있는 보기다.

05 일정에는 앞서 실습한 보기를 가져와서, 일정 대시보드를 다시 구성해보자. [콜아웃] 블록 안에 [2개의 열] 블록을 만들어서 [링크된 보기]를 각각 넣으면 된다.

업무 템플릿 적용

이미 본문 내용이 있는 페이지에 템플릿을 다시 적용하려면, 작성된 본문을 다 지워야 한다. 본문이 지워지면 [새 업무 추가하기] 템플릿이 새로 보이게 된다. 이때 [링크된 보기]의 페이지들은 보기만 지워지고 페이지는 그대로지만, 다른 블록들은 다 지워진다. [링크된 보기] 외에 블록으로 기록한 정보가 있다면, 지워지지 않도록 주의하자.

그럼 <영업> 페이지를 다시 열어서, 본문을 다 지우고 새 템플릿을 적용하자. DSLR 시스템의 페이지가 깔끔하게 다 모인다. 필터가 잘 적용되었는지도 확인한다.

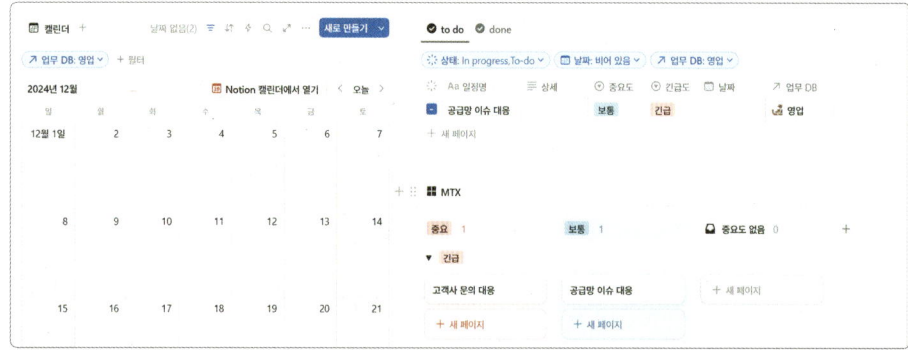

Note 데이터베이스 관리 팁

데이터베이스 설계가 끝난 후에, 원본은 다른 페이지나 토글에 숨겨두자. 그리고 원본이 있던 자리에 [링크된 보기]를 만들면 편리하다. [링크된 보기] 블록을 그대로 복사하여, 보기들을 통째로 복제할 수 있다. 실수로 원본 데이터베이스를 지울 일도 없어진다. 예시에서처럼 따로 '삭제 금지' 등을 기재해두면 더 안전하다.

BONUS PAGE ⑨

관계형 사용 시 주의점

<관계형>을 활용하기 시작했다면, [링크된 보기]를 복사하고 지울 때 원본이 아닌지 꼭 확인해야 한다. [링크된 보기]는 삭제해도 되지만 원본을 삭제하면 [링크된 보기]에서 데이터베이스를 제대로 활용할 수 없다.

복제할 때도 주의해야 한다. 데이터베이스를 복제할 때는, 페이지뿐만 아니라 속성도 복제한다. 그런데 우리는 <관계형>을 속성으로 추가했다. 즉, 데이터베이스를 복제한다는 건 관계형까지 복제한다는 의미다. 가령 <업무 DB>에 연결된 <일정 DB>의 원본을 복제한 상황을 다이어그램으로 표현하면 오른쪽과 같다.

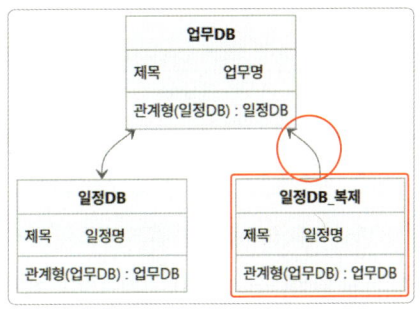

여기서 달라진 점은 양방향 화살표가 한쪽 방향으로 바뀌었다는 점이다. 데이터베이스를 복제하면 <관계형> 속성의 [양방향 관계형] 옵션이 꺼진 채로 복제된다. 아래 그림을 보면 <일정 DB>와 복제한 <일정 DB_복제>의 옵션이 다른 걸 확인할 수 있다.

이를 <업무 DB>의 입장에서 보면, <일정 DB>의 페이지는 선택할 수 있지만 복제된 <일정 DB_복제>의 페이지는 선택할 수 없다는 의미다. 즉 <관계형> 속성인 '일정 DB'에서 페이지를 선택해도 <일정 DB>의 페이지일 뿐, <일정 DB_복제>와는 상관이 없게 된다.

> Note **[양방향 관계형] 옵션이 꺼지지 않았다면?**
>
> 과거에는 데이터베이스 원본을 복제하면, **[양방향 관계형]** 옵션도 함께 복제되었다. 그래서 상대 데이터베이스의 관계형 속성이 계속 추가되는 불상사가 생겼었다. 지금은 업데이트되어서 걱정할 필요는 없다.

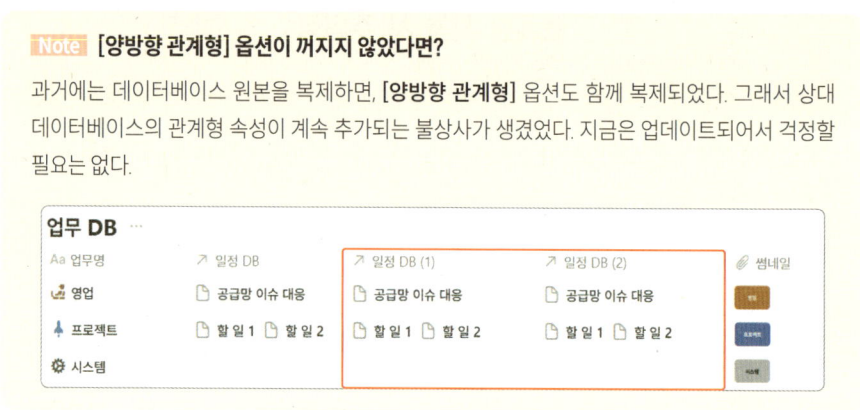

반면 데이터베이스 원본이 아닌, **[링크된 보기]**는 복제를 아무리 해도 상관없다. **[링크된 보기]**는 복제해도 **[링크된 보기]**일 뿐, 새로운 데이터베이스를 만드는 게 아니기 때문이다. 그리고 **[링크된 보기]**에서 보이는 페이지는 원본 데이터베이스의 페이지다. 하지만 데이터베이스 원본을 복제한 페이지는 복제전 데이터베이스의 페이지와는 어떠한 상관이 없는 새로 만들어진 페이지다.

그러므로 아래 예시처럼 **<일정 DB_복제>**에서 관계형 속성의 값을 아무리 바꿔도, **<업무 DB>**의 관계형 속성의 값은 변하지 않는다. 연결되어 있지 않기 때문이다.

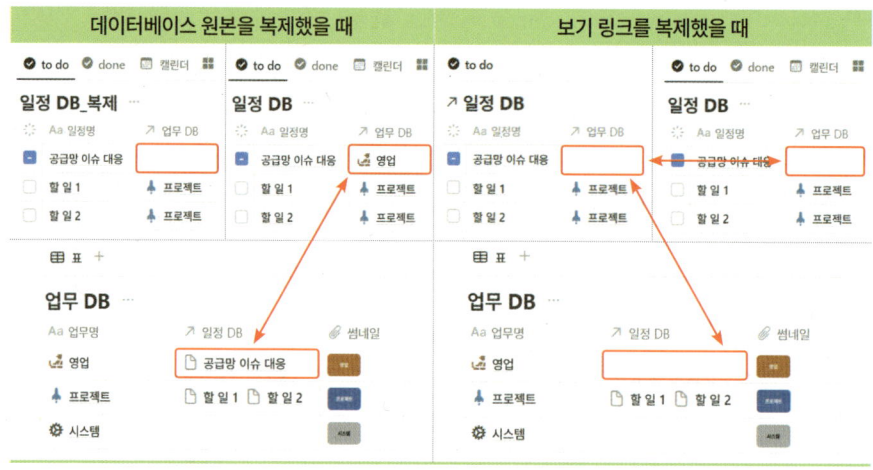

SECTION 20 DSLR 확장

ONE-PAGER GUIDE

[지니언트's saying] 이제 DSLR 시스템을 업무 밖의 영역으로 확장하자. 바로 삶의 영역이다. 구조를 바꿀 필요는 없다. 그저 <업무 DB>의 이름을 <프로젝트 DB>로 바꾸면 된다. 프로젝트란 독서, 운동, 취미, 가계부, 사이트 프로젝트 등을 모두 포함하는 포괄적인 개념이다.

삶의 영역에서 DSLR 시스템은 어떻게 쓰면 될까? 사용 방법은 똑같다. <일정 DB>에서는 일정을 계획한다. <이력 DB>에는 프로젝트 진척을 기록하고, 생각과 아이디어를 정리하거나 실행 노트로 쓴다. 각종 자료와 레퍼런스는 <자료 DB>에 모은다. <업무 설명서 DB>는 <데이터 DB>로 의미를 확장시켜서 사용한다. 여기서는 노션에서 만든 페이지와 데이터베이스를 함께 관리한다. 이로써 DSLR의 구조를 유지한 채, 한곳에서 일과 삶을 관리할 수 있게 된다. 업무와 일상, 취미를 같은 방법, 같은 스타일로 같은 곳에 기록하니, 인생이 간결해진다.

페이지 1 DSLR 기록 영역 확장: 일에서 삶으로 실습 (26)

DSLR을 삶으로 확장하려면, 업무에 특화시킨 데이터베이스의 의미를 바꾸면 된다. 의미를 바꾼다고 구조가 달라지진 않는다. 그저 이름만 바꿀 뿐이다. 먼저 중심 데이터베이스였던 <업무 DB>와 <업무 설명서 DB>의 이름과 관계형 속성의 이름을 바꿔보자.

SYSTEM PREVIEW

일에서 삶으로 확장하기

DSLR 시스템을 삶의 영역까지 확장하면 이렇게 바뀐다. <업무 DB>가 <프로젝트 DB>가 되었고, <업무 설명서 DB>가 <데이터 DB>가 되었다.

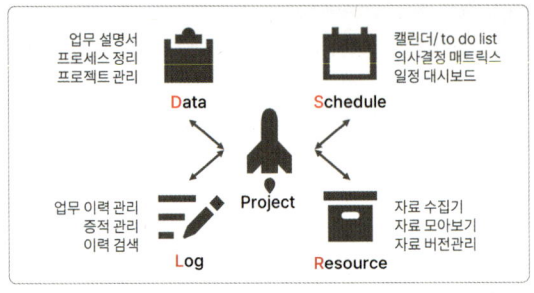

N <업무 DB> 전환: <프로젝트 DB>

01 <업무 DB>의 데이터베이스 제목을 '**프로젝트 DB**'로 바꾼다. 제목 속성의 이름도 '**프로젝트명**'으로 바꾼다.

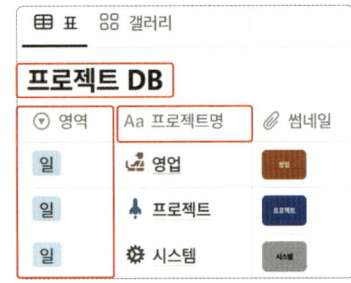

02 영역을 구분하기 위해 <**선택**> 속성을 추가한다. 이름은 '**영역**'이다. 옵션은 '일', '삶', '돈' 등 원하는 값으로 추가한다.

03 <프로젝트 DB>의 템플릿 이름도 '새 프로젝트 추가하기'로 변경한다.

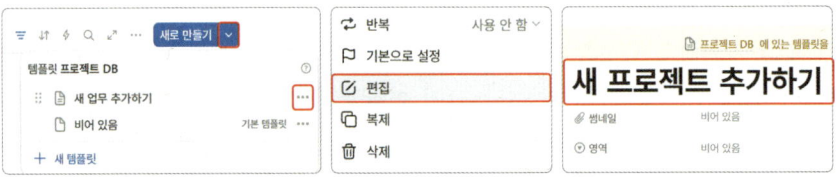

04 <프로젝트 DB>와 연결되어 있는 DSLR 각 데이터베이스의 <**관계형**> 속성 이름도 '업무 DB'에서 '프로젝트 DB'로 바꾼다.

🅝 <업무 설명서 DB> 전환: <데이터 DB>

업무가 아닌 다른 프로젝트엔 업무 설명서가 필요 없다. 그러니 <업무 설명서 DB>의 의미도 확장하여 두루 써보자. 추천하는 의미는 '데이터'다. 업무 설명서를 포함하여, 노션으로 만든 페이지와 각종 데이터들을 넣어보자.

01 <업무 설명서 DB>의 데이터베이스 제목을 '데이터 DB'로 바꾼다. 제목 속성의 이름도 '데이터명'으로 바꾼다.

02 <프로젝트 DB>의 [보기 설정] 메뉴에서 <관계형> 속성 '업무 설명서 DB'를 찾아 마찬가지로 이름을 바꾸자. '데이터 DB'다.

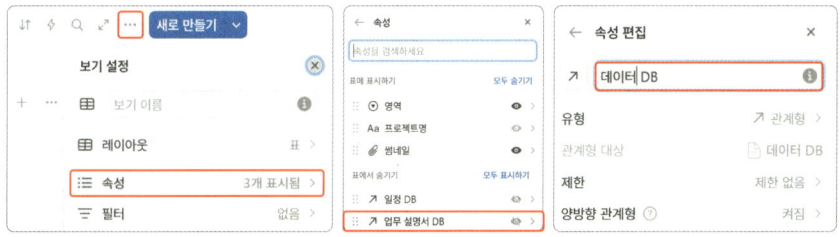

03 <프로젝트 DB>의 템플릿 본문을 수정한다. '업무 설명서'를 '데이터'로 바꿔준다.

🅝 기존 DB의 DSLR 시스템 편입

초심자를 위한 노션에서 만들었던 <독서 시스템>, <가계부>, <루틴 트래커>, <다이어리> 모두 <데이터 DB>에 넣어도 전혀 이상하지 않다. 오히려 한 DB에서 관리하게 되어 체계적이다. 굳이 다른 곳에서 따로 관리하지 말고, DSLR 시스템 안에서 관리해보자.

■ 독서 프로젝트

예를 들면 <프로젝트 DB>에 '독서'라는 새 프로젝트를 추가하고, <책 DB>가 있는 <독서> 페이지를 통째로 <데이터 DB> 페이지로 넣는 것이다. 함께 해보자.

01 먼저 <프로젝트 DB>에 '삶' 영역인 <독서> 페이지를 추가하고, 페이지에 <새 프로젝트 추가하기> 템플릿을 적용한다.

02 ❶ [사이드바]에서 <독서> 페이지를 찾아 […] 버튼을 클릭하고 메뉴에서 ❷ [옮기기]를 클릭한다. 옮길 위치는 ❸ [데이터 DB]를 선택하면 된다.

03 <독서> 페이지가 <데이터 DB>로 옮겨졌다. <데이터 DB>로 이동하여, <독서> 페이지의 <관계형> 속성인 '프로젝트 DB'의 값을 <독서> 페이지로 변경한다. 그러면 <프로젝트 DB>의 <독서> 페이지 안에서도, 옮겨진 독서 페이지를 확인할 수 있다.

■ 자기 관리 프로젝트

한 프로젝트에 하나의 데이터만 관리할 필요는 없다. <자기 관리> 프로젝트를 하나 만들고, 다이어리, 루틴 트래커 등 필요한 데이터를 모두 <데이터 DB>에 모아두면 된다.

🅽 보기 설계: 영역별 프로젝트 | 프로젝트 종료

다양한 영역을 관리하기 시작한 만큼, <프로젝트 DB>의 페이지는 많아질 것이다. <프로젝트 DB>를 더 깔끔하게 활용하기 위해서, 앞서 배웠던 보기 활용법을 모두 적용해보자.

■ 영역별 프로젝트

영역별로 프로젝트를 나눠볼 수 있는 보기를 추가하자. [갤러리] 보기를 만들고 [필터]를 적용한다. 영역이 늘어나는 만큼, 나의 인생도 확장되는 걸 느낄 수 있다.

■ 프로젝트 종료

프로젝트가 끝나면 어떻게 할까? 페이지를 옮기거나 삭제할 필요는 없다. <프로젝트 DB>에 속성을 추가하고 필터로 숨기면 된다. <체크박스> 속성을 추가하고 이름을 '숨김'으로 변경한다. 그리고 [필터]를 활용한다.

페이지 2 DSLR 시스템 확장: <목표 DB> 실습 (27)

앞서 DSLR 시스템에서 관리하는 영역을 업무에서 삶으로 확장했다. 이는 데이터베이스의 구조를 바꾸지 않고, 의미만 바꾼 것이다. 이번에는 새로운 데이터베이스를 추가하여 더 다양한 기록을 남길 수 있도록 시스템을 확장해보자.

SYSTEM PREVIEW

<목표 DB>로 더 많은 기록 남기기

DSLR 시스템에 <목표 DB>를 추가한다. 기존에 <프로젝트 DB>에 연결된 <데이터 DB>, <일정 DB>, <이력 DB>, <자료 DB> 외에, <목표 DB>가 하나 더 생긴다.

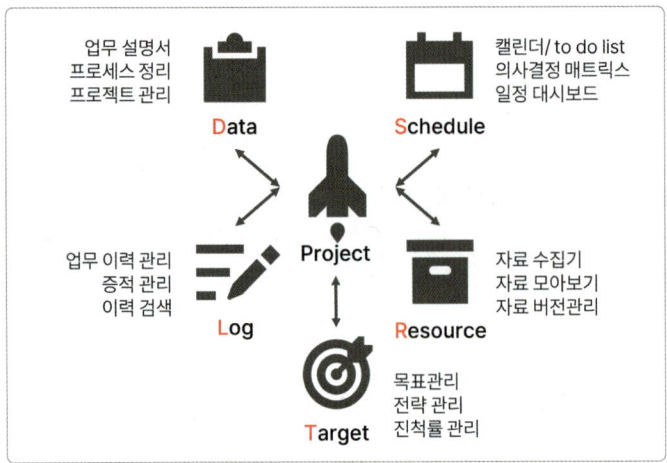

📝 <목표 DB> 데이터베이스 설계

모든 프로젝트에는 **목표와 전략**이 있다. 이것들을 **<프로젝트 DB>**에 속성을 추가하여 관리해도 좋지만, 별도 데이터베이스를 만들어 기간별로 관리하면 더욱 좋다. 그러면 모든 프로젝트의 목표와 전략을 한눈에 볼 수 있으면서도 동시에 **월별, 주별 목표를 나눠** 세울 수 있다.

NOTION SAMPLE

목표 DB

새 데이터베이스인 <목표 DB>의 속성과 구조는 다음과 같다. 지금까지 이 책을 따라 차근차근 공부했다면, 이제는 데이터베이스는 설계도만 있어도 작업할 수 있을 것이다.

- 사용 기능 및 보기: [하위 항목], [보드] 보기, [템플릿] 등
- 속성(유형 – 속성 이름): 이름 – 목표명 | 선택 - 년도 | 선택 - 월 | 텍스트 – 상세 목표 | 텍스트 – 달성 전략 | 텍스트 – 달성 전략 | 숫자 – 달성률 | 관계형 – 프로젝트 DB
- 옵션(선택 속성 한정): '년도'(2024년, 2025년 등), '월'(1월, 2월…)

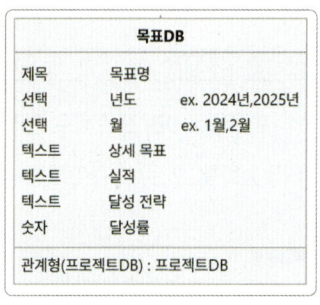

이 데이터베이스를 만들 때, 다소 어려운 설정들을 정리해보았다. 먼저 **데이터베이스의 속성 추가**다.

01 목표 세분화를 위해 데이터베이스 ⋯ 버튼을 클릭하고, [보기 설정] – [사용자 지정] 중 **[하위 항목]**을 세팅했다. 연간 목표의 하위 페이지가 월별 목표다.

02 '달성률' 속성은 <숫자> 속성이다. [속성 편집]에서 [숫자 형식]은 [비율(%)], [표시 옵션]은 [원형]을 선택해 '원형 비율 그래프'를 추가한다.

03 '프로젝트 DB' 속성은 <관계형> 속성이다. <프로젝트 DB>를 연결하고, [제한]은 [제한 없음]으로 설정하고, [양방향 관계형] 옵션은 켠다.

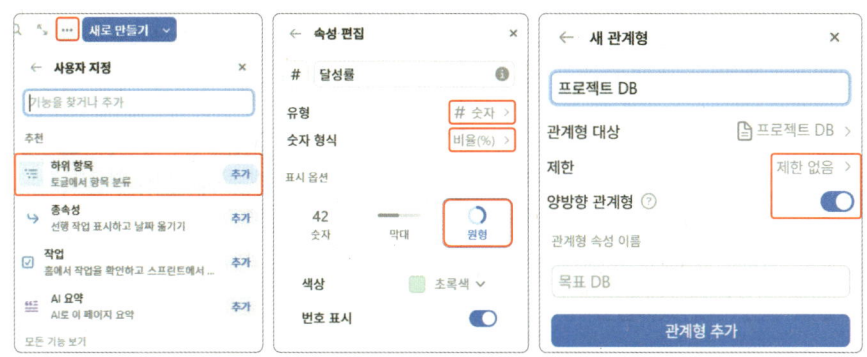

보기 설계: 보드 보기

이어서 목표 관리에 용이하도록 [보드] 보기를 추가한다. 이때 유의해야 하는 부분이다.

01 [그룹화] – [그룹화 기준]은 '월' 속성, [하위 그룹화] 기준은 '년도' 속성으로 각각 설정한다.

02 표시할 [속성]은 총 5개, '목표명(기본)', '상세 목표', '실적', '달성 전략', '달성률'이다. [필터]는 [프로젝트 DB: 프로젝트 관리]로 세팅한다. [사용자 지정] – [하위 항목]의 [표시 옵션]은 [비활성화됨]으로 바꿔야 한다.

이로써 <목표 DB>가 완성되었다.

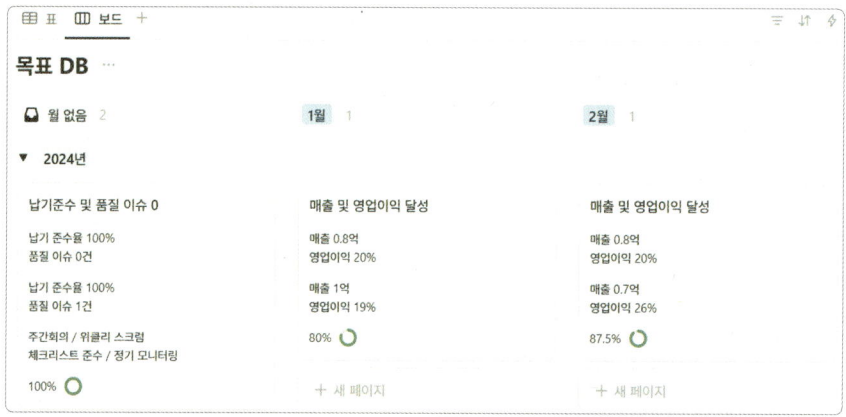

📝 <프로젝트 DB> 템플릿 수정

DSLR에 새로운 데이터베이스가 추가되었으니, <프로젝트 DB>의 템플릿에도 추가하고, [링크된 보기]와 필터도 세팅해주도록 하자.

다음 그림처럼 <목표 DB>의 [링크된 보기]를 <프로젝트 DB>의 기본 템플릿 <새 업무 추가하기> 마지막에 넣으면 된다. 자세한 방법은 앞서 모두 다루었으므로 생략했다. 차근차근 하면 어렵지 않을 것이다.

PART VII

우리는 통합된 DSLR 시스템을 완성했다. 이제는 영역을 확장하면서 꾸준히 기록해야 한다. 기록된 정보들과 지식은 곧 커다란 자산으로 활용할 수 있을 것이다. 한편으로는 업무 효율도 높여야 한다. 반복되고 번거로운 작업들을 줄이고, 중요한 일에 집중해야 성과가 높아진다.

노션에는 생산성을 높여주는 다양한 자동화 기능이 도입되고 있다. 간단한 버튼부터 노션 AI까지, 실로 생산성 앱에서 AI 앱으로 진화하는 중이다. 이 기능들을 활용하여 생산성을 높이는 게 이번 파트의 목표다.

이번 파트에서는 [노션 캘린더]와 [홈] 기능을 활용한 대시보드 구성 방법, 수식과 버튼을 이용한 데이터 처리와 자동화, 그리고 노션 AI를 통한 똑똑한 업무 방식을 다룬다. DSLR 시스템을 실제 업무를 도와줄 비서로 업그레이드해보자.

DSLR, 한 걸음 더

GOAL
- 노션 캘린더 활용하기
- 대시보드 구성하기
- 수식 속성 배우기
- 버튼과 자동화
- 노션 AI 맛보기

RESULT
- 생산성을 한층 더 높여줄 DSLR 시스템 업무 비서

KEYWORD 노션 캘린더 대시보드 수식 버튼 자동화 노션 AI

SECTION 21 노션 캘린더 & 홈 대시보드

ONE-PAGER GUIDE

[지니언트's saying] 노션 캘린더와 홈은 DSLR과 함께 쓰면 좋은 기능이다. 노션 캘린더는 구글 캘린더와 노션의 데이터베이스를 함께 볼 수 있다. 홈은 나의 여러 데이터베이스를 모아준다. 사용 방법을 간단하게 살펴보자.

페이지 1 구글 캘린더와 함께 보는 노션 캘린더 실습(28)

노션 캘린더는 노션의 워크스페이스 안에서 활용하는 기능은 아니다. 외부 서비스 형태로 제공되고 있다. 이는 다른 캘린더 서비스를 인수한 후 노션에 연결시켰기 때문이다. 노션 데이터베이스에 이미 [캘린더] 보기가 있는데, 왜 그렇게 한 것일까?

그 이유는 [캘린더] 보기의 한계 때문일 것이다. [캘린더] 보기는 데이터베이스의 페이지를 달력 형태로 보여주는 것일 뿐, 전문적인 일정 관리 도구가 아니다. 노션 캘린더가 [캘린더] 보기보다 유용한 이유는 3가지다.

- 첫 번째, **구글 캘린더와 노션에서 관리하는 일정을 함께 볼 수 있다.** 물론 노션에서 모든 일정을 관리한다면 상관없다. 그러나 노션을 쓰지 않는 동료의 일정도 함께 보려면, 노션 캘린더를 사용하는 수밖에 없다.
- 두 번째, **노션 데이터베이스의 여러 일정을 한곳에서 볼 수 있다.** [캘린더] 보기는 원본 데이터베이스의 일정(페이지)만 보여줄 뿐, 여러 데이터베이스의 일정들을 모아 한곳에서 보여줄 수 없었다. 그러나 노션 캘린더를 이용하면 여러 데이터베이스의 보기를 추가하고 한곳에서 볼 수 있다.

- 세 번째, **시간 단위로 일정을 관리하기가 편하다**. [캘린더] 보기는 시간이 페이지 우측 위에 작게 표시될 뿐, 일정을 타임 테이블 형태로 구성할 수는 없었다. 노션 캘린더를 활용하면 시간 단위로 일정을 구분하여 볼 수 있고, 옮기기도 편하다.

노션 캘린더 사용법은 일반적인 캘린더 프로그램과 유사하다. 인터넷 브라우저에서 바로 쓰거나 PC 버전을 다운로드 받아 쓰면 된다. 모바일 앱도 있다. 여기서는 **인터넷 브라우저용 노션 캘린더 사용법과 활용 테크닉**을 다뤄보겠다.

🅽 노션 캘린더 시작

노션 캘린더를 처음 사용하려면 몇 가지 준비가 필요하다. 차근차근 해보자.

01 [사이드바] 하단의 아이콘 모음 중 가장 왼쪽이 [캘린더]다. 🗓 (Notion 캘린더 열기)를 클릭하면 브라우저 새 탭에서 Notion 캘린더(calendar.notion.so)가 실행된다. 기본적으로 구글 계정으로 이용한다. [Google 계정으로 로그인]을 클릭해 시작하자.

02 사용하려면 구글 계정을 연동해야 한다. 새 창이 실행되고, 노션이 'Google 캘린더와 연락처에 액세스'를 요청한다. 우선 ❶ [계속해서 Google 사용 권한으로 이동] 버튼을 클릭하고, ❷ 노션에 가입한 구글 계정으로 로그인하자. 원활한 이용을 위해서는 ❸ 가급적 [모두 선택]을 체크해 모든 항목에 액세스를 허용하는 게 좋다. 마지막으로 ❹ 가장 아래 [계속] 버튼을 클릭하면 끝이다.

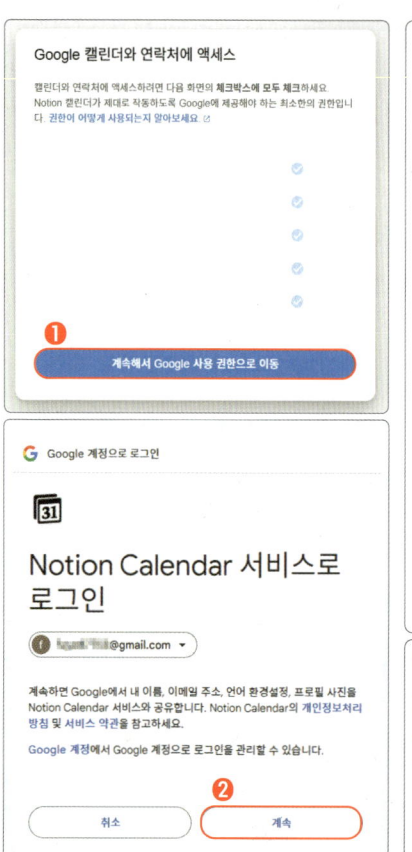

03 브라우저 새 탭에서 노션 캘린더 첫 화면이 열린다. [시작하기]를 눌러 팝업창을 닫자.

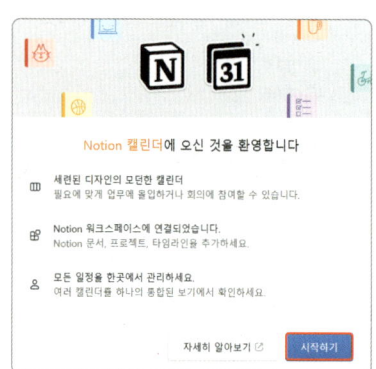

> Notice 노션을 PC 앱으로 사용하고 있었다면, '노션 캘린더'도 PC에 설치해야 한다. 유의하자.

NOTION PREVIEW

노션 캘린더 화면 구성

노션 캘린더의 UI는 3단 구성이다. 왼쪽부터 하나씩 살펴보자.

- 왼쪽 [사이드바]: 클릭하면 해당 날짜로 이동하는 [미니 월간 캘린더]가 있다. 그 아래에는 [연결된 구글 계정]과 [노션 계정]이 나열된다. [+ 캘린더 계정 추가]를 이용해 계정을 추가할 수 있다.
- 중앙 [캘린더]: 메인 달력 공간으로, 일별, 주별, 월별로 일정을 보여준다. 여기서 일정(이벤트)을 생성하고 수정할 수 있다.
- 오른쪽 [사이드바]: [캘린더]에서 선택한 이벤트의 세부정보가 표시된다. 가장 위에는 [검색창]이 있어 일정을 찾아볼 수 있다.

계정 추가

노션 캘린더에는 2종류의 계정을 연결할 수 있다. 첫 번째는 **구글 캘린더 계정**, 두 번째는 **노션 계정**이다. 캘린더의 장점을 충분히 누리려면, 다른 계정까지 연결하는 편이 좋다.

■ 구글 계정 추가

구글 계정은 이미 등록된 상태인데, 또 다른 구글 계정도 추가로 등록할 수 있다.

01 왼쪽 [사이드바]에서 [+ 캘린더 계정 추가]를 클릭하자. 중앙에 [설정] 팝업창이 뜬다.

02 [API 통합 항목] - [캘린더](자동 선택되어 있음) 에 있는 [Google 캘린더 계정 추가] 메뉴의 [연결] 버튼을 클릭하면 구글 계정 추가 절차가 시작된다. 이후로는 '노션 캘린더 시작' 02의 작업을 그대로 진행하면 된다.

> **Notice** 만약 교육용 요금제로 노션을 사용 중이라면, 최초로 캘린더 계정을 등록할 때 일반 요금제 계정을 하나 더 만들자. 그리고 그 계정에 교육용 요금제 계정을 추가하는 게 좋다. 교육용 요금제 계정으로 시작하게 되면, 스마트폰의 노션 캘린더 앱에서 노션 계정을 추가해도 노션의 캘린더를 추가할 수가 없다.

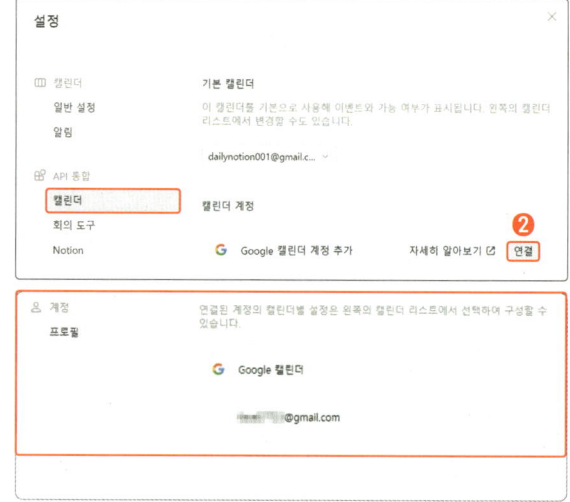

■ 노션 계정 및 워크스페이스 추가

다음은 노션 계정 차례다. 노션 계정에서 시작했기 때문에, 워크스페이스와 데이터베이스 하나가 기본으로 추가되어 있을 것이다. 다른 계정을 추가해보자.

01 왼쪽 [사이드바] 하단의 워크스페이스 이름 [OO의 Notion]에 마우스를 올린다. 오른쪽 끝에 나타난 ⋯ 버튼을 클릭하고, 메뉴에서 [워크스페이스 관리]를 선택한다.

02 [설정] 팝업창이 열린다. 이번에는 [API 통합]에 [Notion]이 선택되어 있다. [Notion 워크스페이스 추가] 옆 [연결] 버튼을 클릭한다. "Notion Calendar에서 OO의 Notion 액세스를 요청합니다." 창이 뜨면, [액세스 허용] 버튼을 클릭해 완료한다.

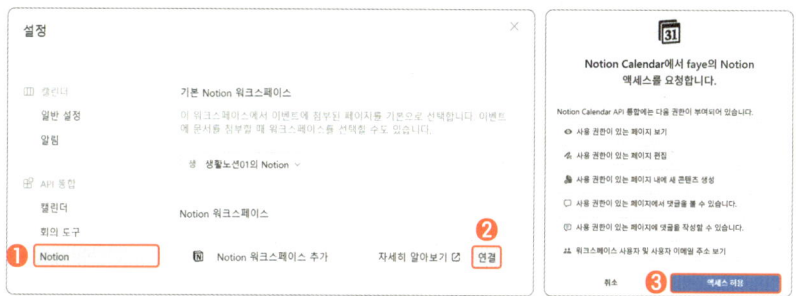

📝 데이터베이스 추가 및 옵션 변경

워크스페이스에 있는 다른 데이터베이스를 추가할 수 있다. 여러 데이터베이스에 흩어져 있는 일정을 한 달력에서 확인하도록 세팅해보자.

01 워크스페이스 ⋯ 버튼을 다시 클릭하고, 이번에는 [Notion 데이터베이스 추가]를 클릭한다.

02 [Notion 데이터베이스 표시] 창에 내 계정의 데이터베이스들이 보인다. 모두 [캘린더] 보기 또는 [타임라인] 보기가 추가된 데이터베이스다. <일정 DB>를 선택하자.

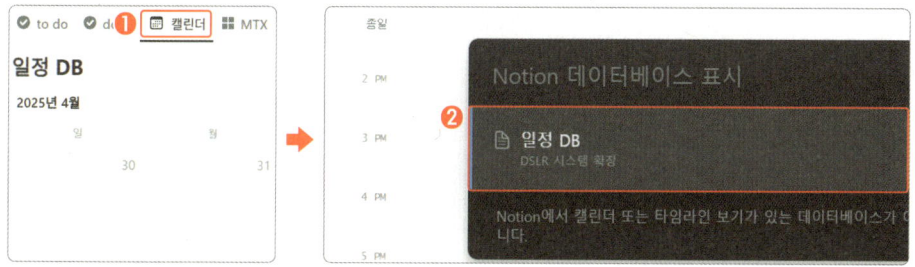

페이지 1 구글 캘린더와 함께 보는 노션 캘린더 341

03 왼쪽 [사이드바]에 <일정 DB> 보기가 생성되었다. 노션의 <일정 DB>에서 페이지를 넣고, 노션 캘린더에서 보이는지 확인해보자. 보기 메뉴에서 아이콘을 클릭해 모양으로 바꿔두면 노션 캘린더에서도 보인다.

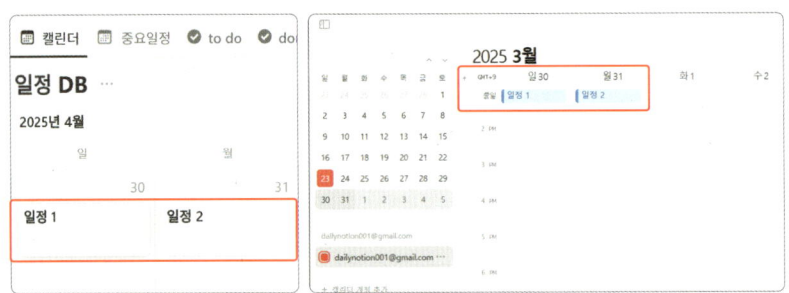

■ 캘린더 옵션 변경

각 데이터베이스 보기 메뉴의 ⋯ 버튼을 클릭하면 여러 옵션을 조정할 수 있다. 차례로 살펴보자.

- [색상 박스]: 클릭하면 이 보기가 노션 캘린더에서 표시되는 색을 지정할 수 있다.
- [기본 캘린더로 설정]: 클릭해두면, 노션 캘린더에서 새 이벤트를 만들 때 자동으로 이 계정(보기)을 선택하게 된다. 즉, 이 데이터베이스 원본에 새 이벤트가 페이지로 추가된다.
- [이 캘린더만 표시]: 다른 보기, 워크스페이스, 구글 계정은 표시하지 않고, 해당 보기만 캘린더에 표시한다.
- [리스트에서 캘린더 제거]: 노션 캘린더에서 이 보기가 보이지 않도록 연결을 끊는 기능이다. 실제 데이터가 들어 있는 노션 데이터베이스의 보기, 페이지가 삭제되는 것은 아니니 걱정하지 않아도 된다.

N 이벤트(일정) 다루기

중앙 캘린더로 눈을 돌려 추가된 이벤트들을 보자. [캘린더] 보기에서와 비슷하게 추가, 색상 변경, 이동, 복제 등을 할 수 있다. 단 완전히 똑같지는 않다. 어떻게 같고 다른지 한 번 알아보자.

■ 이벤트(일정) 추가

노션 캘린더에서도 일반 캘린더 앱처럼 일정을 추가할 수 있다.

01 원하는 날짜를 마우스 우클릭하고, 메뉴에서 **[이벤트 만들기]**를 클릭하자. 단축키는 C다.

02 오른쪽 **[사이드바]**에 **[이벤트]** 창이 열린다. 일정 정보를 입력할 수 있다.

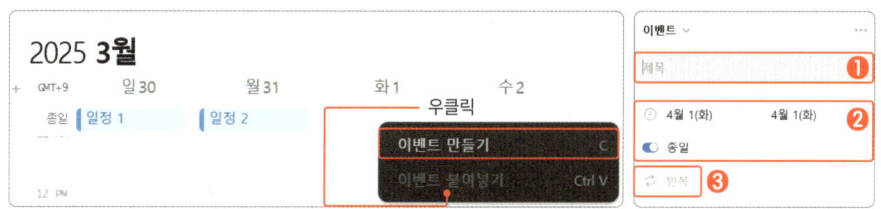

- ❶ **[제목]**: 일정 이름을 입력한다. 이대로 노션 캘린더에 표시된다.
- ❷ **[시작 일자]** & **[종료 일자]**: 일정 기간을 설정한다. 아래 종일 옵션을 끄면 시간을 넣을 수도 있다.
- ❸ **[반복]**: 텍스트를 클릭하면 메뉴가 확장된다. 일정을 특정 주기로 반복해서 만들어준다.

03 제목을 '일정 3'으로 수정했다. 일정이 구글 캘린더에 추가된다. 색이 다른 이유는 일정이 구글 캘린더에 추가됐기 때문이다.

■ 이벤트(일정) 색상 지정

한편 노션 캘린더에 표시된 일정을 자세히 보면, 두 가지 색상으로 이루어져 있다. 왼쪽의 얇은 색은 캘린더 계정의 색이고, 오른쪽의 넓은 색은 이벤트별로 지정한 색이다. .

구글 계정의 이벤트는 넓은 바 이벤트 영역을 마우스 우클릭하여 색을 바꿀 수 있다 (다음 그림 왼쪽). 그러나 노션 계정의 이벤트는 아쉽게도 불가능하다. 메뉴에 색상 박스도 뜨지 않는다(다음 그림 오른쪽). 따라서 같은 데이터베이스 페이지는 색상이 항상 같다.

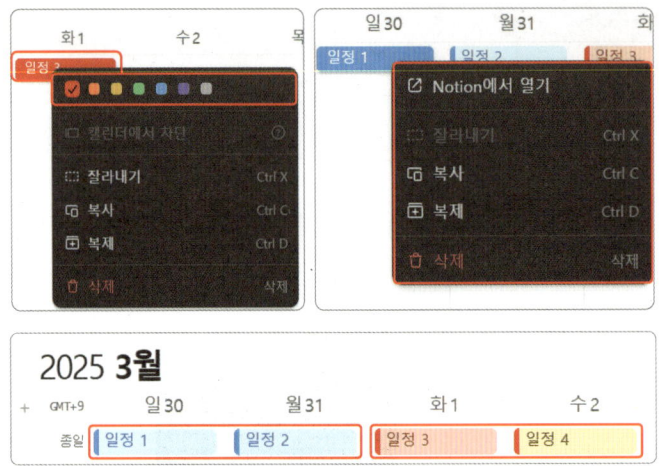

■ 이벤트(일정) 이동

노션 캘린더에서는 이벤트의 날짜뿐 아니라, 계정까지 옮길 수 있다. 구글 캘린더에서 노션 계정의 데이터베이스로 옮기거나, 그 반대도 가능하다. 방법은 간단하다.

❶ 구글 데이터베이스 이벤트를 클릭하고, 오른쪽 ❷ [이벤트] 옵션 사이드바에서 [일정 DB] 칸을 클릭한다. 현재 노션 캘린더에 연결된 구글 계정과 데이터베이스들이 보인다. ❸ 목록에서 이동하길 원하는 노션의 보기를 선택하면 된다.

노션 데이터베이스의 일정을 구글 계정 데이터베이스로 옮길 때에도 방법은 같다. 다만 [이벤트] 옵션 사이드바의 구글 계정을 클릭하면 된다.

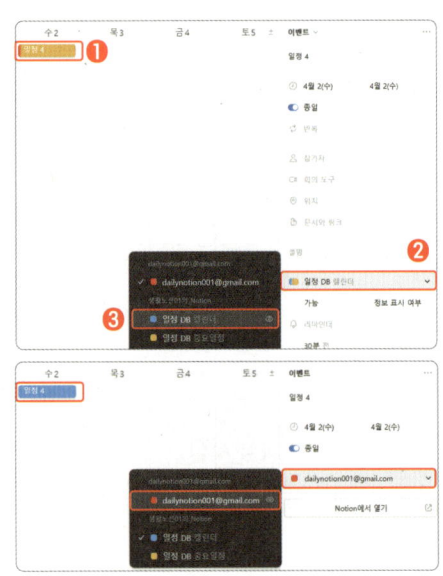

> **Note** 노션 페이지를 구글 캘린더 일정으로?
>
> 이벤트를 옮길 때에는 주의해야 할 점이 있다. 노션 계정의 데이터베이스 일정은 페이지란 점이다. 그걸 구글 캘린더 계정으로 옮기면, 노션의 원본 페이지는 지워지므로 조심해야 한다. 구글 계정이 아니라 다른 데이터베이스로 옮길 때도 주의해야 한다. 페이지 내용과 속성까지 옮겨주지는 않기 때문이다. 기존 페이지를 지우고, 똑같은 이름의 페이지를 만들어주는 것이다.

■ 이벤트 복제 및 삭제

이벤트 복제 방법은 정말 간단하다. ❶ 복제를 원하는 이벤트를 우클릭하고, ❷ 메뉴에서 [복제]를 선택해주기만 하면 된다.

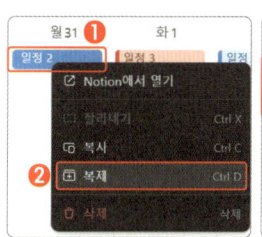 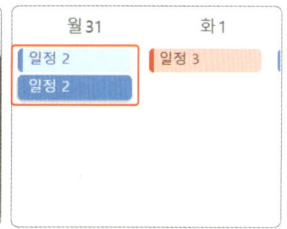

그러나 이벤트 복제에도 유의할 점이 있다. 어디까지나 원본 페이지와 제목과 날짜가 같은 새 페이지를 만드는 기능이므로, 보이지 않는 속성이나 본문을 복사하지 않는다.

그리고 아쉽게도 노션 캘린더에서 노션 페이지의 본문과 속성 값을 바로 읽을 수는 없다. 오른쪽 이벤트의 아래쪽 [Notion에서 열기] 버튼을 클릭하여 확인해야 한다. 실수가 없도록 체크해보도록 하자.

> **Note** 동일 데이터베이스의 일정을 다른 색상으로 보는 방법
>
> 노션 캘린더 기능으로 동일 데이터베이스 일정의 색을 구분할 순 없지만, 방법이 있다. 앞서 배웠던 [필터]와 [보기]를 활용하면 된다. 먼저 [캘린더] 보기에서 필터를 세팅한 보기를 필요한 만큼 만들어둔다. 그리고 노션 캘린더로 이동해 '필터가 추가된 보기'를 하나씩 모두 추가하고 색상을 바꾸면 된다. 참고로 보기를 새로 만들면, 노션 캘린더에 보이기까지 시간이 좀 걸린다.

페이지 2 홈 대시보드 구성 및 활용 실습(29)

노션을 쓰다 보면, 워크스페이스에 수많은 데이터베이스와 보기가 생겨난다. 이런 페이지와 보기들을 한곳에서 모아 볼 대시보드가 필요하다. 당연히 노션에는 그런 공간이 준비되어 있다. 바로 [홈]이다.

홈은 노션의 기본 대시보드다. 최근 방문한 페이지와 일정과 작업 모아보기, 데이터베이스 보기 등을 세팅해둘 수 있다. 노션이 익숙해졌다면 페이지를 하나 만들어서 직접 대시보드로 구성해도 좋겠지만, 아직 아니라면 이 기능을 활용해보자.

NOTION SAMPLE

나의 홈 대시보드

[홈] 대시보드는 비교적 구성이 단순하다. 그중에서도 DSLR을 확인할 수 있는 '내 작업'과 '데이터베이스 보기', '예정된 이벤트' 정도만 보여주도록 기본적인 세팅만을 해보았다.

[홈] 화면 구성

01 [홈]은 [사이드바]에서 접근할 수 있다. [사이드바] 위쪽 [홈] 메뉴를 클릭해보자. 단축키는 Ctrl + Alt + H다. 처음 열면, 맨 위의 기본 [인사말]과 최근 방문한 페이지를 보여주는 [최근 방문], 노션에 대한 정보나 사용법을 알려주는 [학습하기], 구글 캘린더와 연동되어 일정을 보여주는 [예정된 이벤트]의 세 코너가 보인다.

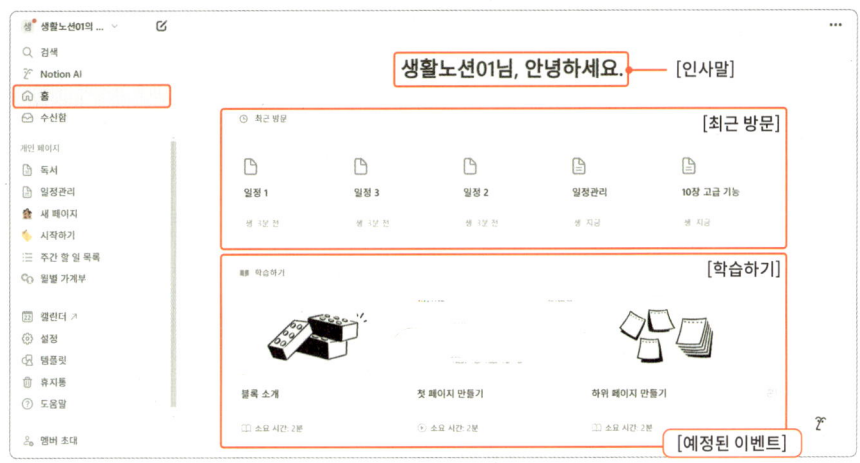

02 페이지와 마찬가지로, 오른쪽 위 […] 버튼 메뉴에서 [홈]의 옵션과 대시보드의 구성을 바꿀 수 있다. 메뉴 [위젯 표시/숨기기]로 구성을 조정하자. 처음에는 [내 작업]을 제외한 모든 위젯이 보이는 상태(체크표시)다.

[학습하기]와 [추천 템플릿]을 클릭해 체크 해제하고, [내 작업]을 체크한다. 오른쪽처럼 [인사말], [예정된 이벤트], [내 작업], [데이터베이스 보기]에 체크표시가 되어 있으면 된다.

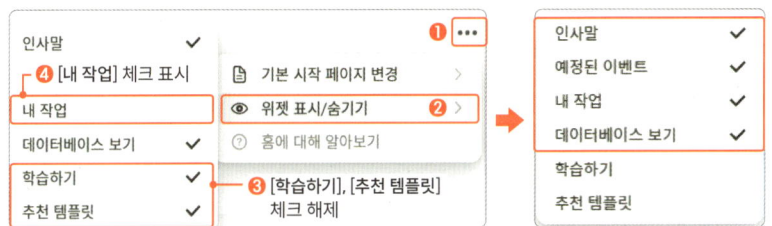

위젯 설정

이어서 각 위젯의 세부 설정을 할 차례다. [최근 방문]은 딱히 설정할 것이 없으니, 나머지 세 위젯을 살펴보고 추가로 [데이터베이스 보기]까지 세팅해보자.

■ 인사말

[인사말] 위젯은 일부 변경 가능하다. OOO님 텍스트를 클릭하면, 별명을 바꿀 수 있다.

■ 예정된 이벤트

[예정된 이벤트] 위젯은 노션 캘린더와 연동된다. 다음 예시처럼 노션 캘린더 일정을 최대 일주일치까지 보여준다. 각 일정을 클릭하면 노션 캘린더의 이벤트로 이동한다.

위젯의 우측 위 […] 버튼을 클릭하면, 위젯에 표시되는 항목을 바꾸거나 홈에서 숨길 수 있다. [예정된 이벤트] 위젯의 경우, 표시 옵션은 5개다. 상세는 다음 표를 참고하자.

옵션 이름	설명
캘린더	캘린더 앱 미러링을 옵션을 켜면, 일정을 노션 캘린더와 동일한 기준으로 볼 수 있다. 이를 끄고 계정별로 일정을 볼 수도 있다.
이벤트 포함	위젯에 일정을 표시할 기간을 [오늘]부터 [오늘과 내일(2일)], [3일] 그리고 [일주일] 중에 선택할 수 있다. 기본은 [3일]이며, '오늘'을 포함한다.
종일 이벤트	옵션을 켜면 종일 일정을 표시한다. 옵션을 끄면 시간이 지정된 일정만 보인다.
참가자가 없는 이벤트	옵션을 켜면 참가자 없는 일정을 표시한다.
회의 도구/장소가 없는 이벤트	옵션을 켜면 회의 도구와 위치가 없는 일정도 표시한다.

■ 내 작업

[내 작업] 위젯에서는 데이터베이스별로 [작업]을 지정하여 보이게 할 수 있다. 형태와 기능은 데이터베이스의 보기와 똑같다. 여기에 [필터]와 [정렬] 기능까지 적절히 활용하면, 나에게 할당된 작업만 보이게 할 수 있다. 특히 여러 개의 데이터베이스를 [내 작업] 한 곳에 모두 모을 수 있어 편리하다. 바로 해보자.

01 DSLR <일정 DB>에서 ❶ [...] 버튼을 클릭하고 ❷ [사용자 지정] - ❸ [작업]을 클릭한다.

02 작업 데이터베이스 전환창이 뜬다. 작업 데이터베이스가 되려면 3가지 속성 유형이 필수다. '담당자'를 지정할 <사람> 속성, '작업 상태'를 표현할 <상태> 속성, '마감일'을 알려줄 <날짜> 속성이다. ❶ 3가지 속성 유형을 모두 지정하고, ❷ [작업 데이터베이스로 전환] 버튼을 클릭하자.

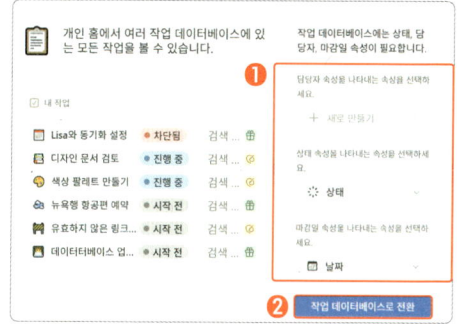

03 [홈]으로 돌아오자. [내 작업] 위젯에서 필터에 맞는 작업만 추려서 보여주는 것을 확인할 수 있다.

■ 데이터베이스 보기

[홈 보기/데이터베이스 보기] 위젯에서는 내가 지정한 데이터베이스 보기를 보여준다. 독서 기록을 관리할 수 있도록 <책 DB> 보기를 가져와보자. 방법은 간단하다.

01 [홈 보기] 위젯의 ❶ 파란 [데이터베이스 선택] 텍스트를 클릭하고, ❷ 메뉴에서 원하는 데이터베이스를 선택하면 바로 보기 추가가 끝난다.

02 데이터베이스는 처음에는 [리스트] 보기 형태로 추가된다. 레이아웃은 오른쪽 위 ⋯ (보기 설정) 메뉴에서 변경할 수 있다.

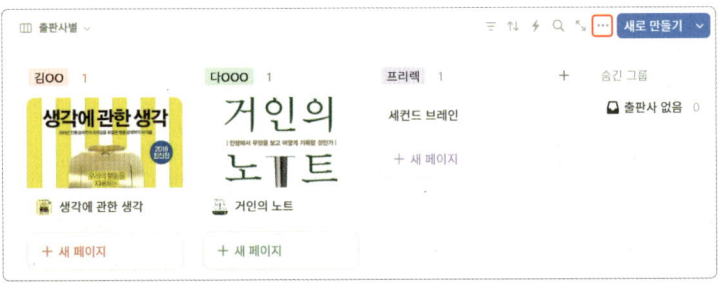

03 그 밖의 사용법도 데이터베이스 보기와 똑같다. 유의할 점은, [홈]에는 [데이터베이스 보기] 위젯 단 1개만 사용할 수 있다는 점이다. 2개 이상은 불가능하다. 그 대신 왼쪽 위의 [보기] 탭을 클릭하면 여러 개의 보기를 추가하고 선택할 수 있다.

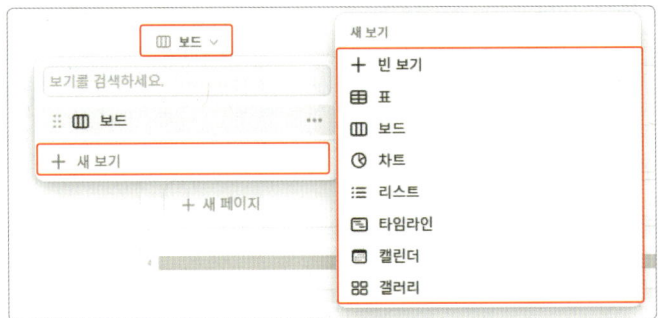

SECTION 22 수식 기초: 엑셀 몰라도 OK

ONE-PAGER GUIDE

[지니언트's saying] <수식> 속성은 계산식을 통해 값을 자동으로 계산하는 기능이다. 환율과 빈 값 체크, 날짜 변경과 같은 다양한 용도로 활용할 수 있다. 다만 수식이 작동되는 원리와 복잡한 문법으로 인해 어렵다는 이야기도 들린다. 하지만 핵심 개념을 잘 잡는다면, 그리 어렵지만은 않다. 일상생활 속에서 활용할 수 있는 예제로 차근차근 따라해보자.

페이지 1 수식이란?

데이터베이스 속성에는 <수식> 유형이 있다. 엑셀을 다뤄봤다면 '함수'와 '수식'이라는 단어가 익숙할 것이다. 하지만 그렇지 않은 사람도 있다. 만약 그렇다면 개념을 명확하게 짚고 시작해야 한다.

<가계부 DB> 데이터베이스에 <수식> 속성을 추가하고 클릭해보자. 원래 속성에는 값을 넣을 수 있는데, <수식> 속성은 직접 값을 넣을 수 없다. 대신 위와 같은 수식 편집창이 뜬다. 수식 편집창은 수식을 직접 입력하는 공간이다. <수식> 속성의 값은 여기 입력

한 계산식에 의해 자동으로 결정된다. 이 계산식에서는 페이지가 가진 다른 속성값과 수학 공식, 컴퓨터 명령어를 사용한다.

<수식> 속성은 업무를 줄이고, 데이터를 잘 관리하려면 꼭 필요하다. 미리 입력해둔 계산식이 값을 알아서 계산해주기 때문이다. 가령 회원의 등급별로 할인율을 다르게 적용할 때, 가계부에서 환율을 적용하고 싶을 때, 프로젝트의 진척률을 계산하고 싶을 때 활용한다. 수식이라고 해서 꼭 숫자만 다룰 수 있는 건 아니다. 날짜를 계산하거나, 텍스트를 바꿀 때도 활용한다.

<수식>이 처음이라면 혼자서 공부하기엔 어려운 점이 많다. 어려운 이유는 3가지다.

- 컴퓨터가 이해할 수 있도록 규칙에 맞게 작성해야 한다.
- 다양한 함수와 연산자를 알아야 한다.
- 논리적으로 구성하는 게 어렵다.

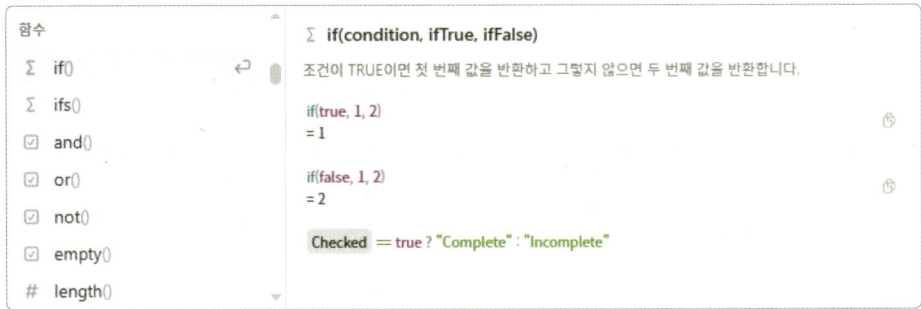

<수식> 속성을 잘 쓰려면, 다양한 함수를 많이 써보는 수밖에 없다. 수식 편집창의 왼쪽 [분류] 영역을 스크롤해보면, [함수] 항목에 각 함수의 설명과 예시가 있다. 이 문법과 활용 방법을 참고해서 작성하면 된다. 그럼 함께 해보자.

환율 계산 실습(30)

NOTION SAMPLE

환율 계산 기능이 적용된 <가계부 DB>

숫자에 관련된 함수를 활용하는 실습을 해보겠다. 앞서 만든 <가계부 DB>를 활용할 예정이다. 만약 실습을 하지 않았다면 스터디 가이드에서 제공한 템플릿 페이지에서 복사해오자.

<수식> 속성으로 '금액(계산)'을 추가했다. 달러로 결제한 금액을 환율을 적용하여 원화로 계산해 준다. 즉 '금액' 속성과 '환율' 속성을 곱한 결과다. 매번 원화를 계산할 필요가 없어진다.

---

01 먼저 <가계부 DB>에 달러 대비 원화 환율을 넣을 <숫자> 속성을 만든다. 이름을 '환율' 이라고 변경한다. [숫자 형식]을 [미국 달러]로 변경한다.

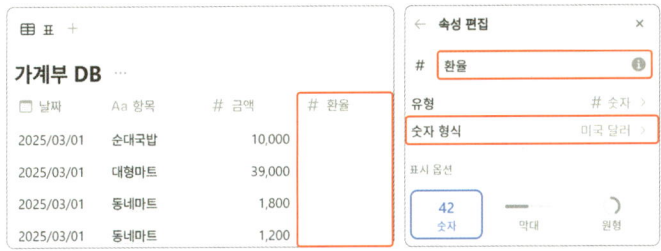

02 이어서 <수식> 속성을 추가하고 이름을 '금액 (계산)'이라고 변경한다. [속성 편집] - [수식 편집]을 클릭해 수식 편집창을 연다.

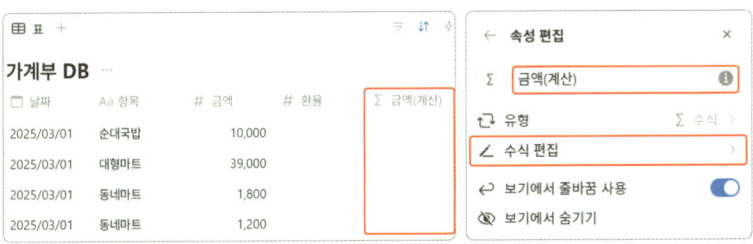

NOTION PREVIEW

수식 편집창

이 창은 크게 셋으로 나누어져 있다. 위쪽은 실제 수식을 입력하는 공간이다. 그 아래 왼쪽에는 사용할 수 있는 속성과 함수가 보인다. 이를 클릭하면 수식 입력창에 입력된다. 오른쪽에는 함수의 설명과 예시가 보인다. 왼쪽 아래의 속성과 연산자, 함수 등을 활용하여 수식에 계산식과 명령어를 입력하면 된다.

03 금액에 환율을 곱하는 간단한 계산식을 입력한다. 왼쪽 아래 속성 목록 중 [금액]을 클릭하고, 키보드로 곱하기를 뜻하는 *를 입력한 뒤, 다시 왼쪽 속성 중 [환율]을 클릭한다. 수식을 작성하는 중에 "예상 표현식입니다. [1,2]" 같은 빨간색 문구가 보일 수 있는데, 이는 에러를 뜻한다. 수식을 다 입력하고도 이런 문구가 보이지 않는다면, 수식을 잘 입력한 것이다. # 금액*# 환율 형태가 되었다.

04 수식을 완성했으면, 오른쪽 위의 저장 버튼을 클릭한다.

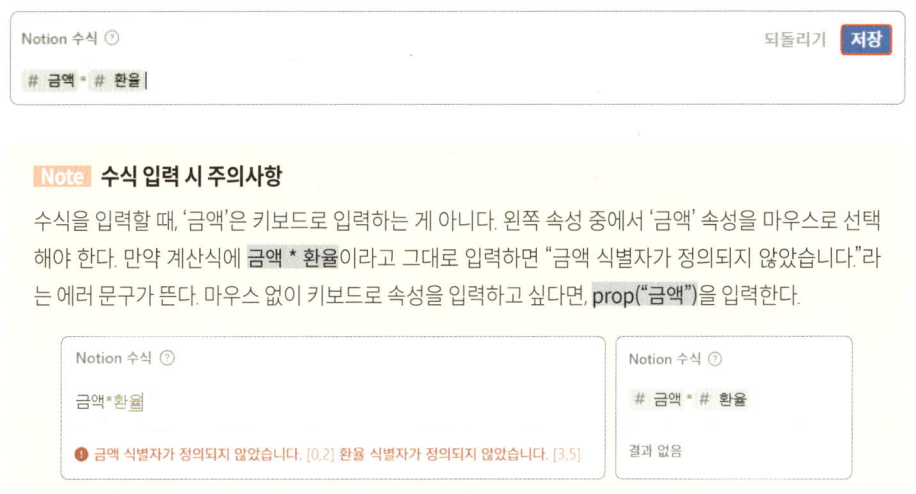

05 계산이 잘 되는지 테스트해보자. 가계부의 지출항목에 <OTT> 페이지를 하나 만들고, '금액', '환율' 속성의 값을 입력한다. 그러면 <수식> 속성인 '금액(계산)'에, 금액에 환율을 곱한 값이 자동 계산되어 입력된다.

그런데 이 수식에는 몇 가지 문제가 있다. 첫 번째 문제는 단위다. 원화에는 소숫점이 없다. 따라서 소숫점을 반올림해야 한다. 두 번째는 환율 값이 없는 다른 페이지의 값이 0이란 점이다. 환율이 입력되지 않아 계산할 수 없기 때문이다. 그렇다면 모든 페이지의 '환율' 속성에 일일이 값을 넣어야 할까? 환율이 없더라도 '금액(계산)'이 계산되도록 수식을 바꿔야 한다. 이 두 문제를 해결하기 위해, 다음 페이지에서 함수를 배워보자.

페이지 2 함수란?

함수란 입력한 값을 논리적으로 계산하고, 원하는 결과로 변환해주는 컴퓨터 명령어다. 수학 공식의 함수 $f(x)$와 같은 말이다. 함수에서 x값이 입력되었을 때 y값이 결정되듯이, 수식의 함수도 입력한 값에 따라서 결괏값(y)이 나온다.

$$y = f(x_1)$$

$$y = f(x_1, x_2)$$

결과값 = 명령어(입력값$_1$)

결과값 = 명령어(입력값$_1$, 입력값$_2$)

수학 함수(왼쪽)와 컴퓨터 명령어 함수(오른쪽)

함수의 **명령어**를 쓸 때는 대소문자까지 정확하게 입력해야 한다. 그렇지 않으면 에러가 발생한다. **입력값**은 문법에 맞춰서 작성해야 한다. 괄호로 입력값을 구분한다. 입력값은 여러 개가 될 수 있다. **콤마를 이용해 각 입력값을 구분**한다. 함수별로 보면 round와 empty는 입력값이 하나고, if는 입력값이 3개다. 수식 편집창에서 입력값의 개수와 유형을 알 수 있다.

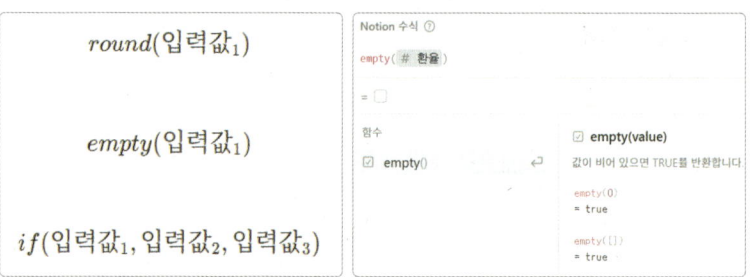

이건 이해해야 하는 부분이 아니다. 영어 단어와 문법을 외우듯 형태와 사용법을 외워야 한다. 각 함수의 사용법을 배워서 실습(30)의 계산식을 수정해보자.

N 함수 유형 ❶ : 계산 관련

■ round 함수 - 반올림

노션에는 반올림을 적용하는 서식이 없다. 만약 수식이 10/3이라면, 결과가 3.3333333 3333이다. 소수점 12째 자리까지 나온다. 소숫점 둘째 자리까지 표현하거나, 일의 자리에서 반올림을 하려면 함수 round를 활용해야 한다.

round는 일의 자리에서 반올림하는 함수다. 입력값은 1개로, 반올림할 값을 넣는다. 여기서는 먼저 만들어둔 수식을 넣으면 된다. 결괏값은 수식 계산값을 반올림한 숫자로 나온다.

> **Note** 소숫점 첫째 자리에서 반올림하려면?
> 소숫점 첫째 자리에서 반올림하려면 round의 입력값에 숫자 10을 곱하고, 반올림한 뒤 다시 10을 나눠주면 된다. 둘째 자리는 100, 셋째 자리는 1000이다.

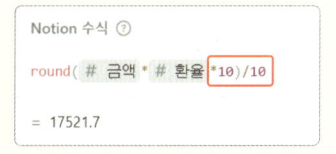

■ empty 함수 – 빈 값 체크

empty 함수는 값이 비었는지 판별하는 함수다. 입력값이 1개인데, 값이 비었는지 판별할 값을 넣는다. 결괏값은 입력값이 비어 있다면 참(True)이고, 비어 있지 않으면 거짓(False)이다. 계산식 empty(환율)은 결괏값이 체크박스가 된다. <OTT> 페이지는 환율 속성에 값이 있으므로 거짓(False)이고, <떡볶이> 페이지는 값이 없어서 참(True)이다.

> **Note** **조건 연산자**
>
> 꼭 함수를 사용하지 않아도, **수식만으로 참과 거짓을 결괏값으로 만들 수도 있다**. **등호와 부등호**를 이용해 조건식을 작성하면 된다. 이를 **조건 연산자**라고 하며, 다음에 배울 **if** 함수의 조건식에 자주 활용한다. 종류와 예시는 다음 표를 참고하라.

조건 연산자	예시	결괏값	비고
>	1 > 10	False	
<	1 < 10	True	
>=	4 >= 5	False	
<=	4 <= 5	True	
==	8 == 8	True	equal 함수 사용 가능
!=	8 != 4	True	unequal 함수 사용 가능

■ **if 함수 – 조건별 결괏값**

if 함수는 조건식의 참/거짓 여부에 따라 결괏값이 달라지는 함수다. 입력값은 **3개**다.

첫 번째 입력값에는 판별할 조건식이 들어가고, 두 번째 입력값에는 조건식이 참일 때 결괏값이 들어가며, 세 번째 입력값에는 조건식이 거짓일 때 결괏값이 들어간다.

if 함수를 활용하면 조건에 따라서 다른 결괏값을 얻을 수 있다. 이를 활용하여 '환율' 속성에 입력된 값이 없으면 '금액' 속성을 사용하고, 값이 있으면 '금액' 속성에 '환율' 속성을 곱한 값으로 계산하도록 수식을 만들어보자.

01 앞서 말로 설명한 내용을, 컴퓨터가 이해하는 문법에 맞춰 수식으로 작성하면 다음과 같다. if 함수의 **첫 번째 입력값** empty(# 환율) 조건식에서는 함수 empty()를 활용해 '환율' 속성의 값이 비어 있는지 판별한다. 입력된 환율이 없으면 참이 된다. 참일 때는 '금액' 속성의 값이다. 거짓이라면 '금액' 속성에 '환율' 속성을 곱한 값이다.

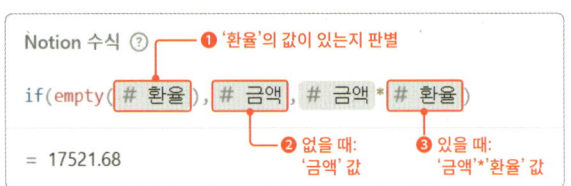

02 다시 결괏값을 보면 환율이 없어도 금액이 계산된 걸 알 수 있다.

03 반올림 함수 round도 적용해보자. 입력값은 방금 만든 if 함수 전체다.

> **Note** 계산식 자체에 환율을 넣는다면?
>
> 노션의 수식은 페이지가 가진 속성값으로 계산된다. 즉, 다른 페이지의 값을 참고하는 게 어렵다. 그렇다면 계산식 자체에 환율인 1400을 직접 입력하는 건 어떨까? 추천하지 않는다. <수식> 속성의 계산식은 데이터베이스 페이지 전체에 적용된다. 그 결과 환율은 계속 바뀌는데, 환율은 1개밖에 입력할 수 없는 상황이 된다. 날짜가 달라져도 모두 같은 환율이 적용되는 셈이다. 따라서 방금 예시처럼 환율 속성을 추가해서 페이지마다 입력해서 써야 한다.

N 함수 체이닝 문법

수식을 쓰다 보면 괄호가 많아진다. 함수에 함수를 중첩해서 사용하기 때문이다. 수식을 더 논리적이고 가독성 좋게 작성하기 위하여, 노션에서는 프로그래밍 언어인 자바스크립트의 함수 체이닝 문법을 차용했다. **함수 체이닝**이란 함수를 순서대로 연결하여 호출하는 방식이다. 마침표(.)로 다른 함수를 호출할 수 있다.

정의나 원리는 그리 중요하지 않으니, 활용 방법만 살펴보자. 이 문법을 활용하면 첫 번째 입력값을 앞쪽으로 빼고 마침표로 연결할 수 있다. 가령 empty(환율)과 환율.empty()는 같은 표현이다. 이런 식으로 방금 만들었던 환율을 적용한 if 계산식을 다르게 표현할 수도 있다.

```
round(if(empty( # 환율 ), # 금액 , # 금액 * # 환율 ))
```

```
round(if( # 환율 .empty() , # 금액 , # 금액 * # 환율 ))
```

이 표현법은 2가지 장점이 있다. 첫 번째로는, 한국인이 수식을 읽을 때 더 익숙한 느낌이 들 것이다. 원래 문법에서는 empty(환율)을 "비어 있다- 환율이"라고 읽었다면, 환율.empty()는 "환율이-비어 있다"라고 읽을 수 있다.

두 번째로, 괄호 중첩이 사라지면서 훨씬 깔끔하게 보인다. 아래 2개가 그 예이다. 함수 round를 뒤쪽으로 옮겨서, 괄호 중첩이 하나 사라졌다.

```
if( # 환율 .empty(), # 금액 , # 금액 * # 환율 ).round()
```

```
# 환율 .empty().if( # 금액 , # 금액 * # 환율 ).round()
```

페이지 3 <날짜> 속성 함수

<날짜> 속성은 <텍스트> 속성이나 <숫자> 속성보다 수식에서 활용하기가 까다롭다. 그 이유는 <날짜> 속성 전용 함수를 써야 해서다. 왜일까? **값의 유형**이 서로 다르기 때문이다. 이 사실은 노션이나 엑셀을 처음 접하는 사람이 수식에서 가장 이해하기 어려워하는 부분이기도 하다.

그러니 <수식>에 <날짜> 속성을 활용하기 앞서, 컴퓨터가 어떻게 데이터와 수식을 받아들이는지 배워보자. 세상을 숫자로만 인식하는 컴퓨터의 입장을 이해하는 시간이다. 이를 배운다면 수식을 더 잘 사용할 수 있을 것이다.

N 값의 유형 이해

컴퓨터에게 1과 "1"은 다르다. 이게 무슨 말일까? 컴퓨터에게 1은 우리가 알고 있는 진짜 숫자다. 반면 "1"은 문자로 받아들인다. 왜냐하면 컴퓨터에게 **큰따옴표**는 큰따옴표 안에 들어간 게 숫자가 아니라 문자라는 걸 알려주는 명령어이기 때문이다.

따라서 컴퓨터는 큰따옴표가 없는 문자(텍스트)를 '문자'라고 인식하지 못한다. 반대로 숫자여도 큰따옴표로 둘러싸였다면 '문자'라고 간주한다. 오직 큰따옴표가 없는 숫자만 '숫자'로 인식한다. 이 '문자'와 '숫자'가 바로 **값의 유형**이다. 이런 유형으로는 **텍스트(문자), 숫자, 날짜, 페이지, 배열** 등이 있다.

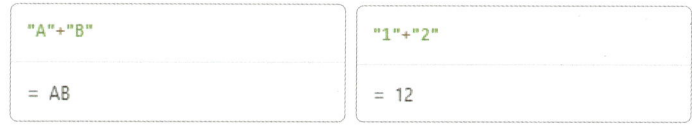

■ 값의 유형 종류와 연산

모든 데이터베이스의 속성은 값의 유형이 정해져 있다. 가령 <날짜> 속성은 그 값이 항상 <날짜> 유형이다. 반면 <텍스트>나 <제목> 속성은 그 값이 항상 <텍스트> 유형이다. <숫자> 속성은 그 값이 항상 <숫자> 유형이다. <수식> 속성은 결괏값에 따라 유형이 달라진다. 이 유형을 명확하게 알고 계산식을 적어야, 이상한 결괏값이 나오지 않는다.

이해를 위해, 노션의 수식 편집창을 열고 텍스트 "A"와 텍스트 "B"를 연산자 +로 더해보자. 결과는 "AB"다. 알파벳은 숫자가 아니므로 둘을 더하는 건 불가능하다. 그래서인지 둘을 나열한 결괏값이 나왔다. 그런데 똑같은 방식으로 숫자 "1"과 "2"를 더하면 3이 아니라, 텍스트 "12"가 된다. "1"을 숫자 1이 아닌, 텍스트 "1"로 인식했기 때문이다.

```
"A"+"B"

= AB
```

```
"1"+"2"

= 12
```

이는 연산자 +가 숫자를 더하는 명령뿐만 아니라, 텍스트를 붙이는 명령도 가지고 있음을 나타낸다. 이유는 간단하다. 그냥 편의상 이렇게 설계한 것이다. 어차피 텍스트는 숫자처럼 더하거나 빼는 계산을 할 수 없으니, 편의상 텍스트를 붙이는 명령을 수행하라고 정해둔 것이다.

이렇게 값의 유형에 따라 달라지는 수식 결괏값을 정리하면 다음 표와 같다.

수식	결괏값	값의 유형으로 본 수식
1 + 2	3	숫자 + 숫자
"1"+"2"	"12"	문자 + 문자
1 + "2"	"12"	숫자 + 문자
A + B	오류	알 수 없음 + 알 수 없음
"A" + "B"	"AB"	문자 + 문자

■ **여러 유형 조합 연산**

그렇다면 여러 유형을 조합하여 연산을 하면 어떻게 될까?

01 수식 편집창을 열고, 총 + 1 + 3 + "일"을 입력해보자. 결괏값은 총4일이 아니라 총13일이 나온다. 그 이유는 연산 순서 때문이다. 수식은 왼쪽부터 계산한다. 따라서 텍스트인 "총"과 숫자 1이 더해지면서 "총1"이 되고, "총1"과 3이 더해지면서 "총13"이 된다.

02 가운데에 있는 숫자끼리 먼저 계산하려면 괄호를 활용해야 한다. "총" + (1 + 3) + "일" 수식은 1+3이 먼저 계산되어 숫자 4가 된다. 그리고 다시 왼쪽부터 순서대로 계산한다.

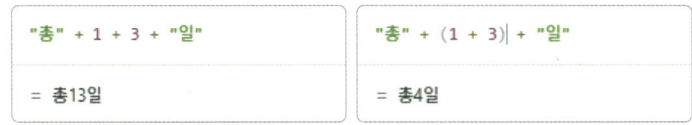

■ **형변환 (속성 유형 바꾸기)**

그렇다면 텍스트 속성의 값이 "1"일 때, 이를 숫자 1로 바꿔서 계산할 수 없을까? 이럴 때는 **형변환 함수**를 사용한다. 컴퓨터는 형변환 함수를 통해, 값의 유형이 숫자인지 문자인지 명확하게 알게 된다.

옆 그림과 표를 참고해서 텍스트와 숫자, 날짜의 데이터 유형을 서로 바꿔주는 함수들을 공부해보자. 형변환은 반드시 한번은 쓸 일이 생긴다. 분명히 도움이 될 것이니 예시를 따라 함수를 활용해보길 바란다. 참고로 today()는 오늘 날짜를 의미하는 함수이고, now()는 오늘 날짜의 시분초까지 포함한 함수다.

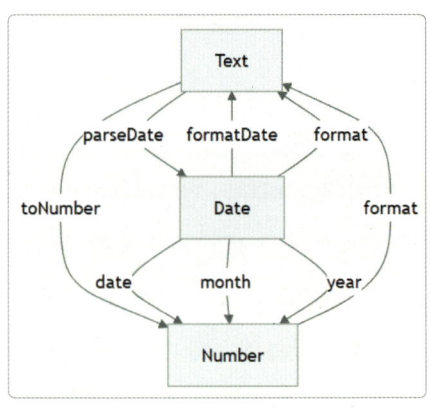

함수이름	변환	예시	비고
toNumber	텍스트 → 숫자	toNumber("10")	
parseDate	텍스트 → 날짜	parseDate("2025-01-01")	
formatDate	날짜 → 텍스트	formatDate(today(),"YYYYMMDD")	

함수이름	변환	예시	비고
format	날짜 & 숫자 → 텍스트	format(today())	
date	날짜 → 숫자	date(today())	일자
month	날짜 → 숫자	month(today())	월
year	날짜 → 숫자	year(today())	년도
hour	날짜 → 숫자	hour(now())	시간(0~23)
minute	날짜 → 숫자	minute(now())	분(0~59)
day	날짜 → 숫자	day(today())	요일(1~7, 월~일)
week	날짜 → 숫자	week(today())	ISO 기준 주(1~53)

Note 함수의 값 유형 확인 방법

수식 편집창에서 알 수 있다. 출력값의 데이터 유형은 함수 이름 옆의 아이콘으로 알 수 있고, 입력값의 데이터 유형은 함수의 괄호 안에 있다. 설명란에 있는 예시도 참고해보자.

함수 유형 ❷ : 날짜 속성 관련 실습 (31)

NOTION SAMPLE

<날짜> 속성 수식이 추가된 <일정 DB>

이제 <일정 DB>에 유용한 <수식> 속성을 추가하며 <날짜> 속성 전용 함수들을 익혀보자. 수식으로 요일을 표현하는 방법과 우선순위를 자동 판별해주는 방법, 마지막으로 D-day를 계산하는 수식이다.

■ **day & ifs 함수 – 요일 표시**

노션의 <날짜> 속성에는 요일이 보이지 않는다. 날짜별로 요일을 알고 싶다면, 날짜를 요일별 코드값으로 바꿔주는 함수 day와 조건 함수 ifs를 활용하면 된다.

01 day 함수의 입력값은 1개로, <날짜> 속성이다. 수식 편집창에 day(날짜)를 입력하면 입력값에 따라 1~7 중 한 숫자가 나온다. 월요일은 1이고 일요일이 7이다.

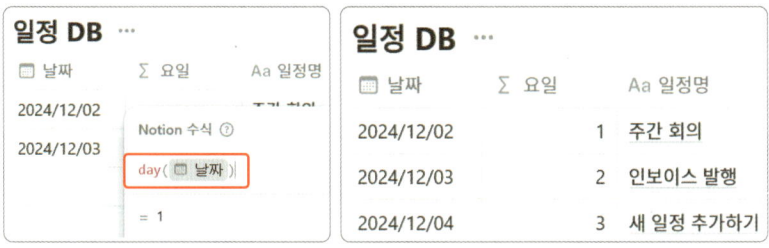

02 그런데 숫자는 요일이 아니다. 이 값을 월요일~일요일로 바꿔서 표시되게 할 차례다. 조건 함수 ifs를 활용해보자. ifs 함수는 조건이 많을 때, if 대신 쓰는 함수다. 입력값의 개수엔 제한이 없고, 패턴화되어 있다. 조건식과 결과식이 쭉 이어진다.

$$if(조건식_1, 결과값_1, 조건식_2, 결과값_2, 조건식_3, 결과값_3, \ldots, 마지막값)$$

03 ifs 함수를 day 함수에 조합하여 day(날짜) 값이 1이면 "월", 2이면 "화"…… 식으로 숫자에 따라 요일 이름을 결괏값으로 나오게 했다. 값이 동일한지 확인하려면 == 기호를 사용한다.

Notice 수식 편집창에서 Shift + Enter 를 누르면 줄바꿈이 된다.

■ and & ifs 함수 - 우선순위 자동 판별

앞서 만든 <일정 DB>에는 '중요' 속성과 '긴급' 속성이 있었다. 이 두 속성의 값에 따라 우선순위가 결정되는 수식을 만들어보자. 가령 중요하고 긴급한 일은 "1. 즉시 진행"으로, 중요하지만 긴급하지 않은 일은 "2. 계획 수립"으로 계산되는 수식을 만들 수 있다.

함수 and는 여러 개의 조건을 동시에 판별할 때 활용하는 명령어다. 입력값으로 조건식을 여러 개 넣을 수 있다. 모든 조건식이 참(True)이어야 결괏값이 참(True)이 나온다.

다음 예시를 보자. and(중요도)=="보통", 긴급도=="여유") 식을 <주간 회의> 페이지에 적용한 결과, '중요도'가 '보통'이고 '긴급도'가 '여유'여서 수식 결괏값이 참(True)으로 나왔다.

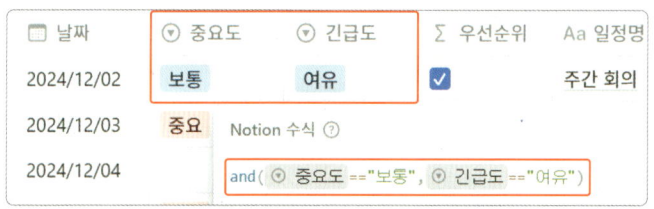

Note or 함수

and와 비슷한 함수로 or도 있다. 이는 여러 조건 중 하나만 참이어도 결괏값이 참(True)으로 나온다.
예시에서 두 번째 페이지는 긴급도만 조건에 맞는데도 결과가 참(True)으로 나왔다.

01 함수 and와 함수 ifs를 활용하여, 중요도와 긴급도에 따라 우선순위를 판별하는 수식을 작성하면 다음과 같다.

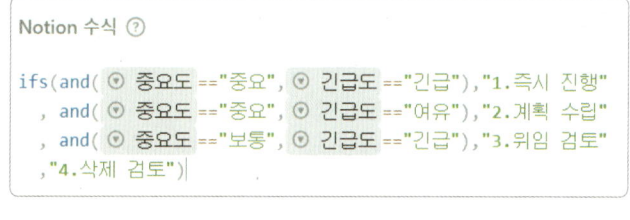

02 결괏값은 이렇게 나온다. <수식> 속성을 새로 만들어 **01**의 수식을 저장하고, 이름을 '**우선순위**'로 바꾸었다. '중요도' 속성과 '긴급도' 속성에 따라 '우선순위' 속성 값이 결정된다. 이제 '우선순위' 속성에 정렬을 설정해두고, 할 일을 순서대로 처리하면 된다.

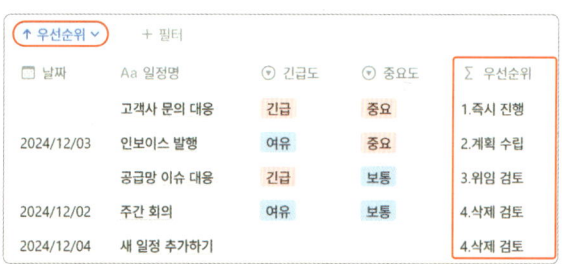

■ style 함수 – 텍스트 속성 꾸미기

'중요도'와 '긴급도'는 <선택> 속성이라 옵션에 색상이 있다. 그런데 아까 만든 우선순위에는 색상이 없어서 약간 심심한 느낌이다. <수식>에 함수 style을 활용하면 중요하고 긴급한 일부터 해야 할 것 같은 느낌을 줄 수 있다.

```
Notion 수식 ⓘ
ifs(and( ⊙ 중요도 =="중요", ⊙ 긴급도 =="긴급"),"1.즉시 진행".style("red_background","red")
  , and( ⊙ 중요도 =="중요", ⊙ 긴급도 =="여유"),"2.계획 수립".style("orange_background","orange")
  , and( ⊙ 중요도 =="보통", ⊙ 긴급도 =="긴급"),"3.위임 검토".style("blue_background","blue")
  ,"4.삭제 검토".style("gray_background","gray"))
```

글자색과 배경색을 입혀보자. 방법은 간단하다. 각 조건식의 결괏값에 .style("색")을 지정하면 된다. style 함수의 입력값은 넣고 싶은 만큼 넣을 수 있다. 원하는 명령어를 큰따옴표로 감싸서 넣어준다. 글자색은 색상을 뜻하는 영단어를 그대로 사용하면 된다. 배경색인 경우 _background가 붙는다. 다음 표에 색상 명령어를 정리해두었으니 참고하라.

명령어	기능	명령어	기능	명령어	기능	명령어	기능
gray	회색	gray_background	회색 배경	blue	파란색	blue_background	파란색 배경
brown	갈색	brown_background	갈색 배경	purple	보라색	purple_background	보라색 배경
orange	오렌지색	orange_background	오렌지색 배경	pink	분홍색	pink_background	분홍색 배경
yellow	노란색	yellow_background	노란색 배경	red	빨간색	red_background	빨간색 배경
green	초록색	green_background	초록색 배경	b	굵게	c	코드
i	이탤릭체	s		취소선	i	이탤릭체	

■ dateBetween & ifs 함수 – D-day 계산

일정 페이지마다 D-day를 계산한다고 하자. 계산식의 원리는 간단하다. <날짜> 속성에서 오늘 날짜를 빼면 남은 일수가 나올 것이다. 그럼 오늘 날짜가 결괏값인 함수 today를 빼면(-) 어떻게 될까?

이 계산식을 넣으면 에러가 발생한다. 날짜 형식은 연산자로 계산할 수 없기 때문이다. 사람들은 날짜에서 다른 날짜를 빼면 일수가 계산될 거라 생각한다. 하지만 컴퓨터는 계산된 결과를 일자로 알려줄지, 시간으로 알려줄지, 분으로 알려줄지 모른다. 그래서 사람이 친절하게 명령어로 알려주어야 한다.

<날짜> 유형을 계산하는 함수인 datebetween을 쓰자. 입력값은 3개다. 두 개의 날짜를 첫 번째, 두 번째 입력값으로 받고, 어떻게 기간을 표현해줄지를 세 번째 입력값으로 받는다. 단위로는 "years", "quarters", "months", "weeks", "days", "hours", "minutes" 중 하나가 들어갈 수 있다. (순서대로 연/분기/개월/주/일/시간/분이다.)

01 그럼 dateBetween을 이용해 D-day 계산식을 작성해보자. 첫 번째 입력값은 오늘 날짜를 가져오는 today 함수고, 두 번째 입력값은 D-day를 계산할 <날짜> 속성이다. 마지막 세 번째 입력값은 기간을 표현할 단위 "days"다. (그림 참조)

`dateBetween(today(), 날짜, "days")`

02 하지만 이 계산식만으로는 숫자만 나오니 조금 아쉽다. D-3, D-day, D+3 식으로 D-day임이 바로 보이게 하고 싶다. 그러려면 날짜의 값에 따라서 "D-n" 또는 "D+n" 형식의 문자를 붙여주어야 한다. 문자에는 숫자를 붙일 수 있으니 + 연산자를 활용한다.

03 그런데 결과를 보니 네 번째 페이지 수식 결과값의 형태가 이상하다. "D"와 숫자 사이에 "+"가 빠져 있다. 날짜가 아직 도래하지 않은 상태면 숫자가 음수여서 "-"가 자동으로 붙지만, 이미 지났다면 "+"를 직접 붙여줘야 한다. 그래서 앞서 배웠던 조건 함수 ifs를 활용해야 한다. 이를 도식화하면 다음과 같다.

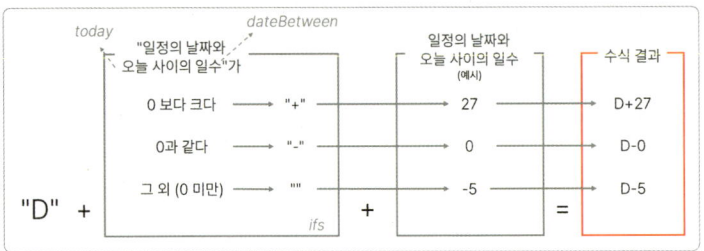

04 ifs 함수를 이용해 D-day 수식을 다시 작성해보자. "D"는 항상 붙이도록 앞에 둔다. 그리고 두 날짜 사이의 일수가 양수면 "+"를, 날짜가 같다면 "-"를 붙인다. 그 외에는 음수이니, 빈값 ""을 넣는다. 마지막으로 날짜 사이의 일수를 넣는다.

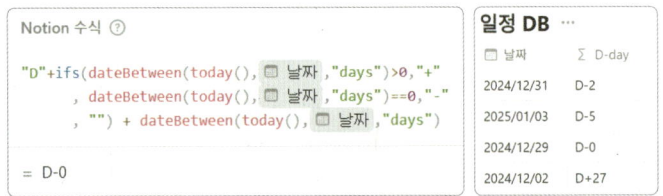

일수를 더하고 빼는 식도 원리가 같다. 다음 표의 함수를 참고하라.

함수 이름	기능	예시
dateBetween	날짜 사이의 기간 계산하기	dateBeteen(today(),prop("생일"),"year")
dateAdd	날짜에 기간 추가하기	dateAdd(today(),1,"days")
dateSubstract	날짜에서 기간 빼기	dateSubstract(now(),1,"month")

> **Note** 날짜에 따라 긴급도를 결정할 수 없을까?
>
> 함수 if와 dateBetween을 응용하면, 날짜 속성을 기준으로 긴급도를 결정할 수 있다. 아래 수식을 써보면, 하루 두 날짜의 차이가 -1일(내일 일정까지 포함)이 되면 긴급으로 표시된다.
>
> Notion 수식
> if(dateBetween(today(), 📅 날짜 ,"days")>-1,"긴급","여유")

수식 깔끔하게 작성하는 법

프로그래밍에는 **클린 코드(Clean Code)**란 개념이 있다. 이는 개발자가 읽기 쉬운 코드를 의미한다. 다른 사람이 내 코드를 보더라도 의미를 쉽게 이해할 수 있도록, 코드를 깔끔하게 작성하는 방법이다. 노션이 프로그래밍 언어는 아니지만, 나중에 수식을 수정할 때 도움이 된다.

가령 구매 내역을 정리한 데이터베이스가 있다고 하자. 이 중 '최종 금액' 속성에는 등급에 따라 구매 금액에 할인율을 곱해주는 수식이 들어 있다. 다음 수식은 VVIP는 30%, VIP는 20%, 일반 등급은 10%, 구매 등급이 없으면 할인을 하지 않는다는 뜻이다.

```
if(⊙ 구매 등급 =="VVIP",0.7,if(⊙ 구매 등급 =="VIP",0.8,if(⊙ 구매 등급 =="일반",0.9,1)))* # 구매 금액
```

하지만 이 수식만 보고 뜻을 바로 이해하기는 어렵다. 보기에도 좋고, 이해하기도 쉽게 바꿔보자.

01 조건에 함수 **if**가 참 많다. 이 함수는 여러 개 중첩해서 쓰면 읽기 힘들 뿐더러, 수정하기도 어렵다. 이번 예시처럼 조건이 여러 개라면, 함수 **ifs**가 더 낫다.

```
ifs(⊙ 구매 등급 =="VVIP",0.7,⊙ 구매 등급 =="VIP",0.8,⊙ 구매 등급 =="일반",0.9,1)* # 구매 금액
```

02 함수 **ifs**는 여러 개의 입력값이 들어가기 때문에 논리적인 계층이 생긴다. 다시 말하면, 조건문과 결괏값이 반복된다. 이 수식을 가독성이 좋도록 [Shift] + [Enter]를 활용해 여러 줄로 만든다. 그리고 띄어쓰기와 키보드 [Tab]을 활용하여 구조를 보기 좋게 잡는다. 조건문의 시작점에 맞춰서 콤마 **,**를 놓고 줄간격을 맞추면 깔끔해 보인다. 결괏값 라인도 최대한 맞춰주면 더 보기 좋다.

```
ifs(⊙ 구매 등급 =="VVIP",0.7
,⊙ 구매 등급 =="VIP",0.8
,⊙ 구매 등급 =="일반",0.9
,1)
* # 구매 금액
```

```
ifs(⊙ 구매 등급 =="VVIP",0.7
  ,⊙ 구매 등급 =="VIP" ,0.8
  ,⊙ 구매 등급 =="일반",0.9
  ,1)
* # 구매 금액
```

03 이 수식에서 '구매등급' 속성은 총 3번 사용한다. 이렇게 수식 안에서 여러 번 반복하는 계산식이 있다면, 함수 let을 활용한다. let은 특정 문구에 값을 저장하는 바구니를 만들 수 있다. 이를 변수라고 한다.

괄호 안에 첫 번째 입력값에는 변수의 이름, 두 번째 입력값에는 바구니에 넣을 값을 적는다. 그리고 세 번째 입력값에서 수식을 작성한다. 아래 예시의 grd가 구매 등급을 넣어둔 변수다.

04 오른쪽 예시는 함수 lets를 활용한 것이다. 함수 하나로 변수를 여러 개 정의할 수 있다. 이는 lets 활용법을 보여주려고 조금 더 오버하여 작성했다. 이 수식은 구매등급(grd)과 할인율(dctRate) 변수를 미리 정의하고, 구매 금액에 할인율을 적용하는 방식이다. 개인적으로는 수식을 해석할 때, 할인율이 명확하기 때문에, 왼쪽보다 오른쪽 방식이 낫다고 생각한다.

```
let(grd, ⊙ 구매 등급
    ,ifs(grd=="VVIP" ,0.7
        ,grd=="VIP"  ,0.8
        ,grd=="일반" ,0.9
        ,1))
 * # 구매 금액
```

```
lets(grd, ⊙ 구매 등급
    ,dctRate,ifs(grd=="VVIP",0.3
                ,grd=="VIP" ,0.2
                ,grd=="일반",0.1
                ,0)
, # 구매 금액 *(1-dctRate))
```

05 앞서 소개했던 함수 체이닝도 꼭 활용하자. 간단한 함수는 뒤로 빼면, 함수 중첩을 줄일 수 있다. 가령 반올림 함수 round는 논리적으로 모든 값을 계산한 후 적용한다. 수식을 해석할 때, 왼쪽 수식보다 오른쪽 수식이 더 이해하기가 쉽다.

```
round(lets(grd, ⊙ 구매 등급
    ,dctRate,ifs(grd=="VVIP",0.3
                ,grd=="VIP" ,0.2
                ,grd=="일반",0.1
                ,0)
, # 구매 금액 *(1-dctRate)))
```

```
lets(grd, ⊙ 구매 등급
    ,dctRate,ifs(grd=="VVIP",0.3
                ,grd=="VIP" ,0.2
                ,grd=="일반",0.1
                ,0)
, # 구매 금액 *(1-dctRate)).round()
```

06 변수 이름은 가급적 짧게 짓는다. 그러나 aaa와 같은 단순한 알파벳보다는 의미를 담는 게 좋다. 이름만 봐도 어떤 건지 알 수 있어야 한다.

여러 단어의 조합이라면 언더바(_)보다는 대소문자로 구분하는 게 효율적이다. 이를 전문 용어로, 낙타 혹을 닮았다고 하여 카멜 케이스(Camel Case)라고 한다. 가령 고객 이름을 변수로 지정한다면, customer_name보다는 customerName이 낫다. 약어까지 쓴다면 custNm 정도가 된다.

SECTION 23 수식 심화: 분석용 함수 활용

ONE-PAGER GUIDE

[지니언트's saying] <관계형>과 <수식>을 함께 사용하면 훨씬 유용하다. 단순히 요약만 할 수 있는 <롤업>보다 강력하게 활용할 수 있다. 이번 섹션에서 배울 함수들은 데이터 분석과 레포트 작성에 꽤 유용하니, 철저히 연습해 활용법을 마스터해보자.

페이지 1 국내 매출 계산

NOTION SAMPLE

영업 부서 DB & 매출 DB

원하는 월 금액(매출)만 가져오는 방법을 익히기 위한 예제다. 이번 실습에 사용할 데이터베이스는 <영업 부서 DB>와 <매출 DB>다. 모두 앞서 제공한 템플릿 페이지에서 받을 수 있다.

구조부터 살펴보면 <매출 DB>는 영업 부서별로 날짜별 매출을 관리하는 데이터베이스다. 3개월 매출이 들어 있다. 그리고 <영업 부서 DB>의 페이지를 선택할 수 있도록 <관계형> 속성으로 연결했다. <영업 부서 DB>에서는 전체 매출 금액을 롤업 속성으로 가져왔다.

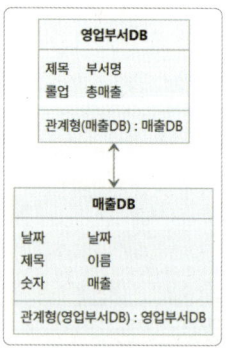

📝 국내 매출 보기: filter

<영업 부서 DB>에서 <롤업> 속성을 활용하면 총 매출을 가져올 수 있을 것이다. 하지만 국내 매출만 가져오거나 월별 매출을 가져오려면, 이번에 배울 함수인 filter와 current, map, sum을 활용해야 한다. 실습을 하면서 각 함수를 하나씩 배워보자.

우선 filter는 페이지에 조건을 적용해 걸러주는 함수다. 이번 예시에서 영업 1팀에 연결된 매출은 총 5개였다. filter를 활용하여 국내 매출인 4개 프로젝트만 걸러서 가져와 보자.

01 <영업 부서 DB>에 <수식> 속성을 추가한다. 다음은 <매출 DB>에서 filter 함수로 '국내' 매출인 페이지만 찾는 수식이다. current는 가져온 데이터 그 자체를 의미한다. 가령 이번 실습에서는 관계형 속성에서 선택한 매출 페이지 각각이다. current를 입력하고 마침표 .를 입력한 뒤, 왼쪽 속성을 보자. <영업 부서 DB>의 수식 속성을 수정 중인데, <매출 DB>의 속성인 '매출 구분'이 보인다.

02 국내 매출만 가져오도록 매출 구분 == "국내" 조건을 입력한다. 수식 결과를 보면, 관계형으로 연결된 페이지는 5개지만, 국내 매출 프로젝트인 4개만 가져왔다.

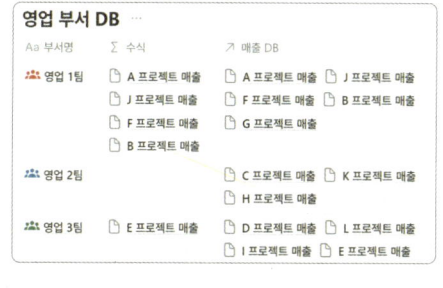

03 이제 가져온 페이지의 속성값인 매출을 불러올 차례다. 함수 map은 불러온 페이지의 속성을 가져올 수 있는 함수다. 어떤 속성을 가져올지는 괄호 안의 표현식을 통해 지정한다.

방금 만든 <수식> 속성의 계산식을 편집하여, 페이지별로 매출만 가져왔다. 여기서도 current를 활용해야 한다.

04 마지막으로 가져온 매출 속성을 합쳐야 한다. 합계를 구하는 함수인 sum을 활용한다.

```
Notion 수식 ⓘ
↗ 매출 DB .filter(current. ⊙ 매출 구분 =="국내").map(current. # 매출 ).sum()
```

05 글로벌 매출과 자사 매출도 같은 방법으로 추가해보자.

📝 월별 매출 계산

같은 방법으로 월별 매출도 구할 수 있다. 이번에는 filter 외에도 더 많은 함수를 활용해보자.

영업 부서 DB

Aa 부서명	∑ 1월 매출	∑ 2월 매출	∑ 2월 diff	∑ 3월 매출	∑ 3월 diff	Q 총 매출
👥 영업 1팀	2,500	4,800	2,300	1,500	-3,300	8,800
👥 영업 2팀	2,000	1,500	-500	2,000	500	5,500
👥 영업 3팀	7,000	1,000	-6,000	3,500	2,500	11,500

01 <영업 부서 DB>에 <수식> 속성을 추가하고, 다음 수식을 그대로 입력해보자. filter 함수로 2025년 1월 매출만 페이지만 찾는 수식이다. 여기서 함수 formatDate는 <날짜> 유형의 값을 <텍스트> 유형으로 바꿔주는 함수다.

영업 부서 DB

Aa 부서명	∑ 1월 매출	Q 총 매출
👥 영업 1팀	2,500	8,800
👥 영업 2팀	2,000	5,500
👥 영업 3팀	7,000	11,500

"202401"과 비교하여 맞는 페이지의 매출만 가져왔다.

↗ 매출 DB .filter(current. 📅 날짜 .formatDate("YYYYMM")=="202501").map(current. # 매출).sum()

02 같은 방법으로 '2월 매출'과 '3월 매출'도 만들 수 있다. <수식> 속성 2개를 새로 <영업 부서 DB>에 추가한다. **01** 계산식을 그대로 사용하되, 날짜 조건만 "202502"와 "202503"으로 수정하면 월별 매출을 가져올 수 있다.

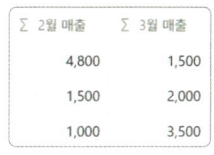

↗ 매출 DB .filter(current. 📅 날짜 .formatDate("YYYYMM")=="202502").map(current. # 매출).sum()

↗ 매출 DB .filter(current. 📅 날짜 .formatDate("YYYYMM")=="202503").map(current. # 매출).sum()

03 한번 만든 <수식>은 새로운 <수식> 속성에서도 활용할 수 있다. 가져온 매출을 비교 분석할 수 있는 속성도 추가해보자. 월별로 − 연산자를 이용해 전월과 비교하는 수식을 넣으면 전월 대비 금액 차이를 바로 비교할 수 있다.

페이지 2   수식 속성으로 차트 만들기 실습(33)

노션의 [차트] 보기를 활용하면 숫자 비교 레포트뿐만 아니라, 추이 확인을 위한 그래프도 그릴 수 있다. 하지만 데이터베이스가 2개로 구조화되어 있어서, 어떤 데이터베이스로 차트를 만들어야 할지 헷갈릴 것이다. 결론을 이야기하면 날짜와 금액을 입력한 데이터베이스에서 만들어야 한다.

이번 예시에는 <매출 DB>에 두 데이터가 있다. 다음 보기 설정을 참고해서 원하는 차트를 만들어보자.

01 <매출 DB>에 [차트] 보기를 추가한다. 추이를 보려면 월별 막대그래프가 가장 편리하다. [표시 대상]을 [X축]은 [날짜 (월별)] 속성, [Y축]은 [매출 (합계)] 금액으로 정하면 된다.

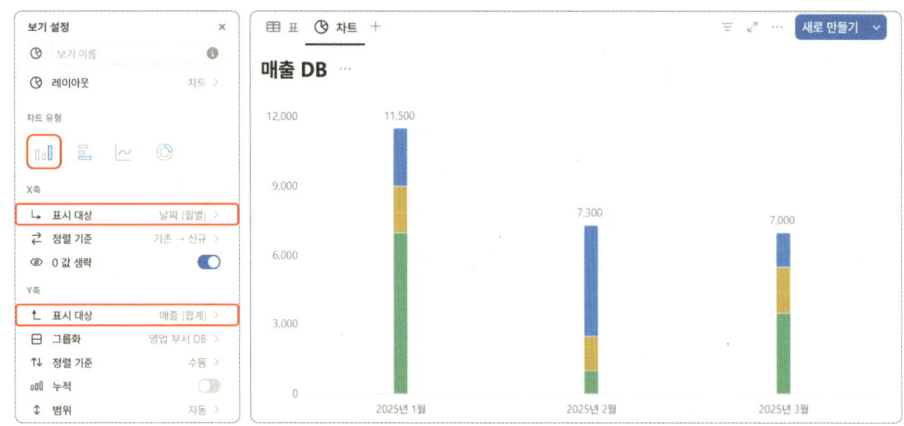

02 도넛 그래프를 그려도 된다. 월별 비중을 보려면 [필터] 기능을 추가로 활용해야 한다.

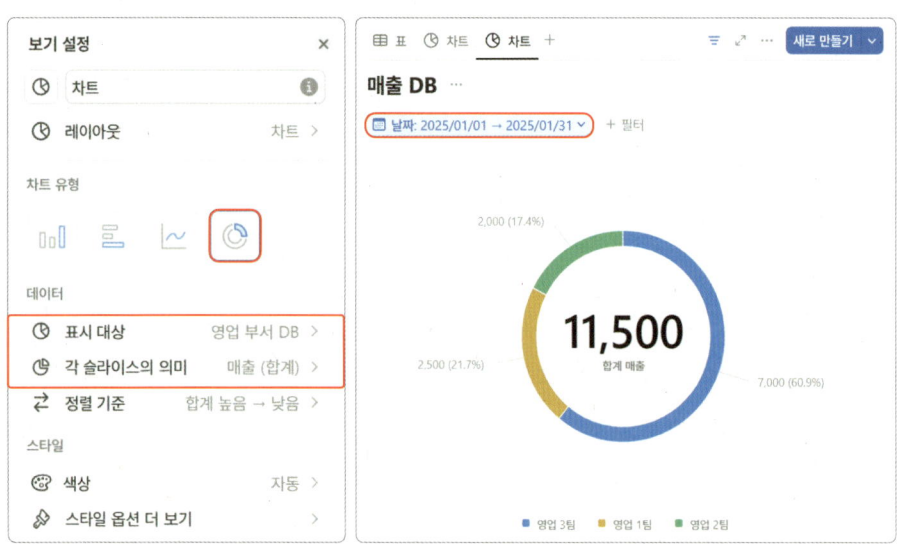

노션이 너무 느려질 때 대처법

노션의 DB를 구조화하고 <롤업>을 활용하며, 여러 가지 수식 속성을 추가하면 노션이 버벅일 때가 있다. 처음엔 괜찮다가도 어느 순간 멈추는 일이 잦아진다. 특히 데이터베이스의 제목과 속성에 값을 넣을 때마다 멈춘다면 쓰지 못할 지경이 된다. 노션 속도가 느려지는 이유는 크게 다음 3가지다. 이럴 때는 몇 가지 방법으로 속도 개선을 해볼 수 있다.

- 페이지 하나에 페이지와 블록, 이미지, 링크가 상당히 많을 때
- <관계형>으로 데이터베이스를 연쇄적으로 연결해두었을 때
- <롤업>과 <수식> 속성을 많이 추가해두었을 때

N 캐시 정리

가장 먼저 해볼 작업은 캐시 정리다. 지금은 보지 않는 과거 페이지가 캐시에 남겨져 있을 수 있다고 한다. 노션 프로그램에서는 키보드의 Alt 를 누르고 팝업 메뉴에서 [도움말] - [트러블 슈팅] - [앱을 초기화하고 로컬 데이터 모두 삭제하기]를 차례로 클릭하면 된다. 내 자료가 날아갈 걱정은 하지 않아도 된다. 노션 서버에 있는 페이지가 지워지는 게 아니라, PC의 임시 페이지만 지우기 때문이다.

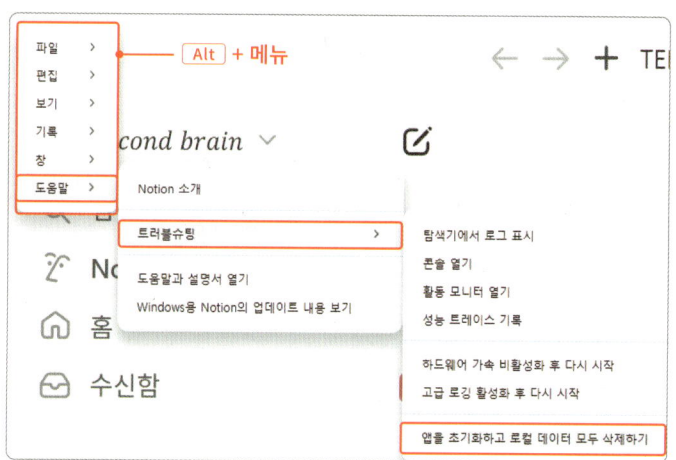

인터넷 브라우저 환경이라면 [설정]에서 '캐시'를 검색하고, [인터넷 사용 기록 삭제] 메뉴에서 캐시 파일을 삭제해 주면 된다(예시는 크롬 설정창이다). 하지만 이는 임시 방편이다.

Notice 노트북은 GPU가 없을 수도 있다. 위의 메뉴 중 [하드웨어 가속] 기능을 끄면 노션 성능이 나아질 수 있다.

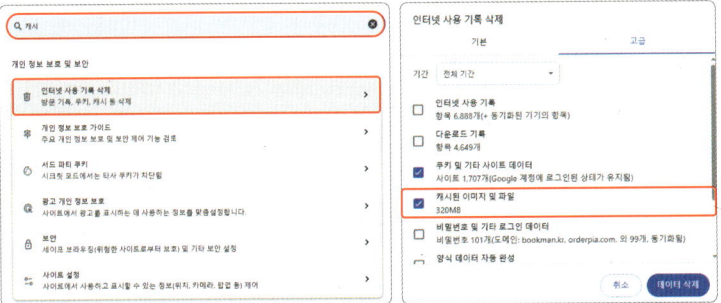

🅽 로딩 줄이기: 토글/숨기기 활용

노션이 느려지는 근본적인 이유는 로딩과 계산이다. 이 두 과정이 최소화되어야 속도가 개선된다. 먼저 로딩을 줄이기 위해 보이는 요소를 최대한 숨겨야 한다. 특히 [이미지] 블록은 수정할 때마다 수시로 다시 그려주게 되어 있다.

그러므로 메모리나 GPU에 부담스러울 것 같은 이미지나 동영상, 파일 등은 가급적 [토글]에 숨겨두면 좋다. [텍스트] 블록이라 하더라도 최대한 숨겨두면 좋다.

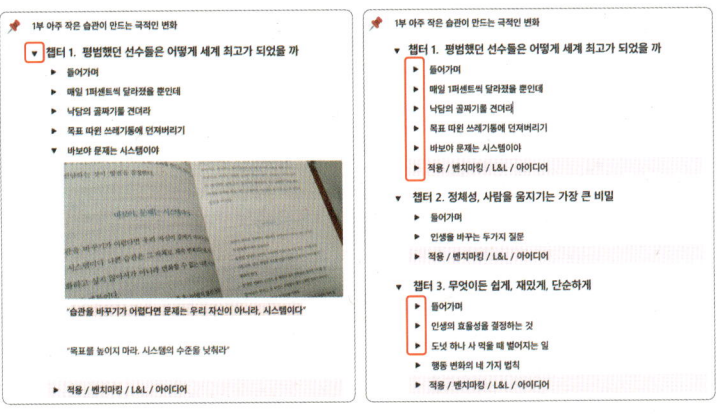

데이터베이스를 편집할 때마다 로딩이 걸린다면, ⤢(전체 페이지로 열기) 기능을 활용하자. 데이터베이스 메뉴 옆에 있다. 클릭하면 데이터베이스 하나만 보인다. 다른 요소들을 다시 로드하지 않으므로 편집 속도가 좀 더 빠르다.

<관계형>으로 데이터베이스를 연결한 상태에서 페이지를 수정하면 그 페이지에 연결된 보이는 데이터베이스의 수식과 계산값을 모두 업데이트하게 된다. 여기서 중요한 포인트는 "보이는"이다. 보이지 않는다면 업데이트하지 않는다. 그러므로 속성 중에 쓰지 않는 건 최대한 숨겨두자. 보이는 페이지 개수가 줄어들어도 속도가 빨라진다.

숨기는 방법에는 여러 가지가 있다. 페이지가 많다면 [필터]를 활용한다. [그룹화 토글]을 이용하여 페이지를 숨겨두어도 좋다. 그리고 [표] 보기와 그룹화의 [계산] 기능도 가급적 꺼야 한다.

📝 데이터베이스 구조 개선

무엇보다도 DB 구조 자체에 근본적인 문제가 있을 수 있다. 한 속성의 값을 다른 데이터베이스에 <롤업>과 <수식>으로 연결해서 가져간다면, 노션이 느려질 수밖에 없다.

> **Notice** 페이지 속에 페이지를 넣는 구조가 속도에 영향을 주지는 않는다. 페이지의 깊이(depth)보다는 **<관계형>**으로 연결된 다른 페이지의 속성 값을 찾을 때, 즉 **<롤업>**과 **<수식>** 속성을 많이 사용할 때 느려진다.

모든 걸 수식으로 자동 계산하려는 마음은 데이터베이스를 3개 이상 연결할 때에는 내려놓는 것이 좋다. 값을 3번 이상 롤업해서 가져갈 때에는, 차라리 요약 값 정도는 직접 입력하는 걸 추천한다.

SECTION 24 버튼과 자동화로 업무 생산성 UP

ONE-PAGER GUIDE

[지니언트's saying] 버튼과 자동화는 여러 작업을 자동으로 수행할 수 있는 기능이다. 현재 위치에 페이지나 블록을 만들거나, 원하는 데이터베이스에 페이지를 추가하고 편집할 수도 있다. 메일과 슬랙 알림 보내기 등, 실제 업무를 자동화할 수도 있다. 이번 섹션을 통해 내 업무를 자동화하고, 생산성을 높여보자.

페이지 1 버튼 자동화

버튼에는 두 가지 종류가 있다. 첫 번째는 [버튼] 블록이다. 페이지의 본문에 넣어둘 수 있다. 두 번째는 데이터베이스 <버튼> 속성이다. [버튼] 블록의 기능을 그대로 쓸 수 있으며, 버튼을 클릭하는 페이지의 데이터베이스의 제목과 속성까지 바꿀 수 있다.

버튼 사용 방법을 익혀두면, 활용법은 무궁무진하다. 페이지에 똑같은 양식을 만들어 줄 수 있고, 클릭 한 번에 <일정 DB>에 여러 개의 일정 페이지를 만들 수도 있다. 페이지 편집 기능으로 오늘 완료하지 못한 일정들을 내일로 미룰 수도 있다. 여러 작업들을 조합하여 완료 일시를 남기는 완료 버튼과, 승인을 요청하고 메일을 보내는 기능까지 갖춘 결재 시스템을 구축할 수 있다.

N 버튼 블록

[버튼] 블록을 활용하면 페이지와 블록 양식을 손쉽게 만들 수 있다. 이번 실습에서는 자동으로 섹션을 나눠주는 [콜아웃] 블록을 만들어보자.

■ 양식 자동 생성 버튼 실습(34)

01 새 페이지를 만들고, /버튼 명령어를 입력하여 [버튼] 블록을 만든다. 새 버튼 이 생성되고, 그 아래 버튼 설정창이 열린다.

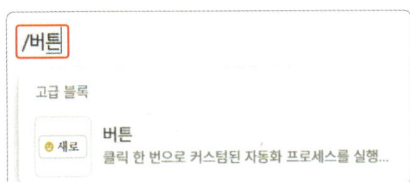
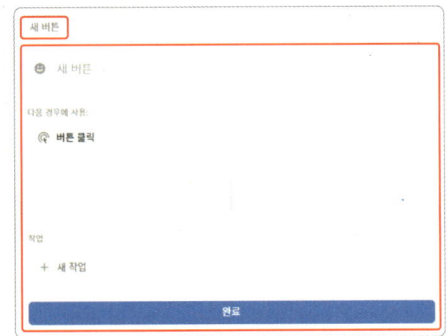

02 맨 위 칸은 버튼의 아이콘과 이름을 지정하는 곳이다. ❶아이콘은 'plus circle'을 선택하고, ❷버튼 이름은 '섹션 추가'라고 입력한다. ❸실시간으로 버튼에 변경 사항이 반영된다.

03 그 아래 메뉴들은 버튼의 동작을 지정한다. 위쪽 ❶[다음 경우에 사용]은 이 작업을 시작하는 방법으로, [버튼] 블록은 항상 [버튼 클릭]이다. 이후에 배울 자동화에서도 레이아웃이 동일한데, 페이지 추가나 속성을 편집하는 작업으로 설정할 수 있다.

아래쪽의 ❷[작업]은 클릭하면 실행할 작업을 순서대로 지정한다. 버튼 [+ 새 작업]을 클릭해서 작업을 추가할 수 있다.

04 [+ 새 작업]을 클릭하면 10개의 메뉴가 보인다. 만약 버튼을 만든 페이지가 데이터베이스의 페이지라면 [속성 편집]도 보일 것이다. (아쉽지만 메일 발송과 웹훅 보내기는 유료 기능이다.) 이번 실습에서는 섹션 형태의 [콜아웃] 블록을 만들 예정이다. ❸[블록 삽입]을 클릭한다.

05 [작업] 항목에 [블록 삽입] 작업이 추가되었다. [버튼 아래] 메뉴로 새 블록을 [버튼] 블록 기준으로 어디 만들지 선택할 수 있다. 위쪽이 더 자연스러우므로, [버튼 위]로 변경한다.

06 아래쪽 빈 칸은 생성할 블록을 넣는 공간이다. 블록이 어떤 모양으로 생성될지도 미리 정할 수 있다. 여기서는 ❶ / 명령어를 이용해 [콜아웃] 블록을 삽입하고, 다시 ❷ [콜아웃] 블록에 [제목3] 블록을 넣었다.

그리고 ❸ [콜아웃] 블록은 ▦(핸들) 메뉴를 이용해 배경색(회색 배경)을 지정하였고, ❹ [제목3] 블록에 '새로운 섹션'이라 입력한 뒤 글자 스타일링 메뉴로 밑줄을 그었다. (자리가 좁다면 페이지에서 작업해서 블록을 복사하고 이 공간에 붙여넣자.)

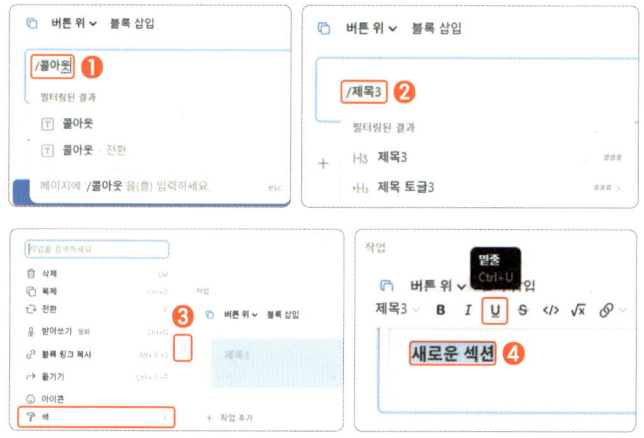

07 [버튼] 블록에는 한 개의 작업뿐 아니라 다른 작업도 추가할 수 있다. 아래의 [+ 작업 추가]를 클릭하고 다음 작업을 넣으면 된다. 블록 오른쪽 위 버튼 2개는 작업을 접고

펴는 버튼(⬍)과, 작업의 순서를 바꾸고 복제, 삭제할 수 있는 메뉴(⋯)다(오른쪽 그림 참조). 여기선 [콜아웃] 블록 삽입으로만 설정하겠다. 맨 아래 [완료] 버튼을 클릭하여 버튼을 닫는다.

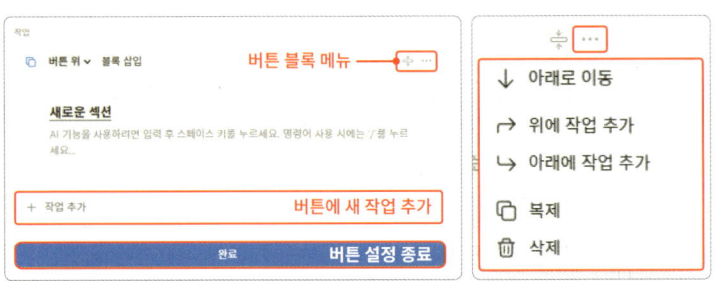

08 완성된 [섹션 추가] 버튼을 클릭하여 섹션을 추가해보자. 만들어둔 양식대로 블록이 생성된다. 작업에 넣을 수 있는 블록에 제한은 없다. 페이지나 다른 유형의 블록도 넣을 수 있다.

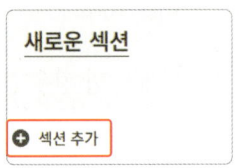

■ 일정 추가 버튼 실습(35)

[버튼] 블록은 같은 페이지가 아니더라도, 원하는 데이터베이스의 페이지를 만들 수 있다. 이제 <일정 DB>에 새 일정을 추가하는 버튼도 만들어보자.

01 새 [버튼] 블록을 만든다. 아이콘을 'day calendar'로 설정하고, 버튼 이름은 '새 일정 추가'로 입력한다.

02 ❶ [+ 새 작업]을 클릭하고 [페이지 추가 위치]를 클릭한다.
❷ [작업]의 [데이터베이스 선택] 메뉴를 클릭하고, 앞서 만든 DSLR 시스템의 <일정 DB>를 선택한다.

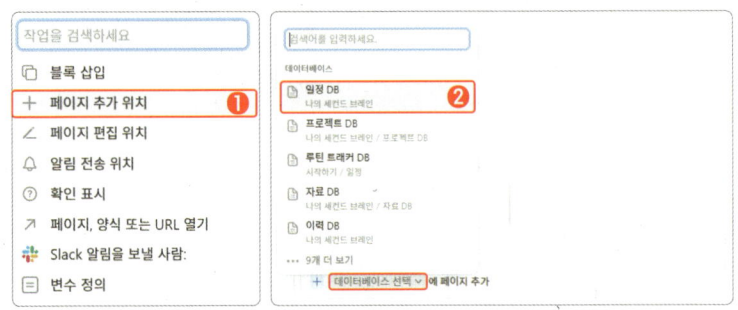

03 <제목> 속성 '일정명'은 빈 칸(제목 없음)으로 둔다. [속성 편집]을 클릭하면 입력할 속성을 선택할 수 있다. '날짜' 속성을 선택하고 오른쪽에 [선택]을 클릭한다.

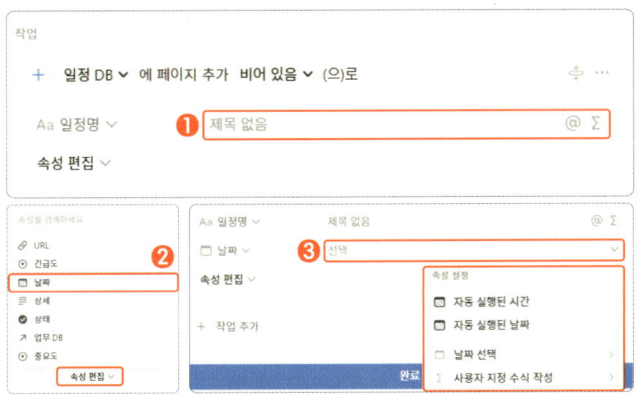

> **Note** <날짜> 속성의 옵션
>
> 여기에는 4개의 옵션이 있다. [자동 실행된 시간]은 클릭하는 일자와 시간으로 바뀐다. [자동 실행된 날짜]는 시간이 없는 일자만 입력한다. [날짜 선택]은 선택한 날짜로 바뀐다. [사용자 지정 수식 작성]은 계산식을 활용하여 날짜를 지정할 수 있다. 가령 오늘 기준으로 다음날이나, 다음 주 등의 특정 날짜로 말이다. 이는 다음 버튼 실습에서 다룬다.

04 [속성 설정] 메뉴에서 [자동 실행된 날짜]를 클릭하고 아래 [완료] 버튼을 클릭해 적용한다.

05 마지막으로 만든 페이지를 여는 작업이 필요하다. ❶ [+ 작업 추가]를 클릭하여 [페이지, 양식 또는 URL 열기]를 클릭한다. ❷ [페이지 선택] 메뉴를 클릭하면 단계별로 추가된 페이지 목록이 뜬다. [페이지 추가됨]을 클릭한다. ❸ 다시 [중앙에서 보기] 메뉴를 클릭하여 페이지 열기 방식을 정한다. [전체 페이지로 보기]는 페이지를 전환하므로 권장하지 않는다.

> **Notice** 이 작업에서는 생성한 페이지 대신 다른 페이지도 열 수 있다. 가령 웹페이지 주소를 넣으면 웹페이지가 열린다.

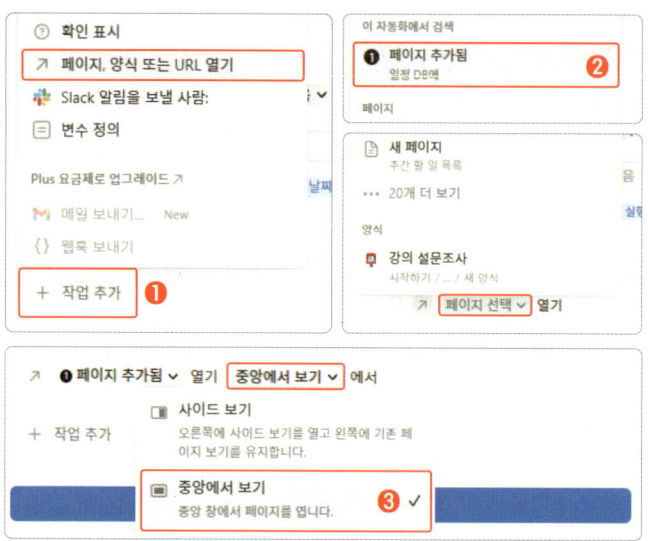

06 이제 가장 아래 [완료] 버튼을 클릭해 설정을 끝내고, 만들어진 [새 일정 추가] 버튼을 클릭해보자. 그러면 <일정 DB>에 새로운 페이지가 생성되고, 그 페이지가 바로 열린다. <날짜> 속성에는 오늘 날짜가 들어 있으니, 일정 제목만 입력하면 된다.

이처럼 버튼에는 여러 개의 작업을 계속 추가할 수 있다. 즉, 클릭 한 번에 여러 개의 데이터베이스의 페이지를 추가할 수 있다는 의미다. 아침마다, 혹은 매주 만드는 페이지가 있다면, [버튼] 기능으로 한 번에 생성할 수 있다.

■ 일정 미루기 버튼 실습(36)

[버튼] 블록을 이용하면 클릭 한 번에 데이터베이스 페이지들의 속성 값을 모두 바꿀 수도 있다. [페이지 편집 위치] 작업을 활용하여 오늘 미처 하지 못한 일들을 모두 내일로 미루는 버튼을 만들어보자.

01 새 [버튼] 블록을 만든다. ❶아이콘은 'arrow out rectangle'로, 이름은 '일정 미루기'로 변경한다. ❷[+ 새 작업]을 클릭하고 [페이지 편집 위치]를 클릭한다. ❸[데이터베이스 선택] 메뉴에서 앞서 만든 <일정 DB>를 선택한다.

02 ❶[페이지 전체]를 클릭하여 필터 조건을 추가한다. 맨 앞 ❷[일정명] 메뉴를 클릭하고, 속성을 '날짜'로 바꾼다. 그리고 바뀐 메뉴에서 ❸조건을 [시작일] - [오늘 기준] – [이번] - [일]로 설정한다.

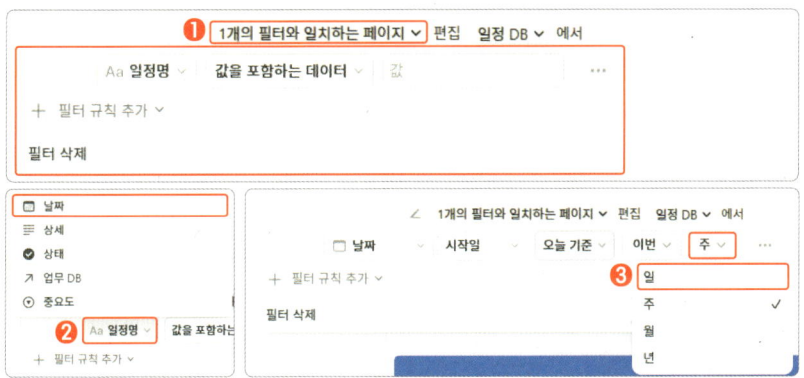

03 이어서 ❶[+ 필터 규칙 추가]를 클릭하고, 두 번째 조건은 '상태' 속성에 건다. [값과 동일한 데이터]는 그대로 두고, ❷[옵션 선택] 메뉴를 열어 ❹[할 일]과 [진행 중]을 선택한다. 그림처럼 세팅되면 된다. 의미는 "오늘 일 중에 완료하지 않은 일들"이다.

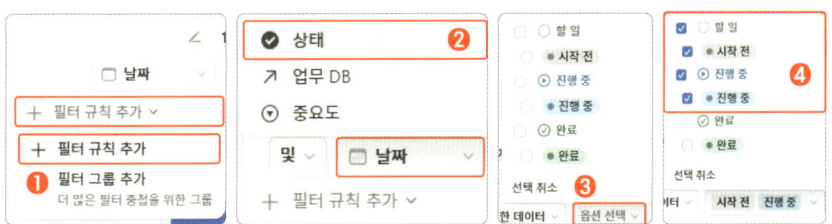

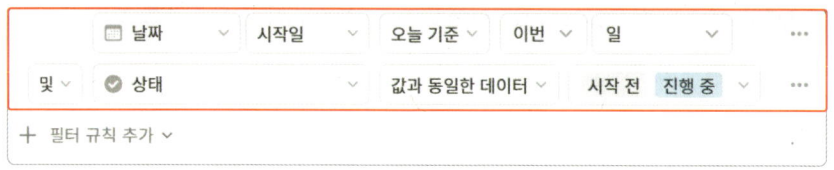

04 그대로 필터 창을 닫은 뒤, 다시 [작업]의 ❶[속성 편집] 메뉴를 눌러서 '날짜' 속성을 선택한다. '날짜'는 내일로 변경해야 한다. 그러나 옵션 중에는 내일이 없다. 따라서 ❷[사용자 지정 수식 작성]으로 설정한다.

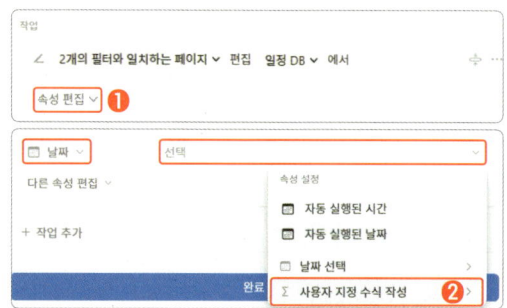

05 수식 입력창이 뜬다. 왼쪽 아래에 있는 ❶[자동 실행된 날짜]를 클릭하고 함수 dateAdd를 활용해서 ❷.dateAdd(1, "days")라 적는다. 이는 오늘 날짜에 하루를 더하겠다는 의미이다. 오른쪽 위 저장 버튼을 눌러 적용 완료한다.

06 만들어진 [일정 미루기] 버튼을 클릭하고 <일정 DB>를 확인해보면, 데이터베이스에서 오늘 날짜였던 페이지가 전부 내일 날짜로 변경된 것을 볼 수 있다.

■ 확인 표시 작업 추가

페이지 편집 기능은 <일정 DB>의 전체 페이지를 수정하는 작업이다. 따라서 실수로 클릭하는 일이 없어야 한다. 안전한 데이터 변경을 위해, 데이터베이스 편집을 하기 전에 [확인 표시] 작업을 추가하자.

01 버튼 오른쪽에 뜨는 ⚙ **(버튼 편집)** 아이콘을 누르면, 다시 버튼 편집창을 볼 수 있다.

02 [+ 작업 추가] – [확인 표시]를 선택한다. [확인 메시지] 칸에 안내 문구를 적는다.

03 이 작업이 [**편집 작업**]보다 먼저 수행되어야 하므로, 핸들을 끌어 위치를 옮겨준다. [**완료**]를 눌러 저장한다. 이제 버튼을 실행하면, 확인 팝업창이 뜬다. [**계속**]을 클릭해야 다음 작업이 수행된다.

🅝 데이터베이스 버튼 속성

데이터베이스에도 <버튼> 속성이 있다. 이는 페이지 속성의 위치에 만들어지는 버튼이다. 앞서 배운 [버튼] 블록과 기능은 거의 똑같다. 다른 점이 있다면, 페이지 단위로 속성을 편집할 수 있는 기능이다. 가령 해당 속성이 있는 페이지 한 개의 일정만 미룰 수도 있다.

■ 개별 일정 미루기 버튼 실습(37)

DSLR 시스템의 <일정 DB> 페이지 날짜를 하루씩 미뤄주는 버튼을 만들어보자. 어제 날짜의 페이지 버튼을 클릭하면, 오늘 날짜로 변경되는 식이다.

01 <버튼> 속성 추가는 데이터베이스 속성 추가와 동일하다. <일정 DB>에 <버튼> 유형 속성을 추가한다. [속성 편집] 메뉴에서 [편집 자동화]를 클릭한다.

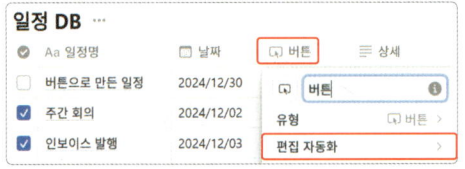

02 [버튼] 블록 때와 동일한 설정창이 뜬다. [+ 새 작업]을 클릭하고, [속성 편집...]을 클릭한다. [날짜]를 선택하고 [사용자 지정 수식 작성]을 클릭한다.

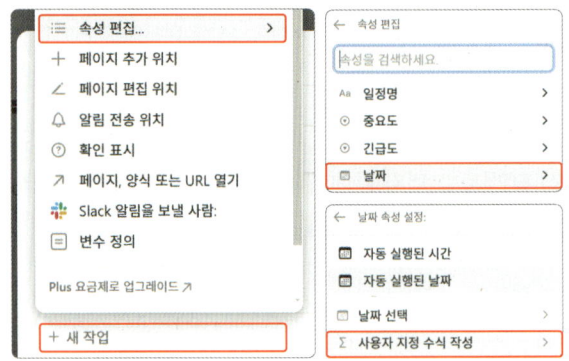

03 수식 편집창이 열리면 [이 페이지] 속성을 선택한다. 이는 버튼을 클릭하는 페이지를 의미한다. .을 입력한 뒤 나타난 페이지의 속성 목록 중 '날짜' 속성을 선택한다. 다시 .을 추가하고, 날짜를 하루 미뤄주도록 함수 dateAdd(1, "days")를 이어 작성한다.

04 수식을 다 만들었다면, 오른쪽 위 저장 버튼을 클릭해 적용하고, 이어서 아래 저장 버튼도 눌러 버튼 편집창도 닫는다.

05 페이지별로 버튼이 생겨나 있다. 각 버튼을 누르면 선택한 페이지의 날짜가 하루씩 미뤄진다.

> **Note** **금요일에 월요일로 미루려면?**
>
> 이 버튼은 금요일에는 3번을 클릭해야 한다. 직장인들의 근무일을 고려해서, 금요일이나 토요일에는 다음 주 월요일로 일정을 미루도록 수식을 수정해보자. 조건 함수 **ifs**와 요일 함수 **day**를 사용하면 된다.
>
>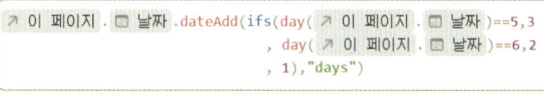

■ **버튼 활용 업무 시스템 구축** 실습 (38)

버튼을 활용하면 업무에 사용할 수 있는 여러 가지 시스템을 만들 수 있다. 다음 예시들을 보고 버튼을 직접 만들어보자.

[완료] 버튼: 완료 시간 기록

<일정 DB>용으로, 클릭하면 상태가 [완료]로 바뀌고, 그 시각까지 기록하는 버튼이다.

01 우선 <일정 DB>에 <날짜> 속성인 '완료일시'를 추가한다.

02 <버튼> - [편집 자동화]에서 작업을 설정한다. [+ 작업 추가] – [속성 편집]을 클릭하고, <상태> 속성을 선택한다. <상태> 속성을 '완료'로 바꾸도록 세팅한다.

03 또 [+ 작업 추가] – [속성 편집]을 선택한 뒤, 다음 작업으로 '완료일시' 속성을 고르고, [자동 실행된 시간]을 선택해 날짜 속성도 바꾼다.

[제출]&[승인] 버튼: 결재 시스템

<버튼> 속성을 2개 활용하면 결재 시스템도 만들 수 있다. 새 데이터베이스 <결재 DB>를 생성하고, 다음 샘플을 참고해 속성을 세팅해보자. 제공한 템플릿 페이지에서 내려받아도 된다.

NOTION SAMPLE

결재 DB

각 보고서를 페이지로 작성하고, 노션상에서 바로 제출하고 결재받을 수 있는 시스템이다. 상신일시, 승인일시를 자동 기록하며, 상태도 확인할 수 있다.

- 사용 속성(유형-이름): 제목 – 결재명 | 생성자 – 기안자 | 버튼 – 제출 | 날짜 – 상신일시 | 사용자 – 결재자 | 버튼 – 승인 | 날짜 – 승인일시 | 선택 – 상태

순서는 이렇다. 기안자가 결재 서류(페이지)에 **<결재자>**를 세팅하고 **[제출]** 버튼을 클릭하면, '**상신일시**'에 **[자동 실행된 시간]**이 기록되고 **<상태>** 속성은 '**승인 대기**'로 변경된다. 그리고 결재자에게 알림을 보낸다. (**[제출]** 버튼의 설정은 왼쪽 그림 참고)

결재자는 서류(페이지)를 검토하고 **[승인]** 버튼을 클릭해 승인한다. 그러면 '**승인일시**'에 **[자동 실행된 시간]**을 입력하고 **<상태>** 속성 값을 '**승인**'으로 바꾼다. 그리고 기안자에게 승인 완료 알림을 보낸다. (**[승인]** 버튼의 설정은 오른쪽 그림 참고)

알림 보내기 작업은 **[+ 작업 추가] - [알림 전송 위치]**를 선택하면 설정 가능하다. **<결재 DB>**에 '**결재자**', '**기안자**' 속성이 있으므로, 메뉴에서 **[사용자 속성]**을 선택한 뒤, 각 속성을 지정해 주면 된다. 아래 메시지 칸에서 멘션 명령어인 **@**를 활용하여, 페이지의 속성을 읽어들일 수도 있다.

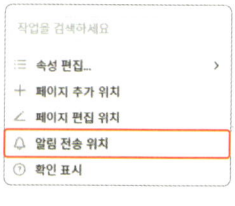

조금 더 응용하면, 활용법이 무궁무진하다. 몇 가지 아이디어를 더 제공하자면, 반려 기능도 추가할 수 있고, 슬랙으로 결재 참조 알람도 보낼 수 있다. 휴가 시스템이라면, 결재 후 **<일정 DB>**에 휴가 일정 페이지도 생성할 수 있을 것이다. 유료 기능인 웹훅을 활용하면 API를 활용해서 다른 시스템에 정보를 보낼 수도 있다.

페이지 2 데이터베이스 자동화

[자동화] 기능은 <버튼> 속성과 거의 유사하지만, 작업을 시작하는 조건을 변경할 수 있다. 조건은 2가지다. 페이지가 새로 추가되거나, 페이지 속성의 값을 바꿀 때다.

지출 분류 자동화 실습(39)

<가계부 DB>에 지출 항목을 입력하면, 지출 분류를 자동으로 하는 작업을 세팅해보자.

01 데이터베이스 오른쪽 위 메뉴 중, ⚡ 아이콘을 이용해 자동화 조건과 작업을 지정할 수 있다. 클릭해보자.

02 가장 위 텍스트(OOO님의 자동화 기능)는 자동화 작업의 이름이며, 변경할 수 있다. 그 아래 [가계부] 메뉴를 클릭하면 [보기]를 선택할 수 있다. [보기]에 [필터]가 적용되어 있다면, 해당하는 페이지만 자동화 대상이 된다. 모든 지출이 대상이므로 [가계부 - 데이터베이스 전체]를 클릭한다.

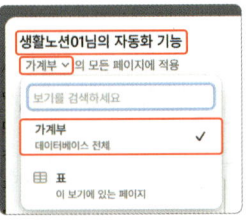

03 [+ 새 조건]을 클릭한다. 조건의 종류는 크게 3가지다.
- [이벤트] 항목의 [편집된 모든 속성]은 페이지 속성 중 하나의 값이라도 변경될 때는 예외없이 자동화 작업을 수행한다는 뜻이다.
- 그 아래 [+ 페이지 추가 완료]는 새로운 페이지가 추가될 때 실행된다.
- [속성] 항목에서는 특정 속성 값이 변경될 때 자동화 작업을 수행하도록 설정할 수 있다.

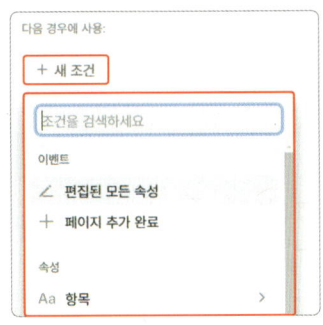

04 지출 분류 자동화는 가계부 항목이 입력된 경우에 지출 분류를 자동화하는 기능이다. ❶ 속성 중 [항목]을 클릭한다. 항목 옆의 ❷ [다음 값으로 설정]을 클릭하여 [시작 값]을 클릭한다. ❸ 고정지출 항목인 '아파트 관리비'를 입력하고 오른쪽 위 [완료]를 클릭하자. 이제 "아파트 관리비' 항목이 추가될 때"라는 조건이 세팅되었다.

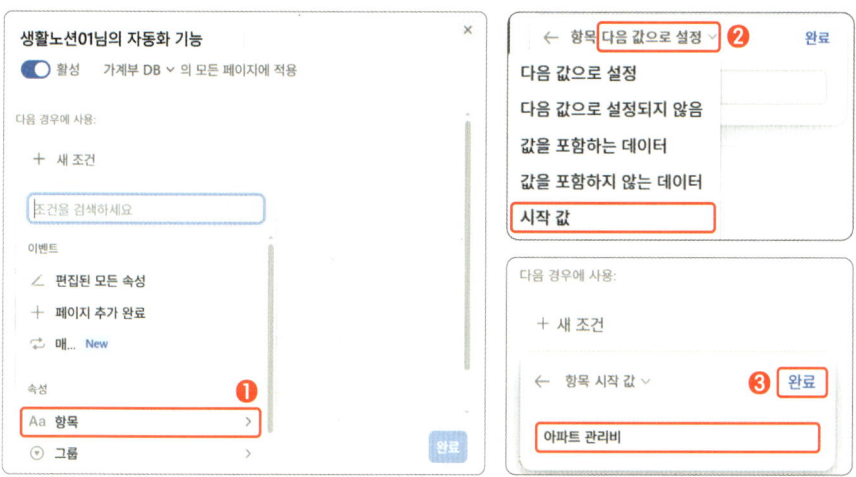

05 '아파트 관리비'는 매달 나가는 고정비다. 다시 한번 아래 [+ 새 작업] 버튼을 클릭하고, [속성 편집]을 선택한다. [그룹]을 클릭하고 [고정비] 옵션을 선택한다.

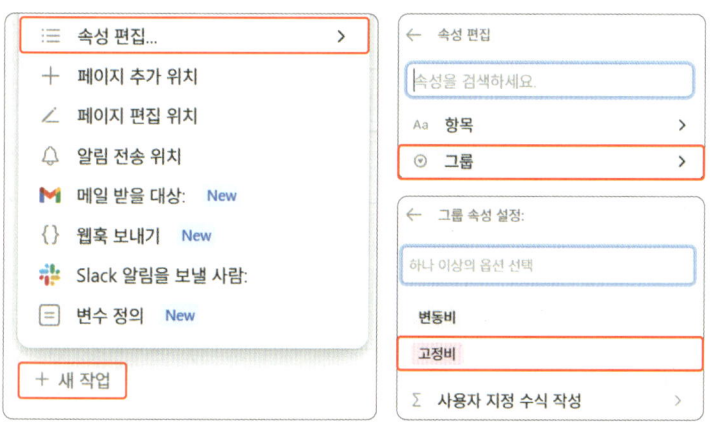

06 '아파트 관리비'는 또한 지출 분류 중에는 '생활'에 해당된다. 작업을 하나 더 추가하여 [속성 편집] - [분류]를 클릭하고 [생활] 옵션을 선택한다.

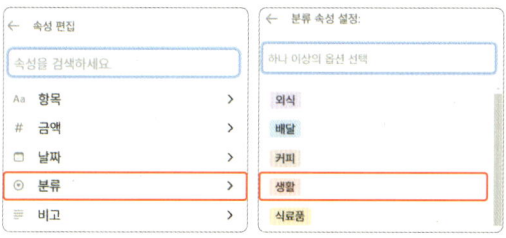

07 다되었다. 왼쪽 그림처럼 세팅된 상태에서, 마지막으로 맨 아래 **[생성]** 버튼을 누르면 자동화 작업이 만들어진다. 그럼 **<가계부>** 데이터베이스 오른쪽에 만들어진 자동화 기능이 보인다. **[+ 새 자동화]** 버튼을 클릭하여 다른 고정비 항목들도 자동 분류할 수 있다.

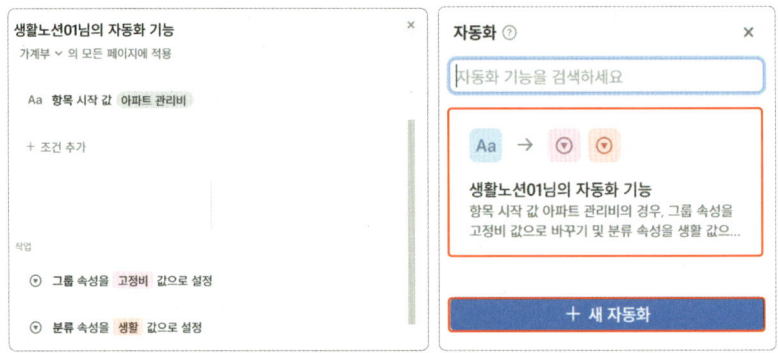

만든 가계부 자동 분류 작업을 테스트해보자. **<가계부>**에 새 지출 항목을 추가하고 페이지 제목을 '**아파트 관리비**'로 변경한다. 그러면 2~3초 내에 다음과 같이 '**그룹**'과 '**분류**' 속성 값이 자동으로 입력된다. 또 자동화는 복제도 할 수 있다(오른쪽 그림 참조). 한 번 만든 자동화 작업을 복제해 자주 사용하는 지출 항목마다 세팅해두면, 기준을 고민하지 않아도 되고 작업도 한결 간편해진다.

BONUS PAGE ⑫

다양한 자동화 아이디어

본 섹션에서 다룬 것 외에, 실제 업무에서 활용할 수 있는 자동화 아이디어를 추가로 소개한다. 업무 생산성을 높이는 데 활용해보자.

N 오늘 날짜 입력 자동화

노션 데이터베이스에 오늘 날짜를 자동으로 입력하는 방법에는 크게 2가지가 있다.

01 가장 쉬운 방법은 '날짜' 속성에 [필터]를 걸고 [~이전(당일 포함)] + [오늘]로 조건을 세팅하는 방법이다. [필터]의 효과로 오늘 날짜가 자동으로 들어간다. 날짜는 대부분 과거이므로 데이터가 다 보이면서도, '날짜' 속성을 입력하지 않아도 되어 편리해진다.

02 두 번째 방법은 자동화를 이용하는 것이다. [다음 경우에 사용:](조건)을 '페이지 추가'로 설정하고, [작업]은 '날짜 속성을 [자동 실행된 날짜] 값으로 설정'으로 지정한다. 그러면 자동화 효과로 페이지가 생성되고 약 2~3초 뒤에 '날짜' 속성 값에 현재 시각이 입력된다.

📝 승인자 지정 자동화

결재 템플릿을 만들었다면, 결재자를 자동으로 지정할 수 있다. 다음 이미지를 참고해 <결재 DB>에서 '**기안자**' 속성에 '홍길동' 값이 포함될 때, '**결재자**' 속성 값을 직속 상관인 'OOO'으로 변경한다는 식으로 조건과 작업을 세팅해보자.

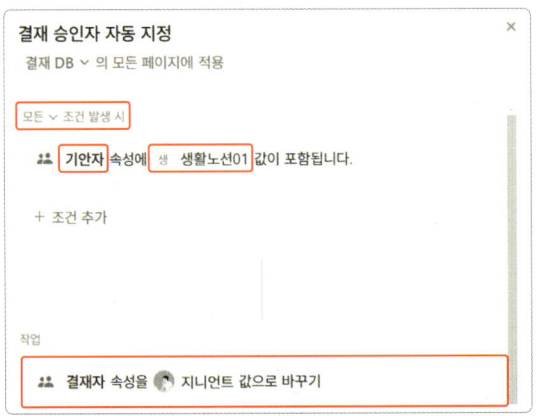

📝 완료 체크 자동화

앞서 <버튼> 속성으로 만든 완료 시간 기록 기능을 자동화로 바꿀 수도 있다. '**상태**' 속성에 [완료] 옵션이 선택될 때, '**완료일시**' 속성에 [자동 실행된 시간]을 입력하게 하는 것이다. 마찬가지로 승인 시간이나 반려 시간 등도 자동화가 가능하다.

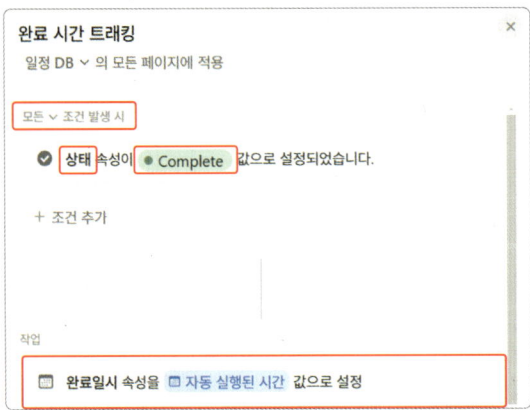

SECTION 25 노션 AI로 완성하는 업무 비서

ONE-PAGER GUIDE

[지니언트's saying] 세상은 이제 DX를 넘어 AX의 시대로 변화하는 중이다. AI를 활용하는 자와 아닌 자의 생산성 격차는 계속해서 벌어질 것이다. 아직 실무에서 적극적으로 활용하는 사례는 많지 않다. 여기엔 보안 이슈나 교육 부재 등 여러 이유가 있겠지만, 더 근본적인 이유는 다른 데 있다. AI가 실무에 도움이 되려면, 보편적인 지식이 아닌 전문 지식이 필요하기 때문이다. 신입 사원에게 업무를 가르치듯, AI가 학습할 수 있는 지식과 자료가 갖추어져야 한다. 즉, 디지털화된 지식 자산이 필요하다.

하지만 대부분의 업무 지식은 사람들의 머릿속과 메일 그리고 온갖 파일에 흩어져 있다. 게다가 구조화가 전혀 되어 있지 않으므로, 학습을 위한 자료를 따로 만들어주어야 한다. 그런 의미에서 노션은 AI 시대에 꽤 흥미로운 도구다. 모든 페이지와 본문, 데이터베이스가 구조화되어 있고, 연결되어 있다. 언제 어디서나 접근할 수도 있고, 팀원 전부가 지식과 기술을 한곳에 기록할 수 있는 도구다. 노션 AI가 포브스가 선정한 "올해의 AI 50"에 들어간 것은 절대 우연이 아니다.

AX 시대를 준비하기 위해, 노션 AI를 써야 하는 이유는 명확하다. 노션 AI는 ❶ 내가 기록하고 정리한 노션의 모든 지식과 정보를 학습하여 답변해줄 수 있기 때문이다. 앞서 만든 DSLR 시스템의 모든 일정과 이력, 자료와 업무 매뉴얼에 접근할 수 있는 노션 AI을 상상해보라. 단순한 문의들은 그때그때 답변해주고, 필요한 지식이 있는 곳을 찾아주며, 내가 쌓은 자료를 분석해준다. 활용성은 무궁무진하고, 생산성도 몇 배가 된다.

게다가 노션 AI는 ❷ 노션의 페이지와 블록, 데이터베이스의 구조를 완벽하게 이해하고 있으며, 각 블록들을 체계적으로 생성할 수 있다. 만약 노션으로 일하고 있었다면, 노션 AI는 페이지에 본문을 작성하던 내 일을 대신해줄 수도 있다. 기획서 초안을 만들고, 브레인스토밍을 한다. 그리고 수집한 자료들을 필요한 때에 정리해준다.

물론 아직까지 노션 AI가 업무를 완벽하게 서포트하는 건 아니다. 하지만 기술이 급격하게 발전하고, 당신의 노션에 이미 자료가 충분히 많다면, 노션AI는 업무 비서로서 1인분 이상을 할 것이다. 그때까지 노션에 지식 자산을 많이 축적해두자.

페이지 1 노션 AI: 페이지 활용

📝 노션 AI란?

노션 AI는 OpenAI의 ChatGPT-4와 Claude와 같은 모델이다. 그래서 잘할 수 있는 일도 비슷하다. 검색, 질문 답변, 초안 작성, 브레인스토밍과 요약이다. 여기에 나의 노션 페이지에 접근할 수 있다는 강점까지 있다. 데이터베이스에서는 조금 더 체계적으로 활용할 수 있다. 내 페이지의 본문을 정리하거나 번역할 수 있고, 키워드를 뽑아 **<선택>** 속성의 옵션으로 만들어줄 수도 있다.

노션 AI는 기본적으로 유료이며, 가격은 월 14,000원이다(2025년 4월 기준). 다소 비싼 것 같지만, 1달 동안 응답 개수와 상관없이 무제한으로 사용할 수 있다. OpenAI의 ChatGpt가 월 20달러이고, 노션 AI는 나의 데이터베이스를 이용한다는 점을 고려하면 나쁘진 않다.

처음 워크스페이스를 만들면 무료 응답이 20개 제공되니(사용하다 보면 20개로는 턱없이 부족하긴 하다), 주요 핵심 기능을 먼저 경험해본 뒤에 결제해도 좋다. **[설정] - [요금제 업그레이드]** 메뉴에서 구매할 수 있다.

📝 노션 AI 기본 사용법

먼저 노션 AI의 기본 사용 방법부터 알려주겠다. 아마 여러분은 이미 블록 명령어를 치다가 실수로 노션 AI를 몇 번 호출해봤을 것이다. 키보드 `Space`를 입력해보자.

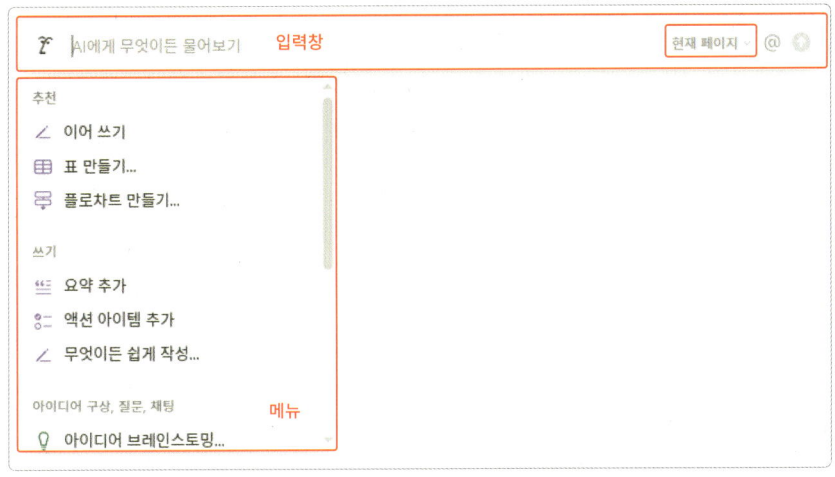

노션 AI에게 질문할 수 있는 [입력창]이 뜬다. 왼쪽 메뉴 가장 상단에는 노션 AI가 [추천]하는 기능이 나열되며, 아래부터 [쓰기]와 [아이디어 구상, 질문, 채팅], [찾기와 검색], [초안 작성] 등의 세부 분류가 있고, 분류마다 여러 가지 기능/명령을 활용할 수 있다.

입력창 오른쪽 [현재 페이지] 메뉴는 노션 AI가 참조할 페이지의 범위를 뜻한다. 클릭하면 왼쪽 그림처럼 선택 가능한 목록이 뜬다. 목적에 따라 소스를 잘 선택하자. 페이지에 본문이 없을 때 [페이지 제목-현재 페이지]를 선택하면, ChatGpt처럼 보편적인 학습 데이터를 바탕으로 응답한다. [사용 권한이 있는 모든 출처]를 선택하면 워크스페이스에서 접근할 수 있는 모든 페이지를 바탕으로 응답한다.

메뉴의 검색창을 활용해 원하는 데이터베이스를 지정할 수도 있다. 가령 <자료 DB>를 선택하면 내가 수집해둔 자료에서 정보를 찾아본다. 반면 페이지를 선택하면, 페이지 본문과 하위 페이지까지 모두 읽는다. (하지만 페이지 속의 데이터베이스는 못 읽는다. 이 부분은 개선 중이라 하니 업데이트를 기다려보자.) 평소에는 [사용 권한이 있는 모든 출처]를 쓰고, 필요에 따라 데이터베이스를 적절히 선택하도록 하자.

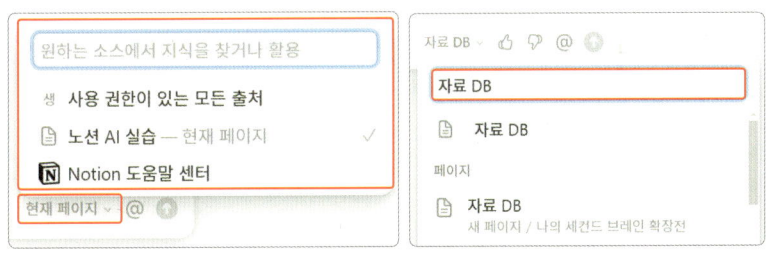

📄 페이지 본문 활용 사례

그럼 본격적으로 입력창에 질문과 요청을 입력해 노션 AI를 활용해보도록 하자. 페이지에서 노션 AI를 어떻게 사용할 수 있는지, 몇 가지 예시를 살펴보자.

■ 페이지 내용 작성

업무 스터디 정리

노션 AI에게 내가 갖고 있는 업무 지식을 정리해 달라고 질문하면, 강의 메모나 업무 매뉴얼 등 내가 노션에 모아둔 관련 내용을 찾아 정리해준다. [페이지 범위]를 [사용 권한이 있는 모든 출처]로 설정하면, 내가 축적한 페이지와 자료, 이력들 전체가 바탕이 된다.

01 입력창에 다음과 같이 SCM 수요 관리 시스템을 성공적으로 도입하기 위한 성공 전략과 방법을 정리해 달라고 적는다(자세한 입력 내용은 이미지 참고). [페이지 범위]가 [모두]로 표시되는지 확인하자.

> **SCM 수요 관리 성공 전략**
>
> ✨ SCM 수요 관리 시스템을 성공적으로 도입하기 위해 성공 전략과 방법을 정리해줘. 현재 업무와 실제 구축방법론을 고민해서 단계적으로 구축할 수 있도록 가이드라인을 제시해줘. 참고한 페이지는 아래쪽에 링크로 모두 정리해줘.
>
> 모두 ∨   👍 👎 @ ⬆

02 명령을 실행하면 노션 AI가 <자료 DB>에서 관련 자료를 찾아서 페이지 본문을 만들어 준다. 페이지의 본문을 읽어서 목차에 따라 답을 제시했으며, 요청대로 참고한 페이지의 링크도 맨 아래에 정리해주었다.

> **SCM 수요 관리 시스템 도입 전략**
>
> **1. 전사적 공감대 형성**
> - 추진 전략에 대한 전사적인 공감대 확보가 최우선
> - 명확한 R&R과 KPI 선행 필요
> - SCM 성공을 위한 인센티브 체계 구축
>
> **2. 단계적 접근 방식**
> - 작은 성공의 반복을 통한 자신감 확보
> - 조직문화와 연계된 고유한 SCM Way 확립
> - SCM은 끈기와 인내심이 필요한 장기 프로젝트임을 인식
>
> **5. 수요 관리 핵심 역량 강화**
> - Demand Sensing: 고객 수요를 정확히 감지하는 능력 개발
> - Demand Shaping: 회사 상황에 따라 고객을 설득할 수 있는 능력 배양
>
> **6. 실행 시 고려사항**
> - 매출액 7000억 이상의 기업에서 도입 검토 권장
> - 사람 > 데이터 > 소프트웨어 순으로 중요도 고려
> - 장기적 관점의 계획 수립 필수
>
> 참고 자료:
> - SCM 교육 정리
> - 업무 이력 송부
> - 사내 워크샵

글 초고 작성

또 다른 사용 예이다. 나의 경우, 데이터베이스에 글쓰기와 관련된 자료가 많이 있었다. **[페이지 범위]**를 **[자료 DB]**로 한정하고, 이를 참고하여 디지털 글쓰기에 관한 책의 서론 초고를 만들도록 요청했다.

오른쪽 노션 AI 답변을 읽어보자. 무난한 서론 초고가 금세 완성되었다. 아래쪽에는 참고한 페이지의 링크도 볼 수 있다. 링크된 페이지를 눌러보면 <자료 DB>에 있는 문장도 나온다.

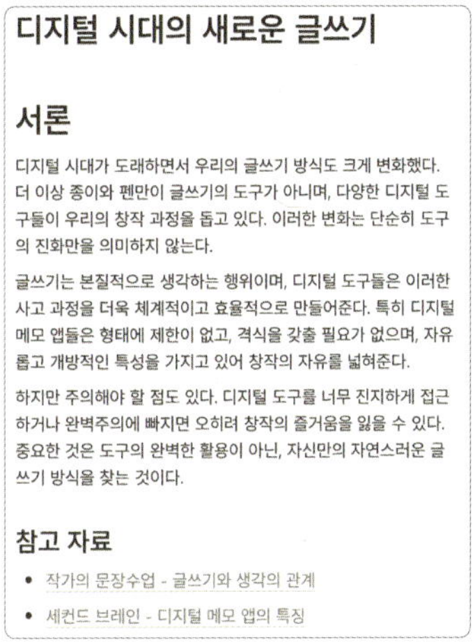

> **디지털 시대의 새로운 글쓰기**
>
> **서론**
>
> 디지털 시대가 도래하면서 우리의 글쓰기 방식도 크게 변화했다. 더 이상 종이와 펜만이 글쓰기의 도구가 아니며, 다양한 디지털 도구들이 우리의 창작 과정을 돕고 있다. 이러한 변화는 단순히 도구의 진화만을 의미하지 않는다.
>
> 글쓰기는 본질적으로 생각하는 행위이며, 디지털 도구들은 이러한 사고 과정을 더욱 체계적이고 효율적으로 만들어준다. 특히 디지털 메모 앱들은 형태에 제한이 없고, 격식을 갖출 필요가 없으며, 자유롭고 개방적인 특성을 가지고 있어 창작의 자유를 넓혀준다.
>
> 하지만 주의해야 할 점도 있다. 디지털 도구를 너무 진지하게 접근하거나 완벽주의에 빠지면 오히려 창작의 즐거움을 잃을 수 있다. 중요한 것은 도구의 완벽한 활용이 아닌, 자신만의 자연스러운 글쓰기 방식을 찾는 것이다.
>
> **참고 자료**
> - 작가의 문장수업 - 글쓰기와 생각의 관계
> - 세컨드 브레인 - 디지털 메모 앱의 특징

> 디지털 글쓰기에 관한 책을 쓰고 싶어. 서론을 만들어줘. 참고한 페이지는 아래에 전부 링크로 정리해줘.
> 자료 DB ∨

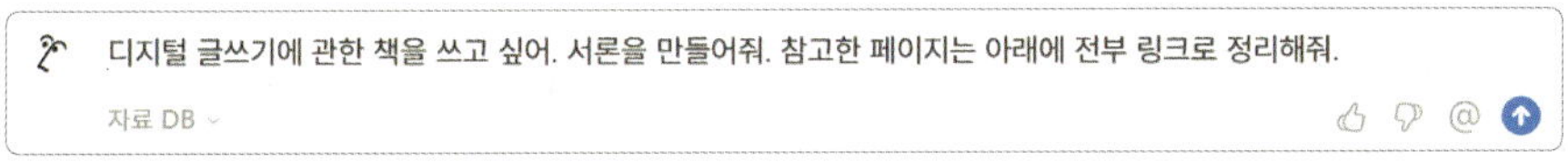

■ 업무 프로세스도 생성

노션 AI는 **[머메이드]** 블록을 활용해서 프로세스를 그릴 수 있다. 일일이 코드를 작성하지 않아도, 그냥 다음처럼 "머메이드로 그려줘."라 말하기만 하면 되어 편리하다.

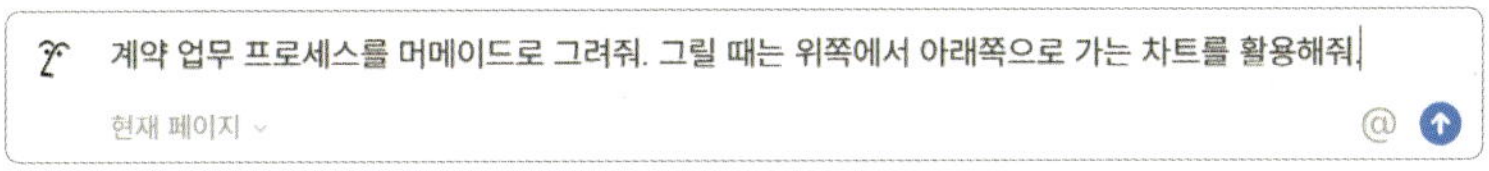

> 계약 업무 프로세스를 머메이드로 그려줘. 그릴 때는 위쪽에서 아래쪽으로 가는 차트를 활용해줘.
> 현재 페이지 ∨

페이지 본문에 왼쪽 그림처럼 수주 계약 프로세스를 쭉 작성한 뒤, 노션 AI에게 머메이드 다이어그램을 그려 달라고 요청했다. 오른쪽 그림의 결과를 보면, 거의 동일한 형태로 프로세스를 그려주는 걸 알 수 있다.

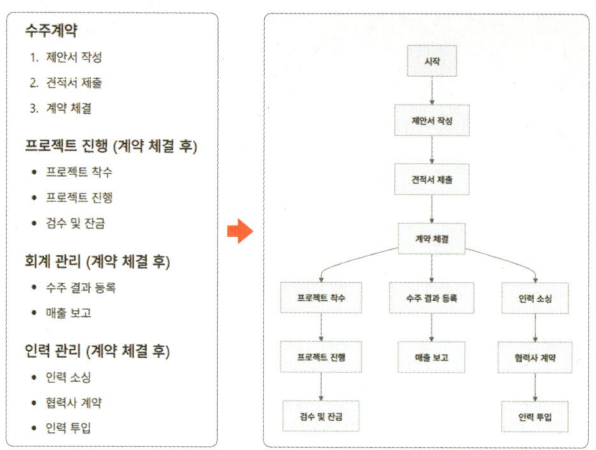

■ 데이터 정리 및 시각화

노션 AI는 페이지 본문의 데이터를 표로 정리할 수 있다. 아래와 같이 한 블록에 데이터가 다 들어 있어도 상관없다. 또 [머메이드] 블록을 활용하라고 명령하여 차트까지 그릴 수 있다. 요청한 양식에 맞춰서 한 페이지짜리 레포트를 만들어준다.

> **Notice** xy chart를 만들어 달라고 하면, 선 그래프도 그려준다. 하지만 Y축에 레이블을 제대로 넣지 못해서 에러가 발생하곤 한다. 초판이라 생각하고 코드를 수정해서 쓰면 된다.

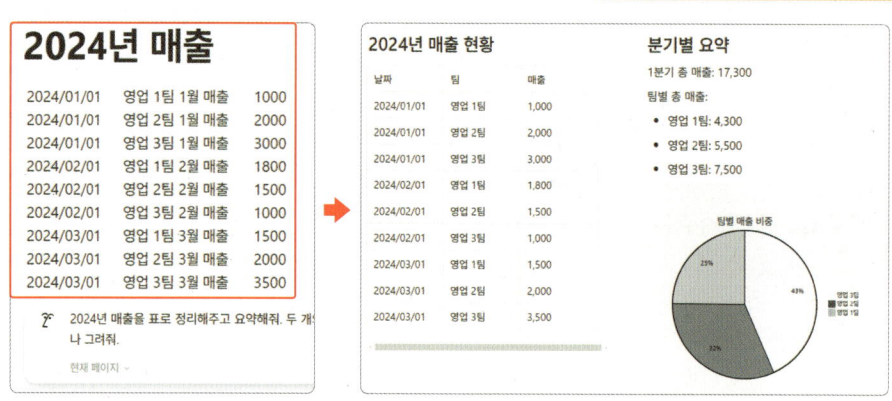

🅽 커스텀 AI 블록

자주 쓰는 명령이 있다면, [AI 블록]을 활용해보자. /AI 블록 등의 명령어로 찾을 수 있다.

블록을 생성하면 입력창이 하나 뜬다. 여기 원하는 노션 AI 명령을 미리 넣어두면, [생성] 버튼 클릭 한 번으로 노션 AI를 실행할 수 있다.

기본으로 [요약하기], [액션 아이템 찾기]의 두 메뉴가 뜬다. 이전에 [커스텀 AI] 블록에서 수행한 질문이 있다면, 그 아래 [최근] 항목에 나온다. 오른쪽 ☆ 아이콘을 클릭하여 즐겨찾기로 지정할 수도 있고, 질문의 이름도 변경할 수 있다.

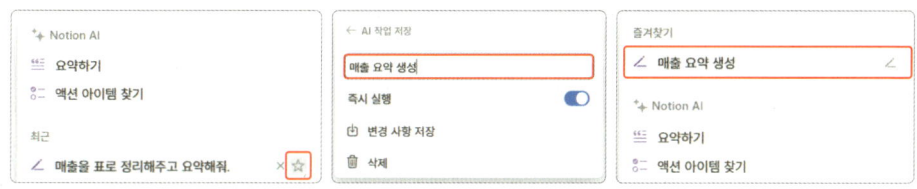

이 블록은 데이터베이스 템플릿과 함께 사용하면 좋다. AI를 따로 호출할 필요 없이, 클릭 한 번으로 본문을 요약하고 액션 아이템을 뽑을 수 있다.

■ 매출 분석 보고서 자동화 실습 (40)

이 블록을 활용하여 매출 분석 보고서를 자동으로 만들어주는 기능을 만들어보자.

01 <매출 DB> 데이터베이스를 만들고, <2024년 매출> 페이지를 생성한 뒤, 템플릿을 세팅한다. 제목은 '매출 정리'다.

위쪽에는 데이터를 넣는 [콜아웃] 블록을 만든다. 그리고 [커스텀 AI] 블록 2개를 추가하여 매출을 정리하고 요약하는 명령과 머메이드를 활용해 파이 차트를 만드는 명령을 하나씩 추가한다. [생성] 버튼은 누르면 AI가 실행되기 때문에, 여기선 누르지 않는다.

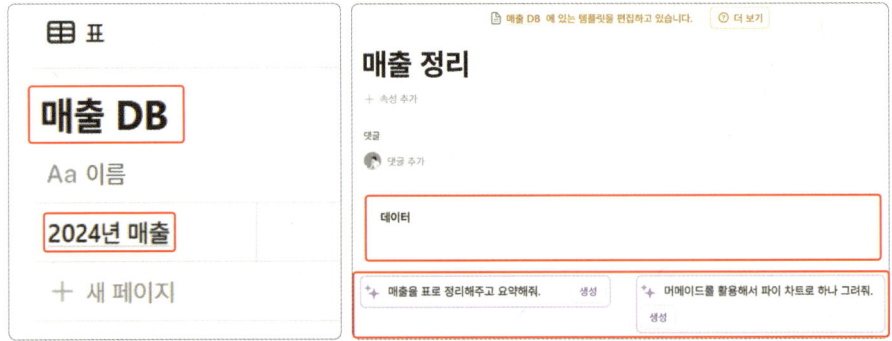

02 ❶ <2024년 매출> 페이지를 열고 <매출 정리> 템플릿을 적용한다. 다음으로 불러와진 ❷ [콜아웃] 블록에 데이터를 입력한 뒤, ❸ 두 [AI 블록]의 [생성] 버튼을 차례로 누른다.

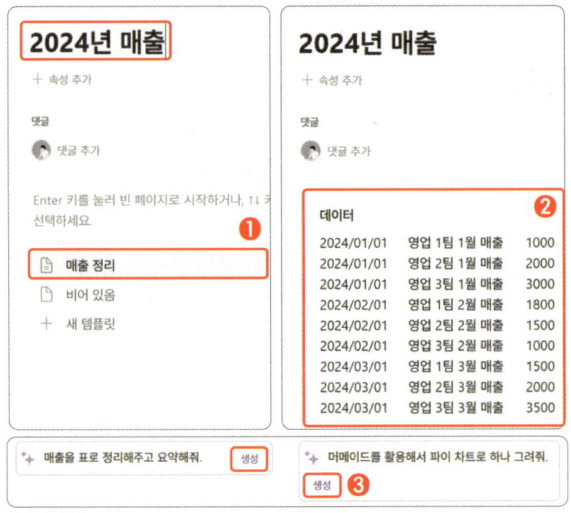

03 [AI 블록]이 페이지 본문의 데이터를 읽고 바로 다음과 같이 분석 보고서를 만들어준다.

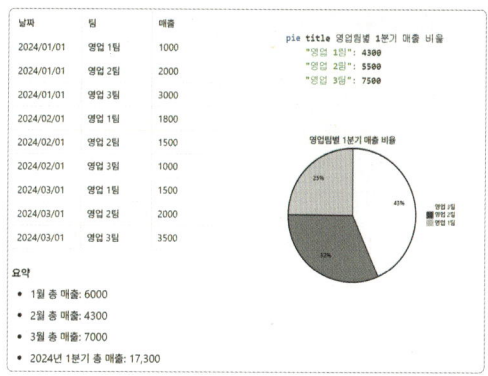

04 만약 AI의 응답이 들쭉날쭉하다면, 명령을 더 구체적으로 적으면 된다.

> 매출을 표로 정리해주고 요약해줘. 표는 피봇 없이 그대로 만들어줘. 요약에는 월별 총 매출과 분기별 총 매출을 적어줘. 예를 들면 이런 식으로 적어줘. "XXXX년 총 매출은 얼마입니다. 월별 매출은 1월 OO, 2월 OO입니다. 매출이 가장 많은 팀은 OO팀입니다."

> 머메이드를 활용해서 영업팀별로 파이 차트로 하나 그려줘.
>
> 생성

페이지 2 노션 AI: 데이터베이스 활용

데이터베이스에도 노션 AI가 있다. ⊞ 버튼을 눌러 [속성 추가] 메뉴를 열면, [AI 자동 채우기] 분류에 4개 속성이 보인다.

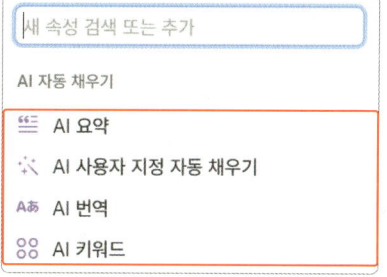

이 속성을 추가하여 페이지별로 노션 AI를 활용할 수 있다. [AI 요약], [AI 번역]으로 페이지의 본문을 요약하거나 번역할 수 있고, [AI 키워드]로는 태그와 키워드를 자동으로 뽑을 수 있다. [AI 사용자 지정 자동 채우기]를 활용하면, 정해져 있는 기능뿐만 아니라 프롬프트도 직접 입력할 수 있다.

그럼 각 기능의 사용법과 활용 아이디어를 구체적으로 살펴보자.

🅽 AI 요약

[AI 요약]은 페이지 본문과 속성으로 내용을 요약해준다. 앞서 <자료 DB>에 직접 요약했던 내용을 AI가 대신할 수 있다. 아쉽지만 아직 링크된 동영상을 보거나 pdf 파일을 읽어서 요약하지는 못한다.

　노션 AI가 값을 업데이트할 때는 페이지 하나당 3초 정도의 시간이 소요된다. 전체 페이지를 업데이트하기 전에 [이 보기에서 사용해 보기] 버튼을 활용해서 원하는 대로 응답하는지 확인부터 해보자.

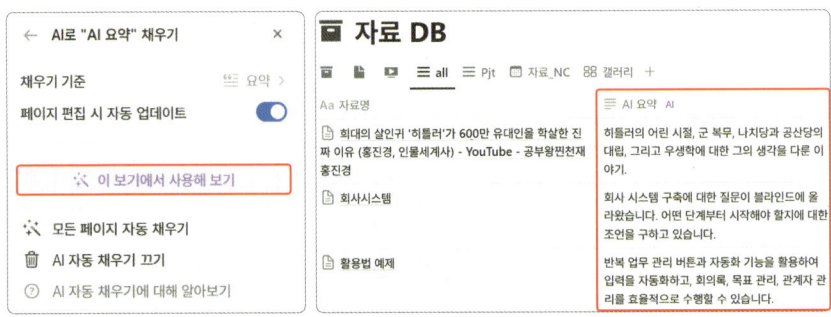

🅽 AI 키워드

[AI 키워드]는 페이지의 키워드를 뽑아준다. 'AI 키워드'는 <다중 선택> 속성인데, 이 속성의 새로운 옵션을 만들도록 세팅할 수 있는 것이다. 가령 <자료 DB>의 태그 분류를 AI에게 맡길 수 있다.

　다만 옵션이 영어로 생성된다. 이 문제는 [속성 편집] - [더 보기]를 클릭하고, [무엇을 생성할까요?]에 키워드를 한글로 뽑아 달라고 적으면 해결된다.

🅽 AI 사용자 지정 채우기

[AI 사용자 지정 채우기]를 활용하면 노션 AI를 제대로 활용할 수 있다. [무엇을 생성할까요?]에 AI가 수행해야 하는 작업을 구체적으로 적은 프롬프트를 입력해 실행하면 된다.

가령 <이력 DB>에 정리된 회의록을 보고 액션 아이템을 뽑을 수 있다. 프롬프트는 "업무 진척과 회의록을 보고 액션 아이템 뽑아줘."라 입력했다.

회고록을 스스로 정리하는 데서 그치는 것이 아니라, AI 심리상담가에게 마음을 다스릴 수 있는 조언도 받을 수 있다. 프롬프트는 "너는 이제 심리상담가야. 내 일기를 보고 심리를 분석해주고, 앞으로 어떻게 해야 할지를 조언해줘."라 썼다.

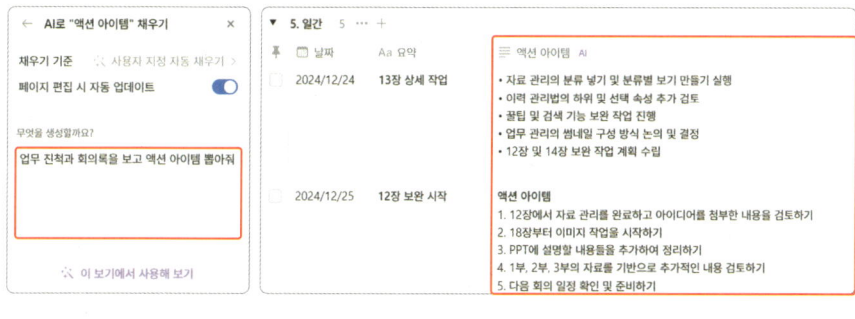

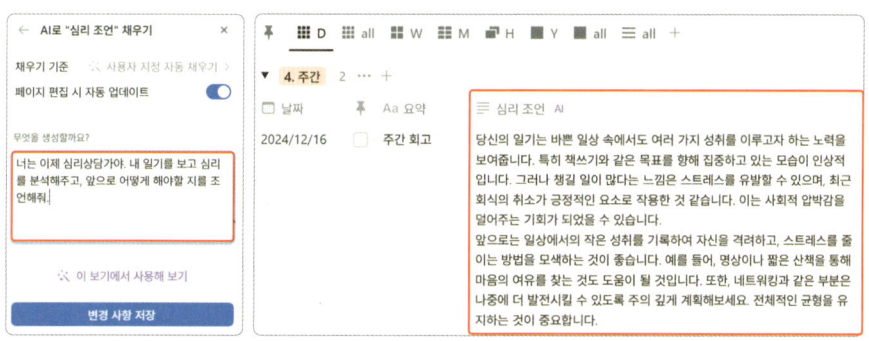

∞

이로써 업무 생산성을 높여줄 **듀얼 브레인**을 완성했다. 가장 먼저, 업무의 **주요 데이터인** 업무 설명서와 일정, 자료와 이력을 체계적으로 관리할 수 있게 되었다. 또한 데이터베이스 구조화를 통해 적은 수의 데이터베이스만으로 인생의 모든 프로젝트를 관리할 수 있는, 일에서 **삶까지 무한히 확장하는** 시스템으로 업그레이드했다. 그리고 **수식과 자동화**, 노션 AI로 업무 생산성을 더 향상시킬 수 있는 방법도 배웠다.

DSLR 시스템은 종착지가 아니라 시작점이다. 이를 기반으로 각자의 라이프 스타일에 맞게 시스템을 변화시키며 사용하자. 이 기반 위에 당신만의 생각과 기록들을 쌓아올려라. 인생이 담긴 아카이브가 될 것이다. 노션의 연결과 통합의 장점을 한껏 만끽하라. 조만간 이 시스템이 나의 확장된 신체 같다는 느낌을 받을 것이다. 그렇다. 당신의 두 번째 두뇌가 깨어난 순간이다.

> **Note** **DSLR과 티아고 포르테의 PARA 비교**
>
> 완성한 DSLR 시스템을 언뜻 보면,《세컨드 브레인》의 저자 티아고 포르테(Tiago Forte)가 제안한 PARA 방식과 꽤 유사해 보인다. 하지만 **DSLR은 연구와 집필보다는 일을 하는 직장인을 위해 구성했다는 점에서 큰 차이**가 있다. 그리고 노션이라는 툴의 강점을 극대화하여 자료를 더 체계적으로 관리할 수 있다.
>
> 둘의 차이점을 몇 가지 정리해보면 다음과 같다.
>
> 1. DSLR은 요소들을 폴더로 관리하지 않고, 데이터베이스로 통합하여 관리한다.
> 2. 디지털의 장점을 극대화했다. 자료 수집이 훨씬 간편하다.
> 3. Resource와 Project가 별개로 존재하지 않는다.
> 4. Area가 없다. 비슷한 부분은 DSLR에서는 프로젝트를 그룹화한 "영역" 속성이다.
> 5. Archive가 따로 없다. 프로젝트 체크박스 속성을 하나 만들어서 필터로 대체할 수 있다.

에필로그

우리는 맛있는 음식을 먹기 전에, 경건한 의식을 거행합니다. 바로 사진 촬영이죠. 특별한 날이 아니어도, 인스타에 안 올려도, 한번 카메라 렌즈에 담아봅니다. 정성껏 차려진 음식과 그 음식을 요리한 사람, 그리고 맛있는 순간을 함께하는 사람을 기리기 위해서. 이렇게 찍은 한 장의 음식 사진은, 훗날 수많은 기억을 소환할 수 있습니다. 맛과 향, 음식점의 분위기, 함께 식사한 사람들도 떠오릅니다. 사진을 그 사람들과 함께 보면 더욱 즐겁습니다.

기록만 있다면, 5천 년이 지난 기억도 소환할 수 있습니다. 인류 최초의 역사적 기록은 기원전 3400년의 점토판 문서입니다. 고대 수메르인의 정부 거래 내역인데, 그중 하나에는 29,086자루의 보리를 쿠심(kushim)이라는 사람이 받았다고 적혀 있습니다. 이 쿠심은 인류 역사에 등장한 최초의 사람으로, 정부의 회계사였다고 합니다. 함께 출토된 점토판 문서들에 18번이나 등장합니다. 이 점토판이 아니었다면 5천 년 전의 쿠심과 그의 업무는 영영 잊혔을지 모릅니다.

인류 최초의 기록이 국가나 종교, 예언 기록이 아니라 회계 장부라는 게 꽤 흥미롭습니다. 예부터 인간과 일은 떼려야 뗄 수 없는 관계인게 분명합니다. 직장인들은 "그냥 돈 벌려고 일을 한다."라 말하지만, 각자 일을 대하는 자세와 의미는 결코 가볍지 않습니다. 이왕 한다면 의미 있는 일, 좋아하는 일을 하고 싶고, 실력을 키우고 인정도 받고 싶은 게 사람 마음입니다.

일을 기록한다는 건, 일에 나의 흔적을 새기는 의식입니다. 업무에 대한, 업무를 진행하는 나에 대한, 휙 지나버리는 8시간에 대한. 또한 이 의식에 함께하는 동료들을 기리기 위함이기도 합니다. 기억하기 위해, 실력을 쌓기 위해, 일하는 나를 위해, 더 중요한 일에 힘쓰기 위해 나만의 기록을 시작해보세요. 그렇다고 모든 걸 기록하라는 말은 아닙니다. 식사 전 잠시 음식 사진을 찍듯이, 업무를 시작하고 끝낼 때 5~10분 정도 정리하는 시간을 갖는 것으로 충분합니다.

그렇게 10년 간 회사의 업무 경험과 노션의 기능을 정리한 글들이 모두 모여, 한 권의 책이 되었습니다. 충실한 기능 매뉴얼이면서도 일상의 실용성과 직장 경험까지 모두 담아낸 유용한 책을 만들고 싶었습니다. 욕심이 과해서, 써놓고 지면에 싣지 못한 이야기와 테크닉도 많습니다. 이는 생활노션 카페와 유튜브에도 정리해두었으며, 앞으로도 공유할 예정입니다. 또 다른 아이디어와 활용법이 필요한 분, 나만의 시스템과 노하우를 알리고 싶은 분들은 언제든지 환영합니다.

이 책은 저 혼자 만든 것이 아니라 많은 분의 도움을 받았습니다. 오랜 기간 편집하고 피드백해주신 고대광 과장님과 박영주 대리님에게 감사 인사를 전합니다. 그리고 노션 책을 먼저 출판하신 열정지영님 덕분에 시행착오를 많이 줄일 수 있었습니다. 크루츠 멤버 분들에게서는 여러 영감과 아이디어를 얻었습니다. 감사의 인사를 드립니다. 마지막으로 항상 믿고 응원해주는 아내, 미숙에게도 고마움을 전합니다.

찾아보기

A ~ Z

AI 블록	405
AI 자동 채우기	407
and 함수	364
current 함수	373
dateBetween 함수	367
day 함수	363
DB	78
DSLR 프레임워크/시스템	229
empty 함수	357
end 명령어(머메이드)	302
filter 함수	373
formatDate 함수	374
graph 명령어(머메이드)	297
if 함수	358
ifs 함수	364
map 함수	373
Mermaid(머메이드)	295
One Hand Operation +	283
or 함수	365
PARA	410
pickpick 프로그램	237
round 함수	356
Save to Notion	284
style 함수	366
subgraph 명령어(머메이드)	302
sum 함수	374
Tab 키	55
to do list	249
today 함수	366
UML(Unified Modeling Language)	300
X축	200
Y축	201

ㄱ

가계부 DB	156
가로형 막대그래프	203
값의 유형	360
갤러리 보기	125
게스트	188
게시(페이지)	193
결재 DB	392
계산 기능	99, 158
계산식	352
고급 블록	58
고급 필터	252
공유(유튜브)	280
관계형 속성/기능	165, 168, 312, 323
관계형 그룹	119
괄호	300
구분선	56
그룹화	134, 157, 202
글머리 기호 목록	55
글꼴 설정	71, 72
꺾은선 그래프	203

ㄴ

날짜 속성	90, 360
노드	297
노드 스타일	301

노션 AI	400
노션 계정	30
노션 기본 검색	273
노션 데스크톱 앱	31
노션 위젯	71
노션 차트	198
노션 캘린더	336
노션 환경 설정	36
노션(Notion)	20
노션의 구조	21

ㄷ

다이어그램	150, 295
다이어리 DB	151
다중 선택 속성	95
단일 속성(레이아웃 사용자 지정)	117
대시보드	222, 258, 346
댓글	190
데이터 DB	303
데이터베이스	24~25, 76
데이터베이스 - 인라인 블록	77
데이터베이스 검색	275
데이터베이스 구조	79
데이터베이스 구조화	164, 313
데이터베이스 설계도	152
데이터베이스 페이지	81
데이터베이스로 전환	57
도넛 그래프	204
도메인	194, 196
독서노트(템플릿)	106
독서 트래킹 DB	181
동기화 블록	242
뒤로가기	123
듀얼 브레인	5, 410

ㄹ

레이아웃(레이아웃 사용자 지정)	115
레이아웃 메뉴	127
레이아웃 사용자 지정	114
레코드(Record) 방식	160
롤업	172, 182, 373
루틴 트래커 DB	153

리스트 보기	222, 258
링크된 보기	129, 157, 318~322

ㅁ

막대그래프	199
맞춤법 검사	46
매출 DB	372
멘션	60, 190, 264
멤버 초대	187
명령어(노션)	52, 190, 236, 279, 296
명령어(머메이드)	297~302
모두에게 저장	192
목표 DB	331
문장 수집 DB	180
미디어 블록	59

ㅂ

반복 업무 DB	261
백링크	116, 242
버튼 블록	381
버튼 속성	390
번호 매기기 목록	55
변수 이름	371
보기	124
보드 보기	133
붙여넣기 형식 메뉴	171, 238
블록	22~24, 47~49
블록의 유형	52~53

ㅅ

사이드바	33
사이트 사용자 지정	193
상태 속성	97, 306
생성 일시, 생성자 속성	292
선택 속성	91
설문조사 템플릿	213
섹션	35
속성	83
속성 그룹(레이아웃 사용자 지정)	116
속성 아이콘	103
속성 메뉴	88
수식 속성	351~352

수식 편집창	329
수학 공식 블록	70, 147
숫자 속성	84~85
스타일 옵션	206
스타일링	50

ㅇ

아이젠하워 매트릭스	254
아이콘	45
아이콘 썸네일	122
액션 아이템 DB	166~172
양방향 관계형	168, 324
양식 보기	212
양식 공유	219
양식 작성기 보기	214
업무 DB	312
업무 설명서 DB	235
업무 템플릿	320
엑셀	160
영업 부서 DB	372
우선순위	253
워크스페이스	33
원본 데이터베이스	144~145
위젯	71, 347
이력 DB	243
이벤트(캘린더)	342
인라인	60
인용문 블록	56, 66
일정 DB	246
임베드 블록	60
입력값	356

ㅈ ~ ㅊ

자료 DB	277
작성 원칙	238
정렬	141, 266
제목(Heading, 레이아웃 사용자 지정)	155
조건 연산자	358
줄 긋기	147
즐겨찾기	290
차트 보기	198, 220, 375
체크박스 속성	96, 267

ㅋ

카드 미리보기	293, 316
카멜 케이스(Camel Case)	371
캘린더 보기	129, 247
코드 블록	150, 295
콜아웃 블록	57, 71
클린 코드(Clean Code)	369

ㅌ

타임라인 보기	137
텍스트 블록	48, 54
텍스트 속성	90
템플릿	106, 176, 260
토글 목록 블록	56
통합된 DSLR 시스템	311

ㅍ

파일과 미디어 속성	99
패널(레이아웃 사용자 지정)	119
페이지	22, 39
페이지 링크	241
페이지 주소	194
페이지 트리	39
표 블록	57
프로세스	294
프로젝트 DB	326
프로젝트 관리 DB	205
프로필	36
필터	138~141, 178, 209, 249, 269

ㅎ

하위 그룹화	255
하위 페이지	39, 266
하위 항목	243, 265
할 일 목록 블록	53, 67
함수	356
함수 체이닝	359
형변환	362

N 단축키 일람

본문 내 사용한 것은 물론, 그 밖의 유용한 단축키까지 한번에 확인할 수 있도록 정리했다. 실습에 참고해보자.

유형	기능	단축키	기능	단축키
사이드바 및 설정	검색창 열기	Ctrl + K	다크 모드 전환	Ctrl + Shift + L
	홈 대시보드 열기	Ctrl + Alt + H	수신함 열기	Ctrl + Alt + U
	사이드바 접기	Ctrl + \		
페이지	새 페이지 만들기	Ctrl + N	새 노션 창 열기	Ctrl + Shift + N
	페이지 저장	Ctrl + S	페이지 내 검색	Ctrl + F
	페이지 뒤로 이동	Ctrl + [	페이지 앞으로 이동	Ctrl +]
	페이지 세부 정보 보기	Ctrl + Shift + \	페이지 링크 복사	Ctrl + Alt + L
	확대하기 / 축소하기	Ctrl + +, Ctrl + −	댓글 달기	Ctrl + Shift + M
블록	새 텍스트 블록 생성	Enter	블록 내 줄 바꾸기	Shift + Enter
	블록 생성	/ + 블록이름	현재 블록 선택	Esc
	블록 위로 옮기기	Ctrl + Shift + ↑	블록 아래로 옮기기	Ctrl + Shift + ↓
	사이 모든 블록 선택	Shift + 🖱	블록 복제	Ctrl + D
	위의 블록 본문에 넣기	Tab	블록 본문 밖으로 빼내기	Shift + Tab
	할 일 목록 체크하기, 토글 열고 닫기	Ctrl + Enter	모든 토글 펼치기/닫기	Ctrl + Shift + T
	토글 블록으로 변환	> + Space	실행 취소	Ctrl + Z
	이모지 삽입	⊞ + .	노션 AI 호출	Space
스타일링	텍스트 굵게 표시	Ctrl + B	텍스트 코드로 표시	Ctrl + E
	텍스트 기울여 표시	Ctrl + I	수학 공식 삽입	Ctrl + Shift + E
	텍스트 밑줄 추가	Ctrl + U	텍스트 링크로 변환	Ctrl + K
	텍스트 취소선 추가	Ctrl + Shift + S	텍스트 최근 색상 지정	Ctrl + Shift + H
캘린더	이벤트 만들기	C		

N 명령어 일람

노션에서 자주 쓰이는 명령어들을 한곳에 정리했다. 실습에 참고해보자.

유형	명령어 입력	기능
@	@사용자 이름	입력한 사용자를 멘션한다.
	@페이지 제목	해당 페이지로 이동하는 인라인 링크를 생성한다.
	@날짜, @오늘, @지금	해당 날짜(+시각)를 선택하거나, 리마인더를 설정한다.
[[	[[페이지 제목	해당 페이지로 이동하는 링크를 생성한다.
	[[하위 페이지 제목	입력한 제목을 가진 하위 페이지를 생성한다.
+	+새 페이지 제목	다른 위치에 입력한 제목을 가진 새 페이지를 생성한다.
	+페이지 제목	해당 페이지로 이동하는 링크를 생성한다.
기타	:이모지 이름	이모지를 삽입한다.
	$$수학 공식$$	수학 공식 인라인을 삽입한다.